Latin
Verb Conjugator

The most common verbs
fully conjugated

∝ FLUO: LANGUAGES

Latin Verb Conjugator:
The most common verbs fully conjugated

by Charles Cartwright

Copyright 2018, Charles Cartwright. All rights reserved.
Edited and published by Fluo:Languages.

First Edition: April 2018

While the publisher and the authors have used good faith efforts to ensure that the information and instructions contained in this work are accurate, the publisher and the authors disclaim all responsibility for errors or omissions, including without limitation responsibility for damages resulting from the use of or reliance on this work. Use of the information and instructions contained in this work is at your own risk.

No part of this book may be reproduced or utilized in any form or by any means, electronic or mechanical, including photocopying, recording, or by any information storage and retrieval system, without permission in writing from the author.

Contents

Abbreviations	**1**	ascendo	20
		aspicio	21
Verb Conjugation	**3**	assentior	21
abbrevio	3	attestor	22
abeo	3	audeo	22
abicio	4	audio	22
abiudico	4	aufero	23
absorbeo	5	augeo	24
absum	6	balo	24
accedo	6	cado	25
accipio	7	caedo	25
accumulo	7	careo	26
addo	8	carpo	26
adduco	8	caveo	27
adhibeo	9	censeo	27
adicio	10	centuplico	28
adinspecto	10	cerno	29
adipiscor	11	cingo	29
adiuro	11	circumspicio	30
adsum	12	circumvolvo	31
adverto	12	clamo	31
aestimo	13	coepio	32
affero	14	cogito	33
afficio	14	cognosco	33
aggenero	15	cogo	34
ago	15	collaboro	34
alo	16	comedo	35
amplector	16	commisceo	36
amputo	17	complector	37
aperio	17	compleo	37
appareo	18	compono	38
arbitror	18	concedo	39
arcesso	19	concurro	39
arguo	19		

Contents

concutio	40	desero	65
condescendo	41	desino	66
condo	41	desum	66
confero	42	differo	67
conficio	43	diffundo	67
confiteor	43	diligo	68
confligo	44	dimitto	68
confuto	44	discedo	69
conicio	45	displiceo	70
conor	46	dissono	70
consequor	46	disturbo	71
consido	46	divido	71
consisto	47	doceo	72
conspicio	47	doleo	73
constituo	48	dormio	73
consto	49	dubito	73
consulo	49	duco	74
consumo	50	duresco	75
contemno	51	edico	75
contineo	52	efficio	76
contingo	52	effundo	76
contradico	53	egredior	77
convenio	54	eligo	77
converto	54	eloco	78
coquo	55	emo	78
corrumpo	56	excerpo	79
credo	56	excipio	79
crepo	57	exeo	80
cresco	57	exerceo	80
cupio	58	exigo	81
debeo	58	exosso	82
decerno	59	experior	82
decet	60	expostulo	83
deduco	60	exquiro	83
defendo	60	exstinguo	84
defero	61	facio	85
deficio	62	fallo	85
defugio	62	fateor	86
deleo	63	faveo	86
depereo	63	fero	87
derogo	64	figo	87
descendo	64	findo	88

fingo	88
firmo	88
flagito	89
flecto	90
fleo	90
fluo	91
fodio	91
foedo	91
for	92
fortifico	92
frango	93
fremo	93
frigesco	94
fruor	94
fugio	95
fulgeo	95
fungor	95
gero	96
gigno	96
gradior	97
guberno	97
habeo	98
haereo	99
haurio	99
hiberno	100
hiemo	100
hortor	101
iaceo	101
iacio	102
impleo	102
impono	103
incendo	103
incipio	104
incoho	105
indulgeo	105
induo	106
infero	106
infodio	107
ingredior	108
insector	108
instituo	108
insum	109

intellego	109
intendo	110
interficio	110
intersum	111
irascor	112
iubeo	112
iuvo	112
laboro	113
lacesso	114
laedo	114
lateo	115
laudo	115
lavo	116
licet	116
loquor	116
ludo	117
maneo	117
mendico	118
mereo	119
metuo	119
minuo	120
miror	120
misceo	121
mitto	121
moneo	122
mordeo	122
moror	123
moveo	123
nanciscor	124
nascor	124
necto	125
noceo	125
nolo	126
nosco	126
nubo	127
obliviscor	127
obsto	128
occurro	128
odi	129
offendo	129
offero	130
oportet	130

Contents

opprimo	131
orior	131
ostendo	132
paciscor	132
pareo	133
pario	133
pasco	134
pateo	134
patior	135
pello	135
pendeo	135
pendo	136
penso	136
percello	137
perdecipio	138
perdoleo	138
pereo	139
perficio	139
pergo	140
permitto	140
pertineo	141
pertundo	142
pervenio	142
peto	143
placeo	143
plaudo	144
pono	144
porto	145
posco	146
possum	146
poto	146
praebeo	147
praecipio	148
praeduco	148
praeicio	149
praestituo	150
praesto	150
praesum	151
precor	151
prehendo	152
premo	153
procedo	153
procumbo	154
prodo	155
proficiscor	155
prohibeo	155
prospicio	156
prosum	157
pullo	157
punctuo	158
puto	159
quaero	159
queo	160
queror	160
quiesco	161
radicesco	161
rado	162
rapio	162
reboo	163
recedo	163
reclamo	164
redarguo	165
reddo	165
redeo	166
refero	166
regero	167
rego	168
relinquo	168
renitor	169
reor	169
reperio	169
repeto	170
repo	171
resisto	171
respicio	171
respondeo	172
restipulor	173
resumo	173
retineo	174
reviso	174
rideo	175
rogo	175
ructo	176
rumpo	176

Contents

runco	177	surripio	198
saburro	178	suscipio	199
scando	178	suspendo	200
scindo	179	sustineo	200
scio	179	taceo	201
scribo	180	tango	201
seco	180	tardo	202
sedeo	181	tego	203
segrego	181	tendo	203
sentio	182	teneo	204
sequor	183	tero	204
servio	183	terreo	205
servo	183	timeo	205
sino	184	tollo	206
sisto	185	tondeo	206
soleo	185	trado	207
solvo	185	transeo	207
spargo	186	tribuo	208
sperno	186	tueor	208
spuo	187	tundo	208
statuo	188	uro	209
sterno	188	utor	210
sto	189	valeo	210
stringo	189	vaporo	210
struo	190	veho	211
studeo	190	vello	212
suadeo	191	venio	212
subeo	191	vereor	212
substituo	192	verto	213
succingo	192	vescor	213
sum	193	veto	214
sumo	193	video	214
superemineo	194	vincio	215
supergredior	195	vinco	215
superprehendo	195	viso	216
supersum	196	vitio	216
suppleo	196	vivo	217
suppono	197	voco	217
surgo	198	volvo	218

> Abbreviations

ind	Indicative
sub	Subjunctive
imp	Imperative
inf	Infinitive
ger	Gerund
sup	Supine
par	Participle
pre	Present
imp	Imperfect
prt	Preterite
plu	Pluperfect
fut	Future
fpr	Future Perfect

A

abbrevio /shorten, abbreviate/ • **ind** *pre* abbrevio, abbrevias, abbreviat, abbreviamus, abbreviatis, abbreviant *imp* abbreviabam, abbreviabas, abbreviabat, abbreviabamus, abbreviabatis, abbreviabant *prt* abbreviavi, abbreviavisti, abbreviavit, abbreviavimus, abbreviavistis, abbreviaverunt / abbreviavere *fut* abbreviabo, abbreviabis, abbreviabit, abbreviabimus, abbreviabitis, abbreviabunt *plu* abbreviaveram, abbreviaveras, abbreviaverat, abbreviaveramus, abbreviaveratis, abbreviaverant *fpr* abbreviavero, abbreviaveris, abbreviaverit, abbreviaverimus, abbreviaveritis, abbreviaverint *pas.pre* abbrevior, abbreviaris / abbreviare, abbreviatur, abbreviamur, abbreviamini, abbreviantur *pas.imp* abbreviabar, abbreviabaris / abbreviabare, abbreviabatur, abbreviabamur, abbreviabamini, abbreviabantur *pas.fut* abbreviabor, abbreviaberis / abbreviabere, abbreviabitur, abbreviabimur, abbreviabimini, abbreviabuntur • **sub** *pre* abbreviem, abbrevies, abbreviet, abbreviemus, abbrevietis, abbrevient *imp* abbreviarem, abbreviares, abbreviaret, abbreviaremus, abbreviaretis, abbreviarent *prt* abbreviaverim, abbreviaveris, abbreviaverit, abbreviaverimus, abbreviaveritis, abbreviaverint *plu* abbreviavissem, abbreviavisses, abbreviavisset, abbreviavissemus, abbreviavissetis, abbreviavissent *pas.pre* abbrevier, abbrevieris / abbreviere, abbrevietur, abbreviemur, abbreviemini, abbrevientur *pas.imp* abbreviarer, abbreviareris / abbreviarere, abbreviaretur, abbreviaremur, abbreviaremini, abbreviarentur • **imp** *pre* –, abbrevia, –, –, abbreviate, – *fut* –, abbreviato, abbreviato, –, abbreviatote, abbreviato *pas.pre* –, abbreviare, –, –, abbreviamini, – *pas.fut* –, abbreviator, abbreviator, –, –, abbreviantor • **inf** *pre* abbreviare *prt* abbreviavisse *fut* abbreviaturus esse *pas.pre* abbreviari *pas.prt* abbreviatus esse *pas.fut* abbreviatum iri • **ger** abbreviare / abbreviandi / abbreviando / abbreviandum • **sup** abbreviatum / abbreviatu • **par** *pre* abbrevians *prt* – *fut* abbreviaturus *pas.pre* – *pas.prt* abbreviatus *pas.fut* abbreviandus

abeo /depart, go away/ • **ind** *pre* abeo, abis, abit, abimus, abitis, abeunt *imp* abibam, abibas, abibat, abibamus, abibatis, abibant *prt* abii, abisti / abivisti, abiit / abivit, abiimus, abistis, abierunt / abiere *fut* abibo, abibis, abibit, abibimus, abibitis, abibunt *plu* abieram, abieras, abierat, abieramus, abieratis, abierant *fpr* abiero, abieris, abierit, abierimus, abieritis, abierint *pas.pre* abeor, abiris / abire, abitur, abimur, abimini, abeuntur *pas.imp* abibar, abibaris / abibare, abibatur, abibamur, abibamini, abibantur *pas.fut* abibor, abiberis / abibere, abibitur, abibimur, abibimini, abibuntur • **sub** *pre* abeam, abeas, abeat, abeamus, abeatis, abeant *imp* abirem, abires, abiret, abiremus, abiretis, abirent *prt* abierim, abieris, abierit, abierimus, abieritis, abierint *plu* abissem, abisses, abisset, abissemus, abissetis, abissent *pas.pre* abear, abearis / abeare, abeatur, abeamur, abeamini, abeantur *pas.imp* abirer, abireris / abirere, abiretur, abiremur, abiremini, abirentur • **imp** *pre* –, abi, –, –, abite, – *fut* –, abito, abito, –, abitote, abeunto *pas.pre* –, abire, –, –, abimini, – *pas.fut* –, abitor, abitor, –, –, abeuntor • **inf** *pre* abire *prt* abisse *fut* abiturus esse *pas.pre* abiri *pas.prt* abitus esse *pas.fut* abitum iri • **ger** abire / abeundi / abeundo / abeundum • **sup** abitum / abitu • **par** *pre* abiens *prt* – *fut* abiturus *pas.pre* – *pas.prt* abitus *pas.fut* abeundus

abicio /throw, hurl down, away/ • **ind** *pre* abicio, abicis, abicit, abicimus, abicitis, abiciunt *imp* abiciebam, abiciebas, abiciebat, abiciebamus, abiciebatis, abiciebant *prt* abieci, abiecisti, abiecit, abiecimus, abiecistis, abiecerunt / abiecere *fut* abiciam, abicies, abiciet, abiciemus, abicietis, abicient *plu* abieceram, abieceras, abiecerat, abieceramus, abieceratis, abiecerant *fpr* abiecero, abieceris, abiecerit, abiecerimus, abieceritis, abiecerint *pas.pre* abicior, abiceris / abicere, abicitur, abicimur, abicimini, abiciuntur *pas.imp* abiciebar, abiciebaris / abiciebare, abiciebatur, abiciebamur, abiciebamini, abiciebantur *pas.fut* abiciar, abicieris / abiciere, abicietur, abiciemur, abiciemini, abicientur • **sub** *pre* abiciam, abicias, abiciat, abiciamus, abiciatis, abiciant *imp* abicerem, abiceres, abiceret, abiceremus, abiceretis, abicerent *prt* abiecerim, abieceris, abiecerit, abiecerimus, abieceritis, abiecerint *plu* abiecissem, abiecisses, abiecisset, abiecissemus, abiecissetis, abiecissent *pas.pre* abiciar, abiciaris / abiciare, abiciatur, abiciamur, abiciamini, abiciantur *pas.imp* abicerer, abicereris / abicerere, abiceretur, abiceremur, abiceremini, abicerentur • **imp** *pre* –, abice, –, –, abicite, – *fut* –, abicito, abicito, –, abicitote, abiciunto *pas.pre* –, abicere, –, –, abicimini, – *pas.fut* –, abicitor, abicitor, –, –, abiciuntor • **inf** *pre* abicere *prt* abiecisse *fut* abiecturus esse *pas.pre* abici *pas.prt* abiectus esse *pas.fut* abiectum iri • **ger** abicere / abiciendi / abiciendo / abiciendum • **sup** abiectum / abiectu • **par** *pre* abiciens *prt* – *fut* abiecturus *pas.pre* – *pas.prt* abiectus *pas.fut* abiciendus

abiudico /deprive, take away by a judicial sentence/ • **ind** *pre* abiudico, abiudicas, abiudicat, abiudicamus, abiudicatis, abiudicant *imp* abiudicabam, abiudicabas, abiudicabat, abiudicabamus, abiudicabatis, abiudicabant *prt* abiudicavi, abiudicavisti, abiudicavit, abiudicavimus, abiudicavistis, abiudicaverunt / abiudicavere *fut* abiudicabo, abiudicabis, abiudicabit, abiudicabimus, abiudicabitis, abiudicabunt *plu* abiudicaveram, abiudicaveras, abiudicaverat, abiudicaveramus, abiudicaveratis, abiudicaverant *fpr* abiudicavero, abiudicaveris, abiudicaverit, abiudicaverimus, abiudicaveritis, abiudicaverint *pas.pre* abiudicor, abiudicaris / abiudicare, abiudicatur, abiudicamur, abiudicamini, abiudicantur *pas.imp* abiudicabar, abiudicabaris / abiudicabare, abiudicabatur, abiudicabamur, abiudicabamini, abiudicabantur *pas.fut* abiudicabor, abiudicaberis / abiudicabere, abiudicabitur, abiudicabimur, abiudicabimini, abiudicabuntur • **sub** *pre* abiudicem, abiudices, abiudicet, abiudicemus, abiudicetis, abiudicent *imp* abiudicarem, abiudicares, abiudicaret, abiudicaremus, abiudicaretis, abiudicarent *prt* abiudicaverim, abiudicaveris, abiudicaverit, abiudicaverimus, abiudicaveritis, abiudicaverint *plu* abiudicavissem, abiudicavisses, abiudicavisset, abiudicavissemus, abiudicavissetis, abiudicavissent *pas.pre* abiudicer, abiudiceris / abiudicere, abiudicetur, abiudicemur, abiudicemini, abiudicentur *pas.imp* abiudicarer, abiudicareris / abiudicarere, abiudicaretur, abiudicaremur, abiudicaremini, abiudicarentur • **imp** *pre* –, abiudica, –, –, abiudicate, – *fut* –, abiudicato, abiudicato, –, abiudicatote, abiudicanto *pas.pre* –, abiudicare, –, –, abiudicamini, – *pas.fut* –, abiudicator, abiudicator, –, –, abiudicantor • **inf** *pre* abiudicare *prt* abiudicavisse *fut* abiudicaturus esse *pas.pre* abiudicari *pas.prt* abiudicatus esse *pas.fut* abiudicatum iri • **ger** abiudicare / abiudicandi / abiudicando / abiudicandum • **sup** abiudicatum / abiudicatu • **par** *pre* abiudicans *prt* – *fut* abiudicaturus *pas.pre* – *pas.prt* abiudicatus *pas.fut* abiudicandus

absorbeo /swallow down/ • **ind** *pre* absorbeo, absorbes, absorbet, absorbemus, absorbetis, absorbent *imp* absorbebam, absorbebas, absorbebat, absorbebamus, absorbebatis, absorbebant *prt* absorbui, absorbuisti, absorbuit, absorbuimus, absorbuistis, absorbuerunt / absorbuere *fut* absorbebo, absorbebis, absorbebit, absorbebimus, absorbebitis, absorbebunt *plu* absorbueram, absorbueras, absorbuerat, absorbueramus, absorbueratis, absorbuerant *fpr* absorbuero, absorbueris, absorbuerit, absorbuerimus, absorbueritis, absorbuerint *pas.pre* absorbeor, absorberis / absorbere, absorbetur, absorbemur, absorbemini, absorbentur *pas.imp* absorbebar, absorbebaris / absorbebare, absorbebatur, absorbebamur, absorbebamini, absorbebantur *pas.fut* absorbebor, absorbeberis / absorbebere, absorbebitur, absorbebimur, absorbebimini, absorbebuntur • **sub** *pre* absorbeam, absorbeas, absorbeat, absorbeamus, absorbeatis, absorbeant *imp* absorberem, absorberes, absorberet, absorberemus, absorberetis, absorberent *prt* absorbuerim, absorbueris, absorbuerit, absorbuerimus, absorbueritis, absorbuerint *plu* absorbuissem, absorbuisses, absorbuisset, absorbuissemus, absorbuissetis, absorbuissent *pas.pre* absorbear, absorbearis / absorbeare, absorbeatur, absorbeamur, absorbeamini, absorbeantur *pas.imp* absorberer, absorbereris / absorberere, absorberetur, absorberemur, absorberemini, absorberentur • **imp** _pre_ –, absorbe, –, –, absorbete, – _fut_ –, absorbeto, absorbeto, –, absorbetote, absorbento _pas.pre_ –, absorbere, –, –, absorbemini, – _pas.fut_ –, absorbetor, absorbetor, –, –, absorbentor • **inf** _pre_ absorbere _prt_ absorbuisse _fut_ absorpturus esse _pas.pre_ absorberi _pas.prt_ absorptus esse _pas.fut_ absorptum iri • **ger** absorbere / absorbendi / absorbendo / absorbendum • **sup** absorptum / absorptu • **par** _pre_ absorbens _prt_ – _fut_ absorpturus _pas.pre_ – _pas.prt_ absorptus _pas.fut_ absorbendus

absum /be away, be absent/ • **ind** _pre_ absum, abes, abest, absumus, abestis, absunt _imp_ aberam, aberas, aberat, aberamus, aberatis, aberant _prt_ afui, afuisti, afuit, afuimus, afuistis, afuerunt / afuere _fut_ abero, aberis / abere, aberit, aberimus, aberitis, aberunt _plu_ afueram, afueras, afuerat, afueramus, afueratis, afuerant _fpr_ afuero, afueris, afuerit, afuerimus, afueritis, afuerint _pas.pre_ — _pas.imp_ — _pas.fut_ — • **sub** _pre_ absim, absis, absit, absimus, absitis, absint _imp_ abessem / aforem, abesses / afores, abesset / aforet, abessemus / aforemus, abessetis / aforetis, abessent / aforent _prt_ afuerim, afueris, afuerit, afuerimus, afueritis, afuerint _plu_ afuissem, afuisses, afuisset, afuissemus, afuissetis, afuissent _pas.pre_ — _pas.imp_ — • **imp** _pre_ –, abes, –, –, abeste, – _fut_ –, abesto, abesto, –, abestote, absunto _pas.pre_ — _pas.fut_ — • **inf** _pre_ abesse _prt_ afuisse _fut_ afuturus esse / afore _pas.pre_ — _pas.prt_ — _pas.fut_ — • **ger** - / – / – / – • **sup** - / – • **par** _pre_ absens _prt_ – _fut_ afuturus _pas.pre_ — _pas.prt_ — _pas.fut_ —

accedo /go, come toward, approach/ • **ind** _pre_ accedo, accedis, accedit, accedimus, acceditis, accedunt _imp_ accedebam, accedebas, accedebat, accedebamus, accedebatis, accedebant _prt_ accessi, accessisti, accessit, accessimus, accessistis, accesserunt / accessere _fut_ accedam, accedes, accedet, accedemus, accedetis, accedent _plu_ accesseram, accesseras, accesserat, accesseramus, accesseratis, accesserant _fpr_ accessero, accesseris, accesserit, accesserimus, accesseritis, accesserint _pas.pre_ — _pas.imp_ — _pas.fut_ — • **sub** _pre_ accedam, accedas, accedat, accedamus, accedatis, accedant _imp_ accederem, accederes, accederet, accederemus, accederetis, accederent _prt_ accesserim, accesseris, accesserit, accesserimus, accesseritis, accesserint _plu_ accessissem, accessisses, accessisset, accessissemus, accessissetis, accessissent _pas.pre_ — _pas.imp_ — • **imp** _pre_ –, accede, –, –, accedite, – _fut_ –, accedito, accedito, –, acceditote, accedunto _pas.pre_ — _pas.fut_ — • **inf** _pre_ accedere _prt_ accessisse _fut_ accessurus esse _pas.pre_ — _pas.prt_ — _pas.fut_ — • **ger** accedere / accedendi / accedendo / accedendum • **sup** accessum / accessu • **par** _pre_ accedens _prt_ – _fut_ accessurus _pas.pre_ — _pas.prt_ — _pas.fut_ —

accipio

accipio /receive, accept/ • **ind** _pre_ accipio, accipis, accipit, accipimus, accipitis, accipiunt _imp_ accipiebam, accipiebas, accipiebat, accipiebamus, accipiebatis, accipiebant _prt_ accepi, accepisti, accepit, accepimus, accepistis, acceperunt / accepere _fut_ accipiam, accipies, accipiet, accipiemus, accipietis, accipient _plu_ acceperam, acceperas, acceperat, acceperamus, acceperatis, acceperant _fpr_ accepero, acceperis, acceperit, acceperimus, acceperitis, acceperint _pas.pre_ accipior, acciperis / accipere, accipitur, accipimur, accipimini, accipiuntur _pas.imp_ accipiebar, accipiebaris / accipiebare, accipiebatur, accipiebamur, accipiebamini, accipiebantur _pas.fut_ accipiar, accipieris / accipiere, accipietur, accipiemur, accipiemini, accipientur • **sub** _pre_ accipiam, accipias, accipiat, accipiamus, accipiatis, accipiant _imp_ acciperem, acciperes, acciperet, acciperemus, acciperetis, acciperent _prt_ acceperim, acceperis, acceperit, acceperimus, acceperitis, acceperint _plu_ accepissem, accepisses, accepisset, accepissemus, accepissetis, accepissent _pas.pre_ accipiar, accipiaris / accipiare, accipiatur, accipiamur, accipiamini, accipiantur _pas.imp_ acciperer, accipereris / acciperere, acciperetur, acciperemur, acciperemini, acciperentur • **imp** _pre_ –, accipe, –, –, accipite, – _fut_ –, accipito, accipito, –, accipitote, accipiunto _pas.pre_ –, accipere, –, –, accipimini, – _pas.fut_ –, accipitor, accipitor, –, –, accipiuntor • **inf** _pre_ accipere _prt_ accepisse _fut_ accepturus esse _pas.pre_ accipi _pas.prt_ acceptus esse _pas.fut_ acceptum iri • **ger** accipere / accipiendi / accipiendo / accipiendum • **sup** acceptum / acceptu • **par** _pre_ accipiens _prt_ – _fut_ accepturus _pas.pre_ – _pas.prt_ acceptus _pas.fut_ accipiendus

accumulo /add a heap, heap, pile up/ • **ind** _pre_ accumulo, accumulas, accumulat, accumulamus, accumulatis, accumulant _imp_ accumulabam, accumulabas, accumulabat, accumulabamus, accumulabatis, accumulabant _prt_ accumulavi, accumulavisti, accumulavit, accumulavimus, accumulavistis, accumulaverunt / accumulavere _fut_ accumulabo, accumulabis, accumulabit, accumulabimus, accumulabitis, accumulabunt _plu_ accumulaveram, accumulaveras, accumulaverat, accumulaveramus, accumulaveratis, accumulaverant _fpr_ accumulavero, accumulaveris, accumulaverit, accumulaverimus, accumulaveritis, accumulaverint _pas.pre_ accumulor, accumularis / accumulare, accumulatur, accumulamur, accumulamini, accumulantur _pas.imp_ accumulabar, accumulabaris / accumulabare, accumulabatur, accumulabamur, accumulabamini, accumulabantur _pas.fut_ accumulabor, accumulaberis / accumulabere, accumulabitur, accumulabimur, accumulabimini, accumulabuntur • **sub** _pre_ accumulem, accumules, accumulet, accumulemus, accumuletis, accumulent _imp_ accumularem, accumulares, accumularet, accumularemus, accumularetis, accumularent _prt_ accumulaverim, accumulaveris, accumulaverit, accumulaverimus, accumulaveritis, accumulaverint _plu_ accumulavissem, accumulavisses, accumulavisset, accumulavissemus, accumulavissetis, accumulavissent _pas.pre_ accumuler, accumuleris / accumulere, accumuletur, accumulemur, accumulemini, accumulentur _pas.imp_ accumularer, accumulareris / accumularere, accumularetur, accumularemur, accumularemini, accumularentur • **imp** _pre_ –, accumula, –, –, accumulate, – _fut_ –, accumulato, accumulato, –, accumulatote, accumulanto _pas.pre_ –, accumulare, –, –, accumulamini, – _pas.fut_ –, accumulator, accumulator, –, –, accumulantor • **inf** _pre_ accumulare _prt_ accumulavisse _fut_ accumulaturus esse _pas.pre_ accumulari _pas.prt_ accumulatus esse _pas.fut_ accumulatum iri • **ger** accumulare / accumulandi / accumulando / accumulandum • **sup** accumulatum / accumulatu • **par** _pre_ accumulans _prt_ – _fut_ accumulaturus _pas.pre_ – _pas.prt_ accumulatus _pas.fut_ accumulandus

addo /put/ • **ind** _pre_ addo, addis, addit, addimus, additis, addunt _imp_ addebam, addebas, addebat, addebamus, addebatis, addebant _prt_ addidi, addidisti, addidit, addidimus, addidistis, addiderunt / addidere _fut_ addam, addes, addet, addemus, addetis, addent _plu_ addideram, addideras, addiderat, addideramus, addideratis, addiderant _fpr_ addidero, addideris, addiderit, addiderimus, addideritis, addiderint _pas.pre_ addor, adderis / addere, additur, addimur, addimini, adduntur _pas.imp_ addebar, addebaris / addebare, addebatur, addebamur, addebamini, addebantur _pas.fut_ addar, adderis / addere, addetur, addemur, addemini, addentur • **sub** _pre_ addam, addas, addat, addamus, addatis, addant _imp_ adderem, adderes, adderet, adderemus, adderetis, adderent _prt_ addiderim, addideris, addiderit, addiderimus, addideritis, addiderint _plu_ addidissem, addidisses, addidisset, addidissemus, addidissetis, addidissent _pas.pre_ addar, addaris / addare, addatur, addamur, addamini, addantur _pas.imp_ adderer, addereris / adderere, adderetur, adderemur, adderemini, adderentur • **imp** _pre_ –, adde, –, –, addite, – _fut_ –, addito, addito, –, additote, addunto _pas.pre_ –, addere, –, –, addimini, – _pas.fut_ –, additor, additor, –, –, adduntor • **inf** _pre_ addere _prt_ addidisse _fut_ additurus esse _pas.pre_ addi _pas.prt_ additus esse _pas.fut_ additum iri • **ger** addere / addendi / addendo / addendum • **sup** additum / additu • **par** _pre_ addens _prt_ – _fut_ additurus _pas.pre_ – _pas.prt_ additus _pas.fut_ addendus

adduco /lead, bring/ • **ind** _pre_ adduco, adducis, adducit, adducimus, adducitis, adducunt _imp_ adducebam, adducebas, adducebat, adducebamus, adducebatis, adducebant _prt_ adduxi, adduxisti, adduxit, adduximus, adduxistis, adduxerunt / adduxere _fut_ adducam, adduces, adducet, adducemus, adducetis, adducent _plu_ adduxeram, adduxeras, adduxerat, adduxeramus, adduxeratis, adduxerant _fpr_ adduxero, adduxeris, adduxerit, adduxerimus, adduxeritis, adduxerint _pas.pre_ adducor, adduceris / adducere, adducitur, adducimur, adducimini, adducuntur _pas.imp_ adducebar, adducebaris / adducebare, adducebatur, adducebamur, adducebamini, adducebantur _pas.fut_ adducar, adduceris / adducere, adducetur, adducemur, adducemini, adducentur • **sub** _pre_ adducam, adducas, adducat, adducamus, adducatis, adducant _imp_ adducerem, adduceres, adduceret, adduceremus, adduceretis, adducerent _prt_ adduxerim, adduxeris, adduxerit, adduxerimus, adduxeritis, adduxerint _plu_ adduxissem, adduxisses, adduxisset, adduxissemus, adduxissetis, adduxissent _pas.pre_ adducar, adducaris / adducare, adducatur, adducamur, adducamini, adducantur _pas.imp_ adducerer, adducereris / adducerere, adduceretur, adduceremur, adduceremini, adducerentur • **imp** _pre_ –, adduc / adduce, –, –, adducite, – _fut_ –, adducito, adducito, –, adducitote, adducunto _pas.pre_ –, adducere, –, –, adducimini, – _pas.fut_ –, adducitor, adducitor, –, –, adducuntor • **inf** _pre_ adducere _prt_ adduxisse _fut_ adducturus esse _pas.pre_ adduci _pas.prt_ adductus esse _pas.fut_ adductum iri • **ger** adducere / adducendi / adducendo / adducendum • **sup** adductum / adductu • **par** _pre_ adducens _prt_ – _fut_ adducturus _pas.pre_ – _pas.prt_ adductus _pas.fut_ adducendus

adhibeo /extend/ • **ind** _pre_ adhibeo, adhibes, adhibet, adhibemus, adhibetis, adhibent _imp_ adhibebam, adhibebas, adhibebat, adhibebamus, adhibebatis, adhibebant _prt_ adhibui, adhibuisti, adhibuit, adhibuimus, adhibuistis, adhibuerunt / adhibuere _fut_ adhibebo, adhibebis, adhibebit, adhibebimus, adhibebitis, adhibebunt _plu_ adhibueram, adhibueras, adhibuerat, adhibueramus, adhibueratis, adhibuerant _fpr_ adhibuero, adhibueris, adhibuerit, adhibuerimus, adhibueritis, adhibuerint _pas.pre_ adhibeor, adhiberis / adhibere, adhibetur, adhibemur, adhibemini, adhibentur _pas.imp_ adhibebar, adhibebaris / adhibebare, adhibebatur, adhibebamur, adhibebamini, adhibebantur _pas.fut_ adhibebor, adhibeberis / adhibebere, adhibebitur, adhibebimur, adhibebimini, adhibebuntur • **sub** _pre_ adhibeam, adhibeas, adhibeat, adhibeamus, adhibeatis, adhibeant _imp_ adhiberem, adhiberes, adhiberet, adhiberemus, adhiberetis, adhiberent _prt_ adhibuerim, adhibueris, adhibuerit, adhibuerimus, adhibueritis, adhibuerint _plu_ adhibuissem, adhibuisses, adhibuisset, adhibuissemus, adhibuissetis, adhibuissent _pas.pre_ adhibear, adhibearis / adhibeare, adhibeatur, adhibeamur, adhibeamini, adhibeantur _pas.imp_ adhiberer, adhibereris / adhiberere, adhiberetur, adhiberemur, adhiberemini, adhiberentur • **imp** _pre_ –, adhibe, –, –, adhibete, – _fut_ –, adhibeto, adhibeto, –, adhibetote, adhibento _pas.pre_ –, adhibere, –, –, adhibemini, – _pas.fut_ –, adhibetor, adhibetor, –, –, adhibentor • **inf** _pre_ adhibere _prt_ adhibuisse _fut_ adhibiturus esse _pas.pre_ adhiberi _pas.prt_ adhibitus esse _pas.fut_ adhibitum iri

adicio

• **ger** adhibere / adhibendi / adhibendo / adhibendum • **sup** adhibitum / adhibitu • **par** _pre_ adhibens _prt_ – _fut_ adhibiturus _pas.pre_ – _pas.prt_ adhibitus _pas.fut_ adhibendus

adicio /throw, hurl/ • **ind** _pre_ adicio, adicis, adicit, adicimus, adicitis, adiciunt _imp_ adiciebam, adiciebas, adiciebat, adiciebamus, adiciebatis, adiciebant _prt_ adieci, adiecisti, adiecit, adiecimus, adiecistis, adiecerunt / adiecere _fut_ adiciam, adicies, adiciet, adiciemus, adicietis, adicient _plu_ adieceram, adieceras, adiecerat, adieceramus, adieceratis, adiecerant _fpr_ adiecero, adieceris, adiecerit, adiecerimus, adieceritis, adiecerint _pas.pre_ adicior, adiceris / adicere, adicitur, adicimur, adicimini, adiciuntur _pas.imp_ adiciebar, adiciebaris / adiciebare, adiciebatur, adiciebamur, adiciebamini, adiciebantur _pas.fut_ adiciar, adicieris / adiciere, adicietur, adiciemur, adiciemini, adicientur • **sub** _pre_ adiciam, adicias, adiciat, adiciamus, adiciatis, adiciant _imp_ adicerem, adiceres, adiceret, adiceremus, adiceretis, adicerent _prt_ adiecerim, adieceris, adiecerit, adiecerimus, adieceritis, adiecerint _plu_ adiecissem, adiecisses, adiecisset, adiecissemus, adiecissetis, adiecissent _pas.pre_ adiciar, adiciaris / adiciare, adiciatur, adiciamur, adiciamini, adiciantur _pas.imp_ adicerer, adicereris / adicerere, adiceretur, adiceremur, adiceremini, adicerentur • **imp** _pre_ –, adice, –, –, adicite, – _fut_ –, adicito, adicito, –, adicitote, adiciunto _pas.pre_ –, adicere, –, –, adicimini, – _pas.fut_ –, adicitor, adicitor, –, –, adiciuntor • **inf** _pre_ adicere _prt_ adiecisse _fut_ adiecturus esse _pas.pre_ adici _pas.prt_ adiectus esse _pas.fut_ adiectum iri • **ger** adicere / adiciendi / adiciendo / adiciendum • **sup** adiectum / adiectu • **par** _pre_ adiciens _prt_ – _fut_ adiecturus _pas.pre_ – _pas.prt_ adiectus _pas.fut_ adiciendus

adinspecto /watch, guard/ • **ind** _pre_ adinspecto, adinspectas, adinspectat, adinspectamus, adinspectatis, adinspectant _imp_ adinspectabam, adinspectabas, adinspectabat, adinspectabamus, adinspectabatis, adinspectabant _prt_ adinspectavi, adinspectavisti, adinspectavit, adinspectavimus, adinspectavistis, adinspectaverunt / adinspectavere _fut_ adinspectabo, adinspectabis, adinspectabit, adinspectabimus, adinspectabitis, adinspectabunt _plu_ adinspectaveram, adinspectaveras, adinspectaverat, adinspectaveramus, adinspectaveratis, adinspectaverant _fpr_ adinspectavero, adinspectaveris, adinspectaverit, adinspectaverimus, adinspectaveritis, adinspectaverint _pas.pre_ adinspector, adinspectaris / adinspectare, adinspectatur, adinspectamur, adinspectamini, adinspectantur _pas.imp_ adinspectabar, adinspectabaris / adinspectabare, adinspectabatur, adinspectabamur, adinspectabamini, adinspectabantur _pas.fut_ adinspectabor, adinspectaberis / adinspectabere, adinspectabitur, adinspectabimur, adinspectabimini, adinspectabuntur • **sub** _pre_ adinspectem, adinspectes, adinspectet, adinspectemus, adinspectetis, adinspectent *imp* adinspectarem, adinspectares, adinspectaret, adinspectaremus, adinspectaretis, adinspectarent *prt* adinspectaverim, adinspectaveris, adinspectaverit, adinspectaverimus, adinspectaveritis, adinspectaverint *plu* adinspectavissem, adinspectavisses, adinspectavisset, adinspectavissemus, adinspectavissetis, adinspectavissent *pas.pre* adinspecter, adinspecteris / adinspectere, adinspectetur, adinspectemur, adinspectemini, adinspectentur *pas.imp* adinspectarer, adinspectareris / adinspectarere, adinspectaretur, adinspectaremur, adinspectaremini, adinspectarentur • **imp** *pre* –, adinspecta, –, –, adinspectate, – *fut* –, adinspectato, adinspectato, –, adinspectatote, adinspectanto *pas.pre* –, adinspectare, –, –, adinspectamini, – *pas.fut* –, adinspectator, adinspectator, –, –, adinspectantor • **inf** *pre* adinspectare *prt* adinspectavisse *fut* adinspectaturus esse *pas.pre* adinspectari *pas.prt* adinspectatus esse *pas.fut* adinspectatum iri • **ger** adinspectare / adinspectandi / adinspectando / adinspectandum • **sup** adinspectatum / adinspectatu • **par** *pre* adinspectans *prt* – *fut* adinspectaturus *pas.pre* – *pas.prt* adinspectatus *pas.fut* adinspectandus

adipiscor /arrive at, reach/ • **ind** *pre* adipiscor, adipisceris / adipiscere, adipiscitur, adipiscimur, adipiscimini, adipiscuntur *imp* adipiscebar, adipiscebaris / adipiscebare, adipiscebatur, adipiscebamur, adipiscebamini, adipiscebantur *prt* — *fut* adipiscar, adipisceris / adipiscere, adipiscetur, adipiscemur, adipiscemini, adipiscentur *plu* — *fpr* — *pas.pre* — *pas.imp* — *pas.fut* — • **sub** *pre* adipiscar, adipiscaris / adipiscare, adipiscatur, adipiscamur, adipiscamini, adipiscantur *imp* adipiscerer, adipiscereris / adipiscerere, adipisceretur, adipisceremur, adipisceremini, adipiscerentur *prt* — *plu* — *pas.pre* — *pas.imp* — • **imp** *pre* –, adipiscere, –, –, adipiscimini, – *fut* –, adipiscitor, adipiscitor, –, –, adipiscuntor *pas.pre* — *pas.fut* — • **inf** *pre* adipisci *prt* adeptus esse *fut* adepturus esse *pas.pre* – *pas.prt* – *pas.fut* – • **ger** adipisci / adipiscendi / adipiscendo / adipiscendum • **sup** adeptum / adeptu • **par** *pre* adipiscens *prt* adeptus *fut* adepturus *pas.pre* – *pas.prt* – *pas.fut* adipiscendus

adiuro /swear to, confirm by an oath/ • **ind** *pre* adiuro, adiuras, adiurat, adiuramus, adiuratis, adiurant *imp* adiurabam, adiurabas, adiurabat, adiurabamus, adiurabatis, adiurabant *prt* adiuravi, adiuravisti, adiuravit, adiuravimus, adiuravistis, adiuraverunt / adiuravere *fut* adiurabo, adiurabis, adiurabit, adiurabimus, adiurabitis, adiurabunt *plu* adiuraveram, adiuraveras, adiuraverat, adiuraveramus, adiuraveratis, adiuraverant *fpr* adiuravero, adiuraveris, adiuraverit, adiuraverimus, adiuraveritis, adiuraverint *pas.pre* adiuror, adiuraris / adiurare, adiuratur, adiuramur, adiuramini, adiurantur *pas.imp* adiurabar, adiurabaris / adiurabare, adiurabatur, adiurabamur, adiurabamini, adiurabantur *pas.fut* adiurabor, adiuraberis / adiurabere, adiurabitur, adiurabimur, adiurabimini, adiurabuntur • **sub** *pre* adiurem, adiures, adiuret, adiuremus, adiuretis, adiurent *imp* adiurarem, adiurares, adiuraret, adiuraremus, adiuraretis, adiurarent *prt* adiuraverim, adiuraveris, adiuraverit, adiuraverimus, adiuraveritis, adiuraverint *plu* adiuravissem, adiuravisses, adiuravisset, adiuravissemus, adiuravissetis, adiuravissent *pas.pre* adiurer, adiureris / adiurere, adiuretur, adiuremur, adiuremini, adiurentur *pas.imp* adiurarer, adiurareris / adiurarere, adiuraretur, adiuraremur, adiuraremini, adiurarentur • **imp** *pre* –, adiura, –, –, adiurate, – *fut* –, adiurato, adiurato, –, adiuratote, adiuranto *pas.pre* –, adiurare, –, –, adiuramini, – *pas.fut* –, adiurator, adiurator, –, –, adiurantor • **inf** *pre* adiurare *prt* adiuravisse *fut* adiuraturus esse *pas.pre* adiurari *pas.prt* adiuratus esse *pas.fut* adiuratum iri • **ger** adiurare / adiurandi / adiurando / adiurandum • **sup** adiuratum / adiuratu • **par** *pre* adiurans *prt* – *fut* adiuraturus *pas.pre* – *pas.prt* adiuratus *pas.fut* adiurandus

adsum /be present, arrive/ • **ind** *pre* adsum, ades, adest, adsumus, adestis, adsunt *imp* aderam, aderas, aderat, aderamus, aderatis, aderant *prt* adfui, adfuisti, adfuit, adfuimus, adfuistis, adfuerunt / adfuere *fut* adero, aderis / adere, aderit, aderimus, aderitis, aderunt *plu* adfueram, adfueras, adfuerat, adfueramus, adfueratis, adfuerant *fpr* adfuero, adfueris, adfuerit, adfuerimus, adfueritis, adfuerint *pas.pre* — *pas.imp* — *pas.fut* — • **sub** *pre* adsim, adsis, adsit, adsimus, adsitis, adsint *imp* adessem / adforem, adesses / adfores, adesset / adforet, adessemus / adforemus, adessetis / adforetis, adessent / adforent *prt* adfuerim, adfueris, adfuerit, adfuerimus, adfueritis, adfuerint *plu* adfuissem, adfuisses, adfuisset, adfuissemus, adfuissetis, adfuissent *pas.pre* — *pas.imp* — • **imp** *pre* –, ades, –, –, adeste, – *fut* –, adesto, adesto, –, adestote, adsunto *pas.pre* — *pas.fut* — • **inf** *pre* adesse *prt* adfuisse *fut* adfuturus esse / adfore *pas.pre* — *pas.prt* — *pas.fut* — • **ger** - / – / – / – • **sup** - / – • **par** *pre* – *prt* – *fut* adfuturus *pas.pre* — *pas.prt* — *pas.fut* —

adverto /turn, towards, steer, pilot/ • **ind** *pre* adverto, advertis, advertit, advertimus, advertitis, advertunt *imp* advertebam, advertebas, advertebat, advertebamus, advertebatis, advertebant *prt* adverti, advertisti, advertit, advertimus, advertistis, adverterunt / advertere *fut* advertam, advertes, advertet, advertemus, advertetis, advertent *plu* adverteram, adverteras, adverterat, adverteramus, adverteratis, adverterant *fpr* advertero, adverteris, adverterit, adverterimus, adverteritis, adverterint *pas.pre* advertor, adverteris / advertere, advertitur, advertimur, advertimini, advertuntur *pas.imp* advertebar, advertebaris / advertebare, advertebatur, advertebamur, advertebamini, advertebantur *pas.fut* advertar, adverteris / advertere, advertetur, advertemur, advertemini, advertentur • **sub** *pre* advertam, advertas, advertat, advertamus, advertatis, advertant *imp* adverterem, adverteres, adverteret, adverteremus, adverteretis, adverterent *prt* adverterim, adverteris, adverterit, adverterimus, adverteritis, adverterint *plu* advertissem, advertisses, advertisset, advertissemus, advertissetis, advertissent *pas.pre* advertar, advertaris / advertare, advertatur, advertamur, advertamini, advertantur *pas.imp* adverterer, advertereris / adverterere, adverteretur, adverteremur, adverteremini, adverterentur • **imp** *pre* –, adverte, –, –, advertite, – *fut* –, advertito, advertito, –, advertitote, advertunto *pas.pre* –, advertere, –, –, advertimini, – *pas.fut* –, advertitor, advertitor, –, –, advertuntor • **inf** *pre* advertere *prt* advertisse *fut* adversurus esse *pas.pre* adverti *pas.prt* adversus esse *pas.fut* adversum iri • **ger** advertere / advertendi / advertendo / advertendum • **sup** adversum / adversu • **par** *pre* advertens *prt* – *fut* adversurus *pas.pre* – *pas.prt* adversus *pas.fut* advertendus

aestimo /determine the value of something, value/ • **ind** *pre* aestimo, aestimas, aestimat, aestimamus, aestimatis, aestimant *imp* aestimabam, aestimabas, aestimabat, aestimabamus, aestimabatis, aestimabant *prt* aestimavi, aestimavisti, aestimavit, aestimavimus, aestimavistis, aestimaverunt / aestimavere *fut* aestimabo, aestimabis, aestimabit, aestimabimus, aestimabitis, aestimabunt *plu* aestimaveram, aestimaveras, aestimaverat, aestimaveramus, aestimaveratis, aestimaverant *fpr* aestimavero, aestimaveris, aestimaverit, aestimaverimus, aestimaveritis, aestimaverint *pas.pre* aestimor, aestimaris / aestimare, aestimatur, aestimamur, aestimamini, aestimantur *pas.imp* aestimabar, aestimabaris / aestimabare, aestimabatur, aestimabamur, aestimabamini, aestimabantur *pas.fut* aestimabor, aestimaberis / aestimabere, aestimabitur, aestimabimur, aestimabimini, aestimabuntur • **sub** *pre* aestimem, aestimes, aestimet, aestimemus, aestimetis, aestiment *imp* aestimarem, aestimares, aestimaret, aestimaremus, aestimaretis, aestimarent *prt* aestimaverim, aestimaveris, aestimaverit, aestimaverimus, aestimaveritis, aestimaverint *plu* aestimavissem, aestimavisses, aestimavisset, aestimavissemus, aestimavissetis, aestimavissent *pas.pre* aestimer, aestimeris / aestimere, aestimetur, aestimemur, aestimemini, aestimentur *pas.imp* aestimarer, aestimareris / aestimarere, aestimaretur, aestimaremur, aestimaremini, aestimarentur • **imp** *pre* –, aestima, –, –, aestimate, – *fut* –, aestimato, aestimato, –, aestimatote, aestimanto *pas.pre* –, aestimare, –, –, aestimamini, – *pas.fut* –, aestimator, aestimator, –, –, aestimantor • **inf** *pre* aestimare *prt* aestimavisse *fut* aestimaturus esse *pas.pre* aestimari *pas.prt* aestimatus esse *pas.fut* aestimatum iri • **ger** aestimare / aestimandi / aestimando /

aestimandum • **sup** aestimatum / aestimatu • **par** _pre_ aestimans _prt_ – _fut_ aestimaturus _pas.pre_ – _pas.prt_ aestimatus _pas.fut_ aestimandus

affero /carry forth, bring forth/ • **ind** _pre_ affero, affers, affert, afferimus, affertis, afferunt _imp_ afferebam, afferebas, afferebat, afferebamus, afferebatis, afferebant _prt_ attuli, attulisti, attulit, attulimus, attulistis, attulerunt / attulere _fut_ afferam, afferes, afferet, afferemus, afferetis, afferent _plu_ attuleram, attuleras, attulerat, attuleramus, attuleratis, attulerant _fpr_ attulero, attuleris, attulerit, attulerimus, attuleritis, attulerint _pas.pre_ afferor, afferris / afferre, affertur, afferimur, afferimini, afferuntur _pas.imp_ afferebar, afferebaris / afferebare, afferebatur, afferebamur, afferebamini, afferebantur _pas.fut_ afferar, affereris / afferere, afferetur, afferemur, afferemini, afferentur • **sub** _pre_ afferam, afferas, afferat, afferamus, afferatis, afferant _imp_ afferrem, afferres, afferret, afferremus, afferretis, afferrent _prt_ attulerim, attuleris, attulerit, attulerimus, attuleritis, attulerint _plu_ attulissem, attulisses, attulisset, attulissemus, attulissetis, attulissent _pas.pre_ afferar, afferaris / afferare, afferatur, afferamur, afferamini, afferantur _pas.imp_ afferrer, afferreris / afferrere, afferretur, afferremur, afferremini, afferrentur • **imp** _pre_ –, affer, –, –, afferte, – _fut_ –, afferto, afferto, –, affertote, afferunto _pas.pre_ –, afferre, –, –, afferimini, – _pas.fut_ –, affertor, affertor, –, –, afferuntor • **inf** _pre_ afferre _prt_ attulisse _fut_ allaturus esse _pas.pre_ afferri _pas.prt_ allatus esse _pas.fut_ allatum iri • **ger** afferre / afferendi / afferendo / afferendum • **sup** allatum / allatu • **par** _pre_ afferens _prt_ – _fut_ allaturus _pas.pre_ – _pas.prt_ allatus _pas.fut_ afferendus

afficio /treat, manage/ • **ind** _pre_ afficio, afficis, afficit, afficimus, afficitis, afficiunt _imp_ afficiebam, afficiebas, afficiebat, afficiebamus, afficiebatis, afficiebant _prt_ affeci, affecisti, affecit, affecimus, affecistis, affecerunt / affecere _fut_ afficiam, afficies, afficiet, afficiemus, afficietis, afficient _plu_ affeceram, affeceras, affecerat, affeceramus, affeceratis, affecerant _fpr_ affecero, affeceris, affecerit, affecerimus, affeceritis, affecerint _pas.pre_ afficior, afficeris / afficere, afficitur, afficimur, afficimini, afficiuntur _pas.imp_ afficiebar, afficiebaris / afficiebare, afficiebatur, afficiebamur, afficiebamini, afficiebantur _pas.fut_ afficiar, afficieris / afficiere, afficietur, afficiemur, afficiemini, afficientur • **sub** _pre_ afficiam, afficias, afficiat, afficiamus, afficiatis, afficiant _imp_ afficerem, afficeres, afficeret, afficeremus, afficeretis, afficerent _prt_ affecerim, affeceris, affecerit, affecerimus, affeceritis, affecerint _plu_ affecissem, affecisses, affecisset, affecissemus, affecissetis, affecissent _pas.pre_ afficiar, afficiaris / afficiare, afficiatur, afficiamur, afficiamini, afficiantur _pas.imp_ afficerer, afficereris / afficerere, afficeretur, afficeremur, afficeremini, afficerentur • **imp** _pre_ –, affice, –, –, afficite, – _fut_ –, afficito,

afficito, –, afficitote, afficiunto *pas.pre* –, afficere, –, –, afficimini, – *pas.fut* –, afficitor, afficitor, –, –, afficiuntor • **inf** *pre* afficere *prt* affecisse *fut* affecturus esse *pas.pre* afficier *pas.prt* affectus esse *pas.fut* affectum iri • **ger** afficere / afficiendi / afficiendo / afficiendum • **sup** affectum / affectu • **par** *pre* afficiens *prt* – *fut* affecturus *pas.pre* – *pas.prt* affectus *pas.fut* afficiendus

aggenero /produce/ • **ind** *pre* aggenero, aggeneras, aggenerat, aggeneramus, aggeneratis, aggenerant *imp* aggenerabam, aggenerabas, aggenerabat, aggenerabamus, aggenerabatis, aggenerabant *prt* aggeneravi, aggeneravisti, aggeneravit, aggeneravimus, aggeneravistis, aggeneraverunt / aggeneravere *fut* aggenerabo, aggenerabis, aggenerabit, aggenerabimus, aggenerabitis, aggenerabunt *plu* aggeneraveram, aggeneraveras, aggeneraverat, aggeneraveramus, aggeneraveratis, aggeneraverant *fpr* aggeneravero, aggeneraveris, aggeneraverit, aggeneraverimus, aggeneraveritis, aggeneraverint *pas.pre* aggeneror, aggeneraris / aggenerare, aggeneratur, aggeneramur, aggeneramini, aggenerantur *pas.imp* aggenerabar, aggenerabaris / aggenerabare, aggenerabatur, aggenerabamur, aggenerabamini, aggenerabantur *pas.fut* aggenerabor, aggeneraberis / aggenerabere, aggenerabitur, aggenerabimur, aggenerabimini, aggenerabuntur • **sub** *pre* aggenerem, aggeneres, aggeneret, aggeneremus, aggeneretis, aggenerent *imp* aggenerarem, aggenerares, aggeneraret, aggeneraremus, aggeneraretis, aggenerarent *prt* aggeneraverim, aggeneraveris, aggeneraverit, aggeneraverimus, aggeneraveritis, aggeneraverint *plu* aggeneravissem, aggeneravisses, aggeneravisset, aggeneravissemus, aggeneravissetis, aggeneravissent *pas.pre* aggenerer, aggenereris / aggenerere, aggeneretur, aggeneremur, aggeneremini, aggenerentur *pas.imp* aggenerarer, aggenerareris / aggenerarere, aggeneraretur, aggeneraremur, aggeneraremini, aggenerarentur • **imp** *pre* –, aggenera, –, –, aggenerate, – *fut* –, aggenerato, aggenerato, –, aggeneratote, aggeneranto *pas.pre* –, aggenerare, –, –, aggeneramini, – *pas.fut* –, aggenerator, aggenerator, –, –, aggenerantor • **inf** *pre* aggenerare *prt* aggeneravisse *fut* aggeneraturus esse *pas.pre* aggenerari *pas.prt* aggeneratus esse *pas.fut* aggeneratum iri • **ger** aggenerare / aggenerandi / aggenerando / aggenerandum • **sup** aggeneratum / aggeneratu • **par** *pre* aggenerans *prt* – *fut* aggeneraturus *pas.pre* – *pas.prt* aggeneratus *pas.fut* aggenerandus

ago /do, act/ • **ind** *pre* ago, agis, agit, agimus, agitis, agunt *imp* agebam, agebas, agebat, agebamus, agebatis, agebant *prt* egi, egisti, egit, egimus, egistis, egerunt / egere *fut* agam, ages, aget, agemus, agetis, agent *plu* egeram, egeras, egerat, egeramus, egeratis, egerant *fpr* egero, egeris, egerit, egerimus, egeritis, egerint *pas.pre* agor, ageris / agere, agitur, agimur, agimini, aguntur *pas.imp* agebar, agebaris / agebare, agebatur, agebamur, agebamini, agebantur *pas.fut* agar, ageris / agere, agetur, agemur, agemini, agentur • **sub** *pre* agam, agas, agat, agamus, agatis, agant *imp* agerem, ageres, ageret, ageremus, ageretis, agerent *prt* egerim, egeris, egerit, egerimus, egeritis, egerint *plu* egissem, egisses, egisset, egissemus, egissetis, egissent *pas.pre* agar, agaris / agare, agatur, agamur, agamini, agantur *pas.imp* agerer, agereris / agerere, ageretur, ageremur, ageremini, agerentur • **imp** *pre* –, age, –, –, agite, – *fut* –, agito, agito, –, agitote, agunto *pas.pre* –, agere, –, –, agimini, – *pas.fut* –, agitor, agitor, –, –, aguntor • **inf** *pre* agere *prt* egisse *fut* acturus esse *pas.pre* agi *pas.prt* actus esse *pas.fut* actum iri • **ger** agere / agendi / agendo / agendum • **sup** actum / actu • **par** *pre* agens *prt* – *fut* acturus *pas.pre* – *pas.prt* actus *pas.fut* agendus

alo /foster, nourish/ • **ind** *pre* alo, alis, alit, alimus, alitis, alunt *imp* alebam, alebas, alebat, alebamus, alebatis, alebant *prt* alui, aluisti, aluit, aluimus, aluistis, aluerunt / aluere *fut* alam, ales, alet, alemus, aletis, alent *plu* alueram, alueras, aluerat, alueramus, alueratis, aluerant *fpr* aluero, alueris, aluerit, aluerimus, alueritis, aluerint *pas.pre* alor, aleris / alere, alitur, alimur, alimini, aluntur *pas.imp* alebar, alebaris / alebare, alebatur, alebamur, alebamini, alebantur *pas.fut* alar, aleris / alere, aletur, alemur, alemini, alentur • **sub** *pre* aluissem, aluisses, aluisset, aluissemus, aluissetis, aluissent *imp* alar, alaris / alare, alatur, alamur, alamini, alantur *prt* alerer, alereris / alerere, aleretur, aleremur, aleremini, alerentur *plu* –, ale, –, –, alite, – *pas.pre* –, alito, alito, –, alitote, alunto *pas.imp* –, alere, –, –, alimini, – • **imp** *pre* –, –, –, –, altus, – *fut* –, alendi, alendo, –, altum, altu *pas.pre* — *pas.fut* — • **inf** *pre* alo *prt* alis *fut* alit *pas.pre* alimus *pas.prt* alitis *pas.fut* alunt • **ger** alam / ales / alet / alemus • **sup** aletis / alent • **par** *pre* alebam *prt* alebas *fut* alebat *pas.pre* alebamus *pas.prt* *pas.fut* alebant

amplector /surround, encircle, entwine/ • **ind** *pre* amplector, amplecteris / amplectere, amplectitur, amplectimur, amplectimini, amplectuntur *imp* amplectebar, amplectebaris / amplectebare, amplectebatur, amplectebamur, amplectebamini, amplectebantur *prt* — *fut* amplectar, amplecteris / amplectere, amplectetur, amplectemur, amplectemini, amplectentur *plu* — *fpr* — *pas.pre* — *pas.imp* — *pas.fut* — • **sub** *pre* amplectar, amplectaris / amplectare, amplectatur, amplectamur, amplectamini, amplectantur *imp* amplecterer, amplectereris / amplecterere, amplecteretur, amplecteremur, amplecteremini, amplecterentur *prt* — *plu* — *pas.pre* — *pas.imp* — • **imp** *pre* –, amplectere, –, –, amplectimini, – *fut* –, amplectitor, amplectitor, –, –, amplectuntor *pas.pre* —

pas.fut — • **inf** *pre* amplecti *prt* amplexus esse *fut* amplexurus esse *pas.pre* – *pas.prt* – *pas.fut* – • **ger** amplecti / amplectendi / amplectendo / amplectendum • **sup** amplexum / amplexu • **par** *pre* amplectens *prt* amplexus *fut* amplexurus *pas.pre* – *pas.prt* – *pas.fut* amplectendus

amputo /prune/ • **ind** *pre* amputo, amputas, amputat, amputamus, amputatis, amputant *imp* amputabam, amputabas, amputabat, amputabamus, amputabatis, amputabant *prt* amputavi, amputavisti / amputasti, amputavit, amputavimus, amputavistis / amputastis, amputaverunt / amputavere *fut* amputabo, amputabis, amputabit, amputabimus, amputabitis, amputabunt *plu* amputaveram, amputaveras, amputaverat, amputaveramus, amputaveratis, amputaverant *fpr* amputavero, amputaveris, amputaverit, amputaverimus, amputaveritis, amputaverint *pas.pre* amputor, amputaris / amputare, amputatur, amputamur, amputamini, amputantur *pas.imp* amputabar, amputabaris / amputabare, amputabatur, amputabamur, amputabamini, amputabantur *pas.fut* amputabor, amputaberis / amputabere, amputabitur, amputabimur, amputabimini, amputabuntur • **sub** *pre* amputem, amputes, amputet, amputemus, amputetis, amputent *imp* amputarem, amputares, amputaret, amputaremus, amputaretis, amputarent *prt* amputaverim, amputaveris, amputaverit, amputaverimus, amputaveritis, amputaverint *plu* amputavissem / amputassem, amputavisses / amputasses, amputavisset / amputasset, amputavissemus / amputassemus, amputavissetis / amputassetis, amputavissent / amputassent *pas.pre* amputer, amputeris / amputere, amputetur, amputemur, amputemini, amputentur *pas.imp* amputarer, amputareris / amputarere, amputaretur, amputaremur, amputaremini, amputarentur • **imp** *pre* –, amputa, –, –, amputate, – *fut* –, amputato, amputato, –, amputatote, amputanto *pas.pre* –, amputare, –, –, amputamini, – *pas.fut* –, amputator, amputator, –, –, amputantor • **inf** *pre* amputare *prt* amputavisse / amputasse *fut* amputaturus esse *pas.pre* amputari *pas.prt* amputatus esse *pas.fut* amputatum iri • **ger** amputare / amputandi / amputando / amputandum • **sup** amputatum / amputatu • **par** *pre* amputans *prt* – *fut* amputaturus *pas.pre* – *pas.prt* amputatus *pas.fut* amputandus

aperio /uncover, open/ • **ind** *pre* aperio, aperis, aperit, aperimus, aperitis, aperiunt *imp* aperiebam, aperiebas, aperiebat, aperiebamus, aperiebatis, aperiebant *prt* aperui, aperuisti, aperuit, aperuimus, aperuistis, aperuerunt / aperuere *fut* aperiam, aperies, aperiet, aperiemus, aperietis, aperient *plu* aperueram, aperueras, aperuerat, aperueramus, aperueratis, aperuerant *fpr* aperuero, aperueris, aperuerit, aperuerimus, aperueritis, aperuerint *pas.pre* aperior, aperiris / aperire, aperitur, aperimur, aperimini, aperiuntur *pas.imp* aperiebar, aperiebaris / aperiebare, aperiebatur, aperiebamur, aperiebamini, aperiebantur _pas.fut_ aperiar, aperieris / aperiere, aperietur, aperiemur, aperiemini, aperientur • **sub** _pre_ aperiam, aperias, aperiat, aperiamus, aperiatis, aperiant _imp_ aperirem, aperires, aperiret, aperiremus, aperiretis, aperirent _prt_ aperuerim, aperueris, aperuerit, aperuerimus, aperueritis, aperuerint _plu_ aperuissem, aperuisses, aperuisset, aperuissemus, aperuissetis, aperuissent _pas.pre_ aperiar, aperiaris / aperiare, aperiatur, aperiamur, aperiamini, aperiantur _pas.imp_ aperirer, aperireris / aperirere, aperiretur, aperiremur, aperiremini, aperirentur • **imp** _pre_ –, aperi, –, –, aperite, – _fut_ –, aperito, aperito, –, aperitote, aperiunto _pas.pre_ –, aperire, –, –, aperimini, – _pas.fut_ –, aperitor, aperitor, –, –, aperiuntor • **inf** _pre_ aperire _prt_ aperuisse _fut_ aperturus esse _pas.pre_ aperiri _pas.prt_ apertus esse _pas.fut_ apertum iri • **ger** aperire / aperiendi / aperiendo / aperiendum • **sup** apertum / apertu • **par** _pre_ aperiens _prt_ – _fut_ aperturus _pas.pre_ – _pas.prt_ apertus _pas.fut_ aperiendus

appareo /appear, am visible/ • **ind** _pre_ appareo, appares, apparet, apparemus, apparetis, apparent _imp_ apparebam, apparebas, apparebat, apparebamus, apparebatis, apparebant _prt_ apparui, apparuisti, apparuit, apparuimus, apparuistis, apparuerunt / apparuere _fut_ apparebo, apparebis, apparebit, apparebimus, apparebitis, apparebunt _plu_ apparueram, apparueras, apparuerat, apparueramus, apparueratis, apparuerant _fpr_ apparuero, apparueris, apparuerit, apparuerimus, apparueritis, apparuerint _pas.pre_ appareor, appareris / apparere, apparetur, apparemur, apparemini, apparentur _pas.imp_ apparebar, apparebaris / apparebare, apparebatur, apparebamur, apparebamini, apparebantur _pas.fut_ apparebor, apparebereris / apparebere, apparebitur, apparebimur, apparebimini, apparebuntur • **sub** _pre_ appaream, appareas, appareat, appareamus, appareatis, appareant _imp_ apparerem, appareres, appareret, appareremus, appareretis, apparerent _prt_ apparuerim, apparueris, apparuerit, apparuerimus, apparueritis, apparuerint _plu_ apparuissem, apparuisses, apparuisset, apparuissemus, apparuissetis, apparuissent _pas.pre_ apparear, appareris / appareare, appareatur, appareamur, appareamini, appareantur _pas.imp_ apparerer, apparereris / apparerere, appareretur, appareremur, apparereremini, apparerentur • **imp** _pre_ –, appare, –, –, apparete, – _fut_ –, appareto, appareto, –, apparetote, apparento _pas.pre_ –, apparere, –, –, apparemini, – _pas.fut_ –, apparetor, apparetor, –, –, apparentor • **inf** _pre_ apparere _prt_ apparuisse _fut_ appariturus esse _pas.pre_ appareri _pas.prt_ apparitus esse _pas.fut_ apparitum iri • **ger** apparere / apparendi / apparendo / apparendum • **sup** apparitum / apparitu • **par** _pre_ apparens _prt_ – _fut_ appariturus _pas.pre_ – _pas.prt_ apparitus _pas.fut_ apparendus

arbitror /judge, witness/ • **ind** _pre_ arbitror, arbitraris / arbitrare, arbitratur, arbitramur, arbitramini, arbitrantur _imp_ arbitrabar, arbitrabaris / arbitrabare, arbitrabatur, arbitrabamur, arbitrabamini, arbitrabantur _prt_ — _fut_ arbitrabor, arbitraberis / arbitrabere, arbitrabitur, arbitrabimur, arbitrabimini, arbitrabuntur _plu_ — _fpr_ — _pas.pre_ — _pas.imp_ — _pas.fut_ — • **sub** _pre_ arbitrer, arbitreris / arbitrere, arbitretur, arbitremur, arbitremini, arbitrentur _imp_ arbitrarer, arbitrareris / arbitrarere, arbitraretur, arbitraremur, arbitraremini, arbitrarentur _prt_ — _plu_ — _pas.pre_ — _pas.imp_ — • **imp** _pre_ –, arbitrare, –, –, arbitramini, – _fut_ –, arbitrator, arbitrator, –, –, arbitrantor _pas.pre_ — _pas.fut_ — • **inf** _pre_ arbitrari / arbitrarier _prt_ arbitratus esse _fut_ arbitraturus esse _pas.pre_ – _pas.prt_ – _pas.fut_ – • **ger** arbitrari / arbitrarier / arbitrandi / arbitrando / arbitrandum • **sup** arbitratum / arbitratu • **par** _pre_ arbitrans _prt_ arbitratus _fut_ arbitraturus _pas.pre_ – _pas.prt_ – _pas.fut_ arbitrandus

arcesso /send for, call/ • **ind** _pre_ arcesso, arcessis, arcessit, arcessimus, arcessitis, arcessunt _imp_ arcessebam, arcessebas, arcessebat, arcessebamus, arcessebatis, arcessebant _prt_ arcessivi, arcessivisti, arcessivit, arcessivimus, arcessivistis, arcessiverunt / arcessivere _fut_ arcessam, arcesses, arcesset, arcessemus, arcessetis, arcessent _plu_ arcessiveram, arcessiveras, arcessiverat, arcessiveramus, arcessiveratis, arcessiverant _fpr_ arcessivero, arcessiveris, arcessiverit, arcessiverimus, arcessiveritis, arcessiverint _pas.pre_ arcessor, arcesseris / arcessere, arcessitur, arcessimur, arcessimini, arcessuntur _pas.imp_ arcessebar, arcessebaris / arcessebare, arcessebatur, arcessebamur, arcessebamini, arcessebantur _pas.fut_ arcessar, arcesseris / arcessere, arcessetur, arcessemur, arcessemini, arcessentur • **sub** _pre_ arcessam, arcessas, arcessat, arcessamus, arcessatis, arcessant _imp_ arcesserem, arcesseres, arcesseret, arcesseremus, arcesseretis, arcesserent _prt_ arcessiverim, arcessiveris, arcessiverit, arcessiverimus, arcessiveritis, arcessiverint _plu_ arcessivissem, arcessivisses, arcessivisset, arcessivissemus, arcessivissetis, arcessivissent _pas.pre_ arcessar, arcessaris / arcessare, arcessatur, arcessamur, arcessamini, arcessantur _pas.imp_ arcesserer, arcessereris / arcesserere, arcesseretur, arcesseremur, arcesseremini, arcesserentur • **imp** _pre_ –, arcesse, –, –, arcessite, – _fut_ –, arcessito, arcessito, –, arcessitote, arcessunto _pas.pre_ –, arcessere, –, –, arcessimini, – _pas.fut_ –, arcessitor, arcessitor, –, –, arcessuntor • **inf** _pre_ arcessere _prt_ arcessivisse _fut_ arcessiturus esse _pas.pre_ arcessi _pas.prt_ arcessitus esse _pas.fut_ arcessitum iri • **ger** arcessere / arcessendi / arcessendo / arcessendum • **sup** arcessitum / arcessitu • **par** _pre_ arcessens _prt_ – _fut_ arcessiturus _pas.pre_ – _pas.prt_ arcessitus _pas.fut_ arcessendus

arguo /show, prove/ • **ind** _pre_ arguo, arguis, arguit, arguimus, arguitis, arguunt _imp_ arguebam, arguebas, arguebat, arguebamus, arguebatis, arguebant _prt_ argui, arguisti, arguit, arguimus, arguistis, arguerunt / arguere _fut_ arguam, argues, arguet, arguemus, arguetis, arguent _plu_ argueram, argueras, arguerat, argueramus, argueratis, arguerant _fpr_ arguero, argueris, arguerit, arguerimus, argueritis, arguerint _pas.pre_ arguor, argueris / arguere, arguitur, arguimur, arguimini, arguuntur _pas.imp_ arguebar, arguebaris / arguebare, arguebatur, arguebamur, arguebamini, arguebantur _pas.fut_ arguar, argueris / arguere, arguetur, arguemur, arguemini, arguentur • **sub** _pre_ arguam, arguas, arguat, arguamus, arguatis, arguant _imp_ arguerem, argueres, argueret, argueremus, argueretis, arguerent _prt_ arguerim, argueris, arguerit, arguerimus, argueritis, arguerint _plu_ arguissem, arguisses, arguisset, arguissemus, arguissetis, arguissent _pas.pre_ arguar, arguaris / arguare, arguatur, arguamur, arguamini, arguantur _pas.imp_ arguerer, arguereris / arguerere, argueretur, argueremur, argueremini, arguerentur • **imp** _pre_ –, argue, –, –, arguite, – _fut_ –, arguito, arguito, –, arguitote, arguunto _pas.pre_ –, arguere, –, –, arguimini, – _pas.fut_ –, arguitor, arguitor, –, –, arguuntor • **inf** _pre_ arguere _prt_ arguisse _fut_ arguturus esse _pas.pre_ argui _pas.prt_ argutus esse _pas.fut_ argutum iri • **ger** arguere / arguendi / arguendo / arguendum • **sup** argutum / argutu • **par** _pre_ arguens _prt_ – _fut_ arguturus _pas.pre_ – _pas.prt_ argutus _pas.fut_ arguendus

ascendo /climb up, go up/ • **ind** _pre_ ascendo, ascendis, ascendit, ascendimus, ascenditis, ascendunt _imp_ ascendebam, ascendebas, ascendebat, ascendebamus, ascendebatis, ascendebant _prt_ ascendi, ascendisti, ascendit, ascendimus, ascendistis, ascenderunt / ascendere _fut_ ascendam, ascendes, ascendet, ascendemus, ascendetis, ascendent _plu_ ascenderam, ascenderas, ascenderat, ascenderamus, ascenderatis, ascenderant _fpr_ ascendero, ascenderis, ascenderit, ascenderimus, ascenderitis, ascenderint _pas.pre_ ascendor, ascenderis / ascendere, ascenditur, ascendimur, ascendimini, ascenduntur _pas.imp_ ascendebar, ascendebaris / ascendebare, ascendebatur, ascendebamur, ascendebamini, ascendebantur _pas.fut_ ascendar, ascenderis / ascendere, ascendetur, ascendemur, ascendemini, ascendentur • **sub** _pre_ ascendam, ascendas, ascendat, ascendamus, ascendatis, ascendant _imp_ ascenderem, ascenderes, ascenderet, ascenderemus, ascenderetis, ascenderent _prt_ ascenderim, ascenderis, ascenderit, ascenderimus, ascenderitis, ascenderint _plu_ ascendissem, ascendisses, ascendisset, ascendissemus, ascendissetis, ascendissent _pas.pre_ ascendar, ascendaris / ascendare, ascendatur, ascendamur, ascendamini, ascendantur _pas.imp_ ascenderer, ascendereris / ascenderere, ascenderetur, ascenderemur, ascenderemini, ascenderentur • **imp** _pre_ –, ascende,

–, –, ascendite, – *fut* –, ascendito, ascendito, –, ascenditote, ascendunto *pas.pre* –, ascendere, –, –, ascendimini, – *pas.fut* –, ascenditor, ascenditor, –, –, ascenduntor • **inf** *pre* ascendere *prt* ascendisse *fut* ascensurus esse *pas.pre* ascendi *pas.prt* ascensus esse *pas.fut* ascensum iri • **ger** ascendere / ascendendi / ascendendo / ascendendum • **sup** ascensum / ascensu • **par** *pre* ascendens *prt* – *fut* ascensurus *pas.pre* – *pas.prt* ascensus *pas.fut* ascendendus

aspicio /look at, towards, behold/ • **ind** *pre* aspicio, aspicis, aspicit, aspicimus, aspicitis, aspiciunt *imp* aspiciebam, aspiciebas, aspiciebat, aspiciebamus, aspiciebatis, aspiciebant *prt* aspexi, aspexisti, aspexit, aspeximus, aspexistis, aspexerunt / aspexere *fut* aspiciam, aspicies, aspiciet, aspiciemus, aspicietis, aspicient *plu* aspexeram, aspexeras, aspexerat, aspexeramus, aspexeratis, aspexerant *fpr* aspexero, aspexeris, aspexerit, aspexerimus, aspexeritis, aspexerint *pas.pre* aspicior, aspiceris / aspicere, aspicitur, aspicimur, aspicimini, aspiciuntur *pas.imp* aspiciebar, aspiciebaris / aspiciebare, aspiciebatur, aspiciebamur, aspiciebamini, aspiciebantur *pas.fut* aspiciar, aspicieris / aspiciere, aspicietur, aspiciemur, aspiciemini, aspicientur • **sub** *pre* aspiciam, aspicias, aspiciat, aspiciamus, aspiciatis, aspiciant *imp* aspicerem, aspiceres, aspiceret, aspiceremus, aspiceretis, aspicerent *prt* aspexerim, aspexeris, aspexerit, aspexerimus, aspexeritis, aspexerint *plu* aspexissem, aspexisses, aspexisset, aspexissemus, aspexissetis, aspexissent *pas.pre* aspiciar, aspiciaris / aspiciare, aspiciatur, aspiciamur, aspiciamini, aspiciantur *pas.imp* aspicerer, aspicereris / aspicerere, aspiceretur, aspiceremur, aspiceremini, aspicerentur • **imp** *pre* –, aspice, –, –, aspicite, – *fut* –, aspicito, aspicito, –, aspicitote, aspiciunto *pas.pre* –, aspicere, –, –, aspicimini, – *pas.fut* –, aspicitor, aspicitor, –, –, aspiciuntor • **inf** *pre* aspicere *prt* aspexisse *fut* aspecturus esse *pas.pre* aspici *pas.prt* aspectus esse *pas.fut* aspectum iri • **ger** aspicere / aspiciendi / aspiciendo / aspiciendum • **sup** aspectum / aspectu • **par** *pre* aspiciens *prt* – *fut* aspecturus *pas.pre* – *pas.prt* aspectus *pas.fut* aspiciendus

assentior /agree with, assent to/ • **ind** *pre* assentior, assentiris / assentire, assentitur, assentimur, assentimini, assentiuntur *imp* assentiebar, assentiebaris / assentiebare, assentiebatur, assentiebamur, assentiebamini, assentiebantur *prt* — *fut* assentiar, assentieris / assentiere, assentietur, assentiemur, assentiemini, assentientur *plu* — *fpr* — *pas.pre* — *pas.imp* — *pas.fut* — • **sub** *pre* assentiar, assentiaris / assentiare, assentiatur, assentiamur, assentiamini, assentiantur *imp* assentirer, assentireris / assentirere, assentiretur, assentiremur, assentiremini, assentirentur *prt* — *plu* — *pas.pre* — *pas.imp* — • **imp** *pre* –, assentire,

–, –, assentimini, – *fut* –, assentitor, assentitor, –, –, assentiuntor *pas.pre* — *pas.fut* — • **inf** *pre* assentiri *prt* assensus esse *fut* assensurus esse *pas.pre* – *pas.prt* – *pas.fut* – • **ger** assentiri / assentiendi / assentiendo / assentiendum • **sup** assensum / assensu • **par** *pre* assentiens *prt* assensus *fut* assensurus *pas.pre* – *pas.prt* – *pas.fut* assentiendus

attestor /bear witness to, attest/ • **ind** *pre* attestor, attestaris / attestare, attestatur, attestamur, attestamini, attestantur *imp* attestabar, attestabaris / attestabare, attestabatur, attestabamur, attestabamini, attestabantur *prt* — *fut* attestabor, attestaberis / attestabere, attestabitur, attestabimur, attestabimini, attestabuntur *plu* — *fpr* — *pas.pre* — *pas.imp* — *pas.fut* — • **sub** *pre* attester, attesteris / attestere, attestetur, attestemur, attestemini, attestentur *imp* attestarer, attestareris / attestarere, attestaretur, attestaremur, attestaremini, attestarentur *prt* — *plu* — *pas.pre* — *pas.imp* — • **imp** *pre* –, attestare, –, –, attestamini, – *fut* –, attestator, attestator, –, –, attestantor *pas.pre* — *pas.fut* — • **inf** *pre* attestari *prt* attestatus esse *fut* attestaturus esse *pas.pre* – *pas.prt* – *pas.fut* — • **ger** attestari / attestandi / attestando / attestandum • **sup** attestatum / attestatu • **par** *pre* attestans *prt* attestatus *fut* attestaturus *pas.pre* – *pas.prt* – *pas.fut* attestandus

audeo /dare, venture/ • **ind** *pre* audeo, audes, audet, audemus, audetis, audent *imp* audebam, audebas, audebat, audebamus, audebatis, audebant *prt* ausi / ausus sum, ausisti / ausus es, ausit / ausus est, ausimus / ausi sumus, ausistis / ausi estis, auserunt / ausere / ausi sunt *fut* audebo, audebis, audebit, audebimus, audebitis, audebunt *plu* auseram / ausus eram, auseras / ausus eras, auserat / ausus erat, auseramus / ausi eramus, auseratis / ausi eratis, auserant / ausi erant *fpr* ausero / ausus ero, auseris / ausus eris, auserit / ausus erit, auserimus / ausi erimus, auseritis / ausi eritis, auserint / ausi erint *pas.pre* — *pas.imp* — *pas.fut* — • **sub** *pre* audeam, audeas, audeat, audeamus, audeatis, audeant *imp* auderem, auderes, auderet, auderemus, auderetis, auderent *prt* auserim / ausus sim, auseris / ausus sis, auserit / ausus sit, auserimus / ausi simus, auseritis / ausi sitis, auserint / ausi sint *plu* ausissem / ausus essem, ausisses / ausus esses, ausisset / ausus esset, ausissemus / ausi essemus, ausissetis / ausi essetis, ausissent / ausi essent *pas.pre* — *pas.imp* — • **imp** *pre* — *fut* — *pas.pre* — *pas.fut* — • **inf** *pre* audere *prt* ausus esse *fut* ausurus esse *pas.pre* – *pas.prt* – *pas.fut* — • **ger** audere / audendi / audendo / audendum • **sup** ausum / ausu • **par** *pre* audens *prt* ausus *fut* ausurus *pas.pre* – *pas.prt* – *pas.fut* —

audio /hear, listen to/ • **ind** *pre* audio, audis, audit, audimus, auditis, audiunt *imp* audiebam, audiebas, audiebat, audiebamus, audiebatis, audiebant *prt* audivi, audivisti, audivit, audivimus, audivistis, audiverunt / audivere *fut* audiam, audies, audiet, audiemus, audietis, audient *plu* audiveram, audiveras, audiverat, audiveramus, audiveratis, audiverant *fpr* audivero, audiveris, audiverit, audiverimus, audiveritis, audiverint *pas.pre* audior, audiris / audire, auditur, audimur, audimini, audiuntur *pas.imp* audiebar, audiebaris / audiebare, audiebatur, audiebamur, audiebamini, audiebantur *pas.fut* audiar, audieris / audiere, audietur, audiemur, audiemini, audientur • **sub** *pre* audiam, audias, audiat, audiamus, audiatis, audiant *imp* audirem, audires, audiret, audiremus, audiretis, audirent *prt* audiverim, audiveris, audiverit, audiverimus, audiveritis, audiverint *plu* audivissem, audivisses, audivisset, audivissemus, audivissetis, audivissent *pas.pre* audiar, audiaris / audiare, audiatur, audiamur, audiamini, audiantur *pas.imp* audirer, audireris / audirere, audiretur, audiremur, audiremini, audirentur • **imp** *pre* –, audi, –, –, audite, – *fut* –, audito, audito, –, auditote, audiunto *pas.pre* –, audire, –, –, audimini, – *pas.fut* –, auditor, auditor, –, –, audiuntor • **inf** *pre* audire *prt* audivisse *fut* auditurus esse *pas.pre* audiri / audirier *pas.prt* auditus esse *pas.fut* auditum iri • **ger** audire / audiendi / audiendo / audiendum • **sup** auditum / auditu • **par** *pre* audiens *prt* – *fut* auditurus *pas.pre* – *pas.prt* auditus *pas.fut* audiendus

aufero /take away, carry off/ • **ind** *pre* aufero, aufers, aufert, auferimus, aufertis, auferunt *imp* auferebam, auferebas, auferebat, auferebamus, auferebatis, auferebant *prt* abstuli, abstulisti, abstulit, abstulimus, abstulistis, abstulerunt / abstulere *fut* auferam, auferes, auferet, auferemus, auferetis, auferent *plu* abstuleram, abstuleras, abstulerat, abstuleramus, abstuleratis, abstulerant *fpr* abstulero, abstuleris, abstulerit, abstulerimus, abstuleritis, abstulerint *pas.pre* auferor, auferris / auferre, aufertur, auferimur, auferimini, auferuntur *pas.imp* auferebar, auferebaris / auferebare, auferebatur, auferebamur, auferebamini, auferebantur *pas.fut* auferar, aufereris / auferere, auferetur, auferemur, auferemini, auferentur • **sub** *pre* auferam, auferas, auferat, auferamus, auferatis, auferant *imp* auferrem, auferres, auferret, auferremus, auferretis, auferrent *prt* abstulerim, abstuleris, abstulerit, abstulerimus, abstuleritis, abstulerint *plu* abstulissem, abstulisses, abstulisset, abstulissemus, abstulissetis, abstulissent *pas.pre* auferar, auferaris / auferare, auferatur, auferamur, auferamini, auferantur *pas.imp* auferrer, auferreris / auferrere, auferretur, auferremur, auferremini, auferrentur • **imp** *pre* –, aufer, –, –, auferte, – *fut* –, auferto, auferto, –, aufertote, auferunto *pas.pre* –, auferre, –, –, auferimini, – *pas.fut* –, aufertor, aufertor, –, –, auferuntor • **inf** *pre* auferre *prt* abstulisse *fut* ablaturus esse *pas.pre* auferri *pas.prt* ablatus esse *pas.fut* ablatum iri • **ger** auferre / auferendi / auferendo / auferendum • **sup** ablatum / ablatu • **par** *pre* auferens *prt* – *fut* ablaturus *pas.pre* – *pas.prt* ablatus *pas.fut* auferendus

augeo /increase, augment/ • **ind** *pre* augeo, auges, auget, augemus, augetis, augent *imp* augebam, augebas, augebat, augebamus, augebatis, augebant *prt* auxi, auxisti, auxit, auximus, auxistis, auxerunt / auxere *fut* augebo, augebis, augebit, augebimus, augebitis, augebunt *plu* auxeram, auxeras, auxerat, auxeramus, auxeratis, auxerant *fpr* auxero, auxeris, auxerit, auxerimus, auxeritis, auxerint *pas.pre* augeor, augeris / augere, augetur, augemur, augemini, augentur *pas.imp* augebar, augebaris / augebare, augebatur, augebamur, augebamini, augebantur *pas.fut* augebor, augeberis / augebere, augebitur, augebimur, augebimini, augebuntur • **sub** *pre* augeam, augeas, augeat, augeamus, augeatis, augeant *imp* augerem, augeres, augeret, augeremus, augeretis, augerent *prt* auxerim, auxeris, auxerit, auxerimus, auxeritis, auxerint *plu* auxissem, auxisses, auxisset, auxissemus, auxissetis, auxissent *pas.pre* augear, augearis / augeare, augeatur, augeamur, augeamini, augeantur *pas.imp* augerer, augereris / augerere, augeretur, augeremur, augeremini, augerentur • **imp** *pre* –, auge, –, –, augete, – *fut* –, augeto, augeto, –, augetote, augento *pas.pre* –, augere, –, –, augemini, – *pas.fut* –, augetor, augetor, –, –, augentor • **inf** *pre* augere *prt* auxisse *fut* aucturus esse *pas.pre* augeri / augerier *pas.prt* auctus esse *pas.fut* auctum iri • **ger** augere / augendi / augendo / augendum • **sup** auctum / auctu • **par** *pre* augens *prt* – *fut* aucturus *pas.pre* – *pas.prt* auctus *pas.fut* augendus

B

balo /bleat/ • **ind** *pre* balo, balas, balat, balamus, balatis, balant *imp* balabam, balabas, balabat, balabamus, balabatis, balabant *prt* balavi, balavisti, balavit, balavimus, balavistis, balaverunt / balavere *fut* balabo, balabis, balabit, balabimus, balabitis, balabunt *plu* balaveram, balaveras, balaverat, balaveramus, balaveratis, balaverant *fpr* balavero, balaveris, balaverit, balaverimus, balaveritis, balaverint *pas.pre* — *pas.imp* — *pas.fut* — • **sub** *pre* balem, bales, balet, balemus, baletis, balent *imp* balarem, balares, balaret, balaremus, balaretis, balarent *prt* balaverim, balaveris, balaverit, balaverimus, balaveritis, balaverint *plu* balavissem, balavisses, balavisset, balavissemus, balavissetis, balavissent *pas.pre* — *pas.imp* — • **imp** *pre* –, bala, –, –, balate, – *fut* –, balato, balato, –, balatote, balanto *pas.pre* — *pas.fut* — • **inf** *pre* balare *prt* balavisse *fut* – *pas.pre* — *pas.prt* —

pas.fut — • **ger** balare / balandi / balando / balandum • **sup** – / – • **par** *pre* balans *prt* – *fut* – *pas.pre* — *pas.prt* — *pas.fut* —

C

cado /fall, die/ • **ind** *pre* cado, cadis, cadit, cadimus, caditis, cadunt *imp* cadebam, cadebas, cadebat, cadebamus, cadebatis, cadebant *prt* cecidi, cecidisti, cecidit, cecidimus, cecidistis, ceciderunt / cecidere *fut* cadam, cades, cadet, cademus, cadetis, cadent *plu* cecideram, cecideras, ceciderat, cecideramus, cecideratis, ceciderant *fpr* cecidero, cecideris, ceciderit, ceciderimus, ecideritis, ceciderint *pas.pre* –, –, caditur, –, –, – *pas.imp* –, –, cadebatur, –, –, – *pas.fut* –, –, cadetur, –, –, – • **sub** *pre* cadam, cadas, cadat, cadamus, cadatis, cadant *imp* caderem, caderes, caderet, caderemus, caderetis, caderent *prt* ceciderim, cecideris, ceciderit, ceciderimus, cecideritis, ceciderint *plu* cecidissem, cecidisses, cecidisset, cecidissemus, cecidissetis, cecidissent *pas.pre* –, –, cadatur, –, –, – *pas.imp* –, –, caderetur, –, –, – • **imp** *pre* –, cade, –, –, cadite, – *fut* –, cadito, cadito, –, caditote, cadunto *pas.pre* — *pas.fut* — • **inf** *pre* cadere *prt* cecidisse *fut* casurus esse *pas.pre* cadi *pas.prt* casum esse *pas.fut* – • **ger** cadere / cadendi / cadendo / cadendum • **sup** casum / casu • **par** *pre* cadens *prt* – *fut* casurus *pas.pre* – *pas.prt* *pas.fut* cadendus

caedo /cut, hew/ • **ind** *pre* caedo, caedis, caedit, caedimus, caeditis, caedunt *imp* caedebam, caedebas, caedebat, caedebamus, caedebatis, caedebant *prt* cecidi, cecidisti, cecidit, cecidimus, cecidistis, ceciderunt / cecidere *fut* caedam, caedes, caedet, caedemus, caedetis, caedent *plu* cecideram, cecideras, ceciderat, cecideramus, cecideratis, ceciderant *fpr* cecidero, cecideris, ceciderit, ceciderimus, cecideritis, ceciderint *pas.pre* caedor, caederis / caedere, caeditur, caedimur, caedimini, caeduntur *pas.imp* caedebar, caedebaris / caedebare, caedebatur, caedebamur, caedebamini, caedebantur *pas.fut* caedar, caederis / caedere, caedetur, caedemur, caedemini, caedentur • **sub** *pre* caedam, caedas, caedat, caedamus, caedatis, caedant *imp* caederem, caederes, caederet, caederemus, caederetis, caederent *prt* ceciderim, cecideris, ceciderit, ceciderimus, cecideritis, ceciderint *plu* cecidissem, cecidisses, cecidisset, cecidissemus, cecidissetis, cecidissent *pas.pre* caedar, caedaris / caedare, caedatur, caedamur, caedamini, caedantur *pas.imp* caederer, caedereris / caederere, caederetur, caederemur, caederemini, caederentur • **imp**

careo

pre –, caede, –, –, caedite, – *fut* –, caedito, caedito, –, caeditote, caedunto *pas.pre* –, caedere, –, –, caedimini, – *pas.fut* –, caeditor, caeditor, –, –, caeduntor • **inf** *pre* caedere *prt* cecidisse *fut* caesurus esse *pas.pre* caedi *pas.prt* caesus esse *pas.fut* caesum iri • **ger** caedere / caedendi / caedendo / caedendum • **sup** caesum / caesu • **par** *pre* caedens *prt* – *fut* caesurus *pas.pre* – *pas.prt* caesus *pas.fut* caedendus

careo /lack/ • **ind** *pre* careo, cares, caret, caremus, caretis, carent *imp* carebam, carebas, carebat, carebamus, carebatis, carebant *prt* carui, caruisti, caruit, caruimus, caruistis, caruerunt / caruere *fut* carebo, carebis, carebit, carebimus, carebitis, carebunt *plu* carueram, carueras, caruerat, carueramus, carueratis, caruerant *fpr* caruero, carueris, caruerit, caruerimus, carueritis, caruerint *pas.pre* careor, careris / carere, caretur, caremur, caremini, carentur *pas.imp* carebar, carebaris / carebare, carebatur, carebamur, carebamini, carebantur *pas.fut* carebor, careberis / carebere, carebitur, carebimur, carebimini, carebuntur • **sub** *pre* caream, careas, careat, careamus, careatis, careant *imp* carerem, careres, careret, careremus, careretis, carerent *prt* caruerim, carueris, caruerit, caruerimus, carueritis, caruerint *plu* caruissem, caruisses, caruisset, caruissemus, caruissetis, caruissent *pas.pre* carear, carearis / careare, careatur, careamur, careamini, careantur *pas.imp* carerer, carereris / carerere, careretur, careremur, careremini, carerentur • **imp** *pre* –, care, –, –, carete, – *fut* –, careto, careto, –, caretote, carento *pas.pre* –, carere, –, –, caremini, – *pas.fut* –, caretor, caretor, –, –, carentor • **inf** *pre* carere *prt* caruisse *fut* cariturus esse *pas.pre* careri *pas.prt* caritus esse *pas.fut* caritum iri • **ger** carere / carendi / carendo / carendum • **sup** caritum / caritu • **par** *pre* carens *prt* – *fut* cariturus *pas.pre* – *pas.prt* caritus *pas.fut* carendus

carpo /pluck, pick/ • **ind** *pre* carpo, carpis, carpit, carpimus, carpitis, carpunt *imp* carpebam, carpebas, carpebat, carpebamus, carpebatis, carpebant *prt* carpsi, carpsisti, carpsit, carpsimus, carpsistis, carpserunt / carpsere *fut* carpam, carpes, carpet, carpemus, carpetis, carpent *plu* carpseram, carpseras, carpserat, carpseramus, carpseratis, carpserant *fpr* carpsero, carpseris, carpserit, carpserimus, carpseritis, carpserint *pas.pre* carpor, carperis / carpere, carpitur, carpimur, carpimini, carpuntur *pas.imp* carpebar, carpebaris / carpebare, carpebatur, carpebamur, carpebamini, carpebantur *pas.fut* carpar, carperis / carpere, carpetur, carpemur, carpemini, carpentur • **sub** *pre* carpam, carpas, carpat, carpamus, carpatis, carpant *imp* carperem, carperes, carperet, carperemus, carperetis, carperent *prt* carpserim, carpseris, carpserit, carpserimus, carpseritis, carpserint *plu* carpsissem, carpsisses, carpsisset, carpsissemus, carpsissetis, carpsissent *pas.pre* carpar, carparis / carpare, carpatur, carpamur, carpamini, carpantur *pas.imp* carperer, carpereris / carperere, carperetur, carperemur, carperemini, carperentur • **imp** *pre* –, carpe, –, –, carpite, – *fut* –, carpito, carpito, –, carpitote, carpunto *pas.pre* –, carpere, –, –, carpimini, – *pas.fut* –, carpitor, carpitor, –, –, carpuntor • **inf** *pre* carpere *prt* carpsisse *fut* carpturus esse *pas.pre* carpi *pas.prt* carptus esse *pas.fut* carptum iri • **ger** carpere / carpendi / carpendo / carpendum • **sup** carptum / carptu • **par** *pre* carpens *prt* – *fut* carpturus *pas.pre* – *pas.prt* carptus *pas.fut* carpendus

caveo /beware, avoid/ • **ind** *pre* caveo, caves, cavet, cavemus, cavetis, cavent *imp* cavebam, cavebas, cavebat, cavebamus, cavebatis, cavebant *prt* cavi, cavisti / casti, cavit, cavimus, cavistis / castis, caverunt / cavere *fut* cavebo, cavebis, cavebit, cavebimus, cavebitis, cavebunt *plu* caveram, caveras, caverat, caveramus, caveratis, caverant *fpr* cavero, caveris, caverit, caverimus, caveritis, caverint *pas.pre* caveor, caveris / cavere, cavetur, cavemur, cavemini, caventur *pas.imp* cavebar, cavebaris / cavebare, cavebatur, cavebamur, cavebamini, cavebantur *pas.fut* cavebor, caveberis / cavebere, cavebitur, cavebimur, cavebimini, cavebuntur • **sub** *pre* caveam, caveas, caveat, caveamus, caveatis, caveant *imp* caverem, caveres, caveret, caveremus, caveretis, caverent *prt* caverim, caveris, caverit, caverimus, caveritis, caverint *plu* cavissem / cassem, cavisses / casses, cavisset / casset, cavissemus / cassemus, cavissetis / cassetis, cavissent / cassent *pas.pre* cavear, cavearis / caveare, caveatur, caveamur, caveamini, caveantur *pas.imp* caverer, cavereris / caverere, caveretur, caveremur, caveremini, caverentur • **imp** *pre* –, cave, –, –, cavete, – *fut* –, caveto, caveto, –, cavetote, cavento *pas.pre* –, cavere, –, –, cavemini, – *pas.fut* –, cavetor, cavetor, –, –, caventor • **inf** *pre* cavere *prt* cavisse / casse *fut* cauturus esse *pas.pre* caveri *pas.prt* cautus esse *pas.fut* cautum iri • **ger** cavere / cavendi / cavendo / cavendum • **sup** cautum / cautu • **par** *pre* cavens *prt* – *fut* cauturus *pas.pre* – *pas.prt* cautus *pas.fut* cavendus

censeo /think/ • **ind** *pre* censeo, censes, censet, censemus, censetis, censent *imp* censebam, censebas, censebat, censebamus, censebatis, censebant *prt* censui, censuisti, censuit, censuimus, censuistis, censuerunt / censuere *fut* censebo, censebis, censebit, censebimus, censebitis, censebunt *plu* censueram, censueras, censuerat, censueramus, censueratis, censuerant *fpr* censuero, censueris, censuerit, censuerimus, censueritis, censuerint *pas.pre* censeor, censeris / censere, censetur, censemur, censemini, censentur *pas.imp* censebar, censebaris / censebare, censebatur, censebamur, censebamini, censebantur *pas.fut* censebor, censeberis / censebere, censebitur, censebimur, censebimini, censebuntur • **sub** _pre_ censeam, censeas, censeat, censeamus, censeatis, censeant _imp_ censerem, censeres, censeret, censeremus, censeretis, censerent _prt_ censuerim, censueris, censuerit, censuerimus, censueritis, censuerint _plu_ censuissem, censuisses, censuisset, censuissemus, censuissetis, censuissent _pas.pre_ censear, censearis / censeare, censeatur, censeamur, censeamini, censeantur _pas.imp_ censerer, censereris / censerere, censeretur, censeremur, censeremini, censerentur • **imp** _pre_ –, cense, –, –, censete, – _fut_ –, censeto, censeto, –, censetote, censento _pas.pre_ –, censere, –, –, censemini, – _pas.fut_ –, censetor, censetor, –, –, censentor • **inf** _pre_ censere _prt_ censuisse _fut_ censurus esse _pas.pre_ censeri / censerier _pas.prt_ census esse _pas.fut_ censum iri • **ger** censere / censendi / censendo / censendum • **sup** censum / censu • **par** _pre_ censens _prt_ – _fut_ censurus _pas.pre_ – _pas.prt_ census _pas.fut_ censendus

centuplico /increase one hundredfold/ • **ind** _pre_ centuplico, centuplicas, centuplicat, centuplicamus, centuplicatis, centuplicant _imp_ centuplicabam, centuplicabas, centuplicabat, centuplicabamus, centuplicabatis, centuplicabant _prt_ centuplicavi, centuplicavisti, centuplicavit, centuplicavimus, centuplicavistis, centuplicaverunt / centuplicavere _fut_ centuplicabo, centuplicabis, centuplicabit, centuplicabimus, centuplicabitis, centuplicabunt _plu_ centuplicaveram, centuplicaveras, centuplicaverat, centuplicaveramus, centuplicaveratis, centuplicaverant _fpr_ centuplicavero, centuplicaveris, centuplicaverit, centuplicaverimus, centuplicaveritis, centuplicaverint _pas.pre_ centuplicor, centuplicaris / centuplicare, centuplicatur, centuplicamur, centuplicamini, centuplicantur _pas.imp_ centuplicabar, centuplicabaris / centuplicabare, centuplicabatur, centuplicabamur, centuplicabamini, centuplicabantur _pas.fut_ centuplicabor, centuplicaberis / centuplicabere, centuplicabitur, centuplicabimur, centuplicabimini, centuplicabuntur • **sub** _pre_ centuplicem, centuplices, centuplicet, centuplicemus, centuplicetis, centuplicent _imp_ centuplicarem, centuplicares, centuplicaret, centuplicaremus, centuplicaretis, centuplicarent _prt_ centuplicaverim, centuplicaveris, centuplicaverit, centuplicaverimus, centuplicaveritis, centuplicaverint _plu_ centuplicavissem, centuplicavisses, centuplicavisset, centuplicavissemus, centuplicavissetis, centuplicavissent _pas.pre_ centuplicer, centupliceris / centuplicere, centuplicetur, centuplicemur, centuplicemini, centuplicentur _pas.imp_ centuplicarer, centuplicareris / centuplicarere, centuplicaretur, centuplicaremur, centuplicaremini, centuplicarentur • **imp** _pre_ –, centuplica, –, –, centuplicate, – _fut_ –, centuplicato, centuplicato, –, centuplicatote, centuplicanto _pas.pre_ –, centuplicare, –, –, centuplicamini, – _pas.fut_ –, centuplicator, centuplicator, –, –, centuplicantor • **inf** _pre_ centuplicare _prt_ centuplicavisse _fut_ centuplicaturus esse *pas.pre* centuplicari *pas.prt* centuplicatus esse *pas.fut* centuplicatum iri • **ger** centuplicare / centuplicandi / centuplicando / centuplicandum • **sup** centuplicatum / centuplicatu • **par** *pre* centuplicans *prt* – *fut* centuplicaturus *pas.pre* – *pas.prt* centuplicatus *pas.fut* centuplicandus

cerno /separate, sift/ • **ind** *pre* cerno, cernis, cernit, cernimus, cernitis, cernunt *imp* cernebam, cernebas, cernebat, cernebamus, cernebatis, cernebant *prt* crevi, crevisti / cresti, crevit, crevimus, crevistis / crestis, creverunt / crevere *fut* cernam, cernes, cernet, cernemus, cernetis, cernent *plu* creveram, creveras, creverat, creveramus, creveratis, creverant *fpr* crevero, creveris, creverit, creverimus, creveritis, creverint *pas.pre* cernor, cerneris / cernere, cernitur, cernimur, cernimini, cernuntur *pas.imp* cernebar, cernebaris / cernebare, cernebatur, cernebamur, cernebamini, cernebantur *pas.fut* cernar, cerneris / cernere, cernetur, cernemur, cernemini, cernentur • **sub** *pre* cernam, cernas, cernat, cernamus, cernatis, cernant *imp* cernerem, cerneres, cerneret, cerneremus, cerneretis, cernerent *prt* creverim, creveris, creverit, creverimus, creveritis, creverint *plu* crevissem / cressem, crevisses / cresses, crevisset / cresset, crevissemus / cressemus, crevissetis / cressetis, crevissent / cressent *pas.pre* cernar, cernaris / cernare, cernatur, cernamur, cernamini, cernantur *pas.imp* cernerer, cernereris / cernerere, cerneretur, cerneremur, cerneremini, cernerentur • **imp** *pre* –, cerne, –, –, cernite, – *fut* –, cernito, cernito, –, cernitote, cernunto *pas.pre* –, cernere, –, –, cernimini, – *pas.fut* –, cernitor, cernitor, –, –, cernuntor • **inf** *pre* cernere *prt* crevisse / cresse *fut* creturus esse *pas.pre* cerni *pas.prt* cretus esse *pas.fut* cretum iri • **ger** cernere / cernendi / cernendo / cernendum • **sup** cretum / cretu • **par** *pre* cernens *prt* – *fut* creturus *pas.pre* – *pas.prt* cretus *pas.fut* cernendus

cingo /surround, circle/ • **ind** *pre* cingo, cingis, cingit, cingimus, cingitis, cingunt *imp* cingebam, cingebas, cingebat, cingebamus, cingebatis, cingebant *prt* cinxi, cinxisti, cinxit, cinximus, cinxistis, cinxerunt / cinxere *fut* cingam, cinges, cinget, cingemus, cingetis, cingent *plu* cinxeram, cinxeras, cinxerat, cinxeramus, cinxeratis, cinxerant *fpr* cinxero, cinxeris, cinxerit, cinxerimus, cinxeritis, cinxerint *pas.pre* cingor, cingeris / cingere, cingitur, cingimur, cingimini, cinguntur *pas.imp* cingebar, cingebaris / cingebare, cingebatur, cingebamur, cingebamini, cingebantur *pas.fut* cingar, cingeris / cingere, cingetur, cingemur, cingemini, cingentur • **sub** *pre* cingam, cingas, cingat, cingamus, cingatis, cingant *imp* cingerem, cingeres, cingeret, cingeremus, cingeretis, cingerent *prt* cinxerim, cinxeris, cinxerit, cinxerimus, cinxeritis, cinxerint *plu* cinxissem, cinxisses, cinxisset, cinxissemus, cinxissetis, cinxissent *pas.pre* cingar, cingaris / cingare, cingatur, cingamur, cingamini, cingantur *pas.imp* cingerer, cingereris / cingerere, cingeretur, cingeremur, cingeremini, cingerentur • **imp** *pre* –, cinge, –, –, cingite, – *fut* –, cingito, cingito, –, cingitote, cingunto *pas.pre* –, cingere, –, –, cingimini, – *pas.fut* –, cingitor, cingitor, –, –, cinguntor • **inf** *pre* cingere *prt* cinxisse *fut* cincturus esse *pas.pre* cingi *pas.prt* cinctus esse *pas.fut* cinctum iri • **ger** cingere / cingendi / cingendo / cingendum • **sup** cinctum / cinctu • **par** *pre* cingens *prt* – *fut* cincturus *pas.pre* – *pas.prt* cinctus *pas.fut* cingendus

circumspicio /look around, over, for/ • **ind** *pre* circumspicio, circumspicis, circumspicit, circumspicimus, circumspicitis, circumspiciunt *imp* circumspiciebam, circumspiciebas, circumspiciebat, circumspiciebamus, circumspiciebatis, circumspiciebant *prt* circumspexi, circumspexisti, circumspexit, circumspeximus, circumspexistis, circumspexerunt / circumspexere *fut* circumspiciam, circumspicies, circumspiciet, circumspiciemus, circumspicietis, circumspicient *plu* circumspexeram, circumspexeras, circumspexerat, circumspexeramus, circumspexeratis, circumspexerant *fpr* circumspexero, circumspexeris, circumspexerit, circumspexerimus, circumspexeritis, circumspexerint *pas.pre* circumspicior, circumspiceris / circumspicere, circumspicitur, circumspicimur, circumspicimini, circumspiciuntur *pas.imp* circumspiciebar, circumspiciebaris / circumspiciebare, circumspiciebatur, circumspiciebamur, circumspiciebamini, circumspiciebantur *pas.fut* circumspiciar, circumspicieris / circumspiciere, circumspicietur, circumspiciemur, circumspiciemini, circumspicientur • **sub** *pre* circumspiciam, circumspicias, circumspiciat, circumspiciamus, circumspiciatis, circumspiciant *imp* circumspicerem, circumspiceres, circumspiceret, circumspiceremus, circumspiceretis, circumspicerent *prt* circumspexerim, circumspexeris, circumspexerit, circumspexerimus, circumspexeritis, circumspexerint *plu* circumspexissem, circumspexisses, circumspexisset, circumspexissemus, circumspexissetis, circumspexissent *pas.pre* circumspiciar, circumspiciaris / circumspiciare, circumspiciatur, circumspiciamur, circumspiciamini, circumspiciantur *pas.imp* circumspicerer, circumspicereris / circumspicerere, circumspiceretur, circumspiceremur, circumspiceremini, circumspicerentur • **imp** *pre* –, circumspice, –, –, circumspicite, – *fut* –, circumspicito, circumspicito, –, circumspicitote, circumspiciunto *pas.pre* –, circumspicere, –, –, circumspicimini, – *pas.fut* –, circumspicitor, circumspicitor, –, –, circumspiciuntor • **inf** *pre* circumspicere *prt* circumspexisse *fut* circumspecturus esse *pas.pre* circumspici *pas.prt* circumspectus esse *pas.fut* circumspectum iri • **ger** circumspicere / circumspiciendi / circumspiciendo / circumspiciendum • **sup** circumspectum / circumspectu

• **par** _pre_ circumspiciens _prt_ – _fut_ circumspecturus _pas.pre_ – _pas.prt_ circumspectus _pas.fut_ circumspiciendus

circumvolvo /roll myself around, revolve/ • **ind** _pre_ circumvolvo, circumvolvis, circumvolvit, circumvolvimus, circumvolvitis, circumvolvunt _imp_ circumvolvebam, circumvolvebas, circumvolvebat, circumvolvebamus, circumvolvebatis, circumvolvebant _prt_ circumvolvi, circumvolvisti, circumvolvit, circumvolvimus, circumvolvistis, circumvolverunt / circumvolvere _fut_ circumvolvam, circumvolves, circumvolvet, circumvolvemus, circumvolvetis, circumvolvent _plu_ circumvolveram, circumvolveras, circumvolverat, circumvolveramus, circumvolveratis, circumvolverant _fpr_ circumvolvero, circumvolveris, circumvolverit, circumvolverimus, circumvolveritis, circumvolverint _pas.pre_ circumvolvor, circumvolveris / circumvolvere, circumvolvitur, circumvolvimur, circumvolvimini, circumvolvuntur _pas.imp_ circumvolvebar, circumvolvebaris / circumvolvebare, circumvolvebatur, circumvolvebamur, circumvolvebamini, circumvolvebantur _pas.fut_ circumvolvar, circumvolveris / circumvolvere, circumvolvetur, circumvolvemur, circumvolvemini, circumvolventur • **sub** _pre_ circumvolvam, circumvolvas, circumvolvat, circumvolvamus, circumvolvatis, circumvolvant _imp_ circumvolverem, circumvolveres, circumvolveret, circumvolveremus, circumvolveretis, circumvolverent _prt_ circumvolverim, circumvolveris, circumvolverit, circumvolverimus, circumvolveritis, circumvolverint _plu_ circumvolvissem, circumvolvisses, circumvolvisset, circumvolvissemus, circumvolvissetis, circumvolvissent _pas.pre_ circumvolvar, circumvolvaris / circumvolvare, circumvolvatur, circumvolvamur, circumvolvamini, circumvolvantur _pas.imp_ circumvolverer, circumvolvereris / circumvolverere, circumvolveretur, circumvolveremur, circumvolveremini, circumvolverentur • **imp** _pre_ –, circumvolve, –, –, circumvolvite, – _fut_ –, circumvolvito, circumvolvito, –, circumvolvitote, circumvolvunto _pas.pre_ –, circumvolvere, –, –, circumvolvimini, – _pas.fut_ –, circumvolvitor, circumvolvitor, –, –, circumvolvuntor • **inf** _pre_ circumvolvere _prt_ circumvolvisse _fut_ circumvoluturus esse _pas.pre_ circumvolvi _pas.prt_ circumvolutus esse _pas.fut_ circumvolutum iri • **ger** circumvolvere / circumvolvendi / circumvolvendo / circumvolvendum • **sup** circumvolutum / circumvolutu • **par** _pre_ circumvolvens _prt_ – _fut_ circumvoluturus _pas.pre_ – _pas.prt_ circumvolutus _pas.fut_ circumvolvendus

clamo /cry out, clamor/ • **ind** _pre_ clamo, clamas, clamat, clamamus, clamatis, clamant _imp_ clamabam, clamabas, clamabat, clamabamus, clamabatis, clamabant _prt_ clamavi, clamavisti, clamavit, clamavimus, clamavistis, clamaverunt / clamavere _fut_ clamabo, clamabis, clamabit, clamabimus, clamabitis, clamabunt _plu_ clamaveram, clamaveras, clamaverat, clamaveramus, clamaveratis, clamaverant _fpr_ clamavero, clamaveris, clamaverit, clamaverimus, clamaveritis, clamaverint _pas.pre_ clamor, clamaris / clamare, clamatur, clamamur, clamamini, clamantur _pas.imp_ clamabar, clamabaris / clamabare, clamabatur, clamabamur, clamabamini, clamabantur _pas.fut_ clamabor, clamaberis / clamabere, clamabitur, clamabimur, clamabimini, clamabuntur • **sub** _pre_ clamem, clames, clamet, clamemus, clametis, clament _imp_ clamarem, clamares, clamaret, clamaremus, clamaretis, clamarent _prt_ clamaverim, clamaveris, clamaverit, clamaverimus, clamaveritis, clamaverint _plu_ clamavissem, clamavisses, clamavisset, clamavissemus, clamavissetis, clamavissent _pas.pre_ clamer, clameris / clamere, clametur, clamemur, clamemini, clamentur _pas.imp_ clamarer, clamareris / clamarere, clamaretur, clamaremur, clamaremini, clamarentur • **imp** _pre_ –, clama, –, –, clamate, – _fut_ –, clamato, clamato, –, clamatote, clamanto _pas.pre_ –, clamare, –, –, clamamini, – _pas.fut_ –, clamator, clamator, –, –, clamantor • **inf** _pre_ clamare _prt_ clamavisse _fut_ clamaturus esse _pas.pre_ clamari _pas.prt_ clamatus esse _pas.fut_ clamatum iri • **ger** clamare / clamandi / clamando / clamandum • **sup** clamatum / clamatu • **par** _pre_ clamans _prt_ – _fut_ clamaturus _pas.pre_ – _pas.prt_ clamatus _pas.fut_ clamandus

coepio /begin, commence/ • **ind** _pre_ coepio, coepis, coepit, coepimus, coepitis, coepiunt _imp_ coepiebam, coepiebas, coepiebat, coepiebamus, coepiebatis, coepiebant _prt_ coepi, coepisti, coepit, coepimus, coepistis, coeperunt / coepere _fut_ coepiam, coepies, coepiet, coepiemus, coepietis, coepient _plu_ coeperam, coeperas, coeperat, coeperamus, coeperatis, coeperant _fpr_ coepero, coeperis, coeperit, coeperimus, coeperitis, coeperint _pas.pre_ coepior, coeperis / coepere, coepitur, coepimur, coepimini, coepiuntur _pas.imp_ coepiebar, coepiebaris / coepiebare, coepiebatur, coepiebamur, coepiebamini, coepiebantur _pas.fut_ coepiar, coepieris / coepiere, coepietur, coepiemur, coepiemini, coepientur • **sub** _pre_ coepiam, coepias, coepiat, coepiamus, coepiatis, coepiant _imp_ coeperem, coeperes, coeperet, coeperemus, coeperetis, coeperent _prt_ coeperim, coeperis, coeperit, coeperimus, coeperitis, coeperint _plu_ coepissem, coepisses, coepisset, coepissemus, coepissetis, coepissent _pas.pre_ coepiar, coepiaris / coepiare, coepiatur, coepiamur, coepiamini, coepiantur _pas.imp_ coeperer, coepereris / coeperere, coeperetur, coeperemur, coeperemini, coeperentur • **imp** _pre_ –, coepe, –, –, coepite, – _fut_ –, coepito, coepito, –, coepitote, coepiunto _pas.pre_ –, coepere, –, –, coepimini, – _pas.fut_ –, coepitor, coepitor, –, –, coepiuntor • **inf** _pre_ coepere _prt_ coepisse _fut_ coepturus esse _pas.pre_ coepi _pas.prt_ coeptus esse _pas.fut_ coeptum iri • **ger** coepere / coepiendi / coepiendo

/ coepiendum • **sup** coeptum / coeptu • **par** _pre_ coepiens _prt_ – _fut_ coepturus _pas.pre_ – _pas.prt_ coeptus _pas.fut_ coepiendus

cogito /think/ • **ind** _pre_ cogito, cogitas, cogitat, cogitamus, cogitatis, cogitant _imp_ cogitabam, cogitabas, cogitabat, cogitabamus, cogitabatis, cogitabant _prt_ cogitavi, cogitavisti / cogitasti, cogitavit, cogitavimus, cogitavistis / cogitastis, cogitaverunt / cogitavere _fut_ cogitabo, cogitabis, cogitabit, cogitabimus, cogitabitis, cogitabunt _plu_ cogitaveram, cogitaveras, cogitaverat, cogitaveramus, cogitaveratis, cogitaverant _fpr_ cogitavero, cogitaveris, cogitaverit, cogitaverimus, cogitaveritis, cogitaverint _pas.pre_ cogitor, cogitaris / cogitare, cogitatur, cogitamur, cogitamini, cogitantur _pas.imp_ cogitabar, cogitabaris / cogitabare, cogitabatur, cogitabamur, cogitabamini, cogitabantur _pas.fut_ cogitabor, cogitaberis / cogitabere, cogitabitur, cogitabimur, cogitabimini, cogitabuntur • **sub** _pre_ cogitem, cogites, cogitet, cogitemus, cogitetis, cogitent _imp_ cogitarem, cogitares, cogitaret, cogitaremus, cogitaretis, cogitarent _prt_ cogitaverim, cogitaveris, cogitaverit, cogitaverimus, cogitaveritis, cogitaverint _plu_ cogitavissem / cogitassem, cogitavisses / cogitasses, cogitavisset / cogitasset, cogitavissemus / cogitassemus, cogitavissetis / cogitassetis, cogitavissent / cogitassent _pas.pre_ cogiter, cogiteris / cogitere, cogitetur, cogitemur, cogitemini, cogitentur _pas.imp_ cogitarer, cogitareris / cogitarere, cogitaretur, cogitaremur, cogitaremini, cogitarentur • **imp** _pre_ –, cogita, –, –, cogitate, – _fut_ –, cogitato, cogitato, –, cogitatote, cogitanto _pas.pre_ –, cogitare, –, –, cogitamini, – _pas.fut_ –, cogitator, cogitator, –, –, cogitantor • **inf** _pre_ cogitare _prt_ cogitavisse / cogitasse _fut_ cogitaturus esse _pas.pre_ cogitari _pas.prt_ cogitatus esse _pas.fut_ cogitatum iri • **ger** cogitare / cogitandi / cogitando / cogitandum • **sup** cogitatum / cogitatu • **par** _pre_ cogitans _prt_ – _fut_ cogitaturus _pas.pre_ – _pas.prt_ cogitatus _pas.fut_ cogitandus

cognosco /learn, be acquainted/ • **ind** _pre_ cognosco, cognoscis, cognoscit, cognoscimus, cognoscitis, cognoscunt _imp_ cognoscebam, cognoscebas, cognoscebat, cognoscebamus, cognoscebatis, cognoscebant _prt_ cognovi, cognovisti / cognosti, cognovit, cognovimus, cognovistis / cognostis, cognoverunt / cognovere _fut_ cognoscam, cognosces, cognoscet, cognoscemus, cognoscetis, cognoscent _plu_ cognoveram, cognoveras, cognoverat, cognoveramus, cognoveratis, cognoverant _fpr_ cognovero, cognoveris, cognoverit, cognoverimus, cognoveritis, cognoverint _pas.pre_ cognoscor, cognosceris / cognoscere, cognoscitur, cognoscimur, cognoscimini, cognoscuntur _pas.imp_ cognoscebar, cognoscebaris / cognoscebare, cognoscebatur, cognoscebamur, cognoscebamini, cognoscebantur _pas.fut_ cognoscar, cognosceris / cognoscere, cognoscetur, cognoscemur, cognoscemini, cognoscentur • **sub** *pre* cognoscam, cognoscas, cognoscat, cognoscamus, cognoscatis, cognoscant *imp* cognoscerem, cognosceres, cognosceret, cognosceremus, cognosceretis, cognoscerent *prt* cognoverim, cognoveris, cognoverit, cognoverimus, cognoveritis, cognoverint *plu* cognovissem / cognossem, cognovisses / cognosses, cognovisset / cognosset, cognovissemus / cognossemus, cognovissetis / cognossetis, cognovissent / cognossent *pas.pre* cognoscar, cognoscaris / cognoscare, cognoscatur, cognoscamur, cognoscamini, cognoscantur *pas.imp* cognoscerer, cognoscereris / cognoscerere, cognosceretur, cognosceremur, cognosceremini, cognoscerentur • **imp** *pre* –, cognosce, –, –, cognoscite, – *fut* –, cognoscito, cognoscito, –, cognoscitote, cognoscunto *pas.pre* –, cognoscere, –, –, cognoscimini, – *pas.fut* –, cognoscitor, cognoscitor, –, –, cognoscuntor • **inf** *pre* cognoscere *prt* cognovisse / cognosse *fut* cogniturus esse *pas.pre* cognosci *pas.prt* cognitus esse *pas.fut* cognitum iri • **ger** cognoscere / cognoscendi / cognoscendo / cognoscendum • **sup** cognitum / cognitu • **par** *pre* cognoscens *prt* – *fut* cogniturus *pas.pre* – *pas.prt* cognitus *pas.fut* cognoscendus

cogo /collect, assemble/ • **ind** *pre* cogo, cogis, cogit, cogimus, cogitis, cogunt *imp* cogebam, cogebas, cogebat, cogebamus, cogebatis, cogebant *prt* coegi, coegisti, coegit, coegimus, coegistis, coegerunt / coegere *fut* cogam, coges, coget, cogemus, cogetis, cogent *plu* coegeram, coegeras, coegerat, coegeramus, coegeratis, coegerant *fpr* coegero, coegeris, coegerit, coegerimus, coegeritis, coegerint *pas.pre* cogor, cogeris / cogere, cogitur, cogimur, cogimini, coguntur *pas.imp* cogebar, cogebaris / cogebare, cogebatur, cogebamur, cogebamini, cogebantur *pas.fut* cogar, cogeris / cogere, cogetur, cogemur, cogemini, cogentur • **sub** *pre* cogam, cogas, cogat, cogamus, cogatis, cogant *imp* cogerem, cogeres, cogeret, cogeremus, cogeretis, cogerent *prt* coegerim, coegeris, coegerit, coegerimus, coegeritis, coegerint *plu* coegissem, coegisses, coegisset, coegissemus, coegissetis, coegissent *pas.pre* cogar, cogaris / cogare, cogatur, cogamur, cogamini, cogantur *pas.imp* cogerer, cogereris / cogerere, cogeretur, cogeremur, cogeremini, cogerentur • **imp** *pre* –, coge, –, –, cogite, – *fut* –, cogito, cogito, –, cogitote, cogunto *pas.pre* –, cogere, –, –, cogimini, – *pas.fut* –, cogitor, cogitor, –, –, coguntor • **inf** *pre* cogere *prt* coegisse *fut* coacturus esse *pas.pre* cogi *pas.prt* coactus esse *pas.fut* coactum iri • **ger** cogere / cogendi / cogendo / cogendum • **sup** coactum / coactu • **par** *pre* cogens *prt* – *fut* coacturus *pas.pre* – *pas.prt* coactus *pas.fut* cogendus

collaboro /work together with others, collaborate/ • **ind** *pre* collaboro, collaboras, collaborat, collaboramus, collaboratis, collaborant *imp* collaborabam, collaborabas, collaborabat, collaborabamus, collaborabatis, collaborabant *prt* collaboravi, collaboravisti, collaboravit, collaboravimus, collaboravistis, collaboraverunt / collaboravere *fut* collaborabo, collaborabis, collaborabit, collaborabimus, collaborabitis, collaborabunt *plu* collaboraveram, collaboraveras, collaboraverat, collaboraveramus, collaboraveratis, collaboraverant *fpr* collaboravero, collaboraveris, collaboraverit, collaboraverimus, collaboraveritis, collaboraverint *pas.pre* collaboror, collaboraris / collaborare, collaboratur, collaboramur, collaboramini, collaborantur *pas.imp* collaborabar, collaborabaris / collaborabare, collaborabatur, collaborabamur, collaborabamini, collaborabantur *pas.fut* collaborabor, collaboraberis / collaborabere, collaborabitur, collaborabimur, collaborabimini, collaborabuntur • **sub** *pre* collaborem, collabores, collaboret, collaboremus, collaboretis, collaborent *imp* collaborarem, collaborares, collaboraret, collaboraremus, collaboraretis, collaborarent *prt* collaboraverim, collaboraveris, collaboraverit, collaboraverimus, collaboraveritis, collaboraverint *plu* collaboravissem, collaboravisses, collaboravisset, collaboravissemus, collaboravissetis, collaboravissent *pas.pre* collaborer, collaboreris / collaborere, collaboretur, collaboremur, collaboremini, collaborentur *pas.imp* collaborarer, collaborareris / collaborarere, collaboraretur, collaboraremur, collaboraremini, collaborarentur • **imp** *pre* –, collabora, –, –, collaborate, – *fut* –, collaborato, collaborato, –, collaboratote, collaboranto *pas.pre* –, collaborare, –, –, collaboramini, – *pas.fut* –, collaborator, collaborator, –, –, collaborantor • **inf** *pre* collaborare *prt* collaboravisse *fut* collaboraturus esse *pas.pre* collaborari *pas.prt* collaboratus esse *pas.fut* collaboratum iri • **ger** collaborare / collaborandi / collaborando / collaborandum • **sup** collaboratum / collaboratu • **par** *pre* collaborans *prt* – *fut* collaboraturus *pas.pre* – *pas.prt* collaboratus *pas.fut* collaborandus

comedo /eat, chew up, consume, devour/ • **ind** *pre* comedo, comedis / comes, comedit / comest, comedimus, comeditis / comestis, comedunt *imp* comedebam, comedebas, comedebat, comedebamus, comedebatis, comedebant *prt* comedi, comedisti, comedit, comedimus, comedistis, comederunt / comedere *fut* comedam, comedes, comedet, comedemus, comedetis, comedent *plu* comederam, comederas, comederat, comederamus, comederatis, comederant *fpr* comedero, comederis, comederit, comederimus, comederitis, comederint *pas.pre* comedor, comederis / comedere, comeditur / comestur, comedimur, comedimini, comeduntur *pas.imp* comedebar, comedebaris / comedebare, comedebatur, comedebamur, comedebamini, comedebantur *pas.fut* comedar, comederis / comedere, comedetur, comedemur, comedemini, comedentur • **sub** _pre_ comedam / comedim, comedas / comedis, comedat / comedit, comedamus / comedimus, comedatis / comeditis, comedant / comedint _imp_ comederem / comessem, comederes / comesses, comederet / comesset, comederemus / comessemus, comederetis / comessetis, comederent / comessent _prt_ comederim, comederis, comederit, comederimus, comederitis, comederint _plu_ comedissem, comedisses, comedisset, comedissemus, comedissetis, comedissent _pas.pre_ comedar, comedaris / comedare, comedatur, comedamur, comedamini, comedantur _pas.imp_ comederer, comedereris / comederere, comederetur, comederemur, comederemini, comederentur • **imp** _pre_ –, comede / comes, –, –, comedite / comeste, – _fut_ –, comedito / comesto, comedito / comesto, –, comeditote / comestote, comedunto _pas.pre_ –, comedere, –, –, comedimini, – _pas.fut_ –, comeditor, comeditor, –, –, comeduntor • **inf** _pre_ comedere / comesse _prt_ comedisse _fut_ comesurus esse _pas.pre_ comedi _pas.prt_ comesus esse _pas.fut_ comesum iri • **ger** comedere / comedendi / comedendo / comedendum • **sup** comesum / comesu • **par** _pre_ comedens _prt_ – _fut_ comesurus _pas.pre_ – _pas.prt_ comesus _pas.fut_ comedendus

commisceo /mix, mingle together, intermingle/ • **ind** _pre_ commisceo, commisces, commiscet, commiscemus, commiscetis, commiscent _imp_ commiscebam, commiscebas, commiscebat, commiscebamus, commiscebatis, commiscebant _prt_ commiscui, commiscuisti, commiscuit, commiscuimus, commiscuistis, commiscuerunt / commiscuere _fut_ commiscebo, commiscebis, commiscebit, commiscebimus, commiscebitis, commiscebunt _plu_ commiscueram, commiscueras, commiscuerat, commiscueramus, commiscueratis, commiscuerant _fpr_ commiscuero, commiscueris, commiscuerit, commiscuerimus, commiscueritis, commiscuerint _pas.pre_ commisceor, commisceris / commiscere, commiscetur, commiscemur, commiscemini, commiscentur _pas.imp_ commiscebar, commiscebaris / commiscebare, commiscebatur, commiscebamur, commiscebamini, commiscebantur _pas.fut_ commiscebor, commisceberis / commiscebere, commiscebitur, commiscebimur, commiscebimini, commiscebuntur • **sub** _pre_ commisceam, commisceas, commisceat, commisceamus, commisceatis, commisceant _imp_ commiscerem, commisceres, commisceret, commisceremus, commisceretis, commiscerent _prt_ commiscuerim, commiscueris, commiscuerit, commiscuerimus, commiscueritis, commiscuerint _plu_ commiscuissem, commiscuisses, commiscuisset, commiscuissemus, commiscuissetis, commiscuissent _pas.pre_ commiscear, commiscearis / commisceare, commisceatur, commisceamur, commisceamini, commisceantur _pas.imp_ commiscerer, commiscereris /

commiscerere, commisceretur, commisceremur, commisceremini, commiscerentur • **imp** _pre_ –, commisce, –, –, commiscete, – _fut_ –, commisceto, commisceto, –, commiscetote, commiscento _pas.pre_ –, commiscere, –, –, commiscemini, – _pas.fut_ –, commiscetor, commiscetor, –, –, commiscentor • **inf** _pre_ commiscere _prt_ commiscuisse _fut_ commixturus esse _pas.pre_ commisceri _pas.prt_ commixtus esse _pas.fut_ commixtum iri • **ger** commiscere / commiscendi / commiscendo / commiscendum • **sup** commixtum / commixtu • **par** _pre_ commiscens _prt_ – _fut_ commixturus _pas.pre_ – _pas.prt_ commixtus _pas.fut_ commiscendus

complector /embrace, hug, encircle/ • **ind** _pre_ complector, complecteris / complectere, complectitur, complectimur, complectimini, complectuntur _imp_ complectebar, complectebaris / complectebare, complectebatur, complectebamur, complectebamini, complectebantur _prt_ — _fut_ complectar, complecteris / complectere, complectetur, complectemur, complectemini, complectentur _plu_ — _fpr_ — _pas.pre_ — _pas.imp_ — _pas.fut_ — • **sub** _pre_ complectar, complectaris / complectare, complectatur, complectamur, complectamini, complectantur _imp_ complecterer, complectereris / complecterere, complecteretur, complecteremur, complecteremini, complecterentur _prt_ — _plu_ — _pas.pre_ — _pas.imp_ — • **imp** _pre_ –, complectere, –, –, complectimini, – _fut_ –, complectitor, complectitor, –, –, complectuntor _pas.pre_ — _pas.fut_ — • **inf** _pre_ complecti _prt_ complexus esse _fut_ complexurus esse _pas.pre_ – _pas.prt_ – _pas.fut_ – • **ger** complecti / complectendi / complectendo / complectendum • **sup** complexum / complexu • **par** _pre_ complectens _prt_ complexus _fut_ complexurus _pas.pre_ – _pas.prt_ – _pas.fut_ – complectendus

compleo /fill up, fill full/ • **ind** _pre_ compleo, comples, complet, complemus, completis, complent _imp_ complebam, complebas, complebat, complebamus, complebatis, complebant _prt_ complevi, complevisti / complesti, complevit, complevimus, complevistis / complestis, compleverunt / complevere _fut_ complebo, complebis, complebit, complebimus, complebitis, complebunt _plu_ compleveram, compleveras, compleverat, compleveramus, compleveratis, compleverant _fpr_ complevero, compleveris, compleverit, compleverimus, compleveritis, compleverint _pas.pre_ compleor, compleris / complere, completur, complemur, complemini, complentur _pas.imp_ complebar, complebaris / complebare, complebatur, complebamur, complebamini, complebantur _pas.fut_ complebor, compleberis / complebere, complebitur, complebimur, complebimini, complebuntur • **sub** _pre_ compleam, compleas, compleat, compleamus, compleatis, compleant _imp_ complerem, compleres, compleret, compleremus, compleretis, complerent _prt_ compleverim, compleveris, compleverit, compleverimus, compleveritis, compleverint *plu* complevissem / complessem, complevisses / complesses, complevisset / complesset, complevissemus / complessemus, complevissetis / complessetis, complevissent / complessent *pas.pre* complear, complearis / compleare, compleatur, compleamur, compleamini, compleantur *pas.imp* complerer, complereris / complerere, compleretur, compleremur, compleremini, complerentur • **imp** *pre* –, comple, –, –, complete, – *fut* –, completo, completo, –, completote, complento *pas.pre* –, complere, –, –, complemini, – *pas.fut* –, completor, completor, –, –, complentor • **inf** *pre* complere *prt* complevisse / complesse *fut* completurus esse *pas.pre* compleri *pas.prt* completus esse *pas.fut* completum iri • **ger** complere / complendi / complendo / complendum • **sup** completum / completu • **par** *pre* complens *prt* – *fut* completurus *pas.pre* – *pas.prt* completus *pas.fut* complendus

compono /arrange, compile/ • **ind** *pre* compono, componis, componit, componimus, componitis, componunt *imp* componebam, componebas, componebat, componebamus, componebatis, componebant *prt* composui, composuisti, composuit, composuimus, composuistis, composuerunt / composuere *fut* componam, compones, componet, componemus, componetis, component *plu* composueram, composueras, composuerat, composueramus, composueratis, composuerant *fpr* composuero, composueris, composuerit, composuerimus, composueritis, composuerint *pas.pre* componor, componeris / componere, componitur, componimur, componimini, componuntur *pas.imp* componebar, componebaris / componebare, componebatur, componebamur, componebamini, componebantur *pas.fut* componar, componeris / componere, componetur, componemur, componemini, componentur • **sub** *pre* componam, componas, componat, componamus, componatis, componant *imp* componerem, componeres, componeret, componeremus, componeretis, componerent *prt* composuerim, composueris, composuerit, composuerimus, composueritis, composuerint *plu* composuissem, composuisses, composuisset, composuissemus, composuissetis, composuissent *pas.pre* componar, componaris / componare, componatur, componamur, componamini, componantur *pas.imp* componerer, componereris / componerere, componeretur, componeremur, componeremini, componerentur • **imp** *pre* –, compone, –, –, componite, – *fut* –, componito, componito, –, componitote, componunto *pas.pre* –, componere, –, –, componimini, – *pas.fut* –, componitor, componitor, –, –, componuntor • **inf** *pre* componere *prt* composuisse *fut* compositurus esse *pas.pre* componi *pas.prt* compositus esse *pas.fut* compositum iri • **ger** componere / componendi / componendo / componendum • **sup** compositum

/ compositu • **par** _pre_ componens _prt_ – _fut_ compositurus _pas.pre_ – _pas.prt_ compositus _pas.fut_ componendus

concedo /depart, retire, withdraw/ • **ind** _pre_ concedo, concedis, concedit, concedimus, conceditis, concedunt _imp_ concedebam, concedebas, concedebat, concedebamus, concedebatis, concedebant _prt_ concessi, concessisti, concessit, concessimus, concessistis, concesserunt / concessere _fut_ concedam, concedes, concedet, concedemus, concedetis, concedent _plu_ concesseram, concesseras, concesserat, concesseramus, concesseratis, concesserant _fpr_ concessero, concesseris, concesserit, concesserimus, concesseritis, concesserint _pas.pre_ concedor, concederis / concedere, conceditur, concedimur, concedimini, conceduntur _pas.imp_ concedebar, concedebaris / concedebare, concedebatur, concedebamur, concedebamini, concedebantur _pas.fut_ concedar, concederis / concedere, concedetur, concedemur, concedemini, concedentur • **sub** _pre_ concedam, concedas, concedat, concedamus, concedatis, concedant _imp_ concederem, concederes, concederet, concederemus, concederetis, concederent _prt_ concesserim, concesseris, concesserit, concesserimus, concesseritis, concesserint _plu_ concessissem, concessisses, concessisset, concessissemus, concessissetis, concessissent _pas.pre_ concedar, concedaris / concedare, concedatur, concedamur, concedamini, concedantur _pas.imp_ concederer, concedereris / concederere, concederetur, concederemur, concederemini, concederentur • **imp** _pre_ –, concede, –, –, concedite, – _fut_ –, concedito, concedito, –, conceditote, concedunto _pas.pre_ –, concedere, –, –, concedimini, – _pas.fut_ –, conceditor, conceditor, –, –, conceduntor • **inf** _pre_ concedere _prt_ concessisse _fut_ concessurus esse _pas.pre_ concedi _pas.prt_ concessus esse _pas.fut_ concessum iri • **ger** concedere / concedendi / concedendo / concedendum • **sup** concessum / concessu • **par** _pre_ concedens _prt_ – _fut_ concessurus _pas.pre_ – _pas.prt_ concessus _pas.fut_ concedendus

concurro /run with others, flock/ • **ind** _pre_ concurro, concurris, concurrit, concurrimus, concurritis, concurrunt _imp_ concurrebam, concurrebas, concurrebat, concurrebamus, concurrebatis, concurrebant _prt_ concurri, concurristi, concurrit, concurrimus, concurristis, concurrerunt / concurrere _fut_ concurram, concurres, concurret, concurremus, concurretis, concurrent _plu_ concurreram, concurreras, concurrerat, concurreramus, concurreratis, concurrerant _fpr_ concurrero, concurreris, concurrerit, concurrerimus, concurreritis, concurrerint _pas.pre_ concurror, concurreris / concurrere, concurritur, concurrimur, concurrimini, concurruntur _pas.imp_ concurrebar, concurrebaris / concurrebare, concurrebatur, concurrebamur, concurrebamini, concurrebantur _pas.fut_ concurrar, concurreris / concurrere, concurretur, concurremur, concurremini, concurrentur • **sub** _pre_ concurram, concurras, concurrat, concurramus, concurratis, concurrant _imp_ concurrerem, concurreres, concurreret, concurreremus, concurreretis, concurrerent _prt_ concurrerim, concurreris, concurrerit, concurrerimus, concurreritis, concurrerint _plu_ concurrissem, concurrisses, concurrisset, concurrissemus, concurrissetis, concurrissent _pas.pre_ concurrar, concurraris / concurrare, concurratur, concurramur, concurramini, concurrantur _pas.imp_ concurrerer, concurrereris / concurrerere, concurreretur, concurreremur, concurreremini, concurrerentur • **imp** _pre_ –, concurre, –, –, concurrite, – _fut_ –, concurrito, concurrito, –, concurritote, concurrunto _pas.pre_ –, concurrere, –, –, concurrimini, – _pas.fut_ –, concurritor, concurritor, –, –, concurruntor • **inf** _pre_ concurrere _prt_ concurrisse _fut_ concursurus esse _pas.pre_ concurri _pas.prt_ concursus esse _pas.fut_ concursum iri • **ger** concurrere / concurrendi / concurrendo / concurrendum • **sup** concursum / concursu • **par** _pre_ concurrens _prt_ – _fut_ concursurus _pas.pre_ – _pas.prt_ concursus _pas.fut_ concurrendus

concutio /shake violently, agitate/ • **ind** _pre_ concutio, concutis, concutit, concutimus, concutitis, concutiunt _imp_ concutiebam, concutiebas, concutiebat, concutiebamus, concutiebatis, concutiebant _prt_ concussi, concussisti, concussit, concussimus, concussistis, concusserunt / concussere _fut_ concutiam, concuties, concutiet, concutiemus, concutietis, concutient _plu_ concusseram, concusseras, concusserat, concusseramus, concusseratis, concusserant _fpr_ concussero, concusseris, concusserit, concusserimus, concusseritis, concusserint _pas.pre_ concutior, concuteris / concutere, concutitur, concutimur, concutimini, concutiuntur _pas.imp_ concutiebar, concutiebaris / concutiebare, concutiebatur, concutiebamur, concutiebamini, concutiebantur _pas.fut_ concutiar, concutieris / concutiere, concutietur, concutiemur, concutiemini, concutientur • **sub** _pre_ concutiam, concutias, concutiat, concutiamus, concutiatis, concutiant _imp_ concuterem, concuteres, concuteret, concuteremus, concuteretis, concuterent _prt_ concusserim, concusseris, concusserit, concusserimus, concusseritis, concusserint _plu_ concussissem, concussisses, concussisset, concussissemus, concussissetis, concussissent _pas.pre_ concutiar, concutiaris / concutiare, concutiatur, concutiamur, concutiamini, concutiantur _pas.imp_ concuterer, concutereris / concuterere, concuteretur, concuteremur, concuteremini, concuterentur • **imp** _pre_ –, concute, –, –, concutite, – _fut_ –, concutito, concutito, –, concutitote, concutiunto _pas.pre_ –, concutere, –, –, concutimini, – _pas.fut_ –, concutitor, concutitor, –, –, concutiuntor • **inf** _pre_ concutere _prt_ concussisse _fut_ concussurus esse _pas.pre_ concuti _pas.prt_ concussus esse _pas.fut_ concussum iri • **ger** concutere / concutiendi / concutiendo / concutiendum • **sup** concussum / concussu • **par** _pre_ concutiens _prt_ – _fut_ concussurus _pas.pre_ – _pas.prt_ concussus _pas.fut_ concutiendus

condescendo /condescend, stoop/ • **ind** _pre_ condescendo, condescendis, condescendit, condescendimus, condescenditis, condescendunt _imp_ condescendebam, condescendebas, condescendebat, condescendebamus, condescendebatis, condescendebant _prt_ condescendi, condescendisti, condescendit, condescendimus, condescendistis, condescenderunt / condescendere _fut_ condescendam, condescendes, condescendet, condescendemus, condescendetis, condescendent _plu_ condescenderam, condescenderas, condescenderat, condescenderamus, condescenderatis, condescenderant _fpr_ condescendero, condescenderis, condescenderit, condescenderimus, condescenderitis, condescenderint _pas.pre_ condescendor, condescenderis / condescendere, condescenditur, condescendimur, condescendimini, condescenduntur _pas.imp_ condescendebar, condescendebaris / condescendebare, condescendebatur, condescendebamur, condescendebamini, condescendebantur _pas.fut_ condescendar, condescenderis / condescendere, condescendetur, condescendemur, condescendemini, condescendentur • **sub** _pre_ condescendam, condescendas, condescendat, condescendamus, condescendatis, condescendant _imp_ condescenderem, condescenderes, condescenderet, condescenderemus, condescenderetis, condescenderent _prt_ condescenderim, condescenderis, condescenderit, condescenderimus, condescenderitis, condescenderint _plu_ condescendissem, condescendisses, condescendisset, condescendissemus, condescendissetis, condescendissent _pas.pre_ condescendar, condescendaris / condescendare, condescendatur, condescendamur, condescendamini, condescendantur _pas.imp_ condescenderer, condescendereris / condescenderere, condescenderetur, condescenderemur, condescenderemini, condescenderentur • **imp** _pre_ –, condescende, –, –, condescendite, – _fut_ –, condescendito, condescendito, –, condescenditote, condescendunto _pas.pre_ –, condescendere, –, –, condescendimini, – _pas.fut_ –, condescenditor, condescenditor, –, –, condescenduntor • **inf** _pre_ condescendere _prt_ condescendisse _fut_ condescensurus esse _pas.pre_ condescendi _pas.prt_ condescensus esse _pas.fut_ condescensum iri • **ger** condescendere / condescendendi / condescendendo / condescendendum • **sup** condescensum / condescensu • **par** _pre_ condescendens _prt_ – _fut_ condescensurus _pas.pre_ – _pas.prt_ condescensus _pas.fut_ condescendendus

condo /build/ • **ind** _pre_ condo, condis, condit, condimus, conditis, condunt _imp_ condebam, condebas, condebat, condebamus, condebatis, condebant *prt* condidi, condidisti, condidit, condidimus, condidistis, condiderunt / condidere *fut* condam, condes, condet, condemus, condetis, condent *plu* condideram, condideras, condiderat, condideramus, condideratis, condiderant *fpr* condidero, condideris, condiderit, condiderimus, condideritis, condiderint *pas.pre* condor, conderis / condere, conditur, condimur, condimini, conduntur *pas.imp* condebar, condebaris / condebare, condebatur, condebamur, condebamini, condebantur *pas.fut* condar, conderis / condere, condetur, condemur, condemini, condentur • **sub** *pre* condam, condas, condat, condamus, condatis, condant *imp* conderem, conderes, conderet, conderemus, conderetis, conderent *prt* condiderim, condideris, condiderit, condiderimus, condideritis, condiderint *plu* condidissem, condidisses, condidisset, condidissemus, condidissetis, condidissent *pas.pre* condar, condaris / condare, condatur, condamur, condamini, condantur *pas.imp* conderer, condereris / conderere, conderetur, conderemur, conderemini, conderentur • **imp** *pre* –, conde, –, –, condite, – *fut* –, condito, condito, –, conditote, condunto *pas.pre* –, condere, –, –, condimini, – *pas.fut* –, conditor, conditor, –, –, conduntor • **inf** *pre* condere *prt* condidisse *fut* conditurus esse *pas.pre* condi *pas.prt* conditus esse *pas.fut* conditum iri • **ger** condere / condendi / condendo / condendum • **sup** conditum / conditu • **par** *pre* condens *prt* – *fut* conditurus *pas.pre* – *pas.prt* conditus *pas.fut* condendus

confero /bring, collect together, gather/ • **ind** *pre* confero, confers, confert, conferimus, confertis, conferunt *imp* conferebam, conferebas, conferebat, conferebamus, conferebatis, conferebant *prt* contuli, contulisti, contulit, contulimus, contulistis, contulerunt / contulere *fut* conferam, conferes, conferet, conferemus, conferetis, conferent *plu* contuleram, contuleras, contulerat, contuleramus, contuleratis, contulerant *fpr* contulero, contuleris, contulerit, contulerimus, contuleritis, contulerint *pas.pre* conferor, conferris / conferre, confertur, conferimur, conferimini, conferuntur *pas.imp* conferebar, conferebaris / conferebare, conferebatur, conferebamur, conferebamini, conferebantur *pas.fut* conferar, confereris / conferere, conferetur, conferemur, conferemini, conferentur • **sub** *pre* conferam, conferas, conferat, conferamus, conferatis, conferant *imp* conferrem, conferres, conferret, conferremus, conferretis, conferrent *prt* contulerim, contuleris, contulerit, contulerimus, contuleritis, contulerint *plu* contulissem, contulisses, contulisset, contulissemus, contulissetis, contulissent *pas.pre* conferar, conferaris / conferare, conferatur, conferamur, conferamini, conferantur *pas.imp* conferrer, conferreris / conferrere, conferretur, conferremur, conferremini, conferrentur • **imp** *pre* –, confer, –, –, conferte, – *fut* –, conferto, conferto, –, confertote, conferunto *pas.pre* –, conferre, –, –, conferimini, – *pas.fut* –, confertor, confertor, –, –, conferuntor • **inf** *pre* conferre *prt* contulisse *fut* collaturus esse *pas.pre* conferri *pas.prt* collatus esse *pas.fut* collatum iri • **ger** conferre / conferendi / conferendo / conferendum • **sup** collatum / collatu • **par** *pre* conferens *prt* – *fut* collaturus *pas.pre* – *pas.prt* collatus *pas.fut* conferendus

conficio /prepare, accomplish/ • **ind** *pre* conficio, conficis, conficit, conficimus, conficitis, conficiunt *imp* conficiebam, conficiebas, conficiebat, conficiebamus, conficiebatis, conficiebant *prt* confeci, confecisti, confecit, confecimus, confecistis, confecerunt / confecere *fut* conficiam, conficies, conficiet, conficiemus, conficietis, conficient *plu* confeceram, confeceras, confecerat, confeceramus, confeceratis, confecerant *fpr* confecero, confeceris, confecerit, confecerimus, confeceritis, confecerint *pas.pre* conficior, conficeris / conficere, conficitur, conficimur, conficimini, conficiuntur *pas.imp* conficiebar, conficiebaris / conficiebare, conficiebatur, conficiebamur, conficiebamini, conficiebantur *pas.fut* conficiar, conficieris / conficiere, conficietur, conficiemur, conficiemini, conficientur • **sub** *pre* conficiam, conficias, conficiat, conficiamus, conficiatis, conficiant *imp* conficerem, conficeres, conficeret, conficeremus, conficeretis, conficerent *prt* confecerim, confeceris, confecerit, confecerimus, confeceritis, confecerint *plu* confecissem, confecisses, confecisset, confecissemus, confecissetis, confecissent *pas.pre* conficiar, conficiaris / conficiare, conficiatur, conficiamur, conficiamini, conficiantur *pas.imp* conficerer, conficereris / conficerere, conficeretur, conficeremur, conficeremini, conficerentur • **imp** *pre* –, confice, –, –, conficite, – *fut* –, conficito, conficito, –, conficitote, conficiunto *pas.pre* –, conficere, –, –, conficimini, – *pas.fut* –, conficitor, conficitor, –, –, conficiuntor • **inf** *pre* conficere *prt* confecisse *fut* confecturus esse *pas.pre* confici *pas.prt* confectus esse *pas.fut* confectum iri • **ger** conficere / conficiendi / conficiendo / conficiendum • **sup** confectum / confectu • **par** *pre* conficiens *prt* – *fut* confecturus *pas.pre* – *pas.prt* confectus *pas.fut* conficiendus

confiteor /confess, admit/ • **ind** *pre* confiteor, confiteris / confitere, confitetur, confitemur, confitemini, confitentur *imp* confitebar, confitebaris / confitebare, confitebatur, confitebamur, confitebamini, confitebantur *prt* — *fut* confitebor, confiteberis / confitebere, confitebitur, confitebimur, confitebimini, confitebuntur *plu* — *fpr* — *pas.pre* — *pas.imp* — *pas.fut* — • **sub** *pre* confitear, confitearis / confiteare, confiteatur, confiteamur, confiteamini, confiteantur *imp* confiterer, confitereris / confiterere, confiteretur, confiteremur, confiteremini, confiterentur *prt* — *plu* — *pas.pre* — *pas.imp* — • **imp** *pre* –, confitere, –, –, confitemini, – _fut_ –, confitetor, confitetor, –, –, confitentor _pas.pre_ — _pas.fut_ — • **inf** _pre_ confiteri / confiterier _prt_ confessus esse _fut_ confessurus esse _pas.pre_ – _pas.prt_ – _pas.fut_ – • **ger** confiteri / confiterier / confitendi / confitendo / confitendum • **sup** confessum / confessu • **par** _pre_ confitens _prt_ confessus _fut_ confessurus _pas.pre_ – _pas.prt_ – _pas.fut_ confitendus

confligo /clash, collide, contend/ • **ind** _pre_ confligo, confligis, confligit, confligimus, confligitis, configunt _imp_ confligebam, confligebas, confligebat, confligebamus, confligebatis, confligebant _prt_ conflixi, conflixisti, conflixit, conflixismus, conflixistis, conflixerunt / conflixere _fut_ confligam, confliges, confliget, confligemus, confligetis, confligent _plu_ conflixeram, conflixeras, conflixerat, conflixeramus, conflixeratis, conflixerant _fpr_ conflixero, conflixeris, conflixerit, conflixerimus, conflixeritis, conflixerint _pas.pre_ confligor, confligeris / confligere, confligitur, confligimur, confligimini, configuntur _pas.imp_ confligebar, confligebaris / confligebare, confligebatur, confligebamur, confligebamini, confligebantur _pas.fut_ confligar, confligeris / confligere, confligetur, confligemur, confligemini, confligentur • **sub** _pre_ confligam, confligas, confligat, confligamus, confligatis, confligant _imp_ confligerem, confligeres, confligeret, confligeremus, confligeretis, confligerent _prt_ conflixerim, conflixeris, conflixerit, conflixerimus, conflixeritis, conflixerint _plu_ conflixissem, conflixisses, conflixisset, conflixissemus, conflixissetis, conflixissent _pas.pre_ configar, configaris / configare, configatur, configamur, configamini, configantur _pas.imp_ confligerer, confligereris / confligerere, confligeretur, confligeremur, confligeremini, confligerentur • **imp** _pre_ –, conflige, –, –, confligite, – _fut_ –, confligito, confligito, –, confligitote, confligunto _pas.pre_ –, confligere, –, –, confligimini, – _pas.fut_ –, confligitor, confligitor, –, –, configuntor • **inf** _pre_ confligere _prt_ conflixisse _fut_ conflicturus esse _pas.pre_ confligi _pas.prt_ conflictus esse _pas.fut_ conflictum iri • **ger** confligere / confligendi / confligendo / confligendum • **sup** conflictum / conflictu • **par** _pre_ confligens _prt_ – _fut_ conflicturus _pas.pre_ – _pas.prt_ conflictus _pas.fut_ confligendus

confuto /suppress, restrain/ • **ind** _pre_ confuto, confutas, confutat, confutamus, confutatis, confutant _imp_ confutabam, confutabas, confutabat, confutabamus, confutabatis, confutabant _prt_ confutavi, confutavisti, confutavit, confutavimus, confutavistis, confutaverunt / confutavere _fut_ confutabo, confutabis, confutabit, confutabimus, confutabitis, confutabunt _plu_ confutaveram, confutaveras, confutaverat, confutaveramus, confutaveratis, confutaverant _fpr_ confutavero, confutaveris, confutaverit, confutaverimus, confutaveritis, confutaverint _pas.pre_ confutor, confutaris / confutare, confutatur, confutamur, confutamini, confutantur *pas.imp* confutabar, confutabaris / confutabare, confutabatur, confutabamur, confutabamini, confutabantur *pas.fut* confutabor, confutaberis / confutabere, confutabitur, confutabimur, confutabimini, confutabuntur • **sub** *pre* confutem, confutes, confutet, confutemus, confutetis, confutent *imp* confutarem, confutares, confutaret, confutaremus, confutaretis, confutarent *prt* confutaverim, confutaveris, confutaverit, confutaverimus, confutaveritis, confutaverint *plu* confutavissem, confutavisses, confutavisset, confutavissemus, confutavissetis, confutavissent *pas.pre* confuter, confuteris / confutere, confutetur, confutemur, confutemini, confutentur *pas.imp* confutarer, confutareris / confutarere, confutaretur, confutaremur, confutaremini, confutarentur • **imp** *pre* –, confuta, –, –, confutate, – *fut* –, confutato, confutato, –, confutatote, confutanto *pas.pre* –, confutare, –, –, confutamini, – *pas.fut* –, confutator, confutator, –, –, confutantor • **inf** *pre* confutare *prt* confutavisse *fut* confutaturus esse *pas.pre* confutari *pas.prt* confutatus esse *pas.fut* confutatum iri • **ger** confutare / confutandi / confutando / confutandum • **sup** confutatum / confutatu • **par** *pre* confutans *prt* – *fut* confutaturus *pas.pre* – *pas.prt* confutatus *pas.fut* confutandus

conicio /throw, bring together, unite/ • **ind** *pre* conicio, conicis, conicit, conicimus, conicitis, coniciunt *imp* coniciebam, coniciebas, coniciebat, coniciebamus, coniciebatis, coniciebant *prt* conieci, coniecisti, coniecit, coniecimus, coniecistis, coniecerunt / coniecere *fut* coniciam, conicies, coniciet, coniciemus, conicietis, conicient *plu* conieceram, conieceras, coniecerat, coniceeramus, conieceratis, coniecerant *fpr* coniecero, conieceris, coniecerit, coniecerimus, conieceritis, coniecerint *pas.pre* conicior, coniceris / conicere, conicitur, conicimur, conicimini, coniciuntur *pas.imp* coniciebar, coniciebaris / coniciebare, coniciebatur, coniciebamur, coniciebamini, coniciebantur *pas.fut* coniciar, conicieris / coniciere, conicietur, coniciemur, coniciemini, conicientur • **sub** *pre* coniciam, conicias, coniciat, coniciamus, coniciatis, coniciant *imp* conicerem, coniceres, coniceret, coniceremus, coniceretis, conicerent *prt* coniecerim, conieceris, coniecerit, coniecerimus, conieceritis, coniecerint *plu* coniecissem, coniecisses, coniecisset, coniecissemus, coniecissetis, coniecissent *pas.pre* coniciar, coniciaris / coniciare, coniciatur, coniciamur, coniciamini, coniciantur *pas.imp* conicerer, conicereris / conicerere, coniceretur, coniceremur, coniceremini, conicerentur • **imp** *pre* –, conice, –, –, conicite, – *fut* –, conicito, conicito, –, conicitote, coniciunto *pas.pre* –, conicere, –, –, conicimini, – *pas.fut* –, conicitor, conicitor, –, –, coniciuntor • **inf** *pre* conicere *prt* coniecisse *fut* coniecturus esse *pas.pre* conici *pas.prt* coniectus esse *pas.fut* coniectum iri • **ger** conicere / coniciendi / coniciendo / coniciendum • **sup** coniectum / coniectu • **par** *pre* coniciens *prt* – *fut* coniecturus *pas.pre* – *pas.prt* coniectus *pas.fut* coniciendus

conor /try, attempt/ • **ind** *pre* conor, conaris / conare, conatur, conamur, conamini, conantur *imp* conabar, conabaris / conabare, conabatur, conabamur, conabamini, conabantur *prt* — *fut* conabor, conaberis / conabere, conabitur, conabimur, conabimini, conabuntur *plu* — *fpr* — *pas.pre* — *pas.imp* — *pas.fut* — • **sub** *pre* coner, coneris / conere, conetur, conemur, conemini, conentur *imp* conarer, conareris / conarere, conaretur, conaremur, conaremini, conarentur *prt* — *plu* — *pas.pre* — *pas.imp* — • **imp** *pre* –, conare, –, –, conamini, – *fut* –, conator, conator, –, –, conantor *pas.pre* — *pas.fut* — • **inf** *pre* conari *prt* conatus esse *fut* conaturus esse *pas.pre* – *pas.prt* – *pas.fut* – • **ger** conari / conandi / conando / conandum • **sup** conatum / conatu • **par** *pre* conans *prt* conatus *fut* conaturus *pas.pre* – *pas.prt* – *pas.fut* conandus

consequor /follow, follow up/ • **ind** *pre* consequor, consequeris / consequere, consequitur, consequimur, consequimini, consequuntur *imp* consequebar, consequebaris / consequebare, consequebatur, consequebamur, consequebamini, consequebantur *prt* — *fut* consequar, consequeris / consequere, consequetur, consequemur, consequemini, consequentur *plu* — *fpr* — *pas.pre* — *pas.imp* — *pas.fut* — • **sub** *pre* consequar, consequaris / consequare, consequatur, consequamur, consequamini, consequantur *imp* consequerer, consequereris / consequerere, consequeretur, consequeremur, consequeremini, consequerentur *prt* — *plu* — *pas.pre* — *pas.imp* — • **imp** *pre* –, consequere, –, –, consequimini, – *fut* –, consequitor, consequitor, –, –, consequuntor *pas.pre* — *pas.fut* — • **inf** *pre* consequi *prt* consecutus esse *fut* consecuturus esse *pas.pre* – *pas.prt* – *pas.fut* – • **ger** consequi / consequendi / consequendo / consequendum • **sup** consecutum / consecutu • **par** *pre* consequens *prt* consecutus *fut* consecuturus *pas.pre* – *pas.prt* – *pas.fut* consequendus

consido /sit down, am seated/ • **ind** *pre* consido, considis, considit, considimus, considitis, considunt *imp* considebam, considebas, considebat, considebamus, considebatis, considebant *prt* considi, considisti, considit, considimus, considistis, considerunt / considere *fut* considam, consides, considet, considemus, considetis, consident *plu* consideram, consideras, considerat, consideramus, consideratis, considerant *fpr* considero, consideris, considerit, considerimus, consideritis, considerint *pas.pre* considor, consideris / considere, considitur, considimur, considimini, considuntur *pas.imp* considebar, considebaris / considebare, consisto

considebatur, considebamur, considebamini, considebantur _pas.fut_ considar, consideris / considere, consideretur, considemur, considemini, considentur • **sub** _pre_ considissem, considisses, considisset, considissemus, considissetis, considissent _imp_ considar, considaris / considare, considatur, considamur, considamini, considantur _prt_ considerer, considereris / considerere, consideretur, consideremur, consideremini, considerentur _plu_ –, conside, –, –, considite, – _pas.pre_ –, considito, considito, –, considitote, considunto _pas.imp_ –, considere, –, –, considimini, – • **imp** _pre_ –, –, –, –, consessus, – _fut_ –, considendi, considendo, –, consessum, consessu _pas.pre_ — _pas.fut_ — • **inf** _pre_ consido _prt_ considis _fut_ considit _pas.pre_ considimus _pas.prt_ considitis _pas.fut_ considunt • **ger** considam / consides / considet / considemus • **sup** considetis / consident • **par** _pre_ considebam _prt_ considebas _fut_ considebat _pas.pre_ considebamus _pas.prt_ _pas.fut_ considebant

consisto /stop, stand/ • **ind** _pre_ consisto, consistis, consistit, consistimus, consistitis, consistunt _imp_ consistebam, consistebas, consistebat, consistebamus, consistebatis, consistebant _prt_ constiti, constitisti, constitit, constitimus, constitistis, constiterunt / constitere _fut_ consistam, consistes, consistet, consistemus, consistetis, consistent _plu_ constiteram, constiteras, constiterat, constiteramus, constiteratis, constiterant _fpr_ constitero, constiteris, constiterit, constiterimus, constiteritis, constiterint _pas.pre_ consistor, consisteris / consistere, consistitur, consistimur, consistimini, consistuntur _pas.imp_ consistebar, consistebaris / consistebare, consistebatur, consistebamur, consistebamini, consistebantur _pas.fut_ consistar, consisteris / consistere, consistetur, consistemur, consistemini, consistentur • **sub** _pre_ consistam, consistas, consistat, consistamus, consistatis, consistant _imp_ consisterem, consisteres, consisteret, consisteremus, consisteretis, consisterent _prt_ constiterim, constiteris, constiterit, constiterimus, constiteritis, constiterint _plu_ constitissem, constitisses, constitisset, constitissemus, constitissetis, constitissent _pas.pre_ consistar, consistaris / consistare, consistatur, consistamur, consistamini, consistantur _pas.imp_ consisterer, consistereris / consisterere, consisteretur, consisteremur, consisteremini, consisterentur • **imp** _pre_ –, consiste, –, –, consistite, – _fut_ –, consistito, consistito, –, consistitote, consistunto _pas.pre_ –, consistere, –, –, consistimini, – _pas.fut_ –, consistitor, consistitor, –, –, consistuntor • **inf** _pre_ consistere _prt_ constitisse _fut_ constiturus esse _pas.pre_ consisti _pas.prt_ constitus esse _pas.fut_ constitum iri • **ger** consistere / consistendi / consistendo / consistendum • **sup** constitum / constitu • **par** _pre_ consistens _prt_ – _fut_ constiturus _pas.pre_ – _pas.prt_ constitus _pas.fut_ consistendus

47

conspicio /watch, look at/ • **ind** _pre_ conspicio, conspicis, conspicit, conspicimus, conspicitis, conspiciunt _imp_ conspiciebam, conspiciebas, conspiciebat, conspiciebamus, conspiciebatis, conspiciebant _prt_ conspexi, conspexisti, conspexit, conspeximus, conspexistis, conspexerunt / conspexere _fut_ conspiciam, conspicies, conspiciet, conspiciemus, conspicietis, conspicient _plu_ conspexeram, conspexeras, conspexerat, conspexeramus, conspexeratis, conspexerant _fpr_ conspexero, conspexeris, conspexerit, conspexerimus, conspexeritis, conspexerint _pas.pre_ conspicior, conspiceris / conspicere, conspicitur, conspicimur, conspicimini, conspiciuntur _pas.imp_ conspiciebar, conspiciebaris / conspiciebare, conspiciebatur, conspiciebamur, conspiciebamini, conspiciebantur _pas.fut_ conspiciar, conspicieris / conspiciere, conspicietur, conspiciemur, conspiciemini, conspicientur • **sub** _pre_ conspiciam, conspicias, conspiciat, conspiciamus, conspiciatis, conspiciant _imp_ conspicerem, conspiceres, conspiceret, conspiceremus, conspiceretis, conspicerent _prt_ conspexerim, conspexeris, conspexerit, conspexerimus, conspexeritis, conspexerint _plu_ conspexissem, conspexisses, conspexisset, conspexissemus, conspexissetis, conspexissent _pas.pre_ conspiciar, conspiciaris / conspiciare, conspiciatur, conspiciamur, conspiciamini, conspiciantur _pas.imp_ conspicerer, conspicereris / conspicerere, conspiceretur, conspiceremur, conspiceremini, conspicerentur • **imp** _pre_ –, conspice, –, –, conspicite, – _fut_ –, conspicito, conspicito, –, conspicitote, conspiciunto _pas.pre_ –, conspicere, –, –, conspicimini, – _pas.fut_ –, conspicitor, conspicitor, –, –, conspiciuntor • **inf** _pre_ conspicere _prt_ conspexisse _fut_ conspecturus esse _pas.pre_ conspici _pas.prt_ conspectus esse _pas.fut_ conspectum iri • **ger** conspicere / conspiciendi / conspiciendo / conspiciendum • **sup** conspectum / conspectu • **par** _pre_ conspiciens _prt_ – _fut_ conspecturus _pas.pre_ – _pas.prt_ conspectus _pas.fut_ conspiciendus

constituo /set up, establish/ • **ind** _pre_ constituo, constituis, constituit, constituimus, constituitis, constituunt _imp_ constituebam, constituebas, constituebat, constituebamus, constituebatis, constituebant _prt_ constitui, constituisti, constituit, constituimus, constituistis, constituerunt / constituere _fut_ constituam, constitues, constituet, constituemus, constituetis, constituent _plu_ constitueram, constitueras, constituerat, constitueramus, constitueratis, constituerant _fpr_ constituero, constitueris, constituerit, constituerimus, constitueritis, constituerint _pas.pre_ constituor, constitueris / constituere, constituitur, constituimur, constituimini, constituuntur _pas.imp_ constituebar, constituebaris / constituebare, constituebatur, constituebamur, constituebamini, constituebantur _pas.fut_ constituar, constitueris / constituere, constituetur, constituemur, constituemini, constituentur • **sub** _pre_ constituam, constituas, constituat, constituamus, constituatis, constituant *imp* constituerem, constitueres, constitueret, constitueremus, constitueretis, constituerent *prt* constituerim, constitueris, constituerit, constituerimus, constitueritis, constituerint *plu* constituissem, constituisses, constituisset, constituissemus, constituissetis, constituissent *pas.pre* constituar, constituaris / constituare, constituatur, constituamur, constituamini, constituantur *pas.imp* constituerer, constituereris / constituerere, constitueretur, constitueremur, constitueremini, constituerentur • **imp** *pre* –, constitue, –, –, constituite, – *fut* –, constituito, constituito, –, constituitote, constituunto *pas.pre* –, constituere, –, –, constituimini, – *pas.fut* –, constituitor, constituitor, –, –, constituuntor • **inf** *pre* constituere *prt* constituisse *fut* constituturus esse *pas.pre* constitui *pas.prt* constitutus esse *pas.fut* constitutum iri • **ger** constituere / constituendi / constituendo / constituendum • **sup** constitutum / constitutu • **par** *pre* constituens *prt* – *fut* constituturus *pas.pre* – *pas.prt* constitutus *pas.fut* constituendus

consto /stand together, stand still/ • **ind** *pre* consto, constas, constat, constamus, constatis, constant *imp* constabam, constabas, constabat, constabamus, constabatis, constabant *prt* constiti, constitisti, constitit, constitimus, constitistis, constiterunt / constitere *fut* constabo, constabis, constabit, constabimus, constabitis, constabunt *plu* constiteram, constiteras, constiterat, constiteramus, constiteratis, constiterant *fpr* constitero, constiteris, constiterit, constiterimus, constiteritis, constiterint *pas.pre* constor, constaris / constare, constatur, constamur, constamini, constantur *pas.imp* constabar, constabaris / constabare, constabatur, constabamur, constabamini, constabantur *pas.fut* constabor, constaberis / constabere, constabitur, constabimur, constabimini, constabuntur • **sub** *pre* constem, constes, constet, constemus, constetis, constent *imp* constarem, constares, constaret, constaremus, constaretis, constarent *prt* constiterim, constiteris, constiterit, constiterimus, constiteritis, constiterint *plu* constitissem, constitisses, constitisset, constitissemus, constitissetis, constitissent *pas.pre* conster, consteris / constere, constetur, constemur, constemini, constentur *pas.imp* constarer, constareris / constarere, constaretur, constaremur, constaremini, constarentur • **imp** *pre* –, consta, –, –, constate, – *fut* –, constato, constato, –, constatote, constanto *pas.pre* –, constare, –, –, constamini, – *pas.fut* –, constator, constator, –, –, constantor • **inf** *pre* constare *prt* constitisse *fut* constaturus esse *pas.pre* constari *pas.prt* constatus esse *pas.fut* constatum iri • **ger** constare / constandi / constando / constandum • **sup** constatum / constatu • **par** *pre* constans *prt* – *fut* constaturus *pas.pre* – *pas.prt* constatus *pas.fut* constandus

consulo /consult, seek counsel from/ • **ind** *pre* consulo, consulis, consulit, consulimus, consulitis, consulunt *imp* consulebam, consulebas, consulebat, consulebamus, consulebatis, consulebant *prt* consului, consuluisti, consuluit, consuluimus, consuluistis, consuluerunt / consuluere *fut* consulam, consules, consulet, consulemus, consuletis, consulent *plu* consulueram, consulueras, consuluerat, consulueramus, consulueratis, consuluerant *fpr* consuluero, consulueris, consuluerit, consuluerimus, consulueritis, consuluerint *pas.pre* consulor, consuleris / consulere, consulitur, consulimur, consulimini, consuluntur *pas.imp* consulebar, consulebaris / consulebare, consulebatur, consulebamur, consulebamini, consulebantur *pas.fut* consular, consuleris / consulere, consuletur, consulemur, consulemini, consulentur • **sub** *pre* consulam, consulas, consulat, consulamus, consulatis, consulant *imp* consulerem, consuleres, consuleret, consuleremus, consuleretis, consulerent *prt* consuluerim, consulueris, consuluerit, consuluerimus, consulueritis, consuluerint *plu* consuluissem, consuluisses, consuluisset, consuluissemus, consuluissetis, consuluissent *pas.pre* consular, consularis / consulare, consulatur, consulamur, consulamini, consulantur *pas.imp* consulerer, consulereris / consulerere, consuleretur, consuleremur, consuleremini, consulerentur • **imp** *pre* –, consule, –, –, consulite, – *fut* –, consulito, consulito, –, consulitote, consulunto *pas.pre* –, consulere, –, –, consulimini, – *pas.fut* –, consulitor, consulitor, –, –, consuluntor • **inf** *pre* consulere *prt* consuluisse *fut* consulturus esse *pas.pre* consuli *pas.prt* consultus esse *pas.fut* consultum iri • **ger** consulere / consulendi / consulendo / consulendum • **sup** consultum / consultu • **par** *pre* consulens *prt* – *fut* consulturus *pas.pre* – *pas.prt* consultus *pas.fut* consulendus

consumo /consume/ • **ind** *pre* consumo, consumis, consumit, consumimus, consumitis, consumunt *imp* consumebam, consumebas, consumebat, consumebamus, consumebatis, consumebant *prt* consumpsi, consumpsisti, consumpsit, consumpsimus, consumpsistis, consumpserunt / consumpsere *fut* consumam, consumes, consumet, consumemus, consumetis, consument *plu* consumpseram, consumpseras, consumpserat, consumpseramus, consumpseratis, consumpserant *fpr* consumpsero, consumpseris, consumpserit, consumpserimus, consumpseritis, consumpserint *pas.pre* consumor, consumeris / consumere, consumitur, consumimur, consumimini, consumuntur *pas.imp* consumebar, consumebaris / consumebare, consumebatur, consumebamur, consumebamini, consumebantur *pas.fut* consumar, consumeris / consumere, consumetur, consumemur, consumemini, consumentur • **sub** *pre* consumam, consumas, consumat, consumamus, consumatis, consumant *imp* consumerem, consumeres, consumeret, consumeremus, consumeretis, consumerent *prt* consumpserim, consumpseris, consumpserit, consumpserimus, consumpseritis, consumpserint *plu* consumpsissem, consumpsisses, consumpsisset, consumpsissemus, consumpsissetis, consumpsissent *pas.pre* consumar, consumaris / consumare, consumatur, consumamur, consumamini, consumantur *pas.imp* consumerer, consumereris / consumerere, consumeretur, consumeremur, consumeremini, consumerentur • **imp** *pre* –, consume, –, –, consumite, – *fut* –, consumito, consumito, –, consumitote, consumunto *pas.pre* –, consumere, –, –, consumimini, – *pas.fut* –, consumitor, consumitor, –, –, consumuntor • **inf** *pre* consumere *prt* consumpsisse *fut* consumpturus esse *pas.pre* consumi *pas.prt* consumptus esse *pas.fut* consumptum iri • **ger** consumere / consumendi / consumendo / consumendum • **sup** consumptum / consumptu • **par** *pre* consumens *prt* – *fut* consumpturus *pas.pre* – *pas.prt* consumptus *pas.fut* consumendus

contemno /scorn, despise/ • **ind** *pre* contemno, contemnis, contemnit, contemnimus, contemnitis, contemnunt *imp* contemnebam, contemnebas, contemnebat, contemnebamus, contemnebatis, contemnebant *prt* contempsi, contempsisti, contempsit, contempsimus, contempsistis, contempserunt / contempsere *fut* contemnam, contemnes, contemnet, contemnemus, contemnetis, contemnent *plu* contempseram, contempseras, contempserat, contempseramus, contempseratis, contempserant *fpr* contempsero, contempseris, contempserit, contempserimus, contempseritis, contempserint *pas.pre* contemnor, contemneris / contemnere, contemnitur, contemnimur, contemnimini, contemnuntur *pas.imp* contemnebar, contemnebaris / contemnebare, contemnebatur, contemnebamur, contemnebamini, contemnebantur *pas.fut* contemnar, contemneris / contemnere, contemnetur, contemnemur, contemnemini, contemnentur • **sub** *pre* contemnam, contemnas, contemnat, contemnamus, contemnatis, contemnant *imp* contemnerem, contemneres, contemneret, contemneremus, contemneretis, contemnerent *prt* contempserim, contempseris, contempserit, contempserimus, contempseritis, contempserint *plu* contempsissem, contempsisses, contempsisset, contempsissemus, contempsissetis, contempsissent *pas.pre* contemnar, contemnaris / contemnare, contemnatur, contemnamur, contemnamini, contemnantur *pas.imp* contemnerer, contemnereris / contemnerere, contemneretur, contemneremur, contemneremini, contemnerentur • **imp** *pre* –, contemne, –, –, contemnite, – *fut* –, contemnito, contemnito, –, contemnitote, contemnunto *pas.pre* –, contemnere, –, –, contemnimini, – *pas.fut* –, contemnitor, contemnitor, –, –, contemnuntor • **inf** *pre* contemnere *prt* contempsisse *fut* contempturus esse *pas.pre* contemni *pas.prt* contemptus esse *pas.fut* contemptum iri • **ger**

contemnere / contemnendi / contemnendo / contemnendum • **sup** contemptum / contemptu • **par** _pre_ contemnens _prt_ – _fut_ contempturus _pas.pre_ – _pas.prt_ contemptus _pas.fut_ contemnendus

contineo /hold, keep together/close, surround/ • **ind** _pre_ contineo, contines, continet, continemus, continetis, continent _imp_ continebam, continebas, continebat, continebamus, continebatis, continebant _prt_ continui, continuisti, continuit, continuimus, continuistis, continuerunt / continuere _fut_ continebo, continebis, continebit, continebimus, continebitis, continebunt _plu_ continueram, continueras, continuerat, continueramus, continueratis, continuerant _fpr_ continuero, continueris, continuerit, continuerimus, continueritis, continuerint _pas.pre_ contineor, contineris / continere, continetur, continemur, continemini, continentur _pas.imp_ continebar, continebaris / continebare, continebatur, continebamur, continebamini, continebantur _pas.fut_ continebor, contineberis / continebere, continebitur, continebimur, continebimini, continebuntur • **sub** _pre_ continueam, contineas, contineat, contineamus, contineatis, contineant _imp_ continerem, contineres, contineret, contineremus, contineretis, continerent _prt_ continuerim, continueris, continuerit, continuerimus, continueritis, continuerint _plu_ continuissem, continuisses, continuisset, continuissemus, continuissetis, continuissent _pas.pre_ continear, continearis / contineare, contineatur, contineamur, contineamini, contineantur _pas.imp_ continerer, continereris / continerere, contineretur, contineremur, contineremini, continerentur • **imp** _pre_ –, contine, –, –, continete, – _fut_ –, contineto, contineto, –, continetote, continento _pas.pre_ –, continere, –, –, continemini, – _pas.fut_ –, continetor, continetor, –, –, continentor • **inf** _pre_ continere _prt_ continuisse _fut_ contenturus esse _pas.pre_ contineri _pas.prt_ contentus esse _pas.fut_ contentum iri • **ger** continere / continendi / continendo / continendum • **sup** contentum / contentu • **par** _pre_ continens _prt_ – _fut_ contenturus _pas.pre_ – _pas.prt_ contentus _pas.fut_ continendus

contingo /touch on all sides/ • **ind** _pre_ contingo, contingis, contingit, contingimus, contingitis, contingunt _imp_ contingebam, contingebas, contingebat, contingebamus, contingebatis, contingebant _prt_ contigi, contigisti, contigit, contigimus, contigistis, contigerunt / contigere _fut_ contingam, continges, continget, contingemus, contingetis, contingent _plu_ contigeram, contigeras, contigerat, contigeramus, contigeratis, contigerant _fpr_ contigero, contigeris, contigerit, contigerimus, contigeritis, contigerint _pas.pre_ contingor, contingeris / contingere, contingitur, contingimur, contingimini, continguntur _pas.imp_ contingebar, contingebaris / contingebare, contingebatur, contingebamur, contingebamini, contingebantur _pas.fut_ contingar, contingeris / contingere, contingetur, contingemur, contingemini, contingentur • **sub** _pre_ contingam, contingas, contingat, contingamus, contingatis, contingant _imp_ contingerem, contingeres, contingeret, contingeremus, contingeretis, contingerent _prt_ contigerim, contigeris, contigerit, contigerimus, contigeritis, contigerint _plu_ contigissem, contigisses, contigisset, contigissemus, contigissetis, contigissent _pas.pre_ contingar, contingaris / contingare, contingatur, contingamur, contingamini, contingantur _pas.imp_ contingerer, contingereris / contingerere, contingeretur, contingeremur, contingeremini, contingerentur • **imp** _pre_ –, continge, –, –, contingite, – _fut_ –, contingito, contingito, –, contingitote, contingunto _pas.pre_ –, contingere, –, –, contingimini, – _pas.fut_ –, contingitor, contingitor, –, –, continguntor • **inf** _pre_ contingere _prt_ contigisse _fut_ contacturus esse _pas.pre_ contingi _pas.prt_ contactus esse _pas.fut_ contactum iri • **ger** contingere / contingendi / contingendo / contingendum • **sup** contactum / contactu • **par** _pre_ contingens _prt_ – _fut_ contacturus _pas.pre_ – _pas.prt_ contactus _pas.fut_ contingendus

contradico /speak, allege against, oppose/ • **ind** _pre_ contradico, contradicis, contradicit, contradicimus, contradicitis, contradicunt _imp_ contradicebam, contradicebas, contradicebat, contradicebamus, contradicebatis, contradicebant _prt_ contradixi, contradixisti, contradixit, contradiximus, contradixistis, contradixerunt / contradixere _fut_ contradicam, contradices, contradicet, contradicemus, contradicetis, contradicent _plu_ contradixeram, contradixeras, contradixerat, contradixeramus, contradixeratis, contradixerant _fpr_ contradixero, contradixeris, contradixerit, contradixerimus, contradixeritis, contradixerint _pas.pre_ contradicor, contradiceris / contradicere, contradicitur, contradicimur, contradicimini, contradicuntur _pas.imp_ contradicebar, contradicebaris / contradicebare, contradicebatur, contradicebamur, contradicebamini, contradicebantur _pas.fut_ contradicar, contradiceris / contradicere, contradicetur, contradicemur, contradicemini, contradicentur • **sub** _pre_ contradicam, contradicas, contradicat, contradicamus, contradicatis, contradicant _imp_ contradicerem, contradiceres, contradiceret, contradiceremus, contradiceretis, contradicerent _prt_ contradixerim, contradixeris, contradixerit, contradixerimus, contradixeritis, contradixerint _plu_ contradixissem, contradixisses, contradixisset, contradixissemus, contradixissetis, contradixissent _pas.pre_ contradicar, contradicaris / contradicare, contradicatur, contradicamur, contradicamini, contradicantur _pas.imp_ contradicerer, contradicereris / contradicerere, contradiceretur, contradiceremur, contradiceremini, contradicerentur • **imp** _pre_ –, contradic / contradice, –, –, contradicite, – _fut_ –, contradicito, contradicito, –, contradicitote, contradicunto _pas.pre_ –, contradicere, –, –, contradicimini, – *pas.fut* –, contradicitor, contradicitor, –, –, contradicuntur • **inf** *pre* contradicere *prt* contradixisse *fut* contradicturus esse *pas.pre* contradici *pas.prt* contradictus esse *pas.fut* contradictum iri • **ger** contradicere / contradicendi / contradicendo / contradicendum • **sup** contradictum / contradictu • **par** *pre* contradicens *prt* – *fut* contradicturus *pas.pre* – *pas.prt* contradictus *pas.fut* contradicendus

convenio /convene, assemble/ • **ind** *pre* convenio, convenis, convenit, convenimus, convenitis, conveniunt *imp* conveniebam, conveniebas, conveniebat, conveniebamus, conveniebatis, conveniebant *prt* conveni, convenisti, convenit, convenimus, convenistis, convenerunt / convenere *fut* conveniam, convenies, conveniet, conveniemus, convenietis, convenient *plu* conveneram, conveneras, convenerat, conveneramus, conveneratis, convenerant *fpr* convenero, conveneris, convenerit, convenerimus, conveneritis, convenerint *pas.pre* convenior, conveniris / convenire, convenitur, convenimur, convenimini, conveniuntur *pas.imp* conveniebar, conveniebaris / conveniebare, conveniebatur, conveniebamur, conveniebamini, conveniebantur *pas.fut* conveniar, convenieris / conveniere, convenietur, conveniemur, conveniemini, convenientur • **sub** *pre* conveniam, convenias, conveniat, conveniamus, conveniatis, conveniant *imp* convenirem, convenires, conveniret, conveniremus, conveniretis, convenirent *prt* convenerim, conveneris, convenerit, convenerimus, conveneritis, convenerint *plu* convenissem, convenisses, convenisset, convenissemus, convenissetis, convenissent *pas.pre* conveniar, conveniaris / conveniare, conveniatur, conveniamur, conveniamini, conveniantur *pas.imp* convenirer, convenireris / convenirere, conveniretur, conveniremur, conveniremini, convenirentur • **imp** *pre* –, conveni, –, –, convenite, – *fut* –, convenito, convenito, –, convenitote, conveniunto *pas.pre* –, convenire, –, –, convenimini, – *pas.fut* –, convenitor, convenitor, –, –, conveniuntor • **inf** *pre* convenire *prt* convenisse *fut* conventurus esse *pas.pre* conveniri *pas.prt* conventus esse *pas.fut* conventum iri • **ger** convenire / conveniendi / conveniendo / conveniendum • **sup** conventum / conventu • **par** *pre* conveniens *prt* – *fut* conventurus *pas.pre* – *pas.prt* conventus *pas.fut* conveniendus

converto /turn upside-down, invert/ • **ind** *pre* converto, convertis, convertit, convertimus, convertitis, convertunt *imp* convertebam, convertebas, convertebat, convertebamus, convertebatis, convertebant *prt* converti, convertisti, convertit, convertimus, convertistis, converterunt / convertere *fut* convertam, convertes, convertet, convertemus, convertetis, convertent *plu* converteram, converteras, converterat, converteramus, converteratis, converterant *fpr* convertero, converteris, converterit, converterimus, converteritis, converterint *pas.pre* convertor, converteris / convertere, convertitur, convertimur, convertimini, convertuntur *pas.imp* convertebar, convertebaris / convertebare, convertebatur, convertebamur, convertebamini, convertebantur *pas.fut* convertar, converteris / convertere, convertetur, convertemur, convertemini, convertentur • **sub** *pre* convertam, convertas, convertat, convertamus, convertatis, convertant *imp* converterem, converteres, converteret, converteremus, converteretis, converterent *prt* converterim, converteris, converterit, converterimus, converteritis, converterint *plu* convertissem, convertisses, convertisset, convertissemus, convertissetis, convertissent *pas.pre* convertar, convertaris / convertare, convertatur, convertamur, convertamini, convertantur *pas.imp* converterer, convertereris / convertererere, converteretur, converteremur, converteremini, converterentur • **imp** *pre* –, converte, –, –, convertite, – *fut* –, convertito, convertito, –, convertitote, convertunto *pas.pre* –, convertere, –, –, convertimini, – *pas.fut* –, convertitor, convertitor, –, –, convertuntor • **inf** *pre* convertere *prt* convertisse *fut* conversurus esse *pas.pre* converti *pas.prt* conversus esse *pas.fut* conversum iri • **ger** convertere / convertendi / convertendo / convertendum • **sup** conversum / conversu • **par** *pre* convertens *prt* – *fut* conversurus *pas.pre* – *pas.prt* conversus *pas.fut* convertendus

coquo /cook/ • **ind** *pre* coquo, coquis, coquit, coquimus, coquitis, coquunt *imp* coquebam, coquebas, coquebat, coquebamus, coquebatis, coquebant *prt* coxi, coxisti, coxit, coximus, coxistis, coxerunt / coxere *fut* coquam, coques, coquet, coquemus, coquetis, coquent *plu* coxeram, coxeras, coxerat, coxeramus, coxeratis, coxerant *fpr* coxero, coxeris, coxerit, coxerimus, coxeritis, coxerint *pas.pre* coquor, coqueris / coquere, coquitur, coquimur, coquimini, coquuntur *pas.imp* coquebar, coquebaris / coquebare, coquebatur, coquebamur, coquebamini, coquebantur *pas.fut* coquar, coqueris / coquere, coquetur, coquemur, coquemini, coquentur • **sub** *pre* coquam, coquas, coquat, coquamus, coquatis, coquant *imp* coquerem, coqueres, coqueret, coqueremus, coqueretis, coquerent *prt* coxerim, coxeris, coxerit, coxerimus, coxeritis, coxerint *plu* coxissem, coxisses, coxisset, coxissemus, coxissetis, coxissent *pas.pre* coquar, coquaris / coquare, coquatur, coquamur, coquamini, coquantur *pas.imp* coquerer, coquereris / coquerere, coqueretur, coqueremur, coqueremini, coquerentur • **imp** *pre* –, coque, –, –, coquite, – *fut* –, coquito, coquito, –, coquitote, coquunto *pas.pre* –, coquere, –, –, coquimini, – *pas.fut* –, coquitor, coquitor, –, –, coquuntor • **inf** *pre* coquere *prt* coxisse *fut* cocturus esse *pas.pre* coqui *pas.prt* coctus esse *pas.fut* coctum iri • **ger** coquere / coquendi / coquendo / coquendum

• **sup** coctum / coctu • **par** _pre_ coquens _prt_ – _fut_ cocturus _pas.pre_ – _pas.prt_ coctus _pas.fut_ coquendus

corrumpo /pervert, corrupt/ • **ind** _pre_ corrumpo, corrumpis, corrumpit, corrumpimus, corrumpitis, corrumpunt _imp_ corrumpebam, corrumpebas, corrumpebat, corrumpebamus, corrumpebatis, corrumpebant _prt_ corrupi, corrupisti, corrupit, corrupimus, corrupistis, corruperunt / corrupere _fut_ corrumpam, corrumpes, corrumpet, corrumpemus, corrumpetis, corrumpent _plu_ corruperam, corruperas, corruperat, corruperamus, corruperatis, corruperant _fpr_ corrupero, corruperis, corruperit, corruperimus, corruperitis, corruperint _pas.pre_ corrumpor, corrumperis / corrumpere, corrumpitur, corrumpimur, corrumpimini, corrumpuntur _pas.imp_ corrumpebar, corrumpebaris / corrumpebare, corrumpebatur, corrumpebamur, corrumpebamini, corrumpebantur _pas.fut_ corrumpar, corrumperis / corrumpere, corrumpetur, corrumpemur, corrumpemini, corrumpentur • **sub** _pre_ corrumpam, corrumpas, corrumpat, corrumpamus, corrumpatis, corrumpant _imp_ corrumperem, corrumperes, corrumperet, corrumperemus, corrumperetis, corrumperent _prt_ corruperim, corruperis, corruperit, corruperimus, corruperitis, corruperint _plu_ corrupissem, corrupisses, corrupisset, corrupissemus, corrupissetis, corrupissent _pas.pre_ corrumpar, corrumparis / corrumpare, corrumpatur, corrumpamur, corrumpamini, corrumpantur _pas.imp_ corrumperer, corrumpereris / corrumperere, corrumperetur, corrumperemur, corrumperemini, corrumperentur • **imp** _pre_ –, corrumpe, –, –, corrumpite, – _fut_ –, corrumpito, corrumpito, –, corrumpitote, corrumpunto _pas.pre_ –, corrumpere, –, –, corrumpimini, – _pas.fut_ –, corrumpitor, corrumpitor, –, –, corrumpuntor • **inf** _pre_ corrumpere _prt_ corrupisse _fut_ corrupturus esse _pas.pre_ corrumpi _pas.prt_ corruptus esse _pas.fut_ corruptum iri • **ger** corrumpere / corrumpendi / corrumpendo / corrumpendum • **sup** corruptum / corruptu • **par** _pre_ corrumpens _prt_ – _fut_ corrupturus _pas.pre_ – _pas.prt_ corruptus _pas.fut_ corrumpendus

credo /believe, trust in/ • **ind** _pre_ credo, credis, credit, credimus, creditis, credunt _imp_ credebam, credebas, credebat, credebamus, credebatis, credebant _prt_ credidi, credidisti, credidit, credidimus, credidistis, crediderunt / credidere _fut_ credam, credes, credet, credemus, credetis, credent _plu_ credideram, credideras, crediderat, credideramus, credideratis, crediderant _fpr_ credidero, credideris, crediderit, crediderimus, credideritis, crediderint _pas.pre_ credor, crederis / credere, creditur, credimur, credimini, creduntur _pas.imp_ credebar, credebaris / credebare, credebatur, credebamur, credebamini, credebantur _pas.fut_ credar, crederis / credere, credetur, credemur, credemini, credentur • **sub** _pre_ credam, credas, credat, credamus, credatis, credant _imp_ crederem, crederes, crederet, crederemus, crederetis, crederent _prt_ crediderim, credideris, crediderit, crediderimus, credideritis, crediderint _plu_ credidissem, credidisses, credidisset, credidissemus, credidissetis, credidissent _pas.pre_ credar, credaris / credare, credatur, credamur, credamini, credantur _pas.imp_ crederer, credereris / crederere, crederetur, crederemur, crederemini, crederentur • **imp** _pre_ –, crede, –, –, credite, – _fut_ –, credito, credito, –, creditote, credunto _pas.pre_ –, credere, –, –, credimini, – _pas.fut_ –, creditor, creditor, –, –, creduntor • **inf** _pre_ credere _prt_ credidisse _fut_ crediturus esse _pas.pre_ credi _pas.prt_ creditus esse _pas.fut_ creditum iri • **ger** credere / credendi / credendo / credendum • **sup** creditum / creditu • **par** _pre_ credens _prt_ – _fut_ crediturus _pas.pre_ – _pas.prt_ creditus _pas.fut_ credendus

crepo /rattle, rustle/ • **ind** _pre_ crepo, crepas, crepat, crepamus, crepatis, crepant _imp_ crepabam, crepabas, crepabat, crepabamus, crepabatis, crepabant _prt_ crepui, crepuisti, crepuit, crepuimus, crepuistis, crepuerunt / crepuere _fut_ crepabo, crepabis, crepabit, crepabimus, crepabitis, crepabunt _plu_ crepueram, crepueras, crepuerat, crepueramus, crepueratis, crepuerant _fpr_ crepuero, crepueris, crepuerit, crepuerimus, crepueritis, crepuerint _pas.pre_ — _pas.imp_ — _pas.fut_ — • **sub** _pre_ crepem, crepes, crepet, crepemus, crepetis, crepent _imp_ creparem, creparres, creparet, creparemus, creparetis, creparent _prt_ crepuerim, crepueris, crepuerit, crepuerimus, crepueritis, crepuerint _plu_ crepuissem, crepuisses, crepuisset, crepuissemus, crepuissetis, crepuissent _pas.pre_ — _pas.imp_ — • **imp** _pre_ –, crepa, –, –, crepate, – _fut_ –, crepato, crepato, –, crepatote, crepanto _pas.pre_ — _pas.fut_ — • **inf** _pre_ crepare _prt_ crepuisse _fut_ crepiturus esse _pas.pre_ — _pas.prt_ — _pas.fut_ — • **ger** crepare / crepandi / crepando / crepandum • **sup** crepitum / crepitu • **par** _pre_ crepans _prt_ – _fut_ crepiturus _pas.pre_ — _pas.prt_ — _pas.fut_ —

cresco /increase, rise/ • **ind** _pre_ cresco, crescis, crescit, crescimus, crescitis, crescunt _imp_ crescebam, crescebas, crescebat, crescebamus, crescebatis, crescebant _prt_ crevi, crevisti, crevit, crevimus, crevistis, creverunt / crevere _fut_ crescam, cresces, crescet, crescemus, crescetis, crescent _plu_ creveram, creveras, creverat, creveramus, creveratis, creverant _fpr_ crevero, creveris, creverit, creverimus, creveritis, creverint _pas.pre_ — _pas.imp_ — _pas.fut_ — • **sub** _pre_ crescam, crescas, crescat, crescamus, crescatis, crescant _imp_ crescerem, cresceres, cresceret, cresceremus, cresceretis, crescerent _prt_ creverim, creveris, creverit, creverimus, creveritis, creverint _plu_ crevissem, crevisses, crevisset, crevissemus, crevissetis, crevissent *pas.pre* — *pas.imp* — • **imp** *pre* –, cresce, –, –, crescite, – *fut* –, crescito, crescito, –, crescitote, crescunto *pas.pre* — *pas.fut* — • **inf** *pre* crescere *prt* crevisse *fut* creturus esse *pas.pre* — *pas.prt* — *pas.fut* — • **ger** crescere / crescendi / crescendo / crescendum • **sup** cretum / cretu • **par** *pre* crescens *prt* – *fut* creturus *pas.pre* — *pas.prt* — *pas.fut* —

cupio /desire, long for/ • **ind** *pre* cupio, cupis, cupit, cupimus, cupitis, cupiunt *imp* cupiebam, cupiebas, cupiebat, cupiebamus, cupiebatis, cupiebant *prt* cupivi, cupivisti / cupisti, cupivit, cupivimus, cupivistis / cupistis, cupiverunt / cupivere *fut* cupiam, cupies, cupiet, cupiemus, cupietis, cupient *plu* cupiveram, cupiveras, cupiverat, cupiveramus, cupiveratis, cupiverant *fpr* cupivero, cupiveris, cupiverit, cupiverimus, cupiveritis, cupiverint *pas.pre* cupior, cuperis / cupere, cupitur, cupimur, cupimini, cupiuntur *pas.imp* cupiebar, cupiebaris / cupiebare, cupiebatur, cupiebamur, cupiebamini, cupiebantur *pas.fut* cupiar, cupieris / cupiere, cupietur, cupiemur, cupiemini, cupientur • **sub** *pre* cupiam, cupias, cupiat, cupiamus, cupiatis, cupiant *imp* cuperem, cuperes, cuperet, cuperemus, cuperetis, cuperent *prt* cupiverim, cupiveris, cupiverit, cupiverimus, cupiveritis, cupiverint *plu* cupivissem / cupissem, cupivisses / cupisses, cupivisset / cupisset, cupivissemus / cupissemus, cupivissetis / cupissetis, cupivissent / cupissent *pas.pre* cupiar, cupiaris / cupiare, cupiatur, cupiamur, cupiamini, cupiantur *pas.imp* cuperer, cupereris / cuperere, cuperetur, cuperemur, cuperemini, cuperentur • **imp** *pre* –, cupe, –, –, cupite, – *fut* –, cupito, cupito, –, cupitote, cupiunto *pas.pre* –, cupere, –, –, cupimini, – *pas.fut* –, cupitor, cupitor, –, –, cupiuntor • **inf** *pre* cupere *prt* cupivisse / cupisse *fut* cupiturus esse *pas.pre* cupi *pas.prt* cupitus esse *pas.fut* cupitum iri • **ger** cupere / cupiendi / cupiendo / cupiendum • **sup** cupitum / cupitu • **par** *pre* cupiens *prt* – *fut* cupiturus *pas.pre* – *pas.prt* cupitus *pas.fut* cupiendus

D

debeo /have, keep from some one, owe something/ • **ind** *pre* debeo, debes, debet, debemus, debetis, debent *imp* debebam, debebas, debebat, debebamus, debebatis, debebant *prt* debui, debuisti, debuit, debuimus, debuistis, debuerunt / debuere *fut* debebo, debebis, debebit, debebimus, debebitis, debebunt *plu* debueram, debueras, debuerat, debueramus, debueratis, debuerant *fpr* debuero, debueris, debuerit, debuerimus, debueritis, debuerint *pas.pre* debeor, deberis / debere, debetur, debemur, debemini, debentur *pas.imp* debebar, debebaris / debebare, debebatur, debebamur, debebamini, debebantur *pas.fut* debebor, debeberis / debebere, debebitur, debebimur, debebimini, debebuntur • **sub** *pre* debeam, debeas, debeat, debeamus, debeatis, debeant *imp* deberem, deberes, deberet, deberemus, deberetis, deberent *prt* debuerim, debueris, debuerit, debuerimus, debueritis, debuerint *plu* debuissem, debuisses, debuisset, debuissemus, debuissetis, debuissent *pas.pre* debear, debearis / debeare, debeatur, debeamur, debeamini, debeantur *pas.imp* deberer, debereris / deberere, deberetur, deberemur, deberemini, deberentur • **imp** *pre* –, debe, –, –, debete, – *fut* –, debeto, debeto, –, debetote, debento *pas.pre* –, debere, –, –, debemini, – *pas.fut* –, debetor, debetor, –, –, debentor • **inf** *pre* debere *prt* debuisse *fut* debiturus esse *pas.pre* deberi *pas.prt* debitus esse *pas.fut* debitum iri • **ger** debere / debendi / debendo / debendum • **sup** debitum / debitu • **par** *pre* debens *prt* – *fut* debiturus *pas.pre* – *pas.prt* debitus *pas.fut* debendus

decerno /decide, decide upon/ • **ind** *pre* decerno, decernis, decernit, decernimus, decernitis, decernunt *imp* decernebam, decernebas, decernebat, decernebamus, decernebatis, decernebant *prt* decrevi, decrevisti / decresti, decrevit, decrevimus, decrevistis / decrestis, decreverunt / decrevere *fut* decernam, decernes, decernet, decernemus, decernetis, decernent *plu* decreveram, decreveras, decreverat, decreveramus, decreveratis, decreverant *fpr* decrevero, decreveris, decreverit, decreverimus, decreveritis, decreverint *pas.pre* decernor, decerneris / decernere, decernitur, decernimur, decernimini, decernuntur *pas.imp* decernebar, decernebaris / decernebare, decernebatur, decernebamur, decernebamini, decernebantur *pas.fut* decernar, decerneris / decernere, decernetur, decernemur, decernemini, decernentur • **sub** *pre* decernam, decernas, decernat, decernamus, decernatis, decernant *imp* decernerem, decerneres, decerneret, decerneremus, decerneretis, decernerent *prt* decreverim, decreveris, decreverit, decreverimus, decreveritis, decreverint *plu* decrevissem / decressem, decrevisses / decresses, decrevisset / decresset, decrevissemus / decressemus, decrevissetis / decressetis, decrevissent / decressent *pas.pre* decernar, decernaris / decernare, decernatur, decernamur, decernamini, decernantur *pas.imp* decernerer, decernereris / decernerere, decerneretur, decerneremur, decerneremini, decernerentur • **imp** *pre* –, decerne, –, –, decernite, – *fut* –, decernito, decernito, –, decernitote, decernunto *pas.pre* –, decernere, –, –, decernimini, – *pas.fut* –, decernitor, decernitor, –, –, decernuntor • **inf** *pre* decernere *prt* decrevisse / decresse *fut* decreturus esse *pas.pre* decerni *pas.prt* decretus esse *pas.fut* decretum iri • **ger** decernere / decernendi / decernendo / decernendum • **sup** decretum / decretu •

par _pre_ decernens _prt_ – _fut_ decreturus _pas.pre_ – _pas.prt_ decretus _pas.fut_ decernendus

decet /it adorns, it is decent/ • **ind** _pre_ –, –, decet, –, –, decent _imp_ –, –, decebat, –, –, decebant _prt_ –, –, decuit, –, –, decuerunt / decuere _fut_ –, –, decebit, –, –, decebunt _plu_ –, –, decuerat, –, –, decuerant _fpr_ –, –, decuerit, –, –, decuerint _pas.pre_ — _pas.imp_ — _pas.fut_ — • **sub** _pre_ –, –, deceat, –, –, deceant _imp_ –, –, deceret, –, –, decerent _prt_ –, –, decuerit, –, –, decuerint _plu_ –, –, decuisset, –, –, decuissent _pas.pre_ — _pas.imp_ — • **imp** _pre_ –, –, –, –, –, – _fut_ –, –, deceto, –, –, decento _pas.pre_ — _pas.fut_ — • **inf** _pre_ decere _prt_ decuisse _fut_ – _pas.pre_ — _pas.prt_ — _pas.fut_ — • **ger** decere / decendi / decendo / decendum • **sup** – / – • **par** _pre_ decens _prt_ – _fut_ – _pas.pre_ — _pas.prt_ — _pas.fut_ —

deduco /lead, bring out, away, divert/ • **ind** _pre_ deduco, deducis, deducit, deducimus, deducitis, deducunt _imp_ deducebam, deducebas, deducebat, deducebamus, deducebatis, deducebant _prt_ deduxi, deduxisti, deduxit, deduximus, deduxistis, deduxerunt / deduxere _fut_ deducam, deduces, deducet, deducemus, deducetis, deducent _plu_ deduxeram, deduxeras, deduxerat, deduxeramus, deduxeratis, deduxerant _fpr_ deduxero, deduxeris, deduxerit, deduxerimus, deduxeritis, deduxerint _pas.pre_ deducor, deduceris / deducere, deducitur, deducimur, deducimini, deducuntur _pas.imp_ deducebar, deducebaris / deducebare, deducebatur, deducebamur, deducebamini, deducebantur _pas.fut_ deducar, deduceris / deducere, deducetur, deducemur, deducemini, deducentur • **sub** _pre_ deducam, deducas, deducat, deducamus, deducatis, deducant _imp_ deducerem, deduceres, deduceret, deduceremus, deduceretis, deducerent _prt_ deduxerim, deduxeris, deduxerit, deduxerimus, deduxeritis, deduxerint _plu_ deduxissem, deduxisses, deduxisset, deduxissemus, deduxissetis, deduxissent _pas.pre_ deducar, deducaris / deducare, deducatur, deducamur, deducamini, deducantur _pas.imp_ deducerer, deducereris / deducerere, deduceretur, deduceremur, deduceremini, deducerentur • **imp** _pre_ –, deduc / deduce, –, –, deducite, – _fut_ –, deducito, deducito, –, deducitote, deducunto _pas.pre_ –, deducere, –, –, deducimini, – _pas.fut_ –, deducitor, deducitor, –, –, deducuntor • **inf** _pre_ deducere _prt_ deduxisse _fut_ deducturus esse _pas.pre_ deduci _pas.prt_ deductus esse _pas.fut_ deductum iri • **ger** deducere / deducendi / deducendo / deducendum • **sup** deductum / deductu • **par** _pre_ deducens _prt_ – _fut_ deducturus _pas.pre_ – _pas.prt_ deductus _pas.fut_ deducendus

defendo /drive away, defend/ • **ind** _pre_ defendo, defendis, defendit, defendimus, defenditis, defendunt _imp_ defendebam, defendebas, defendebat, defendebamus, defendebatis, defendebant _prt_ defendi, defendisti, defendit, defendimus, defendistis, defenderunt / defendere _fut_ defendam, defendes, defendet, defendemus, defendetis, defendent _plu_ defenderam, defenderas, defenderat, defenderamus, defenderatis, defenderant _fpr_ defendero, defenderis, defenderit, defenderimus, defenderitis, defenderint _pas.pre_ defendor, defenderis / defendere, defenditur, defendimur, defendimini, defenduntur _pas.imp_ defendebar, defendebaris / defendebare, defendebatur, defendebamur, defendebamini, defendebantur _pas.fut_ defendar, defenderis / defendere, defendetur, defendemur, defendemini, defendentur • **sub** _pre_ defendam, defendas, defendat, defendamus, defendatis, defendant _imp_ defenderem, defenderes, defenderet, defenderemus, defenderetis, defenderent _prt_ defenderim, defenderis, defenderit, defenderimus, defenderitis, defenderint _plu_ defendissem, defendisses, defendisset, defendissemus, defendissetis, defendissent _pas.pre_ defendar, defendaris / defendare, defendatur, defendamur, defendamini, defendantur _pas.imp_ defenderer, defendereris / defenderere, defenderetur, defenderemur, defenderemini, defenderentur • **imp** _pre_ –, defende, –, –, defendite, – _fut_ –, defendito, defendito, –, defenditote, defendunto _pas.pre_ –, defendere, –, –, defendimini, – _pas.fut_ –, defenditor, defenditor, –, –, defenduntor • **inf** _pre_ defendere _prt_ defendisse _fut_ defensurus esse _pas.pre_ defendi _pas.prt_ defensus esse _pas.fut_ defensum iri • **ger** defendere / defendendi / defendendo / defendendum • **sup** defensum / defensu • **par** _pre_ defendens _prt_ – _fut_ defensurus _pas.pre_ – _pas.prt_ defensus _pas.fut_ defendendus

defero /bear, carry, bring down, away/ • **ind** _pre_ defero, defers, defert, deferimus, defertis, deferunt _imp_ deferebam, deferebas, deferebat, deferebamus, deferebatis, deferebant _prt_ detuli, detulisti, detulit, detulimus, detulistis, detulerunt / detulere _fut_ deferam, deferes, deferet, deferemus, deferetis, deferent _plu_ detuleram, detuleras, detulerat, detuleramus, detuleratis, detulerant _fpr_ detulero, detuleris, detulerit, detulerimus, detuleritis, detulerint _pas.pre_ deferor, deferris / deferre, defertur, deferimur, deferimini, deferuntur _pas.imp_ deferebar, deferebaris / deferebare, deferebatur, deferebamur, deferebamini, deferebantur _pas.fut_ deferar, defereris / deferere, deferetur, deferemur, deferemini, deferentur • **sub** _pre_ deferam, deferas, deferat, deferamus, deferatis, deferant _imp_ deferrem, deferres, deferret, deferremus, deferretis, deferrent _prt_ detulerim, detuleris, detulerit, detulerimus, detuleritis, detulerint _plu_ detulissem, detulisses, detulisset, detulissemus, detulissetis, detulissent _pas.pre_ deferar, deferaris / deferare, deferatur, deferamur, deferamini, deferantur _pas.imp_ deferrer, deferreris / deferrere, deferretur, deferremur, deferremini, deferrentur • **imp** _pre_ –, defer, –, –, deferte, – *fut* –, deferto, deferto, –, defertote, deferunto *pas.pre* –, deferre, –, –, deferimini, – *pas.fut* –, defertor, defertor, –, –, deferuntor • **inf** *pre* deferre *prt* detulisse *fut* delaturus esse *pas.pre* deferri *pas.prt* delatus esse *pas.fut* delatum iri • **ger** deferre / deferendi / deferendo / deferendum • **sup** delatum / delatu • **par** *pre* deferens *prt* – *fut* delaturus *pas.pre* – *pas.prt* delatus *pas.fut* deferendus

deficio /withdraw, forsake/ • **ind** *pre* deficio, deficis, deficit, deficimus, deficitis, deficiunt *imp* deficiebam, deficiebas, deficiebat, deficiebamus, deficiebatis, deficiebant *prt* defeci, defecisti, defecit, defecimus, defecistis, defecerunt / defecere *fut* deficiam, deficies, deficiet, deficiemus, deficietis, deficient *plu* defeceram, defeceras, defecerat, defeceramus, defeceratis, defecerant *fpr* defecero, defeceris, defecerit, defecerimus, defeceritis, defecerint *pas.pre* deficior, deficeris / deficere, deficitur, deficimur, deficimini, deficiuntur *pas.imp* deficiebar, deficiebaris / deficiebare, deficiebatur, deficiebamur, deficiebamini, deficiebantur *pas.fut* deficiar, deficieris / deficiere, deficietur, deficiemur, deficiemini, deficientur • **sub** *pre* deficiam, deficias, deficiat, deficiamus, deficiatis, deficiant *imp* deficerem, deficeres, deficeret, deficeremus, deficeretis, deficerent *prt* defecerim, defeceris, defecerit, defecerimus, defeceritis, defecerint *plu* defecissem, defecisses, defecisset, defecissemus, defecissetis, defecissent *pas.pre* deficiar, deficiaris / deficiare, deficiatur, deficiamur, deficiamini, deficiantur *pas.imp* deficerer, deficereris / deficerere, deficeretur, deficeremur, deficeremini, deficerentur • **imp** *pre* –, defice, –, –, deficite, – *fut* –, deficito, deficito, –, deficitote, deficiunto *pas.pre* –, deficere, –, –, deficimini, – *pas.fut* –, deficitor, deficitor, –, –, deficiuntor • **inf** *pre* deficere *prt* defecisse *fut* defecturus esse *pas.pre* defici *pas.prt* defectus esse *pas.fut* defectum iri • **ger** deficere / deficiendi / deficiendo / deficiendum • **sup** defectum / defectu • **par** *pre* deficiens *prt* – *fut* defecturus *pas.pre* – *pas.prt* defectus *pas.fut* deficiendus

defugio /flee, escape/ • **ind** *pre* defugio, defugis, defugit, defugimus, defugitis, defugiunt *imp* defugiebam, defugiebas, defugiebat, defugiebamus, defugiebatis, defugiebant *prt* defugi, defugisti, defugit, defugimus, defugistis, defugerunt / defugere *fut* defugiam, defugies, defugiet, defugiemus, defugietis, defugient *plu* defugeram, defugeras, defugerat, defugeramus, defugeratis, defugerant *fpr* defugero, defugeris, defugerit, defugerimus, defugeritis, defugerint *pas.pre* — *pas.imp* — *pas.fut* — • **sub** *pre* defugiam, defugias, defugiat, defugiamus, defugiatis, defugiant *imp* defugerem, defugeres, defugeret, defugeremus, defugeretis, defugerent *prt* defugerim, defugeris, defugerit, defugerimus, defugeritis, defugerint *plu* defugissem, defugisses, defugisset, defugissemus, defugissetis, defugissent *pas.pre* — *pas.imp* — • **imp** *pre* –, defuge, –, –, defugite, – *fut* –, defugito, defugito, –, defugitote, defugiunto *pas.pre* — *pas.fut* — • **inf** *pre* defugere *prt* defugisse *fut* defugiturus esse *pas.pre* — *pas.prt* — *pas.fut* — • **ger** defugere / defugiendi / defugiendo / defugiendum • **sup** defugitum / defugitu • **par** *pre* defugiens *prt* – *fut* defugiturus *pas.pre* — *pas.prt* — *pas.fut* —

deleo /destroy/ • **ind** *pre* deleo, deles, delet, delemus, deletis, delent *imp* delebam, delebas, delebat, delebamus, delebatis, delebant *prt* delevi, delevisti, delevit, delevimus, delevistis, deleverunt / delevere *fut* delebo, delebis, delebit, delebimus, delebitis, delebunt *plu* deleveram, deleveras, deleverat, deleveramus, deleveratis, deleverant *fpr* delevero, deleveris, deleverit, deleverimus, deleveritis, deleverint *pas.pre* deleor, deleris / delere, deletur, delemur, delemini, delentur *pas.imp* delebar, delebaris / delebare, delebatur, delebamur, delebamini, delebantur *pas.fut* delebor, deleberis / delebere, delebitur, delebimur, delebimini, delebuntur • **sub** *pre* deleam, deleas, deleat, deleamus, deleatis, deleant *imp* delerem, deleres, deleret, deleremus, deleretis, delerent *prt* deleverim, deleveris, deleverit, deleverimus, deleveritis, deleverint *plu* delevissem, delevisses, delevisset, delevissemus, delevissetis, delevissent *pas.pre* delear, delearis / deleare, deleatur, deleamur, deleamini, deleantur *pas.imp* delerer, delereris / delerere, deleretur, deleremur, deleremini, delerentur • **imp** *pre* –, dele, –, –, delete, – *fut* –, deleto, deleto, –, deletote, delento *pas.pre* –, delere, –, –, delemini, – *pas.fut* –, deletor, deletor, –, –, delentor • **inf** *pre* delere *prt* delevisse *fut* deleturus esse *pas.pre* deleri *pas.prt* deletus esse *pas.fut* deletum iri • **ger** delere / delendi / delendo / delendum • **sup** deletum / deletu • **par** *pre* delens *prt* – *fut* deleturus *pas.pre* — *pas.prt* deletus *pas.fut* delendus

depereo /perish, die, be ruined, undone/ • **ind** *pre* depereo, deperis, deperit, deperimus, deperitis, depereunt *imp* deperibam, deperibas, deperibat, deperibamus, deperibatis, deperibant *prt* deperii, deperisti / deperivisti, deperiit / deperivit, deperiimus, deperistis, deperierunt / deperiere *fut* deperibo, deperibis, deperibit, deperibimus, deperibitis, deperibunt *plu* deperieram, deperieras, deperierat, deperieramus, deperieratis, deperierant *fpr* deperiero, deperieris, deperierit, deperierimus, deperieritis, deperierint *pas.pre* depereor, deperiris / deperire, deperitur, deperimur, deperimini, depereuntur *pas.imp* deperibar, deperibaris / deperibare, deperibatur, deperibamur, deperibamini, deperibantur *pas.fut* deperibor, deperiberis / deperibere, deperibitur, deperibimur, deperibimini, deperibuntur • **sub** *pre* deperear, depereas, depereat, depereamus, depereatis, depereant *imp* deperirem, deperires, deperiret, deperiremus, deperiretis, deperirent *prt* deperierim, deperieris, deperierit, deperierimus, deperieritis, deperierint *plu* deperissem, deperisses, deperisset, deperissemus, deperissetis, deperissent *pas.pre* deperear, depereares / depereare, depereatur, depereamur, depereamini, depereantur *pas.imp* deperirer, deperireris / deperirere, deperiretur, deperiremur, deperiremini, deperirentur • **imp** *pre* –, deperi, –, –, deperite, – *fut* –, deperito, deperito, –, deperitote, depereunto *pas.pre* –, deperire, –, –, deperimini, – *pas.fut* –, deperitor, deperitor, –, –, depereuntor • **inf** *pre* deperire *prt* deperisse *fut* deperiturus esse *pas.pre* deperiri *pas.prt* deperitus esse *pas.fut* deperitum iri • **ger** deperire / depereundi / depereundo / depereundum • **sup** deperitum / deperitu • **par** *pre* deperiens *prt* – *fut* deperiturus *pas.pre* – *pas.prt* deperitus *pas.fut* depereundus

derogo /take away, diminish/ • **ind** *pre* derogo, derogas, derogat, derogamus, derogatis, derogant *imp* derogabam, derogabas, derogabat, derogabamus, derogabatis, derogabant *prt* derogavi, derogavisti, derogavit, derogavimus, derogavistis, derogaverunt / derogavere *fut* derogabo, derogabis, derogabit, derogabimus, derogabitis, derogabunt *plu* derogaveram, derogaveras, derogaverat, derogaveramus, derogaveratis, derogaverant *fpr* derogavero, derogaveris, derogaverit, derogaverimus, derogaveritis, derogaverint *pas.pre* derogor, derogaris / derogare, derogatur, derogamur, derogamini, derogantur *pas.imp* derogabar, derogabaris / derogabare, derogabatur, derogabamur, derogabamini, derogabantur *pas.fut* derogabor, derogaberis / derogabere, derogabitur, derogabimur, derogabimini, derogabuntur • **sub** *pre* derogem, deroges, deroget, derogemus, derogetis, derogent *imp* derogarem, derogares, derogaret, derogaremus, derogaretis, derogarent *prt* derogaverim, derogaveris, derogaverit, derogaverimus, derogaveritis, derogaverint *plu* derogavissem, derogavisses, derogavisset, derogavissemus, derogavissetis, derogavissent *pas.pre* deroger, derogeris / derogere, derogetur, derogemur, derogemini, derogentur *pas.imp* derogarer, derogareris / derogarere, derogaretur, derogaremur, derogaremini, derogarentur • **imp** *pre* –, deroga, –, –, derogate, – *fut* –, derogato, derogato, –, derogatote, deroganto *pas.pre* –, derogare, –, –, derogamini, – *pas.fut* –, derogator, derogator, –, –, derogantor • **inf** *pre* derogare *prt* derogavisse *fut* derogaturus esse *pas.pre* derogari *pas.prt* derogatus esse *pas.fut* derogatum iri • **ger** derogare / derogandi / derogando / derogandum • **sup** derogatum / derogatu • **par** *pre* derogans *prt* – *fut* derogaturus *pas.pre* – *pas.prt* derogatus *pas.fut* derogandus

descendo /climb down, come down/ • **ind** *pre* descendo, descendis, descendit, descendimus, descenditis, descendunt *imp* descendebam, descendebas, descendebat, descendebamus, descendebatis, descendebant *prt* descendi, descendisti, descendit, descendimus, descendistis, descenderunt / descendere *fut* descendam, descendes, descendet, descendemus, descendetis, descendent *plu* descenderam, descenderas, descenderat, descenderamus, descenderatis, descenderant *fpr* descendero, descenderis, descenderit, descenderimus, descenderitis, descenderint *pas.pre* descendor, descenderis / descendere, descenditur, descendimur, descendimini, descenduntur *pas.imp* descendebar, descendebaris / descendebare, descendebatur, descendebamur, descendebamini, descendebantur *pas.fut* descendar, descenderis / descendere, descendetur, descendemur, descendemini, descendentur • **sub** *pre* descendam, descendas, descendat, descendamus, descendatis, descendant *imp* descenderem, descenderes, descenderet, descenderemus, descenderetis, descenderent *prt* descenderim, descenderis, descenderit, descenderimus, descenderitis, descenderint *plu* descendissem, descendisses, descendisset, descendissemus, descendissetis, descendissent *pas.pre* descendar, descendaris / descendare, descendatur, descendamur, descendamini, descendantur *pas.imp* descenderer, descendereris / descendererere, descenderetur, descenderemur, descenderemini, descenderentur • **imp** *pre* –, descende, –, –, descendite, – *fut* –, descendito, descendito, –, descenditote, descendunto *pas.pre* –, descendere, –, –, descendimini, – *pas.fut* –, descenditor, descenditor, –, –, descenduntor • **inf** *pre* descendere *prt* descendisse *fut* descensurus esse *pas.pre* descendi *pas.prt* descensus esse *pas.fut* descensum iri • **ger** descendere / descendendi / descendendo / descendendum • **sup** descensum / descensu • **par** *pre* descendens *prt* – *fut* descensurus *pas.pre* – *pas.prt* descensus *pas.fut* descendendus

desero /leave, depart/ • **ind** *pre* desero, deseris, deserit, deserimus, deseritis, deserunt *imp* deserebam, deserebas, deserebat, deserebamus, deserebatis, deserebant *prt* deserui, deseruisti, deseruit, deseruimus, deseruistis, deseruerunt / deseruere *fut* deseram, deseres, deseret, deseremus, deseretis, deserent *plu* deserueram, deserueras, deseruerat, deserueramus, deserueratis, deseruerant *fpr* deseruero, deserueris, deseruerit, deseruerimus, deserueritis, deseruerint *pas.pre* deseror, desereris / deserere, deseritur, deserimur, deserimini, deseruntur *pas.imp* deserebar, deserebaris / deserebare, deserebatur, deserebamur, deserebamini, deserebantur *pas.fut* deserar, desereris / deserere, deseretur, deseremur, deseremini, deserentur • **sub** *pre* deseram, deseras, deserat, deseramus, deseratis, deserant *imp* desererem, desereres, desereret, desereremus, desereretis, desererent *prt* deseruerim, deserueris, deseruerit, deseruerimus, deserueritis, deseruerint _plu_ deseruissem, deseruisses, deseruisset, deseruissemus, deseruissetis, deseruissent _pas.pre_ deserar, deseraris / deserare, deseratur, deseramur, deseramini, deserantur _pas.imp_ desererer, deserereris / desererere, desereretur, desereremur, deserereremini, desererentur • **imp** _pre_ –, desere, –, –, deserite, – _fut_ –, deserito, deserito, –, deseritote, deserunto _pas.pre_ –, deserere, –, –, deserimini, – _pas.fut_ –, deseritor, deseritor, –, –, deseruntor • **inf** _pre_ deserere _prt_ deseruisse _fut_ deserturus esse _pas.pre_ deseri _pas.prt_ desertus esse _pas.fut_ desertum iri • **ger** deserere / deserendi / deserendo / deserendum • **sup** desertum / desertu • **par** _pre_ deserens _prt_ – _fut_ deserturus _pas.pre_ – _pas.prt_ desertus _pas.fut_ deserendus

desino /leave off, give over/ • **ind** _pre_ desino, desinis, desinit, desinimus, desinitis, desinunt _imp_ desinebam, desinebas, desinebat, desinebamus, desinebatis, desinebant _prt_ desii, desiisti, desiit, desiimus, desiistis, desierunt / desiere _fut_ desinam, desines, desinet, desinemus, desinetis, desinent _plu_ desieram, desieras, desierat, desieramus, desieratis, desierant _fpr_ desiero, desieris, desierit, desierimus, desieritis, desierint _pas.pre_ desinor, desineris, desinere, desinitur, desinimur, desinimini, desinuntur _pas.imp_ desinebar, desinebaris / desinebare, desinebatur, desinebamur, desinebamini, desinebantur _pas.fut_ desinar, desineris / desinere, desinetur, desinemur, desinemini, desinentur • **sub** _pre_ desinam, desinas, desinat, desinamus, desinatis, desinant _imp_ desinerem, desineres, desineret, desineremus, desineretis, desinerent _prt_ desierim, desieris, desierit, desierimus, desieritis, desierint _plu_ desiissem, desiisses, desiisset, desiissemus, desiissetis, desiissent _pas.pre_ desinar, desinaris / desinare, desinatur, desinamur, desinamini, desinantur _pas.imp_ desinerer, desinereris / desinerere, desineretur, desineremur, desineremini, desinerentur • **imp** _pre_ –, desine, –, –, desinite, – _fut_ –, desinito, desinito, –, desinitote, desinunto _pas.pre_ –, desinere, –, –, desinimini, – _pas.fut_ –, desinitor, desinitor, –, –, desinuntor • **inf** _pre_ desinere _prt_ desiisse _fut_ desiturus esse _pas.pre_ desini _pas.prt_ desitus esse _pas.fut_ desitum iri • **ger** desinere / desinendi / desinendo / desinendum • **sup** desitum / desitu • **par** _pre_ desinens _prt_ – _fut_ desiturus _pas.pre_ – _pas.prt_ desitus _pas.fut_ desinendus

desum /be wanting/lacking, fail/ • **ind** _pre_ desum, dees, deest, desumus, deestis, desunt _imp_ deeram, deeras, deerat, deeramus, deeratis, deerant _prt_ defui, defuisti, defuit, defuimus, defuistis, defuerunt / defuere _fut_ deero, deeris / deere, deerit, deerimus, deeritis, deerunt _plu_ defueram, defueras, defuerat, defueramus, defueratis, defuerant _fpr_ defuero, defueris, defuerit, defuerimus, defueritis, defuerint _pas.pre_ — _pas.imp_

— *pas.fut* — • **sub** *pre* desim, desis, desit, desimus, desitis, desint *imp* deessem / deforem, deesses / defores, deesset / deforet, deessemus / deforemus, deessetis / deforetis, deessent / deforent *prt* defuerim, defueris, defuerit, defuerimus, defueritis, defuerint *plu* defuissem, defuisses, defuisset, defuissemus, defuissetis, defuissent *pas.pre* — *pas.imp* — • **imp** *pre* –, dees, –, –, deeste, – *fut* –, deesto, deesto, –, deestote, desunto *pas.pre* — *pas.fut* — • **inf** *pre* deesse *prt* defuisse *fut* defuturus esse / defore *pas.pre* — *pas.prt* — *pas.fut* — • **ger** - / – / – / – • **sup** - / – • **par** *pre* – *prt* – *fut* defuturus *pas.pre* — *pas.prt* — *pas.fut* —

differo /carry different ways, spread/ • **ind** *pre* differo, differs, differt, differimus, differtis, differunt *imp* differebam, differebas, differebat, differebamus, differebatis, differebant *prt* distuli, distulisti, distulit, distulimus, distulistis, distulerunt / distulere *fut* differam, differes, differet, differemus, differetis, different *plu* distuleram, distuleras, distulerat, distuleramus, distuleratis, distulerant *fpr* distulero, distuleris, distulerit, distulerimus, distuleritis, distulerint *pas.pre* differor, differris / differre, differtur, differimur, differimini, differuntur *pas.imp* differebar, differebaris / differebare, differebatur, differebamur, differebamini, differebantur *pas.fut* differar, differeris / differere, differetur, differemur, differemini, differentur • **sub** *pre* differam, differas, differat, differamus, differatis, differant *imp* differrem, differres, differret, differremus, differretis, differrent *prt* distulerim, distuleris, distulerit, distulerimus, distuleritis, distulerint *plu* distulissem, distulisses, distulisset, distulissemus, distulissetis, distulissent *pas.pre* differar, differaris / differare, differatur, differamur, differamini, differantur *pas.imp* differrer, differreris / differrere, differretur, differremur, differremini, differrentur • **imp** *pre* –, differ, –, –, differte, – *fut* –, differto, differto, –, differtote, differunto *pas.pre* –, differre, –, –, differimini, – *pas.fut* –, differtor, differtor, –, –, differuntor • **inf** *pre* differre *prt* distulisse *fut* dilaturus esse *pas.pre* differri *pas.prt* dilatus esse *pas.fut* dilatum iri • **ger** differre / differendi / differendo / differendum • **sup** dilatum / dilatu • **par** *pre* differens *prt* – *fut* dilaturus *pas.pre* — *pas.prt* dilatus *pas.fut* differendus

diffundo /diffuse, spread, pour out/ • **ind** *pre* diffundo, diffundis, diffundit, diffundimus, diffunditis, diffundunt *imp* diffundebam, diffundebas, diffundebat, diffundebamus, diffundebatis, diffundebant *prt* diffudi, diffudisti, diffudit, diffudimus, diffudistis, diffuderunt / diffudere *fut* diffundam, diffundes, diffundet, diffundemus, diffundetis, diffundent *plu* diffuderam, diffuderas, diffuderat, diffuderamus, diffuderatis, diffuderant *fpr* diffudero, diffuderis, diffuderit, diffuderimus, diffuderitis, diffuderint *pas.pre* diffundor, diffunderis / diffundere, diffunditur, diffundimur, diffundimini, diffunduntur *pas.imp* diffundebar, diffundebaris / diffundebare, diffundebatur, diffundebamur, diffundebamini, diffundebantur *pas.fut* diffundar, diffunderis / diffundere, diffundetur, diffundemur, diffundemini, diffundentur • **sub** *pre* diffundam, diffundas, diffundat, diffundamus, diffundatis, diffundant *imp* diffunderem, diffunderes, diffunderet, diffunderemus, diffunderetis, diffunderent *prt* diffuderim, diffuderis, diffuderit, diffuderimus, diffuderitis, diffuderint *plu* diffudissem, diffudisses, diffudisset, diffudissemus, diffudissetis, diffudissent *pas.pre* diffundar, diffundaris / diffundare, diffundatur, diffundamur, diffundamini, diffundantur *pas.imp* diffunderer, diffundereris / diffunderere, diffunderetur, diffunderemur, diffunderemini, diffunderentur • **imp** *pre* –, diffunde, –, –, diffundite, – *fut* –, diffundito, diffundito, –, diffunditote, diffundunto *pas.pre* –, diffundere, –, –, diffundimini, – *pas.fut* –, diffunditor, diffunditor, –, –, diffunduntor • **inf** *pre* diffundere *prt* diffudisse *fut* diffusurus esse *pas.pre* diffundi *pas.prt* diffusus esse *pas.fut* diffusum iri • **ger** diffundere / diffundendi / diffundendo / diffundendum • **sup** diffusum / diffusu • **par** *pre* diffundens *prt* – *fut* diffusurus *pas.pre* – *pas.prt* diffusus *pas.fut* diffundendus

diligo /esteem, love/ • **ind** *pre* diligo, diligis, diligit, diligimus, diligitis, diligunt *imp* diligebam, diligebas, diligebat, diligebamus, diligebatis, diligebant *prt* dilexi, dilexisti, dilexit, dileximus, dilexistis, dilexerunt / dilexere *fut* diligam, diliges, diliget, diligemus, diligetis, diligent *plu* dilexeram, dilexeras, dilexerat, dilexeramus, dilexeratis, dilexerant *fpr* dilexero, dilexeris, dilexerit, dilexerimus, dilexeritis, dilexerint *pas.pre* diligor, diligeris / diligere, diligitur, diligimur, diligimini, diliguntur *pas.imp* diligebar, diligebaris / diligebare, diligebatur, diligebamur, diligebamini, diligebantur *pas.fut* diligar, diligeris / diligere, diligetur, diligemur, diligemini, diligentur • **sub** *pre* diligam, diligas, diligat, diligamus, diligatis, diligant *imp* diligerem, diligeres, diligeret, diligeremus, diligeretis, diligerent *prt* dilexerim, dilexeris, dilexerit, dilexerimus, dilexeritis, dilexerint *plu* dilexissem, dilexisses, dilexisset, dilexissemus, dilexissetis, dilexissent *pas.pre* diligar, diligaris / diligare, diligatur, diligamur, diligamini, diligantur *pas.imp* diligerer, diligereris / diligerere, diligeretur, diligeremur, diligeremini, diligerentur • **imp** *pre* –, dilige, –, –, diligite, – *fut* –, diligito, diligito, –, diligitote, diligunto *pas.pre* –, diligere, –, –, diligimini, – *pas.fut* –, diligitor, diligitor, –, –, diliguntor • **inf** *pre* diligere *prt* dilexisse *fut* dilecturus esse *pas.pre* diligi *pas.prt* dilectus esse *pas.fut* dilectum iri • **ger** diligere / diligendi / diligendo / diligendum • **sup** dilectum / dilectu • **par** *pre* diligens *prt* – *fut* dilecturus *pas.pre* – *pas.prt* dilectus *pas.fut* diligendus

dimitto /send away/ • **ind** *pre* dimitto, dimittis, dimittit, dimittimus, dimittitis, dimittunt *imp* dimittebam, dimittebas, dimittebat, dimittebamus, dimittebatis, dimittebant *prt* dimisi, dimisisti, dimisit, dimisimus, dimisistis, dimiserunt / dimisere *fut* dimittam, dimittes, dimittet, dimittemus, dimittetis, dimittent *plu* dimiseram, dimiseras, dimiserat, dimiseramus, dimiseratis, dimiserant *fpr* dimisero, dimiseris, dimiserit, dimiserimus, dimiseritis, dimiserint *pas.pre* dimittor, dimitteris / dimittere, dimittitur, dimittimur, dimittimini, dimittuntur *pas.imp* dimittebar, dimittebaris / dimittebare, dimittebatur, dimittebamur, dimittebamini, dimittebantur *pas.fut* dimittar, dimitteris / dimittere, dimittetur, dimittemur, dimittemini, dimittentur • **sub** *pre* dimittam, dimittas, dimittat, dimittamus, dimittatis, dimittant *imp* dimitterem, dimitteres, dimitteret, dimitteremus, dimitteretis, dimitterent *prt* dimiserim, dimiseris, dimiserit, dimiserimus, dimiseritis, dimiserint *plu* dimisissem, dimisisses, dimisisset, dimisissemus, dimisissetis, dimisissent *pas.pre* dimittar, dimittaris / dimittare, dimittatur, dimittamur, dimittamini, dimittantur *pas.imp* dimitterer, dimittereris / dimitterere, dimitteretur, dimitteremur, dimitteremini, dimitterentur • **imp** *pre* –, dimitte, –, –, dimittite, – *fut* –, dimittito, dimittito, –, dimittitote, dimittunto *pas.pre* –, dimittere, –, –, dimittimini, – *pas.fut* –, dimittitor, dimittitor, –, –, dimittuntor • **inf** *pre* dimittere *prt* dimisisse *fut* dimissurus esse *pas.pre* dimitti *pas.prt* dimissus esse *pas.fut* dimissum iri • **ger** dimittere / dimittendi / dimittendo / dimittendum • **sup** dimissum / dimissu • **par** *pre* dimittens *prt* – *fut* dimissurus *pas.pre* – *pas.prt* dimissus *pas.fut* dimittendus

discedo /leave/ • **ind** *pre* discedo, discedis, discedit, discedimus, disceditis, discedunt *imp* discedebam, discedebas, discedebat, discedebamus, discedebatis, discedebant *prt* discessi, discessisti, discessit, discessimus, discessistis, discesserunt / discessere *fut* discedam, discedes, discedet, discedemus, discedetis, discedent *plu* discesseram, discesseras, discesserat, discesseramus, discesseratis, discesserant *fpr* discessero, discesseris, discesserit, discesserimus, discesseritis, discesserint *pas.pre* discedor, discederis / discedere, disceditur, discedimur, discedimini, disceduntur *pas.imp* discedebar, discedebaris / discedebare, discedebatur, discedebamur, discedebamini, discedebantur *pas.fut* discedar, discederis / discedere, discedetur, discedemur, discedemini, discedentur • **sub** *pre* discedam, discedas, discedat, discedamus, discedatis, discedant *imp* discederem, discederes, discederet, discederemus, discederetis, discederent *prt* discesserim, discesseris, discesserit, discesserimus, discesseritis, discesserint *plu* discessissem, discessisses, discessisset, discessissemus, discessissetis, discessissent *pas.pre* discedar, discedaris / discedare, discedatur, discedamur, discedamini, discedantur *pas.imp* discederer, discedereris / discederere, discederetur, discederemur, discederemini, discederentur • **imp** *pre* –, discede, –, –, discedite, – *fut* –, discedito,

displiceo

discedito, –, disceditote, discedunto *pas.pre* –, discedere, –, –, discedimini, – *pas.fut* –, disceditor, disceditor, –, –, disceduntor • **inf** *pre* discedere *prt* discessisse *fut* discessurus esse *pas.pre* discedi *pas.prt* discessus esse *pas.fut* discessum iri • **ger** discedere / discedendi / discedendo / discedendum • **sup** discessum / discessu • **par** *pre* discedens *prt* – *fut* discessurus *pas.pre* – *pas.prt* discessus *pas.fut* discedendus

displiceo /displease, be displeased/ • **ind** *pre* displiceo, displices, displicet, displicemus, displicetis, displicent *imp* displicebam, displicebas, displicebat, displicebamus, displicebatis, displicebant *prt* displicui, displicuisti, displicuit, displicuimus, displicuistis, displicuerunt / displicuere *fut* displicebo, displicebis, displicebit, displicebimus, displicebitis, displicebunt *plu* displicueram, displicueras, displicuerat, displicueramus, displicueratis, displicuerant *fpr* displicuero, displicueris, displicuerit, displicuerimus, displicueritis, displicuerint *pas.pre* displiceor, displiceris / displicere, displicetur, displicemur, displicemini, displicentur *pas.imp* displicebar, displicebaris / displicebare, displicebatur, displicebamur, displicebamini, displicebantur *pas.fut* displicebor, displiceberis / displicebere, displicebitur, displicebimur, displicebimini, displicebuntur • **sub** *pre* displiceam, displiceas, displiceat, displiceamus, displiceatis, displiceant *imp* displicerem, displiceres, displiceret, displiceremus, displiceretis, displicerent *prt* displicuerim, displicueris, displicuerit, displicuerimus, displicueritis, displicuerint *plu* displicuissem, displicuisses, displicuisset, displicuissemus, displicuissetis, displicuissent *pas.pre* displicear, displicearis / displiceare, displiceatur, displiceamur, displiceamini, displiceantur *pas.imp* displicerer, displicereris / displicerere, displiceretur, displiceremur, displiceremini, displicerentur • **imp** *pre* –, displice, –, –, displicete, – *fut* –, displiceto, displiceto, –, displicetote, displicento *pas.pre* –, displicere, –, –, displicemini, – *pas.fut* –, displicetor, displicetor, –, –, displicentor • **inf** *pre* displicere *prt* displicuisse *fut* displicuiturus esse *pas.pre* displiceri *pas.prt* displicuitus esse *pas.fut* displicuitum iri • **ger** displicere / displicendi / displicendo / displicendum • **sup** displicuitum / displicuitu • **par** *pre* displicens *prt* – *fut* displicuiturus *pas.pre* – *pas.prt* displicuitus *pas.fut* displicendus

dissono /disagree in sound/ • **ind** *pre* dissono, dissonas, dissonat, dissonamus, dissonatis, dissonant *imp* dissonabam, dissonabas, dissonabat, dissonabamus, dissonabatis, dissonabant *prt* dissonui, dissonuisti, dissonuit, dissonuimus, dissonuistis, dissonuerunt / dissonuere *fut* dissonabo, dissonabis, dissonabit, dissonabimus, dissonabitis, dissonabunt *plu* dissonueram, dissonueras, dissonuerat, dissonueramus, dissonueratis, dissonuerant *fpr* dissonuero, dissonueris, dissonuerit, dissonuerimus, dissonueritis, dissonuerint *pas.pre* — *pas.imp* — *pas.fut* — • **sub** *pre* dissonem, dissones, dissonet, dissonemus, dissonetis, dissonent *imp* dissonarem, dissonares, dissonaret, dissonaremus, dissonaretis, dissonarent *prt* dissonuerim, dissonueris, dissonuerit, dissonuerimus, dissonueritis, dissonuerint *plu* dissonuissem, dissonuisses, dissonuisset, dissonuissemus, dissonuissetis, dissonuissent *pas.pre* — *pas.imp* — • **imp** *pre* –, dissona, –, –, dissonate, – *fut* –, dissonato, dissonato, –, dissonatote, dissonanto *pas.pre* — *pas.fut* — • **inf** *pre* dissonare *prt* dissonuisse *fut* – *pas.pre* — *pas.prt* — *pas.fut* — • **ger** dissonare / dissonandi / dissonando / dissonandum • **sup** – / – • **par** *pre* dissonans *prt* – *fut* – *pas.pre* — *pas.prt* — *pas.fut* —

disturbo /disturb, demolish/ • **ind** *pre* disturbo, disturbas, disturbat, disturbamus, disturbatis, disturbant *imp* disturbabam, disturbabas, disturbabat, disturbabamus, disturbabatis, disturbabant *prt* disturbavi, disturbavisti, disturbavit, disturbavimus, disturbavistis, disturbaverunt / disturbavere *fut* disturbabo, disturbabis, disturbabit, disturbabimus, disturbabitis, disturbabunt *plu* disturbaveram, disturbaveras, disturbaverat, disturbaveramus, disturbaveratis, disturbaverant *fpr* disturbavero, disturbaveris, disturbaverit, disturbaverimus, disturbaveritis, disturbaverint *pas.pre* disturbor, disturbaris / disturbare, disturbatur, disturbamur, disturbamini, disturbantur *pas.imp* disturbabar, disturbabaris / disturbabare, disturbabatur, disturbabamur, disturbabamini, disturbabantur *pas.fut* disturbabor, disturbaberis / disturbabere, disturbabitur, disturbabimur, disturbabimini, disturbabuntur • **sub** *pre* disturbem, disturbes, disturbet, disturbemus, disturbetis, disturbent *imp* disturbarem, disturbares, disturbaret, disturbaremus, disturbaretis, disturbarent *prt* disturbaverim, disturbaveris, disturbaverit, disturbaverimus, disturbaveritis, disturbaverint *plu* disturbavissem, disturbavisses, disturbavisset, disturbavissemus, disturbavissetis, disturbavissent *pas.pre* disturber, disturberis / disturbere, disturbetur, disturbemur, disturbemini, disturbentur *pas.imp* disturbarer, disturbareris / disturbarere, disturbaretur, disturbaremur, disturbaremini, disturbarentur • **imp** *pre* –, disturba, –, –, disturbate, – *fut* –, disturbato, disturbato, –, disturbatote, disturbanto *pas.pre* –, disturbare, –, –, disturbamini, – *pas.fut* –, disturbator, disturbator, –, –, disturbantor • **inf** *pre* disturbare *prt* disturbavisse *fut* disturbaturus esse *pas.pre* disturbari *pas.prt* disturbatus esse *pas.fut* disturbatum iri • **ger** disturbare / disturbandi / disturbando / disturbandum • **sup** disturbatum / disturbatu • **par** *pre* disturbans *prt* – *fut* disturbaturus *pas.pre* – *pas.prt* disturbatus *pas.fut* disturbandus

divido /divide, separate/ • **ind** *pre* divido, dividis, dividit, dividimus, dividitis, dividunt *imp* dividebam, dividebas, dividebat, dividebamus, dividebatis, dividebant *prt* divisi, divisisti, divisit, divisimus, divisistis, diviserunt / divisere *fut* dividam, divides, dividet, dividemus, dividetis, divident *plu* diviseram, diviseras, diviserat, diviseramus, diviseratis, diviserant *fpr* divisero, diviseris, diviserit, diviserimus, diviseritis, diviserint *pas.pre* dividor, divideris / dividere, dividitur, dividimur, dividimini, dividuntur *pas.imp* dividebar, dividebaris / dividebare, dividebatur, dividebamur, dividebamini, dividebantur *pas.fut* dividar, divideris / dividere, dividetur, dividemur, dividemini, dividentur • **sub** *pre* dividam, dividas, dividat, dividamus, dividatis, dividant *imp* dividerem, divideres, divideret, divideremus, divideretis, dividerent *prt* diviserim, diviseris, diviserit, diviserimus, diviseritis, diviserint *plu* divisissem, divisisses, divisisset, divisissemus, divisissetis, divisissent *pas.pre* dividar, dividaris / dividare, dividatur, dividamur, dividamini, dividantur *pas.imp* dividerer, dividereris / dividerere, divideretur, divideremur, divideremini, dividerentur • **imp** *pre* –, divide, –, –, dividite, – *fut* –, dividito, dividito, –, dividitote, dividunto *pas.pre* –, dividere, –, –, dividimini, – *pas.fut* –, dividitor, dividitor, –, –, dividuntor • **inf** *pre* dividere *prt* divisisse *fut* divisurus esse *pas.pre* dividi *pas.prt* divisus esse *pas.fut* divisum iri • **ger** dividere / dividendi / dividendo / dividendum • **sup** divisum / divisu • **par** *pre* dividens *prt* – *fut* divisurus *pas.pre* – *pas.prt* divisus *pas.fut* dividendus

doceo /teach, instruct/ • **ind** *pre* doceo, doces, docet, docemus, docetis, docent *imp* docebam, docebas, docebat, docebamus, docebatis, docebant *prt* docui, docuisti, docuit, docuimus, docuistis, docuerunt / docuere *fut* docebo, docebis, docebit, docebimus, docebitis, docebunt *plu* docueram, docueras, docuerat, docueramus, docueratis, docuerant *fpr* docuero, docueris, docuerit, docuerimus, docueritis, docuerint *pas.pre* doceor, doceris / docere, docetur, docemur, docemini, docentur *pas.imp* docebar, docebaris / docebare, docebatur, docebamur, docebamini, docebantur *pas.fut* docebor, doceberis / docebere, docebitur, docebimur, docebimini, docebuntur • **sub** *pre* doceam, doceas, doceat, doceamus, doceatis, doceant *imp* docerem, doceres, doceret, doceremus, doceretis, docerent *prt* docuerim, docueris, docuerit, docuerimus, docueritis, docuerint *plu* docuissem, docuisses, docuisset, docuissemus, docuissetis, docuissent *pas.pre* docear, docearis / doceare, doceatur, doceamur, doceamini, doceantur *pas.imp* docerer, docereris / docerere, doceretur, doceremur, doceremini, docerentur • **imp** *pre* –, doce, –, –, docete, – *fut* –, doceto, doceto, –, docetote, docento *pas.pre* –, docere, –, –, docemini, – *pas.fut* –, docetor, docetor, –, –, docentor • **inf** *pre* docere *prt* docuisse *fut* docturus esse *pas.pre* doceri *pas.prt* doctus esse *pas.fut* doctum iri • **ger** docere / docendi / docendo / docendum • **sup** doctum / doctu • **par** *pre* docens *prt* – *fut* docturus *pas.pre* – *pas.prt* doctus *pas.fut* docendus

doleo /hurt, suffer/ • **ind** *pre* doleo, doles, dolet, dolemus, doletis, dolent *imp* dolebam, dolebas, dolebat, dolebamus, dolebatis, dolebant *prt* dolui, doluisti, doluit, doluimus, doluistis, doluerunt / doluere *fut* dolebo, dolebis, dolebit, dolebimus, dolebitis, dolebunt *plu* dolueram, dolueras, doluerat, dolueramus, dolueratis, doluerant *fpr* doluero, dolueris, doluerit, doluerimus, dolueritis, doluerint *pas.pre* — *pas.imp* — *pas.fut* — • **sub** *pre* doleam, doleas, doleat, doleamus, doleatis, doleant *imp* dolerem, doleres, doleret, doleremus, doleretis, dolerent *prt* doluerim, dolueris, doluerit, doluerimus, dolueritis, doluerint *plu* doluissem, doluisses, doluisset, doluissemus, doluissetis, doluissent *pas.pre* — *pas.imp* — • **imp** *pre* –, dole, –, –, dolete, – *fut* –, doleto, doleto, –, doletote, dolento *pas.pre* — *pas.fut* — • **inf** *pre* dolere *prt* doluisse *fut* doliturus esse *pas.pre* — *pas.prt* — *pas.fut* — • **ger** dolere / dolendi / dolendo / dolendum • **sup** dolitum / dolitu • **par** *pre* dolens *prt* – *fut* doliturus *pas.pre* — *pas.prt* — *pas.fut* —

dormio /sleep/ • **ind** *pre* dormio, dormis, dormit, dormimus, dormitis, dormiunt *imp* dormiebam, dormiebas, dormiebat, dormiebamus, dormiebatis, dormiebant *prt* dormivi, dormivisti, dormivit, dormivimus, dormivistis, dormiverunt / dormivere *fut* dormiam, dormies, dormiet, dormiemus, dormietis, dormient *plu* dormiveram, dormiveras, dormiverat, dormiveramus, dormiveratis, dormiverant *fpr* dormivero, dormiveris, dormiverit, dormiverimus, dormiveritis, dormiverint *pas.pre* — *pas.imp* — *pas.fut* — • **sub** *pre* dormiam, dormias, dormiat, dormiamus, dormiatis, dormiant *imp* dormirem, dormires, dormiret, dormiremus, dormiretis, dormirent *prt* dormiverim, dormiveris, dormiverit, dormiverimus, dormiveritis, dormiverint *plu* dormivissem, dormivisses, dormivisset, dormivissemus, dormivissetis, dormivissent *pas.pre* — *pas.imp* — • **imp** *pre* –, dormi, –, –, dormite, – *fut* –, dormito, dormito, –, dormitote, dormiunto *pas.pre* — *pas.fut* — • **inf** *pre* dormire *prt* dormivisse *fut* dormiturus esse *pas.pre* — *pas.prt* — *pas.fut* — • **ger** dormire / dormiendi / dormiendo / dormiendum • **sup** dormitum / dormitu • **par** *pre* dormiens *prt* – *fut* dormiturus *pas.pre* — *pas.prt* — *pas.fut* —

dubito /waver, am uncertain/ • **ind** *pre* dubito, dubitas, dubitat, dubitamus, dubitatis, dubitant *imp* dubitabam, dubitabas, dubitabat, dubitabamus, dubitabatis, dubitabant *prt* dubitavi, dubitavisti / dubitasti, dubitavit, dubitavimus, dubitavistis / dubitastis, dubitaverunt / dubitavere *fut* dubitabo, dubitabis, dubitabit, dubitabimus, dubitabitis, dubitabunt

duco

plu dubitaveram, dubitaveras, dubitaverat, dubitaveramus, dubitaveratis, dubitaverant *fpr* dubitavero, dubitaveris, dubitaverit, dubitaverimus, dubitaveritis, dubitaverint *pas.pre* dubitor, dubitaris / dubitare, dubitatur, dubitamur, dubitamini, dubitantur *pas.imp* dubitabar, dubitabaris / dubitabare, dubitabatur, dubitabamur, dubitabamini, dubitabantur *pas.fut* dubitabor, dubitaberis / dubitabere, dubitabitur, dubitabimur, dubitabimini, dubitabuntur • **sub** *pre* dubitem, dubites, dubitet, dubitemus, dubitetis, dubitent *imp* dubitarem, dubitares, dubitaret, dubitaremus, dubitaretis, dubitarent *prt* dubitaverim, dubitaveris, dubitaverit, dubitaverimus, dubitaveritis, dubitaverint *plu* dubitavissem / dubitassem, dubitavisses / dubitasses, dubitavisset / dubitasset, dubitavissemus / dubitassemus, dubitavissetis / dubitassetis, dubitavissent / dubitassent *pas.pre* dubiter, dubiteris / dubitere, dubitetur, dubitemur, dubitemini, dubitentur *pas.imp* dubitarer, dubitareris / dubitarere, dubitaretur, dubitaremur, dubitaremini, dubitarentur • **imp** *pre* –, dubita, –, –, dubitate, – *fut* –, dubitato, dubitato, –, dubitatote, dubitanto *pas.pre* –, dubitare, –, –, dubitamini, – *pas.fut* –, dubitator, dubitator, –, –, dubitantor • **inf** *pre* dubitare *prt* dubitavisse / dubitasse *fut* dubitaturus esse *pas.pre* dubitari *pas.prt* dubitatus esse *pas.fut* dubitatum iri • **ger** dubitare / dubitandi / dubitando / dubitandum • **sup** dubitatum / dubitatu • **par** *pre* dubitans *prt* – *fut* dubitaturus *pas.pre* – *pas.prt* dubitatus *pas.fut* dubitandus

duco /lead, guide/ • **ind** *pre* duco, ducis, ducit, ducimus, ducitis, ducunt *imp* ducebam, ducebas, ducebat, ducebamus, ducebatis, ducebant *prt* duxi, duxisti, duxit, duximus, duxistis, duxerunt / duxere *fut* ducam, duces, ducet, ducemus, ducetis, ducent *plu* duxeram, duxeras, duxerat, duxeramus, duxeratis, duxerant *fpr* duxero, duxeris, duxerit, duxerimus, duxeritis, duxerint *pas.pre* ducor, duceris / ducere, ducitur, ducimur, ducimini, ducuntur *pas.imp* ducebar, ducebaris / ducebare, ducebatur, ducebamur, ducebamini, ducebantur *pas.fut* ducar, duceris / ducere, ducetur, ducemur, ducemini, ducentur • **sub** *pre* ducam, ducas, ducat, ducamus, ducatis, ducant *imp* ducerem, duceres, duceret, duceremus, duceretis, ducerent *prt* duxerim, duxeris, duxerit, duxerimus, duxeritis, duxerint *plu* duxissem, duxisses, duxisset, duxissemus, duxissetis, duxissent *pas.pre* ducar, ducaris / ducare, ducatur, ducamur, ducamini, ducantur *pas.imp* ducerer, ducereris / ducerere, duceretur, duceremur, duceremini, ducerentur • **imp** *pre* –, duc / duce, –, –, ducite, – *fut* –, ducito, ducito, –, ducitote, ducunto *pas.pre* –, ducere, –, –, ducimini, – *pas.fut* –, ducitor, ducitor, –, –, ducuntor • **inf** *pre* ducere *prt* duxisse *fut* ducturus esse *pas.pre* duci *pas.prt* ductus esse *pas.fut* ductum iri • **ger** ducere / ducendi / ducendo / ducendum • **sup** ductum / ductu • **par** *pre* ducens *prt* – *fut* ducturus *pas.pre* – *pas.prt* ductus *pas.fut* ducendus

duresco /harden/ • **ind** _pre_ duresco, durescis, durescit, durescimus, durescitis, durescunt _imp_ durescebam, durescebas, durescebat, durescebamus, durescebatis, durescebant _prt_ durui, duruisti, duruit, duruimus, duruistis, duruerunt / duruere _fut_ durescam, duresces, durescet, durescemus, durescetis, durescent _plu_ durueram, durueras, duruerat, durueramus, durueratis, duruerant _fpr_ duruero, durueris, duruerit, duruerimus, durueritis, duruerint _pas.pre_ — _pas.imp_ — _pas.fut_ — • **sub** _pre_ durescam, durescas, durescat, durescamus, durescatis, durescant _imp_ durescerem, duresceres, duresceret, duresceremus, duresceretis, durescerent _prt_ duruerim, durueris, duruerit, duruerimus, durueritis, duruerint _plu_ duruissem, duruisses, duruisset, duruissemus, duruissetis, duruissent _pas.pre_ — _pas.imp_ — • **imp** _pre_ –, duresce, –, –, durescite, – _fut_ –, durescito, durescito, –, durescitote, durescunto _pas.pre_ — _pas.fut_ — • **inf** _pre_ durescere _prt_ duruisse _fut_ – _pas.pre_ — _pas.prt_ — _pas.fut_ — • **ger** durescere / durescendi / durescendo / durescendum • **sup** – / – • **par** _pre_ durescens _prt_ – _fut_ – _pas.pre_ — _pas.prt_ — _pas.fut_ —

E

edico /declare, publish/ • **ind** _pre_ edico, edicis, edicit, edicimus, edicitis, edicunt _imp_ edicebam, edicebas, edicebat, edicebamus, edicebatis, edicebant _prt_ edixi, edixisti, edixit, ediximus, edixistis, edixerunt / edixere _fut_ edicam, edices, edicet, edicemus, edicetis, edicent _plu_ edixeram, edixeras, edixerat, edixeramus, edixeratis, edixerant _fpr_ edixero, edixeris, edixerit, edixerimus, edixeritis, edixerint _pas.pre_ edicor, ediceris / edicere, edicitur, edicimur, edicimini, ediciuntur _pas.imp_ edicebar, edicebaris / edicebare, edicebatur, edicebamur, edicebamini, edicebantur _pas.fut_ edicar, ediceris / edicere, edicetur, edicemur, edicemini, edicentur • **sub** _pre_ edicam, edicas, edicat, edicamus, edicatis, edicant _imp_ edicerem, ediceres, ediceret, ediceremus, ediceretis, edicerent _prt_ edixerim, edixeris, edixerit, edixerimus, edixeritis, edixerint _plu_ edixissem, edixisses, edixisset, edixissemus, edixissetis, edixissent _pas.pre_ edicar, edicaris / edicare, edicatur, edicamur, edicamini, edicantur _pas.imp_ edicerer, edicereris / edicerere, ediceretur, ediceremur, ediceremini, edicerentur • **imp** _pre_ –, edic / edice, –, –, edicite, – _fut_ –, edicito, edicito, –, edicitote, edicunto _pas.pre_ –, edicere, –, –, edicimini, – _pas.fut_ –, edicitor, edicitor, –, –, edicuntor • **inf** _pre_ edicere _prt_ edixisse _fut_ edicturus esse *pas.pre* edici *pas.prt* edictus esse *pas.fut* edictum iri • **ger** edicere / edicendi / edicendo / edicendum • **sup** edictum / edictu • **par** *pre* edicens *prt* – *fut* edicturus *pas.pre* – *pas.prt* edictus *pas.fut* edicendus

efficio /make, work out, effect/ • **ind** *pre* efficio, efficis, efficit, efficimus, efficitis, efficiunt *imp* efficiebam, efficiebas, efficiebat, efficiebamus, efficiebatis, efficiebant *prt* effeci, effecisti, effecit, effecimus, effecistis, effecerunt / effecere *fut* efficiam, efficies, efficiet, efficiemus, efficietis, efficient *plu* effeceram, effeceras, effecerat, effeceramus, effeceratis, effecerant *fpr* effecero, effeceris, effecerit, effecerimus, effeceritis, effecerint *pas.pre* efficior, efficeris / efficere, efficitur, efficimur, efficimini, efficiuntur *pas.imp* efficiebar, efficiebaris / efficiebare, efficiebatur, efficiebamur, efficiebamini, efficiebantur *pas.fut* efficiar, efficieris / efficiere, efficietur, efficiemur, efficiemini, efficientur • **sub** *pre* efficiam, efficias, efficiat, efficiamus, efficiatis, efficiant *imp* efficerem, efficeres, efficeret, efficeremus, efficeretis, efficerent *prt* effecerim, effeceris, effecerit, effecerimus, effeceritis, effecerint *plu* effecissem, effecisses, effecisset, effecissemus, effecissetis, effecissent *pas.pre* efficiar, efficiaris / efficiare, efficiatur, efficiamur, efficiamini, efficiantur *pas.imp* efficerer, efficereris / efficerere, efficeretur, efficeremur, efficeremini, efficerentur • **imp** *pre* –, effice, –, –, efficite, – *fut* –, efficito, efficito, –, efficitote, efficiunto *pas.pre* –, efficere, –, –, efficimini, – *pas.fut* –, efficitor, efficitor, –, –, efficiuntor • **inf** *pre* efficere *prt* effecisse *fut* effecturus esse *pas.pre* effici *pas.prt* effectus esse *pas.fut* effectum iri • **ger** efficere / efficiendi / efficiendo / efficiendum • **sup** effectum / effectu • **par** *pre* efficiens *prt* – *fut* effecturus *pas.pre* – *pas.prt* effectus *pas.fut* efficiendus

effundo /pour out, shed/ • **ind** *pre* effundo, effundis, effundit, effundimus, effunditis, effundunt *imp* effundebam, effundebas, effundebat, effundebamus, effundebatis, effundebant *prt* effudi, effudisti, effudit, effudimus, effudistis, effuderunt / effudere *fut* effundam, effundes, effundet, effundemus, effundetis, effundent *plu* effuderam, effuderas, effuderat, effuderamus, effuderatis, effuderant *fpr* effudero, effuderis, effuderit, effuderimus, effuderitis, effuderint *pas.pre* effundor, effunderis / effundere, effunditur, effundimur, effundimini, effunduntur *pas.imp* effundebar, effundebaris / effundebare, effundebatur, effundebamur, effundebamini, effundebantur *pas.fut* effundar, effunderis / effundere, effundetur, effundemur, effundemini, effundentur • **sub** *pre* effundam, effundas, effundat, effundamus, effundatis, effundant *imp* effunderem, effunderes, effunderet, effunderemus, effunderetis, effunderent *prt* effuderim, effuderis, effuderit, effuderimus, effuderitis, effuderint *plu* effudissem, effudisses, effudisset, effudissemus, effudissetis, effudissent *pas.pre* effundar, effundaris / effundare, effundatur, effundamur, effundamini, effundantur *pas.imp* effunderer, effundereris / effunderere, effunderetur, effunderemur, effunderemini, effunderentur • **imp** *pre* –, effunde, –, –, effundite, – *fut* –, effundito, effundito, –, effunditote, effundunto *pas.pre* –, effundere, –, –, effundimini, – *pas.fut* –, effunditor, effunditor, –, –, effunduntor • **inf** *pre* effundere *prt* effudisse *fut* effusurus esse *pas.pre* effundi *pas.prt* effusus esse *pas.fut* effusum iri • **ger** effundere / effundendi / effundendo / effundendum • **sup** effusum / effusu • **par** *pre* effundens *prt* – *fut* effusurus *pas.pre* – *pas.prt* effusus *pas.fut* effundendus

egredior /go, come out, forth/ • **ind** *pre* egredior, egrederis / egredere, egreditur, egredimur, egredimini, egrediuntur *imp* egrediebar, egrediebaris / egrediebare, egrediebatur, egrediebamur, egrediebamini, egrediebantur *prt* — *fut* egrediar, egredieris / egrediere, egredietur, egrediemur, egrediemini, egredientur *plu* — *fpr* — *pas.pre* — *pas.imp* — *pas.fut* — • **sub** *pre* egrediar, egrediaris / egrediare, egrediatur, egrediamur, egrediamini, egrediantur *imp* egrederer, egredereris / egrederere, egrederetur, egrederemur, egrederemini, egrederentur *prt* — *plu* — *pas.pre* — *pas.imp* — • **imp** *pre* –, egredere, –, –, egredimini, – *fut* –, egreditor, egreditor, –, –, egrediuntor *pas.pre* — *pas.fut* — • **inf** *pre* egredi *prt* egressus esse *fut* egressurus esse *pas.pre* – *pas.prt* – *pas.fut* – • **ger** egredi / egrediendi / egrediendo / egrediendum • **sup** egressum / egressu • **par** *pre* egrediens *prt* egressus *fut* egressurus *pas.pre* – *pas.prt* – *pas.fut* egrediendus

eligo /choose, pluck, root out/ • **ind** *pre* eligo, eligis, eligit, eligimus, eligitis, eligunt *imp* eligebam, eligebas, eligebat, eligebamus, eligebatis, eligebant *prt* elegi, elegisti, elegit, elegimus, elegistis, elegerunt / elegere *fut* eligam, eliges, eliget, eligemus, eligetis, eligent *plu* elegeram, elegeras, elegerat, elegeramus, elegeratis, elegerant *fpr* elegero, elegeris, elegerit, elegerimus, elegeritis, elegerint *pas.pre* eligor, eligeris / eligere, eligitur, eligimur, eligimini, eliguntur *pas.imp* eligebar, eligebaris / eligebare, eligebatur, eligebamur, eligebamini, eligebantur *pas.fut* eligar, eligeris / eligere, eligetur, eligemur, eligemini, eligentur • **sub** *pre* eligam, eligas, eligat, eligamus, eligatis, eligant *imp* eligerem, eligeres, eligeret, eligeremus, eligeretis, eligerent *prt* elegerim, elegeris, elegerit, elegerimus, elegeritis, elegerint *plu* elegissem, elegisses, elegisset, elegissemus, elegissetis, elegissent *pas.pre* eligar, eligaris / eligare, eligatur, eligamur, eligamini, eligantur *pas.imp* eligerer, eligereris / eligerere, eligeretur, eligeremur, eligeremini, eligerentur • **imp** *pre* –, elige, –, –, eligite, – *fut* –, eligito, eligito, –, eligitote, eligunto *pas.pre* –, eligere, –, –, eligimini, – *pas.fut* –, eligitor, eligitor, –, –, eliguntor • **inf** *pre* eligere *prt* elegisse

eloco

fut electurus esse *pas.pre* eligi *pas.prt* electus esse *pas.fut* electum iri
• **ger** eligere / eligendi / eligendo / eligendum • **sup** electum / electu
• **par** *pre* eligens *prt* – *fut* electurus *pas.pre* – *pas.prt* electus *pas.fut* eligendus

eloco /let, hire out/ • **ind** *pre* eloco, elocas, elocat, elocamus, elocatis, elocant *imp* elocabam, elocabas, elocabat, elocabamus, elocabatis, elocabant *prt* elocavi, elocavisti, elocavit, elocavimus, elocavistis, elocaverunt / elocavere *fut* elocabo, elocabis, elocabit, elocabimus, elocabitis, elocabunt *plu* elocaveram, elocaveras, elocaverat, elocaveramus, elocaveratis, elocaverant *fpr* elocavero, elocaveris, elocaverit, elocaverimus, elocaveritis, elocaverint *pas.pre* elocor, elocaris / elocare, elocatur, elocamur, elocamini, elocantur *pas.imp* elocabar, elocabaris / elocabare, elocabatur, elocabamur, elocabamini, elocabantur *pas.fut* elocabor, elocaberis / elocabere, elocabitur, elocabimur, elocabimini, elocabuntur • **sub** *pre* elocem, eloces, elocet, elocemus, elocetis, elocent *imp* elocarem, elocares, elocaret, elocaremus, elocaretis, elocarent *prt* elocaverim, elocaveris, elocaverit, elocaverimus, elocaveritis, elocaverint *plu* elocavissem, elocavisses, elocavisset, elocavissemus, elocavissetis, elocavissent *pas.pre* elocer, eloceris / elocere, elocetur, elocemur, elocemini, elocentur *pas.imp* elocarer, elocareris / elocarere, elocaretur, elocaremur, elocaremini, elocarentur • **imp** *pre* –, eloca, –, –, elocate, – *fut* –, elocato, elocato, –, elocatote, elocanto *pas.pre* –, elocare, –, –, elocamini, – *pas.fut* –, elocator, elocator, –, –, elocantor • **inf** *pre* elocare *prt* elocavisse *fut* elocaturus esse *pas.pre* elocari *pas.prt* elocatus esse *pas.fut* elocatum iri • **ger** elocare / elocandi / elocando / elocandum • **sup** elocatum / elocatu • **par** *pre* elocans *prt* – *fut* elocaturus *pas.pre* – *pas.prt* elocatus *pas.fut* elocandus

emo /buy/ • **ind** *pre* emo, emis, emit, emimus, emitis, emunt *imp* emebam, emebas, emebat, emebamus, emebatis, emebant *prt* emi, emisti, emit, emimus, emistis, emerunt / emere *fut* emam, emes, emet, ememus, emetis, ement *plu* emeram, emeras, emerat, emeramus, emeratis, emerant *fpr* emero, emeris, emerit, emerimus, emeritis, emerint *pas.pre* emor, emeris / emere, emitur, emimur, emimini, emuntur *pas.imp* emebar, emebaris / emebare, emebatur, emebamur, emebamini, emebantur *pas.fut* emar, emeris / emere, emetur, ememur, ememini, ementur • **sub** *pre* emam, emas, emat, emamus, ematis, emant *imp* emerem, emeres, emeret, emeremus, emeretis, emerent *prt* emerim, emeris, emerit, emerimus, emeritis, emerint *plu* emissem, emisses, emisset, emissemus, emissetis, emissent *pas.pre* emar, emaris / emare, ematur, emamur, emamini, emantur *pas.imp* emerer, emereris / emerere, emeretur, emeremur, ememerini, emerentur • **imp** *pre* –, eme, –, –, emite, – *fut* –, emito, emito, –, emitote, emunto *pas.pre* –, emere, –, –, emimini, – *pas.fut* –, emitor, emitor, –, –, emuntor • **inf** *pre* emere *prt* emisse *fut* empturus esse *pas.pre* emi *pas.prt* emptus esse *pas.fut* emptum iri • **ger** emere / emendi / emendo / emendum • **sup** emptum / emptu • **par** *pre* emens *prt* – *fut* empturus *pas.pre* – *pas.prt* emptus *pas.fut* emendus

excerpo /choose, select/ • **ind** *pre* excerpo, excerpis, excerpit, excerpimus, excerpitis, excerpunt *imp* excerpebam, excerpebas, excerpebat, excerpebamus, excerpebatis, excerpebant *prt* excerpsi, excerpsisti, excerpsit, excerpsimus, excerpsistis, excerpserunt / excerpsere *fut* excerpam, excerpes, excerpet, excerpemus, excerpetis, excerpent *plu* excerpseram, excerpseras, excerpserat, excerpseramus, excerpseratis, excerpserant *fpr* excerpsero, excerpseris, excerpserit, excerpserimus, excerpseritis, excerpserint *pas.pre* excerpor, excerperis / excerpere, excerpitur, excerpimur, excerpimini, excerpuntur *pas.imp* excerpebar, excerpebaris / excerpebare, excerpebatur, excerpebamur, excerpebamini, excerpebantur *pas.fut* excerpar, excerperis / excerpere, excerpetur, excerpemur, excerpemini, excerpentur • **sub** *pre* excerpam, excerpas, excerpat, excerpamus, excerpatis, excerpant *imp* excerperem, excerperes, excerperet, excerperemus, excerperetis, excerperent *prt* excerpserim, excerpseris, excerpserit, excerpserimus, excerpseritis, excerpserint *plu* excerpsissem, excerpsisses, excerpsisset, excerpsissemus, excerpsissetis, excerpsissent *pas.pre* excerpar, excerparis / excerpare, excerpatur, excerpamur, excerpamini, excerpantur *pas.imp* excerperer, excerpereris / excerperere, excerperetur, excerperemur, excerperemini, excerperentur • **imp** *pre* –, excerpe, –, –, excerpite, – *fut* –, excerpito, excerpito, –, excerpitote, excerpunto *pas.pre* –, excerpere, –, –, excerpimini, – *pas.fut* –, excerpitor, excerpitor, –, –, excerpuntor • **inf** *pre* excerpere *prt* excerpsisse *fut* excerpturus esse *pas.pre* excerpi *pas.prt* excerptus esse *pas.fut* excerptum iri • **ger** excerpere / excerpendi / excerpendo / excerpendum • **sup** excerptum / excerptu • **par** *pre* excerpens *prt* – *fut* excerpturus *pas.pre* – *pas.prt* excerptus *pas.fut* excerpendus

excipio /take out/ • **ind** *pre* excipio, excipis, excipit, excipimus, excipitis, excipiunt *imp* excipiebam, excipiebas, excipiebat, excipiebamus, excipiebatis, excipiebant *prt* excepi, excepisti, excepit, excepimus, excepistis, exceperunt / excepere *fut* excipiam, excipies, excipiet, excipiemus, excipietis, excipient *plu* exceperam, exceperas, exceperat, exceperamus, exceperatis, exceperant *fpr* excepero, exceperis, exceperit, exceperimus, exceperitis, exceperint *pas.pre* excipior, exciperis / excipere, excipitur, excipimur, excipimini, excipiuntur *pas.imp* excipiebar, excipiebaris / excipiebare, excipiebatur, excipiebamur, excipiebamini, excipiebantur *pas.fut* excipiar, excipieris / excipiere, excipietur, excipiemur, excipiemini, excipientur • **sub** *pre* excipiam, excipias, excipiat, excipiamus, excipiatis, excipiant *imp* exciperem, exciperes, exciperet, exciperemus, exciperetis, exciperent *prt* exceperim, exceperis, exceperit, exceperimus, exceperitis, exceperint *plu* excepissem, excepisses, excepisset, excepissemus, excepissetis, excepissent *pas.pre* excipiar, excipiaris / excipiare, excipiatur, excipiamur, excipiamini, excipiantur *pas.imp* exciperer, excipereris / exciperere, exciperetur, exciperemur, exciperemini, exciperentur • **imp** *pre* –, excipe, –, –, excipite, – *fut* –, excipito, excipito, –, excipitote, excipiunto *pas.pre* –, excipere, –, –, excipimini, – *pas.fut* –, excipitor, excipitor, –, –, excipiuntor • **inf** *pre* excipere *prt* excepisse *fut* excepturus esse *pas.pre* excipi *pas.prt* exceptus esse *pas.fut* exceptum iri • **ger** excipere / excipiendi / excipiendo / excipiendum • **sup** exceptum / exceptu • **par** *pre* excipiens *prt* – *fut* excepturus *pas.pre* – *pas.prt* exceptus *pas.fut* excipiendus

exeo /exit/ • **ind** *pre* exeo, exis, exit, eximus, exitis, exeunt *imp* exibam, exibas, exibat, exibamus, exibatis, exibant *prt* exii, existi / exivisti, exiit / exivit, exiimus, existis, exierunt / exiere *fut* exibo, exibis, exibit, exibimus, exibitis, exibunt *plu* exieram, exieras, exierat, exieramus, exieratis, exierant *fpr* exiero, exieris, exierit, exierimus, exieritis, exierint *pas.pre* exeor, exiris / exire, exitur, eximur, eximini, exeuntur *pas.imp* exibar, exibaris / exibare, exibatur, exibamur, exibamini, exibantur *pas.fut* exibor, exiberis / exibere, exibitur, exibimur, exibimini, exibuntur • **sub** *pre* exeam, exeas, exeat, exeamus, exeatis, exeant *imp* exirem, exires, exiret, exiremus, exiretis, exirent *prt* exierim, exieris, exierit, exierimus, exieritis, exierint *plu* exissem, exisses, exisset, exissemus, exissetis, exissent *pas.pre* exear, exearis / exeare, exeatur, exeamur, exeamini, exeantur *pas.imp* exirer, exireris / exirere, exiretur, exiremur, exiremini, exirentur • **imp** *pre* –, exi, –, –, exite, – *fut* –, exito, exito, –, exitote, exeunto *pas.pre* –, exire, –, –, eximini, – *pas.fut* –, exitor, exitor, –, –, exeuntor • **inf** *pre* exire *prt* exisse *fut* exiturus esse *pas.pre* exiri *pas.prt* exitus esse *pas.fut* exitum iri • **ger** exire / exeundi / exeundo / exeundum • **sup** exitum / exitu • **par** *pre* exiens *prt* – *fut* exiturus *pas.pre* – *pas.prt* exitus *pas.fut* exeundus

exerceo /keep busy, keep at work/ • **ind** *pre* exerceo, exerces, exercet, exercemus, exercetis, exercent *imp* exercebam, exercebas, exercebat, exercebamus, exercebatis, exercebant *prt* exercui, exercuisti, exercuit, exercuimus, exercuistis, exercuerunt / exercuere *fut* exercebo, exercebis, exercebit, exercebimus, exercebitis, exercebunt *plu* exercueram, exercueras, exercuerat, exercueramus, exercueratis, exercuerant *fpr* exercuero, exercueris, exercuerit, exercuerimus, exercueritis, exercuerint *pas.pre* exerceor, exerceris / exercere, exercetur, exercemur, exercemini, exercentur *pas.imp* exercebar, exercebaris / exercebare, exercebatur, exercebamur, exercebamini, exercebantur *pas.fut* exercebor, exerceberis / exercebere, exercebitur, exercebimur, exercebimini, exercebuntur • **sub** *pre* exerceam, exerceas, exerceat, exerceamus, exerceatis, exerceant *imp* exercerem, exerceres, exerceret, exerceremus, exerceretis, exercerent *prt* exercuerim, exercueris, exercuerit, exercuerimus, exercueritis, exercuerint *plu* exercuissem, exercuisses, exercuisset, exercuissemus, exercuissetis, exercuissent *pas.pre* exercear, exercearis / exerceare, exerceatur, exerceamur, exerceamini, exerceantur *pas.imp* exercerer, exercereris / exercerere, exerceretur, exerceremur, exerceremini, exercerentur • **imp** *pre* –, exerce, –, –, exercete, – *fut* –, exerceto, exerceto, –, exercetote, exercento *pas.pre* –, exercere, –, –, exercemini, – *pas.fut* –, exercetor, exercetor, –, –, exercentor • **inf** *pre* exercere *prt* exercuisse *fut* exerciturus esse *pas.pre* exerceri *pas.prt* exercitus esse *pas.fut* exercitum iri • **ger** exercere / exercendi / exercendo / exercendum • **sup** exercitum / exercitu • **par** *pre* exercens *prt* – *fut* exerciturus *pas.pre* – *pas.prt* exercitus *pas.fut* exercendus

exigo /drive out/ • **ind** *pre* exigo, exigis, exigit, exigimus, exigitis, exigunt *imp* exigebam, exigebas, exigebat, exigebamus, exigebatis, exigebant *prt* exegi, exegisti, exegit, exegimus, exegistis, exegerunt / exegere *fut* exigam, exiges, exiget, exigemus, exigetis, exigent *plu* exegeram, exegeras, exegerat, exegeramus, exegeratis, exegerant *fpr* exegero, exegeris, exegerit, exegerimus, exegeritis, exegerint *pas.pre* exigor, exigeris / exigere, exigitur, exigimur, exigimini, exiguntur *pas.imp* exigebar, exigebaris / exigebare, exigebatur, exigebamur, exigebamini, exigebantur *pas.fut* exigar, exigeris / exigere, exigetur, exigemur, exigemini, exigentur • **sub** *pre* exigam, exigas, exigat, exigamus, exigatis, exigant *imp* exigerem, exigeres, exigeret, exigeremus, exigeretis, exigerent *prt* exegerim, exegeris, exegerit, exegerimus, exegeritis, exegerint *plu* exegissem, exegisses, exegisset, exegissemus, exegissetis, exegissent *pas.pre* exigar, exigaris / exigare, exigatur, exigamur, exigamini, exigantur *pas.imp* exigerer, exigereris / exigerere, exigeretur, exigeremur, exigeremini, exigerentur • **imp** *pre* –, exige, –, –, exigite, – *fut* –, exigito, exigito, –, exigitote, exigunto *pas.pre* –, exigere, –, –, exigimini, – *pas.fut* –, exigitor, exigitor, –, –, exiguntor • **inf** *pre* exigere *prt* exegisse *fut* exacturus esse _pas.pre_ exigi _pas.prt_ exactus esse _pas.fut_ exactum iri • **ger** exigere / exigendi / exigendo / exigendum • **sup** exactum / exactu • **par** _pre_ exigens _prt_ – _fut_ exacturus _pas.pre_ – _pas.prt_ exactus _pas.fut_ exigendus

exosso /bone / debone/ • **ind** _pre_ exosso, exossas, exossat, exossamus, exossatis, exossant _imp_ exossabam, exossabas, exossabat, exossabamus, exossabatis, exossabant _prt_ exossavi, exossavisti, exossavit, exossavimus, exossavistis, exossaverunt / exossavere _fut_ exossabo, exossabis, exossabit, exossabimus, exossabitis, exossabunt _plu_ exossaveram, exossaveras, exossaverat, exossaveramus, exossaveratis, exossaverant _fpr_ exossavero, exossaveris, exossaverit, exossaverimus, exossaveritis, exossaverint _pas.pre_ exossor, exossaris / exossare, exossatur, exossamur, exossamini, exossantur _pas.imp_ exossabar, exossabaris / exossabare, exossabatur, exossabamur, exossabamini, exossabantur _pas.fut_ exossabor, exossaberis / exossabere, exossabitur, exossabimur, exossabimini, exossabuntur • **sub** _pre_ exossem, exosses, exosset, exossemus, exossetis, exossent _imp_ exossarem, exossares, exossaret, exossaremus, exossaretis, exossarent _prt_ exossaverim, exossaveris, exossaverit, exossaverimus, exossaveritis, exossaverint _plu_ exossavissem, exossavisses, exossavisset, exossavissemus, exossavissetis, exossavissent _pas.pre_ exosser, exosseris / exossere, exossetur, exossemur, exossemini, exossentur _pas.imp_ exossarer, exossareris / exossarere, exossaretur, exossaremur, exossaremini, exossarentur • **imp** _pre_ –, exossa, –, –, exossate, – _fut_ –, exossato, exossato, –, exossatote, exossanto _pas.pre_ –, exossare, –, –, exossamini, – _pas.fut_ –, exossator, exossator, –, –, exossantor • **inf** _pre_ exossare _prt_ exossavisse _fut_ exossaturus esse _pas.pre_ exossari _pas.prt_ exossatus esse _pas.fut_ exossatum iri • **ger** exossare / exossandi / exossando / exossandum • **sup** exossatum / exossatu • **par** _pre_ exossans _prt_ – _fut_ exossaturus _pas.pre_ – _pas.prt_ exossatus _pas.fut_ exossandus

experior /test/ • **ind** _pre_ experior, experiris / experire, experitur, experimur, experimini, experiuntur _imp_ experiebar, experiebaris / experiebare, experiebatur, experiebamur, experiebamini, experiebantur _prt_ — _fut_ experiar, experieris / experiere, experietur, experiemur, experiemini, experientur _plu_ — _fpr_ — _pas.pre_ — _pas.imp_ — _pas.fut_ — • **sub** _pre_ experiar, experiaris / experiare, experiatur, experiamur, experiamini, experiantur _imp_ experirer, experireris / experirere, experiretur, experiremur, experiremini, experirentur _prt_ — _plu_ — _pas.pre_ — _pas.imp_ — • **imp** _pre_ –, experire, –, –, experimini, – _fut_ –, experitor, experitor, –, –, experiuntor _pas.pre_ — _pas.fut_ — • **inf** _pre_ experiri /

experirier *prt* expertus esse *fut* experturus esse *pas.pre* – *pas.prt* – *pas.fut* – • **ger** experiri / experirier / experiendi / experiendo / experiendum • **sup** expertum / expertu • **par** *pre* experiens *prt* expertus *fut* experturus *pas.pre* – *pas.prt* – *pas.fut* experiendus

expostulo /find fault/ • **ind** *pre* expostulo, expostulas, expostulat, expostulamus, expostulatis, expostulant *imp* expostulabam, expostulabas, expostulabat, expostulabamus, expostulabatis, expostulabant *prt* expostulavi, expostulavisti, expostulavit, expostulavimus, expostulavistis, expostulaverunt / expostulavere *fut* expostulabo, expostulabis, expostulabit, expostulabimus, expostulabitis, expostulabunt *plu* expostulaveram, expostulaveras, expostulaverat, expostulaveramus, expostulaveratis, expostulaverant *fpr* expostulavero, expostulaveris, expostulaverit, expostulaverimus, expostulaveritis, expostulaverint *pas.pre* expostulor, expostularis / expostulare, expostulatur, expostulamur, expostulamini, expostulantur *pas.imp* expostulabar, expostulabaris / expostulabare, expostulabatur, expostulabamur, expostulabamini, expostulabantur *pas.fut* expostulabor, expostulaberis / expostulabere, expostulabitur, expostulabimur, expostulabimini, expostulabuntur • **sub** *pre* expostulem, expostules, expostulet, expostulemus, expostuletis, expostulent *imp* expostularem, expostulares, expostularet, expostularemus, expostularetis, expostularent *prt* expostulaverim, expostulaveris, expostulaverit, expostulaverimus, expostulaveritis, expostulaverint *plu* expostulavissem, expostulavisses, expostulavisset, expostulavissemus, expostulavissetis, expostulavissent *pas.pre* expostuler, expostuleris / expostulere, expostuletur, expostulemur, expostulemini, expostulentur *pas.imp* expostularer, expostulareris / expostularere, expostularetur, expostularemur, expostularemini, expostularentur • **imp** *pre* –, expostula, –, –, expostulate, – *fut* –, expostulato, expostulato, –, expostulatote, expostulanto *pas.pre* –, expostulare, –, –, expostulamini, – *pas.fut* –, expostulator, expostulator, –, –, expostulantor • **inf** *pre* expostulare *prt* expostulavisse *fut* expostulaturus esse *pas.pre* expostulari *pas.prt* expostulatus esse *pas.fut* expostulatum iri • **ger** expostulare / expostulandi / expostulando / expostulandum • **sup** expostulatum / expostulatu • **par** *pre* expostulans *prt* – *fut* expostulaturus *pas.pre* – *pas.prt* expostulatus *pas.fut* expostulandus

exquiro /seek out/ • **ind** *pre* exquiro, exquiris, exquirit, exquirimus, exquiritis, exquirunt *imp* exquirebam, exquirebas, exquirebat, exquirebamus, exquirebatis, exquirebant *prt* exquisivi, exquisivisti, exquisivit, exquisivimus, exquisivistis, exquisiverunt / exquisivere *fut* exquiram, exquires, exquiret, exquiremus, exquiretis, exquirent *plu* exquisiveram, exquisiveras, exquisiverat, exquisiveramus, exquisiveratis, exquisiverant *fpr* exquisivero, exquisiveris, exquisiverit, exquisiverimus, exquisiveritis, exquisiverint *pas.pre* exquiror, exquireris / exquirere, exquiritur, exquirimur, exquirimini, exquiruntur *pas.imp* exquirebar, exquirebaris / exquirebare, exquirebatur, exquirebamur, exquirebamini, exquirebantur *pas.fut* exquirar, exquireris / exquirere, exquiretur, exquiremur, exquiremini, exquirentur • **sub** *pre* exquiram, exquiras, exquirat, exquiramus, exquiratis, exquirant *imp* exquirerem, exquireres, exquireret, exquireremus, exquireretis, exquirerent *prt* exquisiverim, exquisiveris, exquisiverit, exquisiverimus, exquisiveritis, exquisiverint *plu* exquisivissem, exquisivisses, exquisivisset, exquisivissemus, exquisivissetis, exquisivissent *pas.pre* exquirar, exquiraris / exquirare, exquiratur, exquiramur, exquiramini, exquirantur *pas.imp* exquirerer, exquirereris / exquirerere, exquireretur, exquireremur, exquireremini, exquirerentur • **imp** *pre* –, exquire, –, –, exquirite, – *fut* –, exquirito, exquirito, –, exquiritote, exquirunto *pas.pre* –, exquirere, –, –, exquirimini, – *pas.fut* –, exquiritor, exquiritor, –, –, exquiruntor • **inf** *pre* exquirere *prt* exquisivisse *fut* exquisiturus esse *pas.pre* exquiri *pas.prt* exquisitus esse *pas.fut* exquisitum iri • **ger** exquirere / exquirendi / exquirendo / exquirendum • **sup** exquisitum / exquisitu • **par** *pre* exquirens *prt* – *fut* exquisiturus *pas.pre* – *pas.prt* exquisitus *pas.fut* exquirendus

exstinguo /quench, extinguish, kill, destroy/ • **ind** *pre* exstinguo, exstinguis, exstinguit, exstinguimus, exstinguitis, exstinguunt *imp* exstinguebam, exstinguebas, exstinguebat, exstinguebamus, exstinguebatis, exstinguebant *prt* exstinxi, exstinxisti, exstinxit, exstinximus, exstinxistis, exstinxerunt / exstinxere *fut* exstinguam, exstingues, exstinguet, exstinguemus, exstinguetis, exstinguent *plu* exstinxeram, exstinxeras, exstinxerat, exstinxeramus, exstinxeratis, exstinxerant *fpr* exstinxero, exstinxeris, exstinxerit, exstinxerimus, exstinxeritis, exstinxerint *pas.pre* exstinguor, exstingueris / exstinguere, exstinguitur, exstinguimur, exstinguimini, exstinguuntur *pas.imp* exstinguebar, exstinguebaris / exstinguebare, exstinguebatur, exstinguebamur, exstinguebamini, exstinguebantur *pas.fut* exstinguar, exstingueris / exstinguere, exstinguetur, exstinguemur, exstinguemini, exstinguentur • **sub** *pre* exstinguam, exstinguas, exstinguat, exstinguamus, exstinguatis, exstinguant *imp* exstinguerem, exstingueres, exstingueret, exstingueremus, exstingueretis, exstinguerent *prt* exstinxerim, exstinxeris, exstinxerit, exstinxerimus, exstinxeritis, exstinxerint *plu* exstinxissem, exstinxisses, exstinxisset, exstinxissemus, exstinxissetis, exstinxissent *pas.pre* exstinguar, exstinguaris / exstinguare, exstinguatur, exstinguamur, exstinguamini, exstinguantur *pas.imp* exstinguerer, exstinguereris / exstinguerere, exstingueretur, exstingueremur, exstingueremini, exstinguerentur • **imp** _pre_ –, exstingue, –, –, exstinguite, – _fut_ –, exstinguito, exstinguito, –, exstinguitote, exstinguunto _pas.pre_ –, exstinguere, –, –, exstinguimini, – _pas.fut_ –, exstinguitor, exstinguitor, –, –, exstinguuntor • **inf** _pre_ exstinguere _prt_ exstinxisse _fut_ exstincturus esse _pas.pre_ exstingui _pas.prt_ exstinctus esse _pas.fut_ exstinctum iri • **ger** exstinguere / exstinguendi / exstinguendo / exstinguendum • **sup** exstinctum / exstinctu • **par** _pre_ exstinguens _prt_ – _fut_ exstincturus _pas.pre_ – _pas.prt_ exstinctus _pas.fut_ exstinguendus

F

facio /do/ • **ind** _pre_ facio, facis, facit, facimus, facitis, faciunt _imp_ faciebam, faciebas, faciebat, faciebamus, faciebatis, faciebant _prt_ feci, fecisti, fecit, fecimus, fecistis, fecerunt / fecere _fut_ faciam, facies, faciet, faciemus, facietis, facient _plu_ feceram, feceras, fecerat, feceramus, feceratis, fecerant _fpr_ fecero, feceris, fecerit, fecerimus, feceritis, fecerint _pas.pre_ fio, fis, fit, fimus, fitis, fiunt _pas.imp_ fiebam, fiebas, fiebat, fiebamus, fiebatis, fiebant _pas.fut_ fiam, fies, fiet, fiemus, fietis, fient • **sub** _pre_ faciam, facias, faciat, faciamus, faciatis, faciant _imp_ facerem, faceres, faceret, faceremus, faceretis, facerent _prt_ fecerim, feceris, fecerit, fecerimus, feceritis, fecerint _plu_ fecissem, fecisses, fecisset, fecissemus, fecissetis, fecissent _pas.pre_ fiam, fias, fiat, fiamus, fiatis, fiant _pas.imp_ fierem, fieres, fieret, fieremus, fieretis, fierent • **imp** _pre_ –, fac / face, –, –, facite, – _fut_ –, facito, facito, –, facitote, faciunto _pas.pre_ –, fi, –, –, fite, – _pas.fut_ –, fito, fito, –, fitote, fiunto • **inf** _pre_ facere _prt_ fecisse _fut_ facturus esse _pas.pre_ fieri _pas.prt_ factus esse _pas.fut_ factum iri • **ger** facere / faciendi / faciendo / faciendum • **sup** factum / factu • **par** _pre_ faciens _prt_ – _fut_ facturus _pas.pre_ – _pas.prt_ factus _pas.fut_ faciendus

fallo /deceive, trick/ • **ind** _pre_ fallo, fallis, fallit, fallimus, fallitis, fallunt _imp_ fallebam, fallebas, fallebat, fallebamus, fallebatis, fallebant _prt_ fefelli, fefellisti, fefellit, fefellimus, fefellistis, fefellerunt / fefellere _fut_ fallam, falles, fallet, fallemus, falletis, fallent _plu_ fefelleram, fefelleras, fefellerat, fefelleramus, fefelleratis, fefellerant _fpr_ fefellero, fefelleris, fefellerit, fefellerimus, fefelleritis, fefellerint _pas.pre_ fallor, falleris / fallere, fallitur, fallimur, fallimini, falluntur _pas.imp_ fallebar, fallebaris / fallebare, fallebatur, fallebamur, fallebamini, fallebantur _pas.fut_ fallar, falleris / fallere, falletur, fallemur, fallemini, fallentur • **sub** _pre_ fallam, fallas, fallat, fallamus,

fateor

fallatis, fallant *imp* fallerem, falleres, falleret, falleremus, falleretis, fallerent *prt* fefellerim, fefelleris, fefellerit, fefellerimus, fefelleritis, fefellerint *plu* fefellissem, fefellisses, fefellisset, fefellissemus, fefellissetis, fefellissent *pas.pre* fallar, fallaris / fallare, fallatur, fallamur, fallamini, fallantur *pas.imp* fallerer, fallereris / fallerere, falleretur, falleremur, falleremini, fallerentur • **imp** *pre* –, falle, –, –, fallite, – *fut* –, fallito, fallito, –, fallitote, fallunto *pas.pre* –, fallere, –, –, fallimini, – *pas.fut* –, fallitor, fallitor, –, –, falluntor • **inf** *pre* fallere *prt* fefellisse *fut* falsurus esse *pas.pre* falli *pas.prt* falsus esse *pas.fut* falsum iri • **ger** fallere / fallendi / fallendo / fallendum • **sup** falsum / falsu • **par** *pre* fallens *prt* – *fut* falsurus *pas.pre* – *pas.prt* falsus *pas.fut* fallendus

fateor /confess/ • **ind** *pre* fateor, fateris / fatere, fatetur, fatemur, fatemini, fatentur *imp* fatebar, fatebaris / fatebare, fatebatur, fatebamur, fatebamini, fatebantur *prt* — *fut* fatebor, fateberis / fatebere, fatebitur, fatebimur, fatebimini, fatebuntur *plu* — *fpr* — *pas.pre* — *pas.imp* — *pas.fut* — • **sub** *pre* fatear, fatearis / fateare, fateatur, fateamur, fateamini, fateantur *imp* faterer, fatereris / faterere, fateretur, fateremur, fateremini, faterentur *prt* — *plu* — *pas.pre* — *pas.imp* — • **imp** *pre* –, fatere, –, –, fatemini, – *fut* –, fatetor, fatetor, –, –, fatentor *pas.pre* — *pas.fut* — • **inf** *pre* fateri / faterier *prt* fassus esse *fut* fassurus esse *pas.pre* – *pas.prt* – *pas.fut* – • **ger** fateri / faterier / fatendi / fatendo / fatendum • **sup** fassum / fassu • **par** *pre* fatens *prt* fassus *fut* fassurus *pas.pre* – *pas.prt* – *pas.fut* fatendus

faveo /favour, support/ • **ind** *pre* faveo, faves, favet, favemus, favetis, favent *imp* favebam, favebas, favebat, favebamus, favebatis, favebant *prt* favi, favisti / fasti, favit, favimus, favistis / fastis, faverunt / favere *fut* favebo, favebis, favebit, favebimus, favebitis, favebunt *plu* faveram, faveras, faverat, faveramus, faveratis, faverant *fpr* favero, faveris, faverit, faverimus, faveritis, faverint *pas.pre* faveor, faveris / favere, favetur, favemur, favemini, faventur *pas.imp* favebar, favebaris / favebare, favebatur, favebamur, favebamini, favebantur *pas.fut* favebor, faveberis / favebere, favebitur, favebimur, favebimini, favebuntur • **sub** *pre* faveam, faveas, faveat, faveamus, faveatis, faveant *imp* faverem, faveres, faveret, faveremus, faveretis, faverent *prt* faverim, faveris, faverit, faverimus, faveritis, faverint *plu* favissem / fassem, favisses / fasses, favisset / fasset, favissemus / fassemus, favissetis / fassetis, favissent / fassent *pas.pre* favear, favearis / faveare, faveatur, faveamur, faveamini, faveantur *pas.imp* faverer, favereris / faverere, faveretur, faveremur, faveremini, faverentur • **imp** *pre* –, fave, –, –, favete, – *fut* –, faveto, faveto, –, favetote, favento *pas.pre* –, favere, –, –, favemini, – *pas.fut* –, favetor, favetor, –, –, faventor • **inf** *pre*

86

favere *prt* favisse / fasse *fut* fauturus esse *pas.pre* faveri *pas.prt* fautus esse *pas.fut* fautum iri • **ger** favere / favendi / favendo / favendum • **sup** fautum / fautu • **par** *pre* favens *prt* – *fut* fauturus *pas.pre* – *pas.prt* fautus *pas.fut* favendus

fero /bear, carry/ • **ind** *pre* fero, fers, fert, ferimus, fertis, ferunt *imp* ferebam, ferebas, ferebat, ferebamus, ferebatis, ferebant *prt* tuli, tulisti, tulit, tulimus, tulistis, tulerunt / tulere *fut* feram, feres, feret, feremus, feretis, ferent *plu* tuleram, tuleras, tulerat, tuleramus, tuleratis, tulerant *fpr* tulero, tuleris, tulerit, tulerimus, tuleritis, tulerint *pas.pre* feror, ferris / ferre, fertur, ferimur, ferimini, feruntur *pas.imp* ferebar, ferebaris / ferebare, ferebatur, ferebamur, ferebamini, ferebantur *pas.fut* ferar, fereris / ferere, feretur, feremur, feremini, ferentur • **sub** *pre* feram, feras, ferat, feramus, feratis, ferant *imp* ferrem, ferres, ferret, ferremus, ferretis, ferrent *prt* tulerim, tuleris, tulerit, tulerimus, tuleritis, tulerint *plu* tulissem, tulisses, tulisset, tulissemus, tulissetis, tulissent *pas.pre* ferar, feraris / ferare, feratur, feramur, feramini, ferantur *pas.imp* ferrer, ferreris / ferrere, ferretur, ferremur, ferremini, ferrentur • **imp** *pre* –, fer, –, –, ferte, – *fut* –, ferto, ferto, –, fertote, ferunto *pas.pre* –, ferre, –, –, ferimini, – *pas.fut* –, fertor, fertor, –, –, feruntor • **inf** *pre* ferre *prt* tulisse *fut* laturus esse *pas.pre* ferri *pas.prt* latus esse *pas.fut* latum iri • **ger** ferre / ferendi / ferendo / ferendum • **sup** latum / latu • **par** *pre* ferens *prt* – *fut* laturus *pas.pre* – *pas.prt* latus *pas.fut* ferendus

figo /fasten, fix/ • **ind** *pre* figo, figis, figit, figimus, figitis, figunt *imp* figebam, figebas, figebat, figebamus, figebatis, figebant *prt* fixi, fixisti, fixit, fiximus, fixistis, fixerunt / fixere *fut* figam, figes, figet, figemus, figetis, figent *plu* fixeram, fixeras, fixerat, fixeramus, fixeratis, fixerant *fpr* fixero, fixeris, fixerit, fixerimus, fixeritis, fixerint *pas.pre* figor, figeris / figere, figitur, figimur, figimini, figuntur *pas.imp* figebar, figebaris / figebare, figebatur, figebamur, figebamini, figebantur *pas.fut* figar, figeris / figere, figetur, figemur, figemini, figentur • **sub** *pre* figam, figas, figat, figamus, figatis, figant *imp* figerem, figeres, figeret, figeremus, figeretis, figerent *prt* fixerim, fixeris, fixerit, fixerimus, fixeritis, fixerint *plu* fixissem, fixisses, fixisset, fixissemus, fixissetis, fixissent *pas.pre* figar, figaris / figare, figatur, figamur, figamini, figantur *pas.imp* figerer, figereris / figerere, figeretur, figeremur, figeremini, figerentur • **imp** *pre* –, fige, –, –, figite, – *fut* –, figito, figito, –, figitote, figunto *pas.pre* –, figere, –, –, figimini, – *pas.fut* –, figitor, figitor, –, –, figuntor • **inf** *pre* figere *prt* fixisse *fut* fixurus esse *pas.pre* figi *pas.prt* fixus esse *pas.fut* fixum iri • **ger** figere / figendi / figendo / figendum • **sup** fixum / fixu • **par** *pre* figens *prt* – *fut* fixurus *pas.pre* – *pas.prt* fixus *pas.fut* figendus

findo /cleave, break up/ • **ind** <u>pre</u> findo, findis, findit, findimus, finditis, findunt <u>imp</u> findebam, findebas, findebat, findebamus, findebatis, findebant <u>prt</u> fidi, fidisti, fidit, fidimus, fidistis, fiderunt / fidere <u>fut</u> findam, findes, findet, findemus, findetis, findent <u>plu</u> fideram, fideras, fiderat, fideramus, fideratis, fiderant <u>fpr</u> fidero, fideris, fiderit, fiderimus, fideritis, fiderint <u>pas.pre</u> findor, finderis / findere, finditur, findimur, findimini, finduntur <u>pas.imp</u> findebar, findebaris / findebare, findebatur, findebamur, findebamini, findebantur <u>pas.fut</u> findar, finderis / findere, findetur, findemur, findemini, findentur • **sub** <u>pre</u> findam, findas, findat, findamus, findatis, findant <u>imp</u> finderem, finderes, finderet, finderemus, finderetis, finderent <u>prt</u> fiderim, fideris, fiderit, fiderimus, fideritis, fiderint <u>plu</u> fidissem, fidisses, fidisset, fidissemus, fidissetis, fidissent <u>pas.pre</u> findar, findaris / findare, findatur, findamur, findamini, findantur <u>pas.imp</u> finderer, findereris / finderere, finderetur, finderemur, finderemini, finderentur • **imp** <u>pre</u> –, finde, –, –, findite, – <u>fut</u> –, findito, findito, –, finditote, findunto <u>pas.pre</u> –, findere, –, –, findimini, – <u>pas.fut</u> –, finditor, finditor, –, –, finduntor • **inf** <u>pre</u> findere <u>prt</u> fidisse <u>fut</u> fissurus esse <u>pas.pre</u> findi <u>pas.prt</u> fissus esse <u>pas.fut</u> fissum iri • **ger** findere / findendi / findendo / findendum • **sup** fissum / fissu • **par** <u>pre</u> findens <u>prt</u> – <u>fut</u> fissurus <u>pas.pre</u> – <u>pas.prt</u> fissus <u>pas.fut</u> findendus

fingo /shape, fashion/ • **ind** <u>pre</u> fingo, fingis, fingit, fingimus, fingitis, fingunt <u>imp</u> fingebam, fingebas, fingebat, fingebamus, fingebatis, fingebant <u>prt</u> finxi, finxisti, finxit, finximus, finxistis, finxerunt / finxere <u>fut</u> fingam, finges, finget, fingemus, fingetis, fingent <u>plu</u> finxeram, finxeras, finxerat, finxeramus, finxeratis, finxerant <u>fpr</u> finxero, finxeris, finxerit, finxerimus, finxeritis, finxerint <u>pas.pre</u> fingor, fingeris / fingere, fingitur, fingimur, fingimini, finguntur <u>pas.imp</u> fingebar, fingebaris / fingebare, fingebatur, fingebamur, fingebamini, fingebantur <u>pas.fut</u> fingar, fingeris / fingere, fingetur, fingemur, fingemini, fingentur • **sub** <u>pre</u> fingam, fingas, fingat, fingamus, fingatis, fingant <u>imp</u> fingerem, fingeres, fingeret, fingeremus, fingeretis, fingerent <u>prt</u> finxerim, finxeris, finxerit, finxerimus, finxeritis, finxerint <u>plu</u> finxissem, finxisses, finxisset, finxissemus, finxissetis, finxissent <u>pas.pre</u> fingar, fingaris / fingare, fingatur, fingamur, fingamini, fingantur <u>pas.imp</u> fingerer, fingereris / fingerere, fingeretur, fingeremur, fingeremini, fingerentur • **imp** <u>pre</u> –, finge, –, –, fingite, – <u>fut</u> –, fingito, fingito, –, fingitote, fingunto <u>pas.pre</u> –, fingere, –, –, fingimini, – <u>pas.fut</u> –, fingitor, fingitor, –, –, finguntor • **inf** <u>pre</u> fingere <u>prt</u> finxisse <u>fut</u> ficturus esse <u>pas.pre</u> fingi <u>pas.prt</u> fictus esse <u>pas.fut</u> fictum iri • **ger** fingere / fingendi / fingendo / fingendum • **sup** fictum / fictu • **par** <u>pre</u> fingens <u>prt</u> – <u>fut</u> ficturus <u>pas.pre</u> – <u>pas.prt</u> fictus <u>pas.fut</u> fingendus

firmo /make firm, strengthen/ • **ind** _pre_ firmo, firmas, firmat, firmamus, firmatis, firmant _imp_ firmabam, firmabas, firmabat, firmabamus, firmabatis, firmabant _prt_ firmavi, firmavisti, firmavit, firmavimus, firmavistis, firmaverunt / firmavere _fut_ firmabo, firmabis, firmabit, firmabimus, firmabitis, firmabunt _plu_ firmaveram, firmaveras, firmaverat, firmaveramus, firmaveratis, firmaverant _fpr_ firmavero, firmaveris, firmaverit, firmaverimus, firmaveritis, firmaverint _pas.pre_ firmor, firmaris / firmare, firmatur, firmamur, firmamini, firmantur _pas.imp_ firmabar, firmabaris / firmabare, firmabatur, firmabamur, firmabamini, firmabantur _pas.fut_ firmabor, firmaberis / firmabere, firmabitur, firmabimur, firmabimini, firmabuntur • **sub** _pre_ firmem, firmes, firmet, firmemus, firmetis, firment _imp_ firmarem, firmares, firmaret, firmaremus, firmaretis, firmarent _prt_ firmaverim, firmaveris, firmaverit, firmaverimus, firmaveritis, firmaverint _plu_ firmavissem, firmavisses, firmavisset, firmavissemus, firmavissetis, firmavissent _pas.pre_ firmer, firmeris / firmere, firmetur, firmemur, firmemini, firmentur _pas.imp_ firmarer, firmareris / firmarere, firmaretur, firmaremur, firmaremini, firmarentur • **imp** _pre_ –, firma, –, –, firmate, – _fut_ –, firmato, firmato, –, firmatote, firmanto _pas.pre_ –, firmare, –, –, firmamini, – _pas.fut_ –, firmator, firmator, –, –, firmantor • **inf** _pre_ firmare _prt_ firmavisse _fut_ firmaturus esse _pas.pre_ firmari _pas.prt_ firmatus esse _pas.fut_ firmatum iri • **ger** firmare / firmandi / firmando / firmandum • **sup** firmatum / firmatu • **par** _pre_ firmans _prt_ – _fut_ firmaturus _pas.pre_ – _pas.prt_ firmatus _pas.fut_ firmandus

flagito /demand, require/ • **ind** _pre_ flagito, flagitas, flagitat, flagitamus, flagitatis, flagitant _imp_ flagitabam, flagitabas, flagitabat, flagitabamus, flagitabatis, flagitabant _prt_ flagitavi, flagitavisti, flagitavit, flagitavimus, flagitavistis, flagitaverunt / flagitavere _fut_ flagitabo, flagitabis, flagitabit, flagitabimus, flagitabitis, flagitabunt _plu_ flagitaveram, flagitaveras, flagitaverat, flagitaveramus, flagitaveratis, flagitaverant _fpr_ flagitavero, flagitaveris, flagitaverit, flagitaverimus, flagitaveritis, flagitaverint _pas.pre_ flagitor, flagitaris / flagitare, flagitatur, flagitamur, flagitamini, flagitantur _pas.imp_ flagitabar, flagitabaris / flagitabare, flagitabatur, flagitabamur, flagitabamini, flagitabantur _pas.fut_ flagitabor, flagitaberis / flagitabere, flagitabitur, flagitabimur, flagitabimini, flagitabuntur • **sub** _pre_ flagitem, flagites, flagitet, flagitemus, flagitetis, flagitent _imp_ flagitarem, flagitares, flagitaret, flagitaremus, flagitaretis, flagitarent _prt_ flagitaverim, flagitaveris, flagitaverit, flagitaverimus, flagitaveritis, flagitaverint _plu_ flagitavissem, flagitavisses, flagitavisset, flagitavissemus, flagitavissetis, flagitavissent _pas.pre_ flagiter, flagiteris / flagitere, flagitetur, flagitemur, flagitemini, flagitentur _pas.imp_ flagitarer, flagitareris / flagitarere, flagitaretur, flagitaremur, flagitaremini, flagitarentur • **imp** _pre_ –, flagita, –, –, flagitate, – _fut_ –, flagitato, flagitato,

flecto

–, flagitatote, flagitanto _pas.pre_ –, flagitare, –, –, flagitamini, – _pas.fut_ –, flagitator, flagitator, –, –, flagitantor • **inf** _pre_ flagitare _prt_ flagitavisse _fut_ flagitaturus esse _pas.pre_ flagitari / flagitarier _pas.prt_ flagitatus esse _pas.fut_ flagitatum iri • **ger** flagitare / flagitandi / flagitando / flagitandum • **sup** flagitatum / flagitatu • **par** _pre_ flagitans _prt_ – _fut_ flagitaturus _pas.pre_ – _pas.prt_ flagitatus _pas.fut_ flagitandus

flecto /bend, curve, bow/ • **ind** _pre_ flecto, flectis, flectit, flectimus, flectitis, flectunt _imp_ flectebam, flectebas, flectebat, flectebamus, flectebatis, flectebant _prt_ flexi, flexisti, flexit, fleximus, flexistis, flexerunt / flexere _fut_ flectam, flectes, flectet, flectemus, flectetis, flectent _plu_ flexeram, flexeras, flexerat, flexeramus, flexeratis, flexerant _fpr_ flexero, flexeris, flexerit, flexerimus, flexeritis, flexerint _pas.pre_ flector, flecteris / flectere, flectitur, flectimur, flectimini, flectuntur _pas.imp_ flectebar, flectebaris / flectebare, flectebatur, flectebamur, flectebamini, flectebantur _pas.fut_ flectar, flecteris / flectere, flectetur, flectemur, flectemini, flectentur • **sub** _pre_ flectam, flectas, flectat, flectamus, flectatis, flectant _imp_ flecterem, flecteres, flecteret, flecteremus, flecteretis, flecterent _prt_ flexerim, flexeris, flexerit, flexerimus, flexeritis, flexerint _plu_ flexissem, flexisses, flexisset, flexissemus, flexissetis, flexissent _pas.pre_ flectar, flectaris / flectare, flectatur, flectamur, flectamini, flectantur _pas.imp_ flecterer, flectereris / flecterere, flecteretur, flecteremur, flecteremini, flecterentur • **imp** _pre_ –, flecte, –, –, flectite, – _fut_ –, flectito, flectito, –, flectitote, flectunto _pas.pre_ –, flectere, –, –, flectimini, – _pas.fut_ –, flectitor, flectitor, –, –, flectuntor • **inf** _pre_ flectere _prt_ flexisse _fut_ flexurus esse _pas.pre_ flecti _pas.prt_ flexus esse _pas.fut_ flexum iri • **ger** flectere / flectendi / flectendo / flectendum • **sup** flexum / flexu • **par** _pre_ flectens _prt_ – _fut_ flexurus _pas.pre_ – _pas.prt_ flexus _pas.fut_ flectendus

fleo /weep, cry/ • **ind** _pre_ fleo, fles, flet, flemus, fletis, flent _imp_ flebam, flebas, flebat, flebamus, flebatis, flebant _prt_ flevi, flevisti / flesti, flevit, flevimus, flevistis / flestis, fleverunt / flevere _fut_ flebo, flebis, flebit, flebimus, flebitis, flebunt _plu_ fleveram, fleveras, fleverat, fleveramus, fleveratis, fleverant _fpr_ flevero, fleveris, fleverit, fleverimus, fleveritis, fleverint _pas.pre_ –, –, fletur, –, –, – _pas.imp_ –, –, flebatur, –, –, – _pas.fut_ –, –, flebitur, –, –, – • **sub** _pre_ fleam, fleas, fleat, fleamus, fleatis, fleant _imp_ flerem, fleres, fleret, fleremus, fleretis, flerent _prt_ fleverim, fleveris, fleverit, fleverimus, fleveritis, fleverint _plu_ flevissem / flessem, flevisses / flesses, flevisset / flesset, flevissemus / flessemus, flevissetis / flessetis, flevissent / flessent _pas.pre_ –, –, fleatur, –, –, – _pas.imp_ –, –, fleretur, –, –, – • **imp** _pre_ –, fle, –, –, flete, – _fut_ –, fleto, fleto, –, fletote, flento _pas.pre_ — _pas.fut_ — • **inf** _pre_ flere _prt_ flevisse / flesse _fut_ fleturus esse _pas.pre_ fleri _pas.prt_ fletum esse *pas.fut* — • **ger** flere / flendi / flendo / flendum • **sup** fletum / fletu • **par** *pre* flens *prt* — *fut* fleturus *pas.pre* — *pas.prt* *pas.fut* flendus

fluo /flow, stream/ • **ind** *pre* fluo, fluis, fluit, fluimus, fluitis, fluunt *imp* fluebam, fluebas, fluebat, fluebamus, fluebatis, fluebant *prt* fluxi, fluxisti, fluxit, fluximus, fluxistis, fluxerunt / fluxere *fut* fluam, flues, fluet, fluemus, fluetis, fluent *plu* fluxeram, fluxeras, fluxerat, fluxeramus, fluxeratis, fluxerant *fpr* fluxero, fluxeris, fluxerit, fluxerimus, fluxeritis, fluxerint *pas.pre* — *pas.imp* — *pas.fut* — • **sub** *pre* fluam, fluas, fluat, fluamus, fluatis, fluant *imp* fluerem, flueres, flueret, flueremus, flueretis, fluerent *prt* fluxerim, fluxeris, fluxerit, fluxerimus, fluxeritis, fluxerint *plu* fluxissem, fluxisses, fluxisset, fluxissemus, fluxissetis, fluxissent *pas.pre* — *pas.imp* — • **imp** *pre* –, flue, –, –, fluite, – *fut* –, fluito, fluito, –, fluitote, fluunto *pas.pre* — *pas.fut* — • **inf** *pre* fluere *prt* fluxisse *fut* fluxurus esse *pas.pre* — *pas.prt* — *pas.fut* — • **ger** fluere / fluendi / fluendo / fluendum • **sup** fluxum / fluxu • **par** *pre* fluens *prt* — *fut* fluxurus *pas.pre* — *pas.prt* — *pas.fut* —

fodio /dig, bury/ • **ind** *pre* fodio, fodis, fodit, fodimus, foditis, fodiunt *imp* fodiebam, fodiebas, fodiebat, fodiebamus, fodiebatis, fodiebant *prt* fodi, fodisti, fodit, fodimus, fodistis, foderunt / fodere *fut* fodiam, fodies, fodiet, fodiemus, fodietis, fodient *plu* foderam, foderas, foderat, foderamus, foderatis, foderant *fpr* fodero, foderis, foderit, foderimus, foderitis, foderint *pas.pre* fodior, foderis / fodere, foditur, fodimur, fodimini, fodiuntur *pas.imp* fodiebar, fodiebaris / fodiebare, fodiebatur, fodiebamur, fodiebamini, fodiebantur *pas.fut* fodiar, fodieris / fodiere, fodietur, fodiemur, fodiemini, fodientur • **sub** *pre* fodiam, fodias, fodiat, fodiamus, fodiatis, fodiant *imp* foderem, foderes, foderet, foderemus, foderetis, foderent *prt* foderim, foderis, foderit, foderimus, foderitis, foderint *plu* fodissem, fodisses, fodisset, fodissemus, fodissetis, fodissent *pas.pre* fodiar, fodiaris / fodiare, fodiatur, fodiamur, fodiamini, fodiantur *pas.imp* foderer, fodereris / foderere, foderetur, foderemur, foderemini, foderentur • **imp** *pre* –, fode, –, –, fodite, – *fut* –, fodito, fodito, –, foditote, fodiunto *pas.pre* –, fodere, –, –, fodimini, – *pas.fut* –, foditor, foditor, –, –, fodiuntor • **inf** *pre* fodere *prt* fodisse *fut* fossurus esse *pas.pre* fodi *pas.prt* fossus esse *pas.fut* fossum iri • **ger** fodere / fodiendi / fodiendo / fodiendum • **sup** fossum / fossu • **par** *pre* fodiens *prt* — *fut* fossurus *pas.pre* — *pas.prt* fossus *pas.fut* fodiendus

foedo /make foul, filthy, defile/ • **ind** *pre* foedo, foedas, foedat, foedamus, foedatis, foedant *imp* foedabam, foedabas, foedabat, foedabamus, foedabatis, foedabant *prt* foedavi, foedavisti, foedavit, foedavimus, foedavistis, foedaverunt / foedavere _fut_ foedabo, foedabis, foedabit, foedabimus, foedabitis, foedabunt _plu_ foedaveram, foedaveras, foedaverat, foedaveramus, foedaveratis, foedaverant _fpr_ foedavero, foedaveris, foedaverit, foedaverimus, foedaveritis, foedaverint _pas.pre_ foedor, foedaris / foedare, foedatur, foedamur, foedamini, foedantur _pas.imp_ foedabar, foedabaris / foedabare, foedabatur, foedabamur, foedabamini, foedabantur _pas.fut_ foedabor, foedaberis / foedabere, foedabitur, foedabimur, foedabimini, foedabuntur • **sub** _pre_ foedem, foedes, foedet, foedemus, foedetis, foedent _imp_ foedarem, foedares, foedaret, foedaremus, foedaretis, foedarent _prt_ foedaverim, foedaveris, foedaverit, foedaverimus, foedaveritis, foedaverint _plu_ foedavissem, foedavisses, foedavisset, foedavissemus, foedavissetis, foedavissent _pas.pre_ foeder, foederis / foedere, foedetur, foedemur, foedemini, foedentur _pas.imp_ foedarer, foedareris / foedarere, foedaretur, foedaremur, foedaremini, foedarentur • **imp** _pre_ –, foeda, –, –, foedate, – _fut_ –, foedato, foedato, –, foedatote, foedanto _pas.pre_ –, foedare, –, –, foedamini, – _pas.fut_ –, foedator, foedator, –, –, foedantor • **inf** _pre_ foedare _prt_ foedavisse _fut_ foedaturus esse _pas.pre_ foedari _pas.prt_ foedatus esse _pas.fut_ foedatum iri • **ger** foedare / foedandi / foedando / foedandum • **sup** foedatum / foedatu • **par** _pre_ foedans _prt_ – _fut_ foedaturus _pas.pre_ – _pas.prt_ foedatus _pas.fut_ foedandus

for /speak, talk/ • **ind** _pre_ for, faris / fare, fatur, famur, famini, fantur _imp_ fabar, fabaris / fabare, fabatur, fabamur, fabamini, fabantur _prt_ — _fut_ fabor, faberis / fabere, fabitur, fabimur, fabimini, fabuntur _plu_ — _fpr_ — _pas.pre_ — _pas.imp_ — _pas.fut_ — • **sub** _pre_ fer, feris / fere, fetur, femur, femini, fentur _imp_ farer, fareris / farere, faretur, faremur, faremini, farentur _prt_ — _plu_ — _pas.pre_ — _pas.imp_ — • **imp** _pre_ –, fare, –, –, famini, – _fut_ –, fator, fator, –, –, fantor _pas.pre_ — _pas.fut_ — • **inf** _pre_ fari / farier _prt_ fatus esse _fut_ faturus esse _pas.pre_ – _pas.prt_ – _pas.fut_ – • **ger** fari / farier / fandi / fando / fandum • **sup** fatum / fatu • **par** _pre_ fans _prt_ fatus _fut_ faturus _pas.pre_ – _pas.prt_ – _pas.fut_ fandus

fortifico /strengthen/ • **ind** _pre_ fortifico, fortificas, fortificat, fortificamus, fortificatis, fortificant _imp_ fortificabam, fortificabas, fortificabat, fortificabamus, fortificabatis, fortificabant _prt_ fortificavi, fortificavisti, fortificavit, fortificavimus, fortificavistis, fortificaverunt / fortificavere _fut_ fortificabo, fortificabis, fortificabit, fortificabimus, fortificabitis, fortificabunt _plu_ fortificaveram, fortificaveras, fortificaverat, fortificaveramus, fortificaveratis, fortificaverant _fpr_ fortificavero, fortificaveris, fortificaverit, fortificaverimus, fortificaveritis, fortificaverint _pas.pre_ fortificor, fortificaris / fortificare, fortificatur, fortificamur, fortificamini, fortificantur _pas.imp_ fortificabar, fortificabaris / fortificabare, fortificabatur, fortificabamur, fortificabamini, fortificabantur _pas.fut_ fortificabor, fortificaberis / fortificabere, fortificabitur, fortificabimur, fortificabimini, fortificabuntur • **sub** _pre_ fortificem, fortifices, fortificet, fortificemus, fortificetis, fortificent _imp_ fortificarem, fortificares, fortificaret, fortificaremus, fortificaretis, fortificarent _prt_ fortificaverim, fortificaveris, fortificaverit, fortificaverimus, fortificaveritis, fortificaverint _plu_ fortificavissem, fortificavisses, fortificavisset, fortificavissemus, fortificavissetis, fortificavissent _pas.pre_ fortificer, fortificeris / fortificere, fortificetur, fortificemur, fortificemini, fortificentur _pas.imp_ fortificarer, fortificareris / fortificarere, fortificaretur, fortificaremur, fortificaremini, fortificarentur • **imp** _pre_ –, fortifica, –, –, fortificate, – _fut_ –, fortificato, fortificato, –, fortificatote, fortificanto _pas.pre_ –, fortificare, –, –, fortificamini, – _pas.fut_ –, fortificator, fortificator, –, –, fortificantor • **inf** _pre_ fortificare _prt_ fortificavisse _fut_ fortificaturus esse _pas.pre_ fortificari _pas.prt_ fortificatus esse _pas.fut_ fortificatum iri • **ger** fortificare / fortificandi / fortificando / fortificandum • **sup** fortificatum / fortificatu • **par** _pre_ fortificans _prt_ – _fut_ fortificaturus _pas.pre_ – _pas.prt_ fortificatus _pas.fut_ fortificandus

frango /break, shatter/ • **ind** _pre_ frango, frangis, frangit, frangimus, frangitis, frangunt _imp_ frangebam, frangebas, frangebat, frangebamus, frangebatis, frangebant _prt_ fregi, fregisti, fregit, fregimus, fregistis, fregerunt / fregere _fut_ frangam, franges, franget, frangemus, frangetis, frangent _plu_ fregeram, fregeras, fregerat, fregeramus, fregeratis, fregerant _fpr_ fregero, fregeris, fregerit, fregerimus, fregeritis, fregerint _pas.pre_ frangor, frangeris / frangere, frangitur, frangimur, frangimini, franguntur _pas.imp_ frangebar, frangebaris / frangebare, frangebatur, frangebamur, frangebamini, frangebantur _pas.fut_ frangar, frangeris / frangere, frangetur, frangemur, frangemini, frangentur • **sub** _pre_ frangam, frangas, frangat, frangamus, frangatis, frangant _imp_ frangerem, frangeres, frangeret, frangeremus, frangeretis, frangerent _prt_ fregerim, fregeris, fregerit, fregerimus, fregeritis, fregerint _plu_ fregissem, fregisses, fregisset, fregissemus, fregissetis, fregissent _pas.pre_ frangar, frangaris / frangare, frangatur, frangamur, frangamini, frangantur _pas.imp_ frangerer, frangereris / frangerere, frangeretur, frangeremur, frangeremini, frangerentur • **imp** _pre_ –, frange, –, –, frangite, – _fut_ –, frangito, frangito, –, frangitote, frangunto _pas.pre_ –, frangere, –, –, frangimini, – _pas.fut_ –, frangitor, frangitor, –, –, franguntor • **inf** _pre_ frangere _prt_ fregisse _fut_ fracturus esse _pas.pre_ frangi _pas.prt_ fractus esse _pas.fut_ fractum iri • **ger** frangere / frangendi / frangendo / frangendum • **sup** fractum / fractu • **par** _pre_ frangens _prt_ – _fut_ fracturus _pas.pre_ – _pas.prt_ fractus _pas.fut_ frangendus

fremo /murmur, mutter/ • **ind** *pre* fremo, fremis, fremit, fremimus, fremitis, fremunt *imp* fremebam, fremebas, fremebat, fremebamus, fremebatis, fremebant *prt* fremui, fremuisti, fremuit, fremuimus, fremuistis, fremuerunt / fremuere *fut* fremam, fremes, fremet, fremēmus, fremetis, frement *plu* fremueram, fremueras, fremuerat, fremueramus, fremueratis, fremuerant *fpr* fremuero, fremueris, fremuerit, fremuerimus, fremueritis, fremuerint *pas.pre* fremor, fremeris / fremere, fremitur, fremimur, fremimini, fremuntur *pas.imp* fremebar, fremebaris / fremebare, fremebatur, fremebamur, fremebamini, fremebantur *pas.fut* fremar, fremeris / fremere, fremetur, frememur, frememini, frementur • **sub** *pre* fremam, fremas, fremat, fremamus, frematis, fremant *imp* fremerem, fremeres, fremeret, fremeremus, fremeretis, fremerent *prt* fremuerim, fremueris, fremuerit, fremuerimus, fremueritis, fremuerint *plu* fremuissem, fremuisses, fremuisset, fremuissemus, fremuissetis, fremuissent *pas.pre* fremar, fremaris / fremare, frematur, fremamur, fremamini, fremantur *pas.imp* fremerer, fremereris / fremerere, fremeretur, fremeremur, fremeremini, fremerentur • **imp** *pre* –, freme, –, –, fremite, – *fut* –, fremito, fremito, –, fremitote, fremunto *pas.pre* –, fremere, –, –, fremimini, – *pas.fut* –, fremitor, fremitor, –, –, fremuntor • **inf** *pre* fremere *prt* fremuisse *fut* fremiturus esse *pas.pre* fremi *pas.prt* fremitus esse *pas.fut* fremitum iri • **ger** fremere / fremendi / fremendo / fremendum • **sup** fremitum / fremitu • **par** *pre* fremens *prt* – *fut* fremiturus *pas.pre* – *pas.prt* fremitus *pas.fut* fremendus

frigesco /grow cold/ • **ind** *pre* frigesco, frigescis, frigescit, frigescimus, frigescitis, frigescunt *imp* frigescebam, frigescebas, frigescebat, frigescebamus, frigescebatis, frigescebant *prt* frixi, frixisti, frixit, friximus, frixistis, frixerunt / frixere *fut* frigescam, frigesces, frigescet, frigescemus, frigescetis, frigescent *plu* frixeram, frixeras, frixerat, frixeramus, frixeratis, frixerant *fpr* frixero, frixeris, frixerit, frixerimus, frixeritis, frixerint *pas.pre* — *pas.imp* — *pas.fut* — • **sub** *pre* frigescam, frigescas, frigescat, frigescamus, frigescatis, frigescant *imp* frigescerem, frigesceres, frigesceret, frigesceremus, frigesceretis, frigescerent *prt* frixerim, frixeris, frixerit, frixerimus, frixeritis, frixerint *plu* frixissem, frixisses, frixisset, frixissemus, frixissetis, frixissent *pas.pre* — *pas.imp* — • **imp** *pre* –, frigesce, –, –, frigescite, – *fut* –, frigescito, frigescito, –, frigescitote, frigescunto *pas.pre* — *pas.fut* — • **inf** *pre* frigescere *prt* frixisse *fut* – *pas.pre* — *pas.prt* — *pas.fut* — • **ger** frigescere / frigescendi / frigescendo / frigescendum • **sup** –/– • **par** *pre* frigescens *prt* – *fut* – *pas.pre* — *pas.prt* — *pas.fut* —

fruor /enjoy/ • **ind** *pre* fruor, frueris / fruere, fruitur, fruimur, fruimini, fruuntur *imp* fruebar, fruebaris / fruebare, fruebatur, fruebamur, fruebamini, fruebantur *prt* — *fut* fruar, frueris / fruere, fruetur, fruemur, fruemini, fruentur *plu* — *fpr* — *pas.pre* — *pas.imp* — *pas.fut* — • **sub** *pre* fruar, fruaris / fruare, fruatur, fruamur, fruamini, fruantur *imp* fruerer, fruereris / fruerere, frueretur, frueremur, frueremini, fruerentur *prt* — *plu* — *pas.pre* — *pas.imp* — • **imp** *pre* –, fruere, –, –, fruimini, – *fut* –, fruitor, fruitor, –, –, fruuntor *pas.pre* — *pas.fut* — • **inf** *pre* frui *prt* fructus esse *fut* fructurus esse *pas.pre* – *pas.prt* – *pas.fut* – • **ger** frui / fruendi / fruendo / fruendum • **sup** fructum / fructu • **par** *pre* fruens *prt* fructus *fut* fructurus *pas.pre* – *pas.prt* – *pas.fut* fruendus

fugio /flee, escape/ • **ind** *pre* fugio, fugis, fugit, fugimus, fugitis, fugiunt *imp* fugiebam, fugiebas, fugiebat, fugiebamus, fugiebatis, fugiebant *prt* fugi, fugisti, fugit, fugimus, fugistis, fugerunt / fugere *fut* fugiam, fugies, fugiet, fugiemus, fugietis, fugient *plu* fugeram, fugeras, fugerat, fugeramus, fugeratis, fugerant *fpr* fugero, fugeris, fugerit, fugerimus, fugeritis, fugerint *pas.pre* — *pas.imp* — *pas.fut* — • **sub** *pre* fugiam, fugias, fugiat, fugiamus, fugiatis, fugiant *imp* fugerem, fugeres, fugeret, fugeremus, fugeretis, fugerent *prt* fugerim, fugeris, fugerit, fugerimus, fugeritis, fugerint *plu* fugissem, fugisses, fugisset, fugissemus, fugissetis, fugissent *pas.pre* — *pas.imp* — • **imp** *pre* –, fuge, –, –, fugite, – *fut* –, fugito, fugito, –, fugitote, fugiunto *pas.pre* — *pas.fut* — • **inf** *pre* fugere *prt* fugisse *fut* fugiturus esse *pas.pre* — *pas.prt* — *pas.fut* — • **ger** fugere / fugiendi / fugiendo / fugiendum • **sup** fugitum / fugitu • **par** *pre* fugiens *prt* – *fut* fugiturus *pas.pre* — *pas.prt* — *pas.fut* —

fulgeo /flash, lighten/ • **ind** *pre* fulgeo, fulges, fulget, fulgemus, fulgetis, fulgent *imp* fulgebam, fulgebas, fulgebat, fulgebamus, fulgebatis, fulgebant *prt* fulsi, fulsisti, fulsit, fulsimus, fulsistis, fulserunt / fulsere *fut* fulgebo, fulgebis, fulgebit, fulgebimus, fulgebitis, fulgebunt *plu* fulseram, fulseras, fulserat, fulseramus, fulseratis, fulserant *fpr* fulsero, fulseris, fulserit, fulserimus, fulseritis, fulserint *pas.pre* — *pas.imp* — *pas.fut* — • **sub** *pre* fulgeam, fulgeas, fulgeat, fulgeamus, fulgeatis, fulgeant *imp* fulgerem, fulgeres, fulgeret, fulgeremus, fulgeretis, fulgerent *prt* fulserim, fulseris, fulserit, fulserimus, fulseritis, fulserint *plu* fulsissem, fulsisses, fulsisset, fulsissemus, fulsissetis, fulsissent *pas.pre* — *pas.imp* — • **imp** *pre* –, fulge, –, –, fulgete, – *fut* –, fulgeto, fulgeto, –, fulgetote, fulgento *pas.pre* — *pas.fut* — • **inf** *pre* fulgere *prt* fulsisse *fut* – *pas.pre* — *pas.prt* — *pas.fut* — • **ger** fulgere / fulgendi / fulgendo / fulgendum • **sup** – / – • **par** *pre* fulgens *prt* – *fut* – *pas.pre* — *pas.prt* — *pas.fut* —

fungor /perform, execute/ • **ind** *pre* fungor, fungeris / fungere, fungitur, fungimur, fungimini, funguntur *imp* fungebar, fungebaris / fungebare, fungebatur, fungebamur, fungebamini, fungebantur *prt* — *fut* fungar, fungeris / fungere, fungetur, fungemur, fungemini, fungentur *plu* — *fpr* — *pas.pre* — *pas.imp* — *pas.fut* — • **sub** *pre* fungar, fungaris / fungare, fungatur, fungamur, fungamini, fungantur *imp* fungerer, fungereris / fungerere, fungeretur, fungeremur, fungeremini, fungerentur *prt* — *plu* — *pas.pre* — *pas.imp* — • **imp** *pre* –, fungere, –, –, fungimini, – *fut* –, fungitor, fungitor, –, –, funguntor *pas.pre* — *pas.fut* — • **inf** *pre* fungi *prt* functus esse *fut* functurus esse *pas.pre* – *pas.prt* – *pas.fut* – • **ger** fungi / fungendi / fungendo / fungendum • **sup** functum / functu • **par** *pre* fungens *prt* functus *fut* functurus *pas.pre* – *pas.prt* – *pas.fut* fungendus

G

gero /carry, bear/ • **ind** *pre* gero, geris, gerit, gerimus, geritis, gerunt *imp* gerebam, gerebas, gerebat, gerebamus, gerebatis, gerebant *prt* gessi, gessisti, gessit, gessimus, gessistis, gesserunt / gessere *fut* geram, geres, geret, geremus, geretis, gerent *plu* gesseram, gesseras, gesserat, gesseramus, gesseratis, gesserant *fpr* gessero, gesseris, gesserit, gesserimus, gesseritis, gesserint *pas.pre* geror, gereris / gerere, geritur, gerimur, gerimini, geruntur *pas.imp* gerebar, gerebaris / gerebare, gerebatur, gerebamur, gerebamini, gerebantur *pas.fut* gerar, gereris / gerere, geretur, geremur, geremini, gerentur • **sub** *pre* geram, geras, gerat, geramus, geratis, gerant *imp* gererem, gereres, gereret, gereremus, gereretis, gererent *prt* gesserim, gesseris, gesserit, gesserimus, gesseritis, gesserint *plu* gessissem, gessisses, gessisset, gessissemus, gessissetis, gessissent *pas.pre* gerar, geraris / gerare, geratur, geramur, geramini, gerantur *pas.imp* gererer, gerereris / gererere, gereretur, gereremur, gereremini, gererentur • **imp** *pre* –, gere, –, –, gerite, – *fut* –, gerito, gerito, –, geritote, gerunto *pas.pre* –, gerere, –, –, gerimini, – *pas.fut* –, geritor, geritor, –, –, geruntor • **inf** *pre* gerere *prt* gessisse *fut* gesturus esse *pas.pre* geri *pas.prt* gestus esse *pas.fut* gestum iri • **ger** gerere / gerendi / gerendo / gerendum • **sup** gestum / gestu • **par** *pre* gerens *prt* – *fut* gesturus *pas.pre* – *pas.prt* gestus *pas.fut* gerendus

gigno /beget/ • **ind** *pre* gigno, gignis, gignit, gignimus, gignitis, gignunt *imp* gignebam, gignebas, gignebat, gignebamus, gignebatis, gignebant *prt* genui, genuisti, genuit, genuimus, genuistis, genuerunt / genuere *fut* gignam, gignes, gignet, gignemus, gignetis, gignent *plu* genueram, genueras, genuerat, genueramus, genueratis, genuerant *fpr* genuero, genueris, genuerit, genuerimus, genueritis, genuerint *pas.pre* gignor, gigneris / gignere, gignitur, gignimur, gignimini, gignuntur *pas.imp* gignebar, gignebaris / gignebare, gignebatur, gignebamur, gignebamini, gignebantur *pas.fut* gignar, gigneris / gignere, gignetur, gignemur, gignemini, gignentur • **sub** *pre* gignam, gignas, gignat, gignamus, gignatis, gignant *imp* gignerem, gigneres, gigneret, gigneremus, gigneretis, gignerent *prt* genuerim, genueris, genuerit, genuerimus, genueritis, genuerint *plu* genuissem, genuisses, genuisset, genuissemus, genuissetis, genuissent *pas.pre* gignar, gignaris / gignare, gignatur, gignamur, gignamini, gignantur *pas.imp* gignerer, gignereris / gignerere, gigneretur, gigneremur, gigneremini, gignerentur • **imp** *pre* —, gigne, —, —, gignite, — *fut* —, gignito, gignito, —, gignitote, gignunto *pas.pre* —, gignere, —, —, gignimini, — *pas.fut* —, gignitor, gignitor, —, —, gignuntor • **inf** *pre* gignere *prt* genuisse *fut* geniturus esse *pas.pre* gigni *pas.prt* genitus esse *pas.fut* genitum iri • **ger** gignere / gignendi / gignendo / gignendum • **sup** genitum / genitu • **par** *pre* gignens *prt* — *fut* geniturus *pas.pre* — *pas.prt* genitus *pas.fut* gignendus

gradior /step/ • **ind** *pre* gradior, graderis / gradere, graditur, gradimur, gradimini, gradiuntur *imp* gradiebar, gradiebaris / gradiebare, gradiebatur, gradiebamur, gradiebamini, gradiebantur *prt* — *fut* gradiar, gradieris / gradiere, gradietur, gradiemur, gradiemini, gradientur *plu* — *fpr* — *pas.pre* — *pas.imp* — *pas.fut* — • **sub** *pre* gradiar, gradiaris / gradiare, gradiatur, gradiamur, gradiamini, gradiantur *imp* graderer, gradereris / graderere, graderetur, graderemur, graderemini, graderentur *prt* — *plu* — *pas.pre* — *pas.imp* — • **imp** *pre* —, gradere, —, —, gradimini, — *fut* —, graditor, graditor, —, —, gradiuntor *pas.pre* — *pas.fut* — • **inf** *pre* gradi *prt* gressus esse *fut* gressurus esse *pas.pre* — *pas.prt* — *pas.fut* — • **ger** gradi / gradiendi / gradiendo / gradiendum • **sup** gressum / gressu • **par** *pre* gradiens *prt* gressus *fut* gressurus *pas.pre* — *pas.prt* — *pas.fut* gradiendus

guberno /pilot, steer a ship/ • **ind** *pre* guberno, gubernas, gubernat, gubernamus, gubernatis, gubernant *imp* gubernabam, gubernabas, gubernabat, gubernabamus, gubernabatis, gubernabant *prt* gubernavi, gubernavisti, gubernavit, gubernavimus, gubernavistis, gubernaverunt / gubernavere *fut* gubernabo, gubernabis, gubernabit, gubernabimus, gubernabitis, gubernabunt *plu* gubernaveram, gubernaveras, gubernaverat, gubernaveramus, gubernaveratis, gubernaverant *fpr* gubernavero, gubernaveris, gubernaverit, gubernaverimus, gubernaveritis, gubernaverint *pas.pre* gubernor, gubernaris / gubernare, gubernatur, gubernamur, gubernamini, gubernantur *pas.imp* gubernabar, gubernabaris / gubernabare, gubernabatur, gubernabamur, gubernabamini, gubernabantur *pas.fut* gubernabor, gubernaberis / gubernabere, gubernabitur, gubernabimur, gubernabimini, gubernabuntur • **sub** *pre* gubernem, gubernes, gubernet, gubernemus, gubernetis, gubernent *imp* gubernarem, gubernares, gubernaret, gubernaremus, gubernaretis, gubernarent *prt* gubernaverim, gubernaveris, gubernaverit, gubernaverimus, gubernaveritis, gubernaverint *plu* gubernavissem, gubernavisses, gubernavisset, gubernavissemus, gubernavissetis, gubernavissent *pas.pre* guberner, guberneris / gubernere, gubernetur, gubernemur, gubernemini, gubernentur *pas.imp* gubernarer, gubernareris / gubernarere, gubernaretur, gubernaremur, gubernaremini, gubernarentur • **imp** *pre* –, guberna, –, –, gubernate, – *fut* –, gubernato, gubernato, –, gubernatote, gubernanto *pas.pre* –, gubernare, –, –, gubernamini, – *pas.fut* –, gubernator, gubernator, –, –, gubernantor • **inf** *pre* gubernare *prt* gubernavisse *fut* gubernaturus esse *pas.pre* gubernari *pas.prt* gubernatus esse *pas.fut* gubernatum iri • **ger** gubernare / gubernandi / gubernando / gubernandum • **sup** gubernatum / gubernatu • **par** *pre* gubernans *prt* – *fut* gubernaturus *pas.pre* – *pas.prt* gubernatus *pas.fut* gubernandus

H

habeo /have/ • **ind** *pre* habeo, habes, habet, habemus, habetis, habent *imp* habebam, habebas, habebat, habebamus, habebatis, habebant *prt* habui, habuisti, habuit, habuimus, habuistis, habuerunt / habuere *fut* habebo, habebis, habebit, habebimus, habebitis, habebunt *plu* habueram, habueras, habuerat, habueramus, habueratis, habuerant *fpr* habuero, habueris, habuerit, habuerimus, habueritis, habuerint *pas.pre* habeor, haberis / habere, habetur, habemur, habemini, habentur *pas.imp* habebar, habebaris / habebare, habebatur, habebamur, habebamini, habebantur *pas.fut* habebor, habeberis / habebere, habebitur, habebimur, habebimini, habebuntur • **sub** *pre* habeam, habeas, habeat, habeamus, habeatis, habeant *imp* haberem, haberes, haberet, haberemus, haberetis, haberent *prt* habuerim, habueris, habuerit, habuerimus, habueritis, habuerint *plu* habuissem, habuisses, habuisset, habuissemus, habuissetis, habuissent *pas.pre* habear, habearis / habeare, habeatur, habeamur, habeamini, habeantur *pas.imp* haberer, habereris / haberere, haberetur, haberemur, haberemini, haberentur • **imp** *pre* –, habe, –, –, habete, – *fut* –, habeto, habeto, –, habetote, habento *pas.pre* –, habere, –, –, habemini, – *pas.fut* –, habetor, habetor, –, –, habentor • **inf** *pre* habere *prt* habuisse *fut* habiturus esse *pas.pre* haberi / haberier *pas.prt* habitus esse *pas.fut* habitum iri • **ger** habere / habendi / habendo / habendum • **sup** habitum / habitu • **par** *pre* habens *prt* – *fut* habiturus *pas.pre* – *pas.prt* habitus *pas.fut* habendus

haereo /stick, cling/ • **ind** *pre* haereo, haeres, haeret, haeremus, haeretis, haerent *imp* haerebam, haerebas, haerebat, haerebamus, haerebatis, haerebant *prt* haesi, haesisti, haesit, haesimus, haesistis, haeserunt / haesere *fut* haerebo, haerebis, haerebit, haerebimus, haerebitis, haerebunt *plu* haeseram, haeseras, haeserat, haeseramus, haeseratis, haeserant *fpr* haesero, haeseris, haeserit, haeserimus, haeseritis, haeserint *pas.pre* — *pas.imp* — *pas.fut* — • **sub** *pre* haeream, haereas, haereat, haereamus, haereatis, haereant *imp* haererem, haereres, haereret, haereremus, haereretis, haererent *prt* haeserim, haeseris, haeserit, haeserimus, haeseritis, haeserint *plu* haesissem, haesisses, haesisset, haesissemus, haesissetis, haesissent *pas.pre* — *pas.imp* — • **imp** *pre* –, haere, –, –, haerete, – *fut* –, haereto, haereto, –, haeretote, haerento *pas.pre* — *pas.fut* — • **inf** *pre* haerere *prt* haesisse *fut* haesurus esse *pas.pre* — *pas.prt* — *pas.fut* — • **ger** haerere / haerendi / haerendo / haerendum • **sup** haesum / haesu • **par** *pre* haerens *prt* – *fut* haesurus *pas.pre* — *pas.prt* — *pas.fut* —

haurio /draw/ • **ind** *pre* haurio, hauris, haurit, haurimus, hauritis, hauriunt *imp* hauriebam, hauriebas, hauriebat, hauriebamus, hauriebatis, hauriebant *prt* hausi, hausisti, hausit, hausimus, hausistis, hauserunt / hausere *fut* hauriam, hauries, hauriet, hauriemus, haurietis, haurient *plu* hauseram, hauseras, hauserat, hauseramus, hauseratis, hauserant *fpr* hausero, hauseris, hauserit, hauserimus, hauseritis, hauserint *pas.pre* haurior, hauriris / haurire, hauritur, haurimur, haurimini, hauriuntur *pas.imp* hauriebar, hauriebaris / hauriebare, hauriebatur, hauriebamur, hauriebamini, hauriebantur *pas.fut* hauriar, haurieris / hauriere, haurietur, hauriemur, hauriemini, haurientur • **sub** *pre* hauriam, haurias, hauriat, hauriamus, hauriatis, hauriant *imp* haurirem, haurires, hauriret, hauriremus, hauriretis, haurirent *prt* hauserim, hauseris, hauserit, hauserimus, hauseritis, hauserint *plu* hausissem, hausisses, hausisset, hausissemus, hausissetis, hausissent *pas.pre* hauriar, hauriaris / hauriare, hauriatur, hauriamur, hauriamini, hauriantur *pas.imp* haurirer, haurireris / haurirere, hauriretur, hauriremur, hauriremini, haurirentur • **imp** *pre* –, hauri, –, –, haurite, – *fut* –, haurito, haurito, –, hauritote, hauriunto *pas.pre* –, haurire, –, –, haurimini, – *pas.fut* –, hauritor, hauritor, –, –, hauriuntor • **inf** *pre* haurire *prt* hausisse *fut* hausturus esse *pas.pre* hauriri *pas.prt* haustus esse *pas.fut* haustum iri • **ger** haurire / hauriendi / hauriendo / hauriendum • **sup** haustum / haustu • **par** _pre_ hauriens _prt_ – _fut_ hausturus _pas.pre_ – _pas.prt_ haustus _pas.fut_ hauriendus

hiberno /winter/ • **ind** _pre_ hiberno, hibernas, hibernat, hibernamus, hibernatis, hibernant _imp_ hibernabam, hibernabas, hibernabat, hibernabamus, hibernabatis, hibernabant _prt_ hibernavi, hibernavisti, hibernavit, hibernavimus, hibernavistis, hibernaverunt / hibernavere _fut_ hibernabo, hibernabis, hibernabit, hibernabimus, hibernabitis, hibernabunt _plu_ hibernaveram, hibernaveras, hibernaverat, hibernaveramus, hibernaveratis, hibernaverant _fpr_ hibernavero, hibernaveris, hibernaverit, hibernaverimus, hibernaveritis, hibernaverint _pas.pre_ hibernor, hibernaris / hibernare, hibernatur, hibernamur, hibernamini, hibernantur _pas.imp_ hibernabar, hibernabaris / hibernabare, hibernabatur, hibernabamur, hibernabamini, hibernabantur _pas.fut_ hibernabor, hibernaberis / hibernabere, hibernabitur, hibernabimur, hibernabimini, hibernabuntur • **sub** _pre_ hibernem, hibernes, hibernet, hibernemus, hibernetis, hibernent _imp_ hibernarem, hibernares, hibernaret, hibernaremus, hibernaretis, hibernarent _prt_ hibernaverim, hibernaveris, hibernaverit, hibernaverimus, hibernaveritis, hibernaverint _plu_ hibernavissem, hibernavisses, hibernavisset, hibernavissemus, hibernavissetis, hibernavissent _pas.pre_ hiberner, hiberneris / hibernere, hibernetur, hibernemur, hibernemini, hibernentur _pas.imp_ hibernarer, hibernareris / hibernarere, hibernaretur, hibernaremur, hibernaremini, hibernarentur • **imp** _pre_ –, hiberna, –, –, hibernate, – _fut_ –, hibernato, hibernato, –, hibernatote, hibernanto _pas.pre_ –, hibernare, –, –, hibernamini, – _pas.fut_ –, hibernator, hibernator, –, –, hibernantor • **inf** _pre_ hibernare _prt_ hibernavisse _fut_ hibernaturus esse _pas.pre_ hibernari _pas.prt_ hibernatus esse _pas.fut_ hibernatum iri • **ger** hibernare / hibernandi / hibernando / hibernandum • **sup** hibernatum / hibernatu • **par** _pre_ hibernans _prt_ – _fut_ hibernaturus _pas.pre_ – _pas.prt_ hibernatus _pas.fut_ hibernandus

hiemo /winter/ • **ind** _pre_ hiemo, hiemas, hiemat, hiemamus, hiematis, hiemant _imp_ hiemabam, hiemabas, hiemabat, hiemabamus, hiemabatis, hiemabant _prt_ hiemavi, hiemavisti, hiemavit, hiemavimus, hiemavistis, hiemaverunt / hiemavere _fut_ hiemabo, hiemabis, hiemabit, hiemabimus, hiemabitis, hiemabunt _plu_ hiemaveram, hiemaveras, hiemaverat, hiemaveramus, hiemaveratis, hiemaverant _fpr_ hiemavero, hiemaveris, hiemaverit, hiemaverimus, hiemaveritis, hiemaverint _pas.pre_ hiemor, hiemaris / hiemare, hiematur, hiemamur, hiemamini, hiemantur _pas.imp_ hiemabar, hiemabaris / hiemabare, hiemabatur, hiemabamur, hiemabamini, hiemabantur _pas.fut_ hiemabor, hiemaberis / hiemabere, hiemabitur, hiemabimur, hiemabimini, hiemabuntur • **sub** _pre_ hiemem, hiemes, hiemet, hiememus, hiemetis, hiement *imp* hiemarem, hiemares, hiemaret, hiemaremus, hiemaretis, hiemarent *prt* hiemaverim, hiemaveris, hiemaverit, hiemaverimus, hiemaveritis, hiemaverint *plu* hiemavissem, hiemavisses, hiemavisset, hiemavissemus, hiemavissetis, hiemavissent *pas.pre* hiemer, hiemeris / hiemere, hiemetur, hiememur, hiememini, hiementur *pas.imp* hiemarer, hiemareris / hiemarere, hiemaretur, hiemaremur, hiemaremini, hiemarentur • **imp** *pre* –, hiema, –, –, hiemate, – *fut* –, hiemato, hiemato, –, hiematote, hiemanto *pas.pre* –, hiemare, –, –, hiemamini, – *pas.fut* –, hiemator, hiemator, –, –, hiemantor • **inf** *pre* hiemare *prt* hiemavisse *fut* hiematurus esse *pas.pre* hiemari *pas.prt* hiematus esse *pas.fut* hiematum iri • **ger** hiemare / hiemandi / hiemando / hiemandum • **sup** hiematum / hiematu • **par** *pre* hiemans *prt* – *fut* hiematurus *pas.pre* – *pas.prt* hiematus *pas.fut* hiemandus

hortor /encourage, exhort/ • **ind** *pre* hortor, hortaris / hortare, hortatur, hortamur, hortamini, hortantur *imp* hortabar, hortabaris / hortabare, hortabatur, hortabamur, hortabamini, hortabantur *prt* — *fut* hortabor, hortaberis / hortabere, hortabitur, hortabimur, hortabimini, hortabuntur *plu* — *fpr* — *pas.pre* — *pas.imp* — *pas.fut* — • **sub** *pre* horter, horteris / hortere, hortetur, hortemur, hortemini, hortentur *imp* hortarer, hortareris / hortarere, hortaretur, hortaremur, hortaremini, hortarentur *prt* — *plu* — *pas.pre* — *pas.imp* — • **imp** *pre* –, hortare, –, –, hortamini, – *fut* –, hortator, hortator, –, –, hortantor *pas.pre* — *pas.fut* — • **inf** *pre* hortari / hortarier *prt* hortatus esse *fut* hortaturus esse *pas.pre* – *pas.prt* – *pas.fut* – • **ger** hortari / hortarier / hortandi / hortando / hortandum • **sup** hortatum / hortatu • **par** *pre* hortans *prt* hortatus *fut* hortaturus *pas.pre* – *pas.prt* – *pas.fut* hortandus

I

iaceo /lie prostrate, lie down/ • **ind** *pre* iaceo, iaces, iacet, iacemus, iacetis, iacent *imp* iacebam, iacebas, iacebat, iacebamus, iacebatis, iacebant *prt* iacui, iacuisti, iacuit, iacuimus, iacuistis, iacuerunt / iacuere *fut* iacebo, iacebis, iacebit, iacebimus, iacebitis, iacebunt *plu* iacueram, iacueras, iacuerat, iacueramus, iacueratis, iacuerant *fpr* iacuero, iacueris, iacuerit, iacuerimus, iacueritis, iacuerint *pas.pre* — *pas.imp* — *pas.fut* — • **sub** *pre* iaceam, iaceas, iaceat, iaceamus, iaceatis, iaceant *imp* iacerem, iaceres, iaceret, iaceremus, iaceretis, iacerent *prt* iacuerim, iacueris, iacuerit, iacuerimus, iacueritis, iacuerint *plu* iacuissem, iacuisses, iacuisset,

iacio

iacuissemus, iacuissetis, iacuissent *pas.pre* — *pas.imp* — • **imp** *pre* –, iace, –, –, iacete, – *fut* –, iaceto, iaceto, –, iacetote, iacento *pas.pre* — *pas.fut* — • **inf** *pre* iacere *prt* iacuisse *fut* iaciturus esse *pas.pre* — *pas.prt* — *pas.fut* — • **ger** iacere / iacendi / iacendo / iacendum • **sup** iacitum / iacitu • **par** *pre* iacens *prt* – *fut* iaciturus *pas.pre* — *pas.prt* — *pas.fut* —

iacio /throw, hurl/ • **ind** *pre* iacio, iacis, iacit, iacimus, iacitis, iaciunt *imp* iaciebam, iaciebas, iaciebat, iaciebamus, iaciebatis, iaciebant *prt* ieci, iecisti, iecit, iecimus, iecistis, iecerunt / iecere *fut* iaciam, iacies, iaciet, iaciemus, iacietis, iacient *plu* ieceram, ieceras, iecerat, ieceramus, ieceratis, iecerant *fpr* iecero, ieceris, iecerit, iecerimus, ieceritis, iecerint *pas.pre* iacior, iaceris / iacere, iacitur, iacimur, iacimini, iaciuntur *pas.imp* iaciebar, iaciebaris / iaciebare, iaciebatur, iaciebamur, iaciebamini, iaciebantur *pas.fut* iaciar, iacieris / iaciere, iacietur, iaciemur, iaciemini, iacientur • **sub** *pre* iaciam, iacias, iaciat, iaciamus, iaciatis, iaciant *imp* iacerem, iaceres, iaceret, iaceremus, iaceretis, iacerent *prt* iecerim, ieceris, iecerit, iecerimus, ieceritis, iecerint *plu* iecissem, iecisses, iecisset, iecissemus, iecissetis, iecissent *pas.pre* iaciar, iaciaris / iaciare, iaciatur, iaciamur, iaciamini, iaciantur *pas.imp* iacerer, iacereris / iacerere, iaceretur, iaceremur, iaceremini, iacerentur • **imp** *pre* –, iace, –, –, iacite, – *fut* –, iacito, iacito, –, iacitote, iaciunto *pas.pre* —, iacere, –, –, iacimini, – *pas.fut* –, iacitor, iacitor, –, –, iaciuntor • **inf** *pre* iacere *prt* iecisse *fut* iacturus esse *pas.pre* iaci *pas.prt* iactus esse *pas.fut* iactum iri • **ger** iacere / iaciendi / iaciendo / iaciendum • **sup** iactum / iactu • **par** *pre* iaciens *prt* – *fut* iacturus *pas.pre* – *pas.prt* iactus *pas.fut* iaciendus

impleo /fill up, fill full/ • **ind** *pre* impleo, imples, implet, implemus, impletis, implent *imp* implebam, implebas, implebat, implebamus, implebatis, implebant *prt* implevi, implevisti / implesti, implevit, implevimus, implevistis / implestis, impleverunt / implevere *fut* implebo, implebis, implebit, implebimus, implebitis, implebunt *plu* impleveram, impleveras, impleverat, impleveramus, impleveratis, impleverant *fpr* implevero, impleveris, impleverit, impleverimus, impleveritis, impleverint *pas.pre* impleor, impleris / implere, impletur, implemur, implemini, implentur *pas.imp* implebar, implebaris / implebare, implebatur, implebamur, implebamini, implebantur *pas.fut* implebor, impleberis / implebere, implebitur, implebimur, implebimini, implebuntur • **sub** *pre* impleam, impleas, impleat, impleamus, impleatis, impleant *imp* implerem, impleres, impleret, impleremus, impleretis, implerent *prt* impleverim, impleveris, impleverit, impleverimus, impleveritis, impleverint *plu* implevissem / implessem, implevisses / implesses, implevisset / implesset, implevissemus / implessemus, implevissetis / implessetis, implevissent / implessent *pas.pre* implear, implearis / impleare, impleatur, impleamur, impleamini, impleantur *pas.imp* implerer, implereris / implerere, impleretur, impleremur, impleremini, implerentur • **imp** *pre* –, imple, –, –, implete, – *fut* –, impleto, impleto, –, impletote, implento *pas.pre* –, implere, –, –, implemini, – *pas.fut* –, impletor, impletor, –, –, implentor • **inf** *pre* implere *prt* implevisse / implesse *fut* impleturus esse *pas.pre* impleri *pas.prt* impletus esse *pas.fut* impletum iri • **ger** implere / implendi / implendo / implendum • **sup** impletum / impletu • **par** *pre* implens *prt* – *fut* impleturus *pas.pre* – *pas.prt* impletus *pas.fut* implendus

impono /place on, upon, set upon/ • **ind** *pre* impono, imponis, imponit, imponimus, imponitis, imponunt *imp* imponebam, imponebas, imponebat, imponebamus, imponebatis, imponebant *prt* imposui, imposuisti, imposuit, imposuimus, imposuistis, imposuerunt / imposuere *fut* imponam, impones, imponet, imponemus, imponetis, imponent *plu* imposueram, imposueras, imposuerat, imposueramus, imposueratis, imposuerant *fpr* imposuero, imposueris, imposuerit, imposuerimus, imposueritis, imposuerint *pas.pre* imponor, imponeris / imponere, imponitur, imponimur, imponimini, imponuntur *pas.imp* imponebar, imponebaris / imponebare, imponebatur, imponebamur, imponebamini, imponebantur *pas.fut* imponar, imponeris / imponere, imponetur, imponemur, imponemini, imponentur • **sub** *pre* imponam, imponas, imponat, imponamus, imponatis, imponant *imp* imponerem, imponeres, imponeret, imponeremus, imponeretis, imponerent *prt* imposuerim, imposueris, imposuerit, imposuerimus, imposueritis, imposuerint *plu* imposuissem, imposuisses, imposuisset, imposuissemus, imposuissetis, imposuissent *pas.pre* imponar, imponaris / imponare, imponatur, imponamur, imponamini, imponantur *pas.imp* imponerer, imponereris / imponerere, imponeretur, imponeremur, imponeremini, imponerentur • **imp** *pre* –, impone, –, –, imponite, – *fut* –, imponito, imponito, –, imponitote, imponunto *pas.pre* –, imponere, –, –, imponimini, – *pas.fut* –, imponitor, imponitor, –, –, imponuntor • **inf** *pre* imponere *prt* imposuisse *fut* impositurus esse *pas.pre* imponi *pas.prt* impositus esse *pas.fut* impositum iri • **ger** imponere / imponendi / imponendo / imponendum • **sup** impositum / impositu • **par** *pre* imponens *prt* – *fut* impositurus *pas.pre* – *pas.prt* impositus *pas.fut* imponendus

incendo /set on fire, burn/ • **ind** *pre* incendo, incendis, incendit, incendimus, incenditis, incendunt *imp* incendebam, incendebas, incendebat, incendebamus, incendebatis, incendebant *prt* incendi, incendisti, incendit, incendimus, incendistis, incenderunt / incendere *fut* incendam, incendes, incendet, incendemus, incendetis, incendent *plu* incenderam, incenderas, incenderat, incenderamus, incenderatis, incenderant *fpr* incendero, incenderis, incenderit, incenderimus, incenderitis, incenderint *pas.pre* incendor, incenderis / incendere, incenditur, incendimur, incendimini, incenduntur *pas.imp* incendebar, incendebaris / incendebare, incendebatur, incendebamur, incendebamini, incendebantur *pas.fut* incendar, incenderis / incendere, incendetur, incendemur, incendemini, incendentur • **sub** *pre* incendam, incendas, incendat, incendamus, incendatis, incendant *imp* incenderem, incenderes, incenderet, incenderemus, incenderetis, incenderent *prt* incenderim, incenderis, incenderit, incenderimus, incenderitis, incenderint *plu* incendissem, incendisses, incendisset, incendissemus, incendissetis, incendissent *pas.pre* incendar, incendaris / incendare, incendatur, incendamur, incendamini, incendantur *pas.imp* incenderer, incendereris / incenderere, incenderetur, incenderemur, incenderemini, incenderentur • **imp** *pre* –, incende, –, –, incendite, – *fut* –, incendito, incendito, –, incenditote, incendunto *pas.pre* –, incendere, –, –, incendimini, – *pas.fut* –, incenditor, incenditor, –, –, incenduntor • **inf** *pre* incendere *prt* incendisse *fut* incensurus esse *pas.pre* incendi *pas.prt* incensus esse *pas.fut* incensum iri • **ger** incendere / incendendi / incendendo / incendendum • **sup** incensum / incensu • **par** *pre* incendens *prt* – *fut* incensurus *pas.pre* – *pas.prt* incensus *pas.fut* incendendus

incipio /begin/ • **ind** *pre* incipio, incipis, incipit, incipimus, incipitis, incipiunt *imp* incipiebam, incipiebas, incipiebat, incipiebamus, incipiebatis, incipiebant *prt* incepi, incepisti, incepit, incepimus, incepistis, inceperunt / incepere *fut* incipiam, incipies, incipiet, incipiemus, incipietis, incipient *plu* inceperam, inceperas, inceperat, inceperamus, inceperatis, inceperant *fpr* incepero, inceperis, inceperit, inceperimus, inceperitis, inceperint *pas.pre* incipior, inciperis / incipere, incipitur, incipimur, incipimini, incipiuntur *pas.imp* incipiebar, incipiebaris / incipiebare, incipiebatur, incipiebamur, incipiebamini, incipiebantur *pas.fut* incipiar, incipieris / incipiere, incipietur, incipiemur, incipiemini, incipientur • **sub** *pre* incipiam, incipias, incipiat, incipiamus, incipiatis, incipiant *imp* inciperem, inciperes, inciperet, inciperemus, inciperetis, inciperent *prt* inceperim, inceperis, inceperit, inceperimus, inceperitis, inceperint *plu* incepissem, incepisses, incepisset, incepissemus, incepissetis, incepissent *pas.pre* incipiar, incipiaris / incipiare, incipiatur, incipiamur, incipiamini, incipiantur *pas.imp* inciperer, incipereris / inciperere, inciperetur, inciperemur, inciperemini, inciperentur • **imp** *pre* –, incipe, –, –, incipite, – *fut* –, incipito, incipito, –, incipitote, incipiunto *pas.pre* –, incipere, –, –, incipimini, – *pas.fut* –, incipitor, incipitor, –, –, incipiuntor • **inf** *pre* incipere *prt* incepisse *fut* incepturus esse *pas.pre* incipi *pas.prt* inceptus esse *pas.fut* inceptum iri • **ger** incipere / incipiendi / incipiendo / incipiendum • **sup** inceptum / inceptu • **par** *pre* incipiens *prt* – *fut* incepturus *pas.pre* – *pas.prt* inceptus *pas.fut* incipiendus

incoho /begin/ • **ind** *pre* incoho, incohas, incohat, incohamus, incohatis, incohant *imp* incohabam, incohabas, incohabat, incohabamus, incohabatis, incohabant *prt* incohavi, incohavisti, incohavit, incohavimus, incohavistis, incohaverunt / incohavere *fut* incohabo, incohabis, incohabit, incohabimus, incohabitis, incohabunt *plu* incohaveram, incohaveras, incohaverat, incohaveramus, incohaveratis, incohaverant *fpr* incohavero, incohaveris, incohaverit, incohaverimus, incohaveritis, incohaverint *pas.pre* incohor, incoharis / incohare, incohatur, incohamur, incohamini, incohantur *pas.imp* incohabar, incohabaris / incohabare, incohabatur, incohabamur, incohabamini, incohabantur *pas.fut* incohabor, incohaberis / incohabere, incohabitur, incohabimur, incohabimini, incohabuntur • **sub** *pre* incohem, incohes, incohet, incohemus, incohetis, incohent *imp* incoharem, incohares, incoharet, incoharemus, incoharetis, incoharent *prt* incohaverim, incohaveris, incohaverit, incohaverimus, incohaveritis, incohaverint *plu* incohavissem, incohavisses, incohavisset, incohavissemus, incohavissetis, incohavissent *pas.pre* incoher, incoheris / incohere, incohetur, incohemur, incohemini, incohentur *pas.imp* incoharer, incohareris / incoharere, incoharetur, incoharemur, incoharemini, incoharentur • **imp** *pre* –, incoha, –, –, incohate, – *fut* –, incohato, incohato, –, incohatote, incohanto *pas.pre* –, incohare, –, –, incohamini, – *pas.fut* –, incohator, incohator, –, –, incohantor • **inf** *pre* incohare *prt* incohavisse *fut* incohaturus esse *pas.pre* incohari *pas.prt* incohatus esse *pas.fut* incohatum iri • **ger** incohare / incohandi / incohando / incohandum • **sup** incohatum / incohatu • **par** *pre* incohans *prt* – *fut* incohaturus *pas.pre* – *pas.prt* incohatus *pas.fut* incohandus

indulgeo /be kind, courteous, be inclined/ • **ind** *pre* indulgeo, indulges, indulget, indulgemus, indulgetis, indulgent *imp* indulgebam, indulgebas, indulgebat, indulgebamus, indulgebatis, indulgebant *prt* indulsi, indulsisti, indulsit, indulsimus, indulsistis, indulserunt / indulsere *fut* indulgebo, indulgebis, indulgebit, indulgebimus, indulgebitis, indulgebunt *plu* indulseram, indulseras, indulserat, indulseramus, indulseratis, indulserant *fpr* indulsero, indulseris, indulserit, indulserimus, indulseritis, indulserint *pas.pre* indulgeor, indulgeris / indulgere, indulgetur, indulgemur, indulgemini, indulgentur *pas.imp* indulgebar, indulgebaris / indulgebare, indulgebatur, indulgebamur, indulgebamini, indulgebantur *pas.fut* indulgebor, indulgeberis / indulgebere, indulgebitur, indulgebimur, indulgebimini,

induo

indulgebuntur • **sub** _pre_ indulgeam, indulgeas, indulgeat, indulgeamus, indulgeatis, indulgeant _imp_ indulgerem, indulgeres, indulgeret, indulgeremus, indulgeretis, indulgerent _prt_ indulserim, indulseris, indulserit, indulserimus, indulseritis, indulserint _plu_ indulsissem, indulsisses, indulsisset, indulsissemus, indulsissetis, indulsissent _pas.pre_ indulgear, indulgearis / indulgeare, indulgeatur, indulgeamur, indulgeamini, indulgeantur _pas.imp_ indulgerer, indulgereris / indulgerere, indulgeretur, indulgeremur, indulgeremini, indulgerentur • **imp** _pre_ –, indulge, –, –, indulgete, – _fut_ –, indulgeto, indulgeto, –, indulgetote, indulgento _pas.pre_ –, indulgere, –, –, indulgemini, – _pas.fut_ –, indulgetor, indulgetor, –, –, indulgentor • **inf** _pre_ indulgere _prt_ indulsisse _fut_ indulturus esse _pas.pre_ indulgeri _pas.prt_ indultus esse _pas.fut_ indultum iri • **ger** indulgere / indulgendi / indulgendo / indulgendum • **sup** indultum / indultu • **par** _pre_ indulgens _prt_ – _fut_ indulturus _pas.pre_ – _pas.prt_ indultus _pas.fut_ indulgendus

induo /put on/ • **ind** _pre_ induo, induis, induit, induimus, induitis, induunt _imp_ induebam, induebas, induebat, induebamus, induebatis, induebant _prt_ indui, induisti, induit, induimus, induistis, induerunt / induere _fut_ induam, indues, induet, induemus, induetis, induent _plu_ indueram, indueras, induerat, indueramus, indueratis, induerant _fpr_ induero, indueris, induerit, induerimus, indueritis, induerint _pas.pre_ induor, indueris / induere, induitur, induimur, induimini, induuntur _pas.imp_ induebar, induebaris / induebare, induebatur, induebamur, induebamini, induebantur _pas.fut_ induar, indueris / induere, induetur, induemur, induemini, induentur • **sub** _pre_ induam, induas, induat, induamus, induatis, induant _imp_ induerem, indueres, indueret, indueremus, indueretis, induerent _prt_ induerim, indueris, induerit, induerimus, indueritis, induerint _plu_ induissem, induisses, induisset, induissemus, induissetis, induissent _pas.pre_ induar, induaris / induare, induatur, induamur, induamini, induantur _pas.imp_ induerer, induereris / induerere, indueretur, indueremur, indueremini, induerentur • **imp** _pre_ –, indue, –, –, induite, – _fut_ –, induito, induito, –, induitote, induunto _pas.pre_ –, induere, –, –, induimini, – _pas.fut_ –, induitor, induitor, –, –, induuntor • **inf** _pre_ induere _prt_ induisse _fut_ induturus esse _pas.pre_ indui _pas.prt_ indutus esse _pas.fut_ indutum iri • **ger** induere / induendi / induendo / induendum • **sup** indutum / indutu • **par** _pre_ induens _prt_ – _fut_ induturus _pas.pre_ – _pas.prt_ indutus _pas.fut_ induendus

infero /carry, bring/ • **ind** _pre_ infero, infers, infert, inferimus, infertis, inferunt _imp_ inferebam, inferebas, inferebat, inferebamus, inferebatis, inferebant _prt_ intuli, intulisti, intulit, intulimus, intulistis, intulerunt / intulere _fut_ inferam, inferes, inferet, inferemus, inferetis, inferent _plu_ intuleram, intuleras, intulerat, intuleramus, intuleratis, intulerant *fpr* intulero, intuleris, intulerit, intulerimus, intuleritis, intulerint *pas.pre* inferor, inferris / inferre, infertur, inferimur, inferimini, inferuntur *pas.imp* inferebar, inferebaris / inferebare, inferebatur, inferebamur, inferebamini, inferebantur *pas.fut* inferar, infereris / inferere, inferetur, inferemur, inferemini, inferentur • **sub** *pre* inferam, inferas, inferat, inferamus, inferatis, inferant *imp* inferrem, inferres, inferret, inferremus, inferretis, inferrent *prt* intulerim, intuleris, intulerit, intulerimus, intuleritis, intulerint *plu* intulissem, intulisses, intulisset, intulissemus, intulissetis, intulissent *pas.pre* inferar, inferaris / inferare, inferatur, inferamur, inferamini, inferantur *pas.imp* inferrer, inferreris / inferrere, inferretur, inferremur, inferremini, inferrentur • **imp** *pre* –, infer, –, –, inferte, – *fut* –, inferto, inferto, –, infertote, inferunto *pas.pre* –, inferre, –, –, inferimini, – *pas.fut* –, infertor, infertor, –, –, inferuntor • **inf** *pre* inferre *prt* intulisse *fut* illaturus esse *pas.pre* inferri *pas.prt* illatus esse *pas.fut* illatum iri • **ger** inferre / inferendi / inferendo / inferendum • **sup** illatum / illatu • **par** *pre* inferens *prt* – *fut* illaturus *pas.pre* – *pas.prt* illatus *pas.fut* inferendus

infodio /dig in, up, bury in the earth/ • **ind** *pre* infodio, infodis, infodit, infodimus, infoditis, infodiunt *imp* infodiebam, infodiebas, infodiebat, infodiebamus, infodiebatis, infodiebant *prt* infodi, infodisti, infodit, infodimus, infodistis, infoderunt / infodere *fut* infodiam, infodies, infodiet, infodiemus, infodietis, infodient *plu* infoderam, infoderas, infoderat, infoderamus, infoderatis, infoderant *fpr* infodero, infoderis, infoderit, infoderimus, infoderitis, infoderint *pas.pre* infodior, infoderis / infodere, infoditur, infodimur, infodimini, infodiuntur *pas.imp* infodiebar, infodiebaris / infodiebare, infodiebatur, infodiebamur, infodiebamini, infodiebantur *pas.fut* infodiar, infodieris / infodiere, infodietur, infodiemur, infodiemini, infodientur • **sub** *pre* infodiam, infodias, infodiat, infodiamus, infodiatis, infodiant *imp* infoderem, infoderes, infoderet, infoderemus, infoderetis, infoderent *prt* infoderim, infoderis, infoderit, infoderimus, infoderitis, infoderint *plu* infodissem, infodisses, infodisset, infodissemus, infodissetis, infodissent *pas.pre* infodiar, infodiaris / infodiare, infodiatur, infodiamur, infodiamini, infodiantur *pas.imp* infoderer, infodereris / infoderere, infoderetur, infoderemur, infoderemini, infoderentur • **imp** *pre* –, infode, –, –, infodite, – *fut* –, infodito, infodito, –, infoditote, infodiunto *pas.pre* –, infodere, –, –, infodimini, – *pas.fut* –, infoditor, infoditor, –, –, infodiuntor • **inf** *pre* infodere *prt* infodisse *fut* infossurus esse *pas.pre* infodi *pas.prt* infossus esse *pas.fut* infossum iri • **ger** infodere / infodiendi / infodiendo / infodiendum • **sup** infossum / infossu • **par** *pre* infodiens *prt* – *fut* infossurus *pas.pre* – *pas.prt* infossus *pas.fut* infodiendus

ingredior

ingredior /go inor onto/ • **ind** _pre_ ingredior, ingrederis / ingredere, ingreditur, ingredimur, ingredimini, ingrediuntur _imp_ ingrediebar, ingrediebaris / ingrediebare, ingrediebatur, ingrediebamur, ingrediebamini, ingrediebantur _prt_ — _fut_ ingrediar, ingredieris / ingrediere, ingredietur, ingrediemur, ingrediemini, ingredientur _plu_ — _fpr_ — _pas.pre_ — _pas.imp_ — _pas.fut_ — • **sub** _pre_ ingrediar, ingrediaris / ingrediare, ingrediatur, ingrediamur, ingrediamini, ingrediantur _imp_ ingrederer, ingredereris / ingrederere, ingrederetur, ingrederemur, ingrederemini, ingrederentur _prt_ — _plu_ — _pas.pre_ — _pas.imp_ — • **imp** _pre_ –, ingredere, –, –, ingredimini, – _fut_ –, ingreditor, ingreditor, –, –, ingrediuntor _pas.pre_ — _pas.fut_ — • **inf** _pre_ ingredi _prt_ ingressus esse _fut_ ingressurus esse _pas.pre_ – _pas.prt_ – _pas.fut_ – • **ger** ingredi / ingrediendi / ingrediendo / ingrediendum • **sup** ingressum / ingressu • **par** _pre_ ingrediens _prt_ ingressus _fut_ ingressurus _pas.pre_ – _pas.prt_ – _pas.fut_ ingrediendus

insector /pursue, taunt/ • **ind** _pre_ insector, insectaris / insectare, insectatur, insectamur, insectamini, insectantur _imp_ insectabar, insectabaris / insectabare, insectabatur, insectabamur, insectabamini, insectabantur _prt_ — _fut_ insectabor, insectaberis / insectabere, insectabitur, insectabimur, insectabimini, insectabuntur _plu_ — _fpr_ — _pas.pre_ — _pas.imp_ — _pas.fut_ — • **sub** _pre_ insecter, insecteris / insectere, insectetur, insectemur, insectemini, insectentur _imp_ insectarer, insectareris / insectarere, insectaretur, insectaremur, insectaremini, insectarentur _prt_ — _plu_ — _pas.pre_ — _pas.imp_ — • **imp** _pre_ –, insectare, –, –, insectamini, – _fut_ –, insectator, insectator, –, –, insectantor _pas.pre_ — _pas.fut_ — • **inf** _pre_ insectari _prt_ insectatus esse _fut_ insectaturus esse _pas.pre_ – _pas.prt_ – _pas.fut_ – • **ger** insectari / insectandi / insectando / insectandum • **sup** insectatum / insectatu • **par** _pre_ insectans _prt_ insectatus _fut_ insectaturus _pas.pre_ – _pas.prt_ – _pas.fut_ insectandus

instituo /set up, establish/ • **ind** _pre_ instituo, instituis, instituit, instituimus, instituitis, instituunt _imp_ instituebam, instituebas, instituebat, instituebamus, instituebatis, instituebant _prt_ institui, instituisti, instituit, instituimus, instituistis, instituerunt / instituere _fut_ instituam, institues, instituet, instituemus, instituetis, instituent _plu_ institueram, institueras, instituerat, institueramus, institueratis, instituerant _fpr_ instituero, institueris, instituerit, instituerimus, institueritis, instituerint _pas.pre_ instituor, institueris / instituere, instituitur, instituimur, instituimini, instituuntur _pas.imp_ instituebar, instituebaris / instituebare, instituebatur, instituebamur, instituebamini, instituebantur _pas.fut_ instituar, institueris / instituere, instituetur, instituemur, instituemini, instituentur • **sub** _pre_ instituam, instituas, instituat, instituamus, instituatis, instituant _imp_ insti-

108

tuerem, institueres, institueret, institueremus, institueretis, instituerent _prt_ instituerim, institueris, instituerit, instituerimus, institueritis, instituerint _plu_ instituissem, instituisses, instituisset, instituissemus, instituissetis, instituissent _pas.pre_ instituar, instituaris / instituare, instituatur, instituamur, instituamini, instituantur _pas.imp_ instituerer, instituereris / instituerere, institueretur, institueremur, institueremini, instituerentur • **imp** _pre_ –, institue, –, –, instituite, – _fut_ –, instituito, instituito, –, instituitote, instituunto _pas.pre_ –, instituere, –, –, instituimini, – _pas.fut_ –, instituitor, instituitor, –, –, instituuntor • **inf** _pre_ instituere _prt_ instituisse _fut_ instituturus esse _pas.pre_ institui _pas.prt_ institutus esse _pas.fut_ institutum iri • **ger** instituere / instituendi / instituendo / instituendum • **sup** institutum / institutu • **par** _pre_ instituens _prt_ – _fut_ instituturus _pas.pre_ – _pas.prt_ institutus _pas.fut_ instituendus

insum /be in, be on/ • **ind** _pre_ insum, ines, inest, insumus, inestis, insunt _imp_ ineram, ineras, inerat, ineramus, ineratis, inerant _prt_ infui, infuisti, infuit, infuimus, infuistis, infuerunt / infuere _fut_ inero, ineris / inere, inerit, inerimus, ineritis, inerunt _plu_ infueram, infueras, infuerat, infueramus, infueratis, infuerant _fpr_ infuero, infueris, infuerit, infuerimus, infueritis, infuerint _pas.pre_ — _pas.imp_ — _pas.fut_ — • **sub** _pre_ insim, insis, insit, insimus, insitis, insint _imp_ inessem / inforem, inesses / infores, inesset / inforet, inessemus / inforemus, inessetis / inforetis, inessent / inforent _prt_ infuerim, infueris, infuerit, infuerimus, infueritis, infuerint _plu_ infuissem, infuisses, infuisset, infuissemus, infuissetis, infuissent _pas.pre_ — _pas.imp_ — • **imp** _pre_ –, ines, –, –, ineste, – _fut_ –, inesto, inesto, –, inestote, insunto _pas.pre_ — _pas.fut_ — • **inf** _pre_ inesse _prt_ infuisse _fut_ infuturus esse / infore _pas.pre_ — _pas.prt_ — _pas.fut_ — • **ger** - / – / – / – • **sup** - / - • **par** _pre_ – _prt_ – _fut_ infuturus _pas.pre_ — _pas.prt_ — _pas.fut_ —

intellego /understand, comprehend/ • **ind** _pre_ intellego, intellegis, intellegit, intellegimus, intellegitis, intellegunt _imp_ intellegebam, intellegebas, intellegebat, intellegebamus, intellegebatis, intellegebant _prt_ intellexi, intellexisti, intellexit, intelleximus, intellexistis, intellexerunt / intellexere _fut_ intellegam, intelleges, intelleget, intellegemus, intellegetis, intellegent _plu_ intellexeram, intellexeras, intellexerat, intellexeramus, intellexeratis, intellexerant _fpr_ intellexero, intellexeris, intellexerit, intellexerimus, intellexeritis, intellexerint _pas.pre_ intellegor, intellegeris / intellegere, intellegitur, intellegimur, intellegimini, intelleguntur _pas.imp_ intellegebar, intellegebaris / intellegebare, intellegebatur, intellegebamur, intellegebamini, intellegebantur _pas.fut_ intellegar, intellegeris / intellegere, intellegetur, intellegemur, intellegemini, intellegentur • **sub** _pre_ intellegam, in-

intendo

tellegas, intellegat, intellegamus, intellegatis, intellegant *imp* intellegerem, intellegeres, intellegeret, intellegeremus, intellegeretis, intellegerent *prt* intellexerim, intellexeris, intellexerit, intellexerimus, intellexeritis, intellexerint *plu* intellexissem, intellexisses, intellexisset, intellexissemus, intellexissetis, intellexissent *pas.pre* intellegar, intellegaris / intellegare, intellegatur, intellegamur, intellegamini, intellegantur *pas.imp* intellegerer, intellegereris / intellegerere, intellegeretur, intellegeremur, intellegeremini, intellegerentur • **imp** *pre* –, intellege, –, –, intellegite, – *fut* –, intellegito, intellegito, –, intellegitote, intellegunto *pas.pre* –, intellegere, –, –, intellegimini, – *pas.fut* –, intellegitor, intellegitor, –, –, intelleguntor • **inf** *pre* intellegere *prt* intellexisse *fut* intellecturus esse *pas.pre* intellegi *pas.prt* intellectus esse *pas.fut* intellectum iri • **ger** intellegere / intellegendi / intellegendo / intellegendum • **sup** intellectum / intellectu • **par** *pre* intellegens *prt* – *fut* intellecturus *pas.pre* – *pas.prt* intellectus *pas.fut* intellegendus

intendo /stretch out, stretch/ • **ind** *pre* intendo, intendis, intendit, intendimus, intenditis, intendunt *imp* intendebam, intendebas, intendebat, intendebamus, intendebatis, intendebant *prt* intendi, intendisti, intendit, intendimus, intendistis, intenderunt / intendere *fut* intendam, intendes, intendet, intendemus, intendetis, intendent *plu* intenderam, intenderas, intenderat, intenderamus, intenderatis, intenderant *fpr* intendero, intenderis, intenderit, intenderimus, intenderitis, intenderint *pas.pre* intendor, intenderis / intendere, intenditur, intendimur, intendimini, intenduntur *pas.imp* intendebar, intendebaris / intendebare, intendebatur, intendebamur, intendebamini, intendebantur *pas.fut* intendar, intenderis / intendere, intendetur, intendemur, intendemini, intendentur • **sub** *pre* intendam, intendas, intendat, intendamus, intendatis, intendant *imp* intenderem, intenderes, intenderet, intenderemus, intenderetis, intenderent *prt* intenderim, intenderis, intenderit, intenderimus, intenderitis, intenderint *plu* intendissem, intendisses, intendisset, intendissemus, intendissetis, intendissent *pas.pre* intendar, intendaris / intendare, intendatur, intendamur, intendamini, intendantur *pas.imp* intenderer, intendereris / intenderere, intenderetur, intenderemur, intenderemini, intenderentur • **imp** *pre* –, intende, –, –, intendite, – *fut* –, intendito, intendito, –, intenditote, intendunto *pas.pre* –, intendere, –, –, intendimini, – *pas.fut* –, intenditor, intenditor, –, –, intenduntor • **inf** *pre* intendere *prt* intendisse *fut* intenturus esse *pas.pre* intendi *pas.prt* intentus esse *pas.fut* intentum iri • **ger** intendere / intendendi / intendendo / intendendum • **sup** intentum / intentu • **par** *pre* intendens *prt* – *fut* intenturus *pas.pre* – *pas.prt* intentus *pas.fut* intendendus

interficio /kill/ • **ind** _pre_ interficio, interficis, interficit, interficimus, interficitis, interficiunt _imp_ interficiebam, interficiebas, interficiebat, interficiebamus, interficiebatis, interficiebant _prt_ interfeci, interfecisti, interfecit, interfecimus, interfecistis, interfecerunt / interfecere _fut_ interficiam, interficies, interficiet, interficiemus, interficietis, interficient _plu_ interfeceram, interfeceras, interfecerat, interfeceramus, interfeceratis, interfecerant _fpr_ interfecero, interfeceris, interfecerit, interfecerimus, interfeceritis, interfecerint _pas.pre_ interficior, interficeris / interficere, interficitur, interficimur, interficimini, interficiuntur _pas.imp_ interficiebar, interficiebaris / interficiebare, interficiebatur, interficiebamur, interficiebamini, interficiebantur _pas.fut_ interficiar, interficieris / interficiere, interficietur, interficiemur, interficiemini, interficientur • **sub** _pre_ interficiam, interficias, interficiat, interficiamus, interficiatis, interficiant _imp_ interficerem, interficeres, interficeret, interficeremus, interficeretis, interficerent _prt_ interfecerim, interfeceris, interfecerit, interfecerimus, interfeceritis, interfecerint _plu_ interfecissem, interfecisses, interfecisset, interfecissemus, interfecissetis, interfecissent _pas.pre_ interficiar, interficiaris / interficiare, interficiatur, interficiamur, interficiamini, interficiantur _pas.imp_ interficerer, interficereris / interficerere, interficeretur, interficeremur, interficeremini, interficerentur • **imp** _pre_ –, interfice, –, –, interficite, – _fut_ –, interficito, interficito, –, interficitote, interficiunto _pas.pre_ –, interficere, –, –, interficimini, – _pas.fut_ –, interficitor, interficitor, –, –, interficiuntor • **inf** _pre_ interficere _prt_ interfecisse _fut_ interfecturus esse _pas.pre_ interfici _pas.prt_ interfectus esse _pas.fut_ interfectum iri • **ger** interficere / interficiendi / interficiendo / interficiendum • **sup** interfectum / interfectu • **par** _pre_ interficiens _prt_ – _fut_ interfecturus _pas.pre_ – _pas.prt_ interfectus _pas.fut_ interficiendus

intersum /be, lie between, be apart/ • **ind** _pre_ intersum, interes, interest, intersumus, interestis, intersunt _imp_ intereram, intereras, intererat, intereramus, intereratis, intererant _prt_ interfui, interfuisti, interfuit, interfuimus, interfuistis, interfuerunt / interfuere _fut_ interero, intereris / interere, intererit, intererimus, interereritis, intererunt _plu_ interfueram, interfueras, interfuerat, interfueramus, interfueratis, interfuerant _fpr_ interfuero, interfueris, interfuerit, interfuerimus, interfueritis, interfuerint _pas.pre_ — _pas.imp_ — _pas.fut_ — • **sub** _pre_ intersim, intersis, intersit, intersimus, intersitis, intersint _imp_ interessem / interforem, interesses / interfores, interesset / interforet, interessemus / interforemus, interessetis / interforetis, interessent / interforent _prt_ interfuerim, interfueris, interfuerit, interfuerimus, interfueritis, interfuerint _plu_ interfuissem, interfuisses, interfuisset, interfuissemus, interfuissetis, interfuissent _pas.pre_ — _pas.imp_ — • **imp** _pre_ –, interes, –, –, intereste, – _fut_ –, interesto,

irascor

interesto, –, interestote, intersunto *pas.pre* — *pas.fut* — • **inf** *pre* interesse *prt* interfuisse *fut* interfuturus esse / interfore *pas.pre* — *pas.prt* — *pas.fut* — • **ger** - / – / – / – • **sup** - / – • **par** *pre* – *prt* – *fut* interfuturus *pas.pre* — *pas.prt* — *pas.fut* —

irascor /be angry, be enraged/ • **ind** *pre* irascor, irasceris / irascere, irascitur, irascimur, irascimini, irascuntur *imp* irascebar, irascebaris / irascebare, irascebatur, irascebamur, irascebamini, irascebantur *prt* — *fut* irascar, irasceris / irascere, irascetur, irascemur, irascemini, irascentur *plu* — *fpr* — *pas.pre* — *pas.imp* — *pas.fut* — • **sub** *pre* irascar, irascaris / irascare, irascatur, irascamur, irascamini, irascantur *imp* irascerer, irascereris / irascerere, irasceretur, irasceremur, irasceremini, irascerentur *prt* — *plu* — *pas.pre* — *pas.imp* — • **imp** *pre* –, irascere, –, –, irascimini, – *fut* –, irascitor, irascitor, –, –, irascuntor *pas.pre* — *pas.fut* — • **inf** *pre* irasci *prt* iratus esse *fut* iraturus esse *pas.pre* – *pas.prt* – *pas.fut* – • **ger** irasci / irascendi / irascendo / irascendum • **sup** iratum / iratu • **par** *pre* irascens *prt* iratus *fut* iraturus *pas.pre* – *pas.prt* – *pas.fut* irascendus

iubeo /command, order/ • **ind** *pre* iubeo, iubes, iubet, iubemus, iubetis, iubent *imp* iubebam, iubebas, iubebat, iubebamus, iubebatis, iubebant *prt* iussi, iussisti, iussit, iussimus, iussistis, iusserunt / iussere *fut* iubebo, iubebis, iubebit, iubebimus, iubebitis, iubebunt *plu* iusseram, iusseras, iusserat, iusseramus, iusseratis, iusserant *fpr* iussero, iusseris, iusserit, iusserimus, iusseritis, iusserint *pas.pre* iubeor, iuberis / iubere, iubetur, iubemur, iubemini, iubentur *pas.imp* iubebar, iubebaris / iubebare, iubebatur, iubebamur, iubebamini, iubebantur *pas.fut* iubebor, iubeberis / iubebere, iubebitur, iubebimur, iubebimini, iubebuntur • **sub** *pre* iubeam, iubeas, iubeat, iubeamus, iubeatis, iubeant *imp* iuberem, iuberes, iuberet, iuberemus, iuberetis, iuberent *prt* iusserim, iusseris, iusserit, iusserimus, iusseritis, iusserint *plu* iussissem, iussisses, iussisset, iussissemus, iussissetis, iussissent *pas.pre* iubear, iubearis / iubeare, iubeatur, iubeamur, iubeamini, iubeantur *pas.imp* iuberer, iubereris / iuberere, iuberetur, iuberemur, iuberemini, iuberentur • **imp** *pre* –, iube, –, –, iubete, – *fut* –, iubeto, iubeto, –, iubetote, iubento *pas.pre* –, iubere, –, –, iubemini, – *pas.fut* –, iubetor, iubetor, –, –, iubentor • **inf** *pre* iubere *prt* iussisse *fut* iussurus esse *pas.pre* iuberi *pas.prt* iussus esse *pas.fut* iussum iri • **ger** iubere / iubendi / iubendo / iubendum • **sup** iussum / iussu • **par** *pre* iubens *prt* – *fut* iussurus *pas.pre* – *pas.prt* iussus *pas.fut* iubendus

iuvo /help, aid/ • **ind** *pre* iuvo, iuvas, iuvat, iuvamus, iuvatis, iuvant *imp* iuvabam, iuvabas, iuvabat, iuvabamus, iuvabatis, iuvabant *prt* iuvi, iuvisti, iuvit, iuvimus, iuvistis, iuverunt / iuvere *fut* iuvabo, iuvabis, iuvabit, iuvabimus, iuvabitis, iuvabunt _plu_ iuveram, iuveras, iuverat, iuveramus, iuveratis, iuverant _fpr_ iuvero, iuveris, iuverit, iuverimus, iueritis, iuverint _pas.pre_ iuvor, iuvaris / iuvare, iuvatur, iuvamur, iuvamini, iuvantur _pas.imp_ iuvabar, iuvabaris / iuvabare, iuvabatur, iuvabamur, iuvabamini, iuvabantur _pas.fut_ iuvabor, iuvaberis / iuvabere, iuvabitur, iuvabimur, iuvabimini, iuvabuntur • **sub** _pre_ iuvem, iuves, iuvet, iuvemus, iuvetis, iuvent _imp_ iuvarem, iuvares, iuvaret, iuvaremus, iuvaretis, iuvarent _prt_ iuverim, iuveris, iuverit, iuverimus, iuveritis, iuverint _plu_ iuvissem, iuvisses, iuvisset, iuvissemus, iuvissetis, iuvissent _pas.pre_ iuver, iuveris / iuvere, iuvetur, iuvemur, iuvemini, iuventur _pas.imp_ iuvarer, iuvareris / iuvarere, iuvaretur, iuvaremur, iuvaremini, iuvarentur • **imp** _pre_ –, iuva, –, –, iuvate, – _fut_ –, iuvato, iuvato, –, iuvatote, iuvanto _pas.pre_ –, iuvare, –, –, iuvamini, – _pas.fut_ –, iuvator, iuvator, –, –, iuvantor • **inf** _pre_ iuvare _prt_ iuvisse _fut_ iuturus esse _pas.pre_ iuvari _pas.prt_ iutus esse _pas.fut_ iutum iri • **ger** iuvare / iuvandi / iuvando / iuvandum • **sup** iutum / iutu • **par** _pre_ iuvans _prt_ – _fut_ iuturus _pas.pre_ – _pas.prt_ iutus _pas.fut_ iuvandus

L

laboro /toil, labor/ • **ind** _pre_ laboro, laboras, laborat, laboramus, laboratis, laborant _imp_ laborabam, laborabas, laborabat, laborabamus, laborabatis, laborabant _prt_ laboravi, laboravisti / laborasti, laboravit, laboravimus, laboravistis / laborastis, laboraverunt / laboravere _fut_ laborabo, laborabis, laborabit, laborabimus, laborabitis, laborabunt _plu_ laboraveram, laboraveras, laboraverat, laboraveramus, laboraveratis, laboraverant _fpr_ laboravero, laboraveris, laboraverit, laboraverimus, laboraveritis, laboraverint _pas.pre_ –, –, laboratur, –, –, laborantur _pas.imp_ –, –, laborabatur, –, –, laborabantur _pas.fut_ –, –, laborabitur, –, –, laborabuntur • **sub** _pre_ laborem, labores, laboret, laboremus, laboretis, laborent _imp_ laborarem, laborares, laboraret, laboraremus, laboraretis, laborarent _prt_ laboraverim, laboraveris, laboraverit, laboraverimus, laboraveritis, laboraverint _plu_ laboravissem / laborassem, laboravisses / laborasses, laboravisset / laborasset, laboravissemus / laborassemus, laboravissetis / laborassetis, laboravissent / laborassent _pas.pre_ –, –, laboretur, –, –, laborentur _pas.imp_ –, –, laboraretur, –, –, laborarentur • **imp** _pre_ –, labora, –, –, laborate, – _fut_ –, laborato, laborato, –, laboratote, laboranto _pas.pre_ — _pas.fut_ — • **inf** _pre_ laborare _prt_ laboravisse / laborasse _fut_ laboraturus esse _pas.pre_ laborari _pas.prt_ laboratus esse _pas.fut_ laboratum iri • **ger** laborare / laborandi / laborando / laborandum • **sup**

laboratum / laboratu • **par** _pre_ laborans _prt_ – _fut_ laboraturus _pas.pre_ – _pas.prt_ _pas.fut_ laborandus

lacesso /excite, provoke/ • **ind** _pre_ lacesso, lacessis, lacessit, lacessimus, lacessitis, lacessunt _imp_ lacessebam, lacessebas, lacessebat, lacessebamus, lacessebatis, lacessebant _prt_ lacessivi, lacessivisti, lacessivit, lacessivimus, lacessivistis, lacessiverunt / lacessivere _fut_ lacessam, lacesses, lacesset, lacessemus, lacessetis, lacessent _plu_ lacessiveram, lacessiveras, lacessiverat, lacessiveramus, lacessiveratis, lacessiverant _fpr_ lacessivero, lacessiveris, lacessiverit, lacessiverimus, lacessiveritis, lacessiverint _pas.pre_ lacessor, lacesseris / lacessere, lacessitur, lacessimur, lacessimini, lacessuntur _pas.imp_ lacessebar, lacessebaris / lacessebare, lacessebatur, lacessebamur, lacessebamini, lacessebantur _pas.fut_ lacessar, lacesseris / lacessere, lacessetur, lacessemur, lacessemini, lacessentur • **sub** _pre_ lacessam, lacessas, lacessat, lacessamus, lacessatis, lacessant _imp_ lacesserem, lacesseres, lacesseret, lacesseremus, lacesseretis, lacesserent _prt_ lacessiverim, lacessiveris, lacessiverit, lacessiverimus, lacessiveritis, lacessiverint _plu_ lacessivissem, lacessivisses, lacessivisset, lacessivissemus, lacessivissetis, lacessivissent _pas.pre_ lacessar, lacessaris / lacessare, lacessatur, lacessamur, lacessamini, lacessantur _pas.imp_ lacesserer, lacessereris / lacesserere, lacesseretur, lacesseremur, lacesseremini, lacesserentur • **imp** _pre_ –, lacesse, –, –, lacessite, – _fut_ –, lacessito, lacessito, –, lacessitote, lacessunto _pas.pre_ –, lacessere, –, –, lacessimini, – _pas.fut_ –, lacessitor, lacessitor, –, –, lacessuntor • **inf** _pre_ lacessere _prt_ lacessivisse _fut_ lacessiturus esse _pas.pre_ lacessi _pas.prt_ lacessitus esse _pas.fut_ lacessitum iri • **ger** lacessere / lacessendi / lacessendo / lacessendum • **sup** lacessitum / lacessitu • **par** _pre_ lacessens _prt_ – _fut_ lacessiturus _pas.pre_ – _pas.prt_ lacessitus _pas.fut_ lacessendus

laedo /strike/ • **ind** _pre_ laedo, laedis, laedit, laedimus, laeditis, laedunt _imp_ laedebam, laedebas, laedebat, laedebamus, laedebatis, laedebant _prt_ laesi, laesisti, laesit, laesimus, laesistis, laeserunt / laesere _fut_ laedam, laedes, laedet, laedemus, laedetis, laedent _plu_ laeseram, laeseras, laeserat, laeseramus, laeseratis, laeserant _fpr_ laesero, laeseris, laeserit, laeserimus, laeseritis, laeserint _pas.pre_ laedor, laederis / laedere, laeditur, laedimur, laedimini, laeduntur _pas.imp_ laedebar, laedebaris / laedebare, laedebatur, laedebamur, laedebamini, laedebantur _pas.fut_ laedar, laederis / laedere, laedetur, laedemur, laedemini, laedentur • **sub** _pre_ laedam, laedas, laedat, laedamus, laedatis, laedant _imp_ laederem, laederes, laederet, laederemus, laederetis, laederent _prt_ laeserim, laeseris, laeserit, laeserimus, laeseritis, laeserint _plu_ laesissem, laesisses, laesisset, laesissemus, laesissetis, laesissent _pas.pre_ laedar, laedaris / laedare, laedatur, laedamur, laedamini, laedantur *pas.imp* laederer, laedereris / laederere, laederetur, laederemur, laederemini, laederentur • **imp** *pre* –, laede, –, –, laedite, – *fut* –, laedito, laedito, –, laeditote, laedunto *pas.pre* –, laedere, –, –, laedimini, – *pas.fut* –, laeditor, laeditor, –, –, laeduntor • **inf** *pre* laedere *prt* laesisse *fut* laesurus esse *pas.pre* laedi *pas.prt* laesus esse *pas.fut* laesum iri • **ger** laedere / laedendi / laedendo / laedendum • **sup** laesum / laesu • **par** *pre* laedens *prt* – *fut* laesurus *pas.pre* – *pas.prt* laesus *pas.fut* laedendus

lateo /be concealed, in hiding, lurk/ • **ind** *pre* lateo, lates, latet, latemus, latetis, latent *imp* latebam, latebas, latebat, latebamus, latebatis, latebant *prt* latui, latuisti, latuit, latuimus, latuistis, latuerunt / latuere *fut* latebo, latebis, latebit, latebimus, latebitis, latebunt *plu* latueram, latueras, latuerat, latueramus, latueratis, latuerant *fpr* latuero, latueris, latuerit, latuerimus, latueritis, latuerint *pas.pre* — *pas.imp* — *pas.fut* — • **sub** *pre* lateam, lateas, lateat, lateamus, lateatis, lateant *imp* laterem, lateres, lateret, lateremus, lateretis, laterent *prt* latuerim, latueris, latuerit, latuerimus, latueritis, latuerint *plu* latuissem, latuisses, latuisset, latuissemus, latuissetis, latuissent *pas.pre* — *pas.imp* — • **imp** *pre* –, late, –, –, latete, – *fut* –, lateto, lateto, –, latetote, latento *pas.pre* — *pas.fut* — • **inf** *pre* latere *prt* latuisse *fut* – *pas.pre* — *pas.prt* — *pas.fut* — • **ger** latere / latendi / latendo / latendum • **sup** – / – • **par** *pre* latens *prt* – *fut* – *pas.pre* — *pas.prt* — *pas.fut* —

laudo /praise, laud/ • **ind** *pre* laudo, laudas, laudat, laudamus, laudatis, laudant *imp* laudabam, laudabas, laudabat, laudabamus, laudabatis, laudabant *prt* laudavi, laudavisti / laudasti, laudavit, laudavimus, laudavistis / laudastis, laudaverunt / laudavere *fut* laudabo, laudabis, laudabit, laudabimus, laudabitis, laudabunt *plu* laudaveram, laudaveras, laudaverat, laudaveramus, laudaveratis, laudaverant *fpr* laudavero, laudaveris, laudaverit, laudaverimus, laudaveritis, laudaverint *pas.pre* laudor, laudaris / laudare, laudatur, laudamur, laudamini, laudantur *pas.imp* laudabar, laudabaris / laudabare, laudabatur, laudabamur, laudabamini, laudabantur *pas.fut* laudabor, laudaberis / laudabere, laudabitur, laudabimur, laudabimini, laudabuntur • **sub** *pre* laudem, laudes, laudet, laudemus, laudetis, laudent *imp* laudarem, laudares, laudaret, laudaremus, laudaretis, laudarent *prt* laudaverim, laudaveris, laudaverit, laudaverimus, laudaveritis, laudaverint *plu* laudavissem / laudassem, laudavisses / laudasses, laudavisset / laudasset, laudavissemus / laudassemus, laudavissetis / laudassetis, laudavissent / laudassent *pas.pre* lauder, lauderis / laudere, laudetur, laudemur, laudemini, laudentur *pas.imp* laudarer, laudareris / laudarere, laudaretur, laudaremur, laudaremini, laudarentur • **imp** *pre* –, lauda, –,

–, laudate, – *fut* –, laudato, laudato, –, laudatote, laudanto *pas.pre* –, laudare, –, –, laudamini, – *pas.fut* –, laudator, laudator, –, –, laudantor • **inf** *pre* laudare *prt* laudavisse / laudasse *fut* laudaturus esse *pas.pre* laudari / laudarier *pas.prt* laudatus esse *pas.fut* laudatum iri • **ger** laudare / laudandi / laudando / laudandum • **sup** laudatum / laudatu • **par** *pre* laudans *prt* – *fut* laudaturus *pas.pre* – *pas.prt* laudatus *pas.fut* laudandus

lavo /wash, bathe/ • **ind** *pre* lavo, lavas, lavat, lavamus, lavatis, lavant *imp* lavabam, lavabas, lavabat, lavabamus, lavabatis, lavabant *prt* lavi, lavisti / lasti, lavit, lavimus, lavistis / lastis, laverunt / lavere *fut* lavabo, lavabis, lavabit, lavabimus, lavabitis, lavabunt *plu* laveram, laveras, laverat, laveramus, laveratis, laverant *fpr* lavero, laveris, laverit, laverimus, laveritis, laverint *pas.pre* lavor, lavaris / lavare, lavatur, lavamur, lavamini, lavantur *pas.imp* lavabar, lavabaris / lavabare, lavabatur, lavabamur, lavabamini, lavabantur *pas.fut* lavabor, lavaberis / lavabere, lavabitur, lavabimur, lavabimini, lavabuntur • **sub** *pre* lavem, laves, lavet, lavemus, lavetis, lavent *imp* lavarem, lavares, lavaret, lavaremus, lavaretis, lavarent *prt* laverim, laveris, laverit, laverimus, laveritis, laverint *plu* lavissem / lassem, lavisses / lasses, lavisset / lasset, lavissemus / lassemus, lavissetis / lassetis, lavissent / lassent *pas.pre* laver, laveris / lavere, lavetur, lavemur, lavemini, laventur *pas.imp* lavarer, lavareris / lavarere, lavaretur, lavaremur, lavaremini, lavarentur • **imp** *pre* –, lava, –, –, lavate, – *fut* –, lavato, lavato, –, lavatote, lavanto *pas.pre* –, lavare, –, –, lavamini, – *pas.fut* –, lavator, lavator, –, –, lavantor • **inf** *pre* lavare *prt* lavisse / lasse *fut* lavaturus esse *pas.pre* lavari *pas.prt* lavatus esse *pas.fut* lavatum iri • **ger** lavare / lavandi / lavando / lavandum • **sup** lavatum / lavatu • **par** *pre* lavans *prt* – *fut* lavaturus *pas.pre* – *pas.prt* lavatus *pas.fut* lavandus

licet /it is allowed/ • **ind** *pre* –, –, licet, –, –, licent *imp* –, –, licebat, –, –, licebant *prt* –, –, licuit / licitum est, –, –, – *fut* –, –, licebit, –, –, – *plu* –, –, licuerat / licitum erat, –, –, – *fpr* –, –, licuerit / licitum erit, –, –, – *pas.pre* — *pas.imp* — *pas.fut* — • **sub** *pre* –, –, liceat, –, –, liceant *imp* –, –, liceret, –, –, – *prt* –, –, licuerit / licitum sit, –, –, – *plu* –, –, licuisset / licitum esset, –, –, – *pas.pre* — *pas.imp* — • **imp** *pre* –, –, –, –, –, – *fut* –, –, liceto, liceto, –, –, – *pas.pre* — *pas.fut* — • **inf** *pre* licere *prt* licuisse / licitum esse *fut* liciturum esse *pas.pre* — *pas.prt* — *pas.fut* — • **ger** - / - / - / - • **sup** - / - • **par** *pre* licens *prt* licitus *fut* liciturus *pas.pre* — *pas.prt* — *pas.fut* —

loquor /say, speak/ • **ind** *pre* loquor, loqueris / loquere, loquitur, loquimur, loquimini, loquuntur *imp* loquebar, loquebaris / loquebare, loquebatur, loquebamur, loquebamini, loquebantur *prt* — *fut* loquar, loqueris / loquere, loquetur, loquemur, loquemini, loquentur _plu_ — _fpr_ — _pas.pre_ — _pas.imp_ — _pas.fut_ — • **sub** _pre_ loquar, loquaris / loquare, loquatur, loquamur, loquamini, loquantur _imp_ loquerer, loquereris / loquerere, loqueretur, loqueremur, loqueremini, loquerentur _prt_ — _plu_ — _pas.pre_ — _pas.imp_ — • **imp** _pre_ –, loquere, –, –, loquimini, – _fut_ –, loquitor, loquitor, –, –, loquuntor _pas.pre_ — _pas.fut_ — • **inf** _pre_ loqui _prt_ locutus esse _fut_ locuturus esse _pas.pre_ – _pas.prt_ – _pas.fut_ – • **ger** loqui / loquendi / loquendo / loquendum • **sup** locutum / locutu • **par** _pre_ loquens _prt_ locutus _fut_ locuturus _pas.pre_ – _pas.prt_ – _pas.fut_ loquendus

ludo /frolic/ • **ind** _pre_ ludo, ludis, ludit, ludimus, luditis, ludunt _imp_ ludebam, ludebas, ludebat, ludebamus, ludebatis, ludebant _prt_ lusi, lusisti, lusit, lusimus, lusistis, luserunt / lusere _fut_ ludam, ludes, ludet, ludemus, ludetis, ludent _plu_ luseram, luseras, luserat, luseramus, luseratis, luserant _fpr_ lusero, luseris, luserit, luserimus, luseritis, luserint _pas.pre_ ludor, luderis / ludere, luditur, ludimur, ludimini, luduntur _pas.imp_ ludebar, ludebaris / ludebare, ludebatur, ludebamur, ludebamini, ludebantur _pas.fut_ ludar, luderis / ludere, ludetur, ludemur, ludemini, ludentur • **sub** _pre_ ludam, ludas, ludat, ludamus, ludatis, ludant _imp_ luderem, luderes, luderet, luderemus, luderetis, luderent _prt_ luserim, luseris, luserit, luserimus, luseritis, luserint _plu_ lusissem, lusisses, lusisset, lusissemus, lusissetis, lusissent _pas.pre_ ludar, ludaris / ludare, ludatur, ludamur, ludamini, ludantur _pas.imp_ luderer, ludereris / luderere, luderetur, luderemur, luderemini, luderentur • **imp** _pre_ –, lude, –, –, ludite, – _fut_ –, ludito, ludito, –, luditote, ludunto _pas.pre_ –, ludere, –, –, ludimini, – _pas.fut_ –, luditor, luditor, –, –, luduntor • **inf** _pre_ ludere _prt_ lusisse _fut_ lusurus esse _pas.pre_ ludi _pas.prt_ lusus esse _pas.fut_ lusum iri • **ger** ludere / ludendi / ludendo / ludendum • **sup** lusum / lusu • **par** _pre_ ludens _prt_ – _fut_ lusurus _pas.pre_ – _pas.prt_ lusus _pas.fut_ ludendus

M

maneo /stay, remain/ • **ind** _pre_ maneo, manes, manet, manemus, manetis, manent _imp_ manebam, manebas, manebat, manebamus, manebatis, manebant _prt_ mansi, mansisti, mansit, mansimus, mansistis, manserunt / mansere _fut_ manebo, manebis, manebit, manebimus, manebitis, manebunt _plu_ manseram, manseras, manserat, manseramus, manseratis, manserant _fpr_ mansero, manseris, manserit, manserimus, manseritis, manserint _pas.pre_ maneor, maneris / manere, manetur, manemur, manemini, manentur *pas.imp* manebar, manebaris / manebare, manebatur, manebamur, manebamini, manebantur *pas.fut* manebor, maneberis / manebere, manebitur, manebimur, manebimini, manebuntur • **sub** *pre* maneam, maneas, maneat, maneamus, maneatis, maneant *imp* manerem, maneres, maneret, maneremus, maneretis, manerent *prt* manserim, manseris, manserit, manserimus, manseritis, manserint *plu* mansissem, mansisses, mansisset, mansissemus, mansissetis, mansissent *pas.pre* manear, manearis / maneare, maneatur, maneamur, maneamini, maneantur *pas.imp* manerer, manereris / manerere, maneretur, maneremur, maneremini, manerentur • **imp** *pre* –, mane, –, –, manete, – *fut* –, maneto, maneto, –, manetote, manento *pas.pre* –, manere, –, –, manemini, – *pas.fut* –, manetor, manetor, –, –, manentor • **inf** *pre* manere *prt* mansisse *fut* mansurus esse *pas.pre* maneri *pas.prt* mansus esse *pas.fut* mansum iri • **ger** manere / manendi / manendo / manendum • **sup** mansum / mansu • **par** *pre* manens *prt* – *fut* mansurus *pas.pre* – *pas.prt* mansus *pas.fut* manendus

mendico /beg/ • **ind** *pre* mendico, mendicas, mendicat, mendicamus, mendicatis, mendicant *imp* mendicabam, mendicabas, mendicabat, mendicabamus, mendicabatis, mendicabant *prt* mendicavi, mendicavisti, mendicavit, mendicavimus, mendicavistis, mendicaverunt / mendicavere *fut* mendicabo, mendicabis, mendicabit, mendicabimus, mendicabitis, mendicabunt *plu* mendicaveram, mendicaveras, mendicaverat, mendicaveramus, mendicaveratis, mendicaverant *fpr* mendicavero, mendicaveris, mendicaverit, mendicaverimus, mendicaveritis, mendicaverint *pas.pre* mendicor, mendicaris / mendicare, mendicatur, mendicamur, mendicamini, mendicantur *pas.imp* mendicabar, mendicabaris / mendicabare, mendicabatur, mendicabamur, mendicabamini, mendicabantur *pas.fut* mendicabor, mendicaberis / mendicabere, mendicabitur, mendicabimur, mendicabimini, mendicabuntur • **sub** *pre* mendicem, mendices, mendicet, mendicemus, mendicetis, mendicent *imp* mendicarem, mendicares, mendicaret, mendicaremus, mendicaretis, mendicarent *prt* mendicaverim, mendicaveris, mendicaverit, mendicaverimus, mendicaveritis, mendicaverint *plu* mendicavissem, mendicavisses, mendicavisset, mendicavissemus, mendicavissetis, mendicavissent *pas.pre* mendicer, mendiceris / mendicere, mendicetur, mendicemur, mendicemini, mendicentur *pas.imp* mendicarer, mendicareris / mendicarere, mendicaretur, mendicaremur, mendicaremini, mendicarentur • **imp** *pre* –, mendica, –, –, mendicate, – *fut* –, mendicato, mendicato, –, mendicatote, mendicanto *pas.pre* –, mendicare, –, –, mendicamini, – *pas.fut* –, mendicator, mendicator, –, –, mendicantor • **inf** *pre* mendicare *prt* mendicavisse *fut* mendicaturus esse *pas.pre* mendicari / mendicarier *pas.prt* mendicatus esse *pas.fut* mendicatum iri • **ger** mendicare / mendicandi / mendicando / mendicandum • **sup** mendicatum / mendicatu • **par** *pre* mendicans *prt* – *fut* mendicaturus *pas.pre* – *pas.prt* mendicatus *pas.fut* mendicandus

mereo /earn, deserve/ • **ind** *pre* mereo, meres, meret, meremus, meretis, merent *imp* merebam, merebas, merebat, merebamus, merebatis, merebant *prt* merui, meruisti, meruit, meruimus, meruistis, meruerunt / meruere *fut* merebo, merebis, merebit, merebimus, merebitis, merebunt *plu* merueram, merueras, meruerat, merueramus, merueratis, meruerant *fpr* meruero, merueris, meruerit, meruerimus, merueritis, meruerint *pas.pre* mereor, mereris / merere, meretur, meremur, meremini, merentur *pas.imp* merebar, merebaris / merebare, merebatur, merebamur, merebamini, merebantur *pas.fut* merebor, mereberis / merebere, merebitur, merebimur, merebimini, merebuntur • **sub** *pre* meream, mereas, mereat, mereamus, mereatis, mereant *imp* mererem, mereres, mereret, mereremus, mereretis, mererent *prt* meruerim, merueris, meruerit, meruerimus, merueritis, meruerint *plu* meruissem, meruisses, meruisset, meruissemus, meruissetis, meruissent *pas.pre* merear, merearis / mereare, mereatur, mereamur, mereamini, mereantur *pas.imp* mererer, merereris / mererere, mereretur, mereremur, mereremini, mererentur • **imp** *pre* –, mere, –, –, merete, – *fut* –, mereto, mereto, –, meretote, merento *pas.pre* –, merere, –, –, meremini, – *pas.fut* –, meretor, meretor, –, –, merentor • **inf** *pre* merere *prt* meruisse *fut* meriturus esse *pas.pre* mereri *pas.prt* meritus esse *pas.fut* meritum iri • **ger** merere / merendi / merendo / merendum • **sup** meritum / meritu • **par** *pre* merens *prt* – *fut* meriturus *pas.pre* – *pas.prt* meritus *pas.fut* merendus

metuo /fear, am afraid/ • **ind** *pre* metuo, metuis, metuit, metuimus, metuitis, metuunt *imp* metuebam, metuebas, metuebat, metuebamus, metuebatis, metuebant *prt* metui, metuisti, metuit, metuimus, metuistis, metuerunt / metuere *fut* metuam, metues, metuet, metuemus, metuetis, metuent *plu* metueram, metueras, metuerat, metueramus, metueratis, metuerant *fpr* metuero, metueris, metuerit, metuerimus, metueritis, metuerint *pas.pre* metuor, metueris / metuere, metuitur, metuimur, metuimini, metuuntur *pas.imp* metuebar, metuebaris / metuebare, metuebatur, metuebamur, metuebamini, metuebantur *pas.fut* metuar, metueris / metuere, metuetur, metuemur, metuemini, metuentur • **sub** *pre* metuam, metuas, metuat, metuamus, metuatis, metuant *imp* metuerem, metueres, metueret, metueremus, metueretis, metuerent *prt* metuerim, metueris, metuerit, metuerimus, metueritis, metuerint *plu* metuissem, metuisses, metuisset, metuissemus, metuissetis, metuissent *pas.pre* metuar, metuaris / metuare, metuatur, metuamur, metuamini, metuantur *pas.imp* metuerer, metuereris / metuerere, metueretur, metueremur, metueremini, metuerentur • **imp** *pre* –, metue, –, –, metuite, – *fut* –, metuito, metuito, –, metuitote, metuunto *pas.pre* –, metuere, –, –, metuimini, – *pas.fut* –, metuitor, metuitor, –, –, metuuntor • **inf** *pre* metuere *prt* metuisse *fut* metuturus esse *pas.pre* metui *pas.prt* metutus esse *pas.fut* metutum iri • **ger** metuere / metuendi / metuendo / metuendum • **sup** metutum / metutu • **par** *pre* metuens *prt* – *fut* metuturus *pas.pre* – *pas.prt* metutus *pas.fut* metuendus

minuo /make smaller, lessen/ • **ind** *pre* minuo, minuis, minuit, minuimus, minuitis, minuunt *imp* minuebam, minuebas, minuebat, minuebamus, minuebatis, minuebant *prt* minui, minuisti, minuit, minuimus, minuistis, minuerunt / minuere *fut* minuam, minues, minuet, minuemus, minuetis, minuent *plu* minueram, minueras, minuerat, minueramus, minueratis, minuerant *fpr* minuero, minueris, minuerit, minuerimus, minueritis, minuerint *pas.pre* minuor, minueris / minuere, minuitur, minuimur, minuimini, minuuntur *pas.imp* minuebar, minuebaris / minuebare, minuebatur, minuebamur, minuebamini, minuebantur *pas.fut* minuar, minueris / minuere, minuetur, minuemur, minuemini, minuentur • **sub** *pre* minuam, minuas, minuat, minuamus, minuatis, minuant *imp* minuerem, minueres, minueret, minueremus, minueretis, minuerent *prt* minuerim, minueris, minuerit, minuerimus, minueritis, minuerint *plu* minuissem, minuisses, minuisset, minuissemus, minuissetis, minuissent *pas.pre* minuar, minuaris / minuare, minuatur, minuamur, minuamini, minuantur *pas.imp* minuerer, minuereris / minuerere, minueretur, minueremur, minueremini, minuerentur • **imp** *pre* –, minue, –, –, minuite, – *fut* –, minuito, minuito, –, minuitote, minuunto *pas.pre* –, minuere, –, –, minuimini, – *pas.fut* –, minuitor, minuitor, –, –, minuuntor • **inf** *pre* minuere *prt* minuisse *fut* minuturus esse *pas.pre* minui *pas.prt* minutus esse *pas.fut* minutum iri • **ger** minuere / minuendi / minuendo / minuendum • **sup** minutum / minutu • **par** *pre* minuens *prt* – *fut* minuturus *pas.pre* – *pas.prt* minutus *pas.fut* minuendus

miror /be astonished at, marvel at/ • **ind** *pre* miror, miraris / mirare, miratur, miramur, miramini, mirantur *imp* mirabar, mirabaris / mirabare, mirabatur, mirabamur, mirabamini, mirabantur *prt* — *fut* mirabor, miraberis / mirabere, mirabitur, mirabimur, mirabimini, mirabuntur *plu* — *fpr* — *pas.pre* — *pas.imp* — *pas.fut* — • **sub** *pre* mirer, mireris / mirere, miretur, miremur, miremini, mirentur *imp* mirarer, mirareris / mirarere, miraretur, miraremur, miraremini, mirarentur *prt* — *plu* —

pas.pre — _pas.imp_ — • **imp** _pre_ –, mirare, –, –, miramini, – _fut_ –, mirator, mirator, –, –, mirantor _pas.pre_ — _pas.fut_ — • **inf** _pre_ mirari / mirarier _prt_ miratus esse _fut_ miraturus esse _pas.pre_ – _pas.prt_ – _pas.fut_ – • **ger** mirari / mirarier / mirandi / mirando / mirandum • **sup** miratum / miratu • **par** _pre_ mirans _prt_ miratus _fut_ miraturus _pas.pre_ – _pas.prt_ – _pas.fut_ mirandus

misceo /mix, confuse/ • **ind** _pre_ misceo, misces, miscet, miscemus, miscetis, miscent _imp_ miscebam, miscebas, miscebat, miscebamus, miscebatis, miscebant _prt_ miscui, miscuisti, miscuit, miscuimus, miscuistis, miscuerunt / miscuere _fut_ miscebo, miscebis, miscebit, miscebimus, miscebitis, miscebunt _plu_ miscueram, miscueras, miscuerat, miscueramus, miscueratis, miscuerant _fpr_ miscuero, miscueris, miscuerit, miscuerimus, miscueritis, miscuerint _pas.pre_ misceor, misceris / miscere, miscetur, miscemur, miscemini, miscentur _pas.imp_ miscebar, miscebaris / miscebare, miscebatur, miscebamur, miscebamini, miscebantur _pas.fut_ miscebor, misceberis / miscebere, miscebitur, miscebimur, miscebimini, miscebuntur • **sub** _pre_ misceam, misceas, misceat, misceamus, misceatis, misceant _imp_ miscerem, misceres, misceret, misceremus, misceretis, miscerent _prt_ miscuerim, miscueris, miscuerit, miscuerimus, miscueritis, miscuerint _plu_ miscuissem, miscuisses, miscuisset, miscuissemus, miscuissetis, miscuissent _pas.pre_ miscear, miscearis / misceare, misceatur, misceamur, misceamini, misceantur _pas.imp_ miscerer, miscereris / miscerere, misceretur, misceremur, misceremini, miscerentur • **imp** _pre_ –, misce, –, –, miscete, – _fut_ –, misceto, misceto, –, miscetote, miscento _pas.pre_ –, miscere, –, –, miscemini, – _pas.fut_ –, miscetor, miscetor, –, –, miscentor • **inf** _pre_ miscere _prt_ miscuisse _fut_ mixturus esse _pas.pre_ misceri / miscerier _pas.prt_ mixtus esse _pas.fut_ mixtum iri • **ger** miscere / miscendi / miscendo / miscendum • **sup** mixtum / mixtu • **par** _pre_ miscens _prt_ – _fut_ mixturus _pas.pre_ – _pas.prt_ mixtus _pas.fut_ miscendus

mitto /send, cause go/ • **ind** _pre_ mitto, mittis, mittit, mittimus, mittitis, mittunt _imp_ mittebam, mittebas, mittebat, mittebamus, mittebatis, mittebant _prt_ misi, misisti, misit, misimus, misistis, miserunt / misere _fut_ mittam, mittes, mittet, mittemus, mittetis, mittent _plu_ miseram, miseras, miserat, miseramus, miseratis, miserant _fpr_ misero, miseris, miserit, miserimus, miseritis, miserint _pas.pre_ mittor, mitteris / mittere, mittitur, mittimur, mittimini, mittuntur _pas.imp_ mittebar, mittebaris / mittebare, mittebatur, mittebamur, mittebamini, mittebantur _pas.fut_ mittar, mitteris / mittere, mittetur, mittemur, mittemini, mittentur • **sub** _pre_ mittam, mittas, mittat, mittamus, mittatis, mittant _imp_ mitterem, mitteres, mitteret, mitteremus, mitteretis, mitterent _prt_ miserim, miseris, miserit,

moneo

miserimus, miseritis, miserint *plu* misissem, misisses, misisset, misissemus, misissetis, misissent *pas.pre* mittar, mittaris / mittare, mittatur, mittamur, mittamini, mittantur *pas.imp* mitterer, mittereris / mitterere, mitteretur, mitteremur, mitteremini, mitterentur • **imp** *pre* –, mitte, –, –, mittite, – *fut* –, mittito, mittito, –, mittitote, mittunto *pas.pre* –, mittere, –, –, mittimini, – *pas.fut* –, mittitor, mittitor, –, –, mittuntor • **inf** *pre* mittere *prt* misisse *fut* missurus esse *pas.pre* mitti *pas.prt* missus esse *pas.fut* missum iri • **ger** mittere / mittendi / mittendo / mittendum • **sup** missum / missu • **par** *pre* mittens *prt* – *fut* missurus *pas.pre* – *pas.prt* missus *pas.fut* mittendus

moneo /warn, advise/ • **ind** *pre* moneo, mones, monet, monemus, monetis, monent *imp* monebam, monebas, monebat, monebamus, monebatis, monebant *prt* monui, monuisti, monuit, monuimus, monuistis, monuerunt / monuere *fut* monebo, monebis, monebit, monebimus, monebitis, monebunt *plu* monueram, monueras, monuerat, monueramus, monueratis, monuerant *fpr* monuero, monueris, monuerit, monuerimus, monueritis, monuerint *pas.pre* moneor, moneris / monere, monetur, monemur, monemini, monentur *pas.imp* monebar, monebaris / monebare, monebatur, monebamur, monebamini, monebantur *pas.fut* monebor, moneberis / monebere, monebitur, monebimur, monebimini, monebuntur • **sub** *pre* monuissem, monuisses, monuisset, monuissemus, monuissetis, monuissent *imp* monear, monearis / moneare, moneatur, moneamur, moneamini, moneantur *prt* monerer, monereris / monerere, moneretur, moneremur, moneremini, monerentur *plu* –, mone, –, –, monete, – *pas.pre* –, moneto, moneto, –, monetote, monento *pas.imp* –, monere, –, –, monemini, – • **imp** *pre* –, –, –, –, monitus, – *fut* –, monendi, monendo, –, monitum, monitu *pas.pre* – *pas.fut* – • **inf** *pre* moneo *prt* monis *fut* monit *pas.pre* monimus *pas.prt* monitis *pas.fut* moneunt • **ger** monibo / monibis / monibit / monibimus • **sup** monibitis / monibunt • **par** *pre* monibam *prt* monibas *fut* monibat *pas.pre* monibamus *pas.prt* *pas.fut* monibant

mordeo /bite, nibble/ • **ind** *pre* mordeo, mordes, mordet, mordemus, mordetis, mordent *imp* mordebam, mordebas, mordebat, mordebamus, mordebatis, mordebant *prt* momordi, momordisti, momordit, momordimus, momordistis, momorderunt / momordere *fut* mordebo, mordebis, mordebit, mordebimus, mordebitis, mordebunt *plu* momorderam, momorderas, momorderat, momorderamus, momorderatis, momorderant *fpr* momordero, momorderis, momorderit, momorderimus, momorderitis, momorderint *pas.pre* mordeor, morderis / mordere, mordetur, mordemur, mordemini, mordentur *pas.imp* mordebar, mordebaris / mordebare, mordebatur, mordebamur, mordebamini, mordebantur *pas.fut* mordebor, mordeberis / mordebere, mordebitur, mordebimur, mordebimini, mordebuntur • **sub** *pre* mordeam, mordeas, mordeat, mordeamus, mordeatis, mordeant *imp* morderem, morderes, morderet, morderemus, morderetis, morderent *prt* momorderim, momorderis, momorderit, momorderimus, momorderitis, momorderint *plu* momordissem, momordisses, momordisset, momordissemus, momordissetis, momordissent *pas.pre* mordear, mordearis / mordeare, mordeatur, mordeamur, mordeamini, mordeantur *pas.imp* morderer, mordereris / morderere, morderetur, morderemur, morderemini, morderentur • **imp** *pre* –, morde, –, –, mordete, – *fut* –, mordeto, mordeto, –, mordetote, mordento *pas.pre* –, mordere, –, –, mordemini, – *pas.fut* –, mordetor, mordetor, –, –, mordentor • **inf** *pre* mordere *prt* momordisse *fut* morsurus esse *pas.pre* morderi *pas.prt* morsus esse *pas.fut* morsum iri • **ger** mordere / mordendi / mordendo / mordendum • **sup** morsum / morsu • **par** *pre* mordens *prt* – *fut* morsurus *pas.pre* – *pas.prt* morsus *pas.fut* mordendus

moror /linger/ • **ind** *pre* moror, moraris / morare, moratur, moramur, moramini, morantur *imp* morabar, morabaris / morabare, morabatur, morabamur, morabamini, morabantur *prt* — *fut* morabor, moraberis / morabere, morabitur, morabimur, morabimini, morabuntur *plu* — *fpr* — *pas.pre* — *pas.imp* — *pas.fut* — • **sub** *pre* morer, moreris / morere, moretur, moremur, moremini, morentur *imp* morarer, morareris / morarere, moraretur, moraremur, moraremini, morarentur *prt* — *plu* — *pas.pre* — *pas.imp* — • **imp** *pre* –, morare, –, –, moramini, – *fut* –, morator, morator, –, –, morantor *pas.pre* — *pas.fut* — • **inf** *pre* morari / morarier *prt* moratus esse *fut* moraturus esse *pas.pre* – *pas.prt* – *pas.fut* – • **ger** morari / morarier / morandi / morando / morandum • **sup** moratum / moratu • **par** *pre* morans *prt* moratus *fut* moraturus *pas.pre* – *pas.prt* – *pas.fut* – morandus

moveo /move, stir/ • **ind** *pre* moveo, moves, movet, movemus, movetis, movent *imp* movebam, movebas, movebat, movebamus, movebatis, movebant *prt* movi, movisti, movit, movimus, movistis, moverunt / movere *fut* movebo, movebis, movebit, movebimus, movebitis, movebunt *plu* moveram, moveras, moverat, moveramus, moveratis, moverant *fpr* movero, moveris, moverit, moverimus, moveritis, moverint *pas.pre* moveor, moveris / movere, movetur, movemur, movemini, moventur *pas.imp* movebar, movebaris / movebare, movebatur, movebamur, movebamini, movebantur *pas.fut* movebor, moveberis / movebere, movebitur, movebimur, movebimini, movebuntur • **sub** *pre* moveam, moveas, moveat, moveamus, moveatis, moveant *imp* moverem, moveres, moveret, moveremus, moveretis, moverent *prt* moverim, moveris, moverit, moverimus, moveritis, moverint *plu* movissem, movisses, movisset, movissemus, movissetis, movissent *pas.pre* movear, movearis / moveare, moveatur, moveamur, moveamini, moveantur *pas.imp* moverer, movereris / moverere, moveretur, moveremur, moveremini, moverentur • **imp** *pre* –, move, –, –, movete, – *fut* –, moveto, moveto, –, movetote, movento *pas.pre* –, movere, –, –, movemini, – *pas.fut* –, movetor, movetor, –, –, moventor • **inf** *pre* movere *prt* movisse *fut* moturus esse *pas.pre* moveri *pas.prt* motus esse *pas.fut* motum iri • **ger** movere / movendi / movendo / movendum • **sup** motum / motu • **par** *pre* movens *prt* – *fut* moturus *pas.pre* – *pas.prt* motus *pas.fut* movendus

N

nanciscor /meet with, stumble on/ • **ind** *pre* nanciscor, nanciscerisa / nanciscere, nanciscitur, nanciscimur, nanciscimini, nanciscuntur *imp* nanciscebar, nanciscebaris / nanciscebare, nanciscebatur, nanciscebamur, nanciscebamini, nanciscebantur *prt* — *fut* nanciscar, nancisceris / nanciscere, nanciscetur, nanciscemur, nanciscemini, nanciscentur *plu* — *fpr* — *pas.pre* — *pas.imp* — *pas.fut* — • **sub** *pre* nanciscar, nanciscaris / nanciscare, nanciscatur, nanciscamur, nanciscamini, nanciscantur *imp* nanciscerer, nanciscereris / nanciscerere, nancisceretur, nancisceremur, nancisceremini, nanciscerentur *prt* — *plu* — *pas.pre* — *pas.imp* — • **imp** *pre* –, nanciscere, –, –, nanciscimini, – *fut* –, nanciscitor, nanciscitor, –, –, nanciscuntor *pas.pre* — *pas.fut* — • **inf** *pre* nancisci *prt* nactus esse *fut* nacturus esse *pas.pre* – *pas.prt* – *pas.fut* – • **ger** nancisci / nanciscendi / nanciscendo / nanciscendum • **sup** nactum / nactu • **par** *pre* nanciscens *prt* nactus *fut* nacturus *pas.pre* – *pas.prt* – *pas.fut* nanciscendus

nascor /be born, begotten/ • **ind** *pre* nascor, nasceris / nascere, nascitur, nascimur, nascimini, nascuntur *imp* nascebar, nascebaris / nascebare, nascebatur, nascebamur, nascebamini, nascebantur *prt* — *fut* nascar, nasceris / nascere, nascetur, nascemur, nascemini, nascentur *plu* — *fpr* — *pas.pre* — *pas.imp* — *pas.fut* — • **sub** *pre* nascar, nascaris / nascare, nascatur, nascamur, nascamini, nascantur *imp* nascerer, nascereris / nascerere, nasceretur, nasceremur, nasceremini, nascerentur *prt* — *plu* — *pas.pre* — *pas.imp* — • **imp** *pre* –, nascere, –, –, nascimini,

– _fut_ –, nascitor, nascitor, –, –, nascuntur _pas.pre_ — _pas.fut_ — • **inf** _pre_ nasci _prt_ natus esse _fut_ naturus esse _pas.pre_ – _pas.prt_ – _pas.fut_ – • **ger** nasci / nascendi / nascendo / nascendum • **sup** natum / natu • **par** _pre_ nascens _prt_ natus _fut_ naturus _pas.pre_ – _pas.prt_ – _pas.fut_ nascendus

necto /bind, tie/ • **ind** _pre_ necto, nectis, nectit, nectimus, nectitis, nectunt _imp_ nectebam, nectebas, nectebat, nectebamus, nectebatis, nectebant _prt_ nexi, nexisti, nexit, neximus, nexistis, nexerunt / nexere _fut_ nectam, nectes, nectet, nectemus, nectetis, nectent _plu_ nexeram, nexeras, nexerat, nexeramus, nexeratis, nexerant _fpr_ nexero, nexeris, nexerit, nexerimus, nexeritis, nexerint _pas.pre_ nector, necteris / nectere, nectitur, nectimur, nectimini, nectuntur _pas.imp_ nectebar, nectebaris / nectebare, nectebatur, nectebamur, nectebamini, nectebantur _pas.fut_ nectar, necteris / nectere, nectetur, nectemur, nectemini, nectentur • **sub** _pre_ nectam, nectas, nectat, nectamus, nectatis, nectant _imp_ necterem, necteres, necteret, necteremus, necteretis, necterent _prt_ nexerim, nexeris, nexerit, nexerimus, nexeritis, nexerint _plu_ nexissem, nexisses, nexisset, nexissemus, nexissetis, nexissent _pas.pre_ nectar, nectaris / nectare, nectatur, nectamur, nectamini, nectantur _pas.imp_ necterer, nectereris / necterere, necteretur, necteremur, necteremini, necterentur • **imp** _pre_ –, necte, –, –, nectite, – _fut_ –, nectito, nectito, –, nectitote, nectunto _pas.pre_ –, nectere, –, –, nectimini, – _pas.fut_ –, nectitor, nectitor, –, –, nectuntor • **inf** _pre_ nectere _prt_ nexisse _fut_ nexurus esse _pas.pre_ necti _pas.prt_ nexus esse _pas.fut_ nexum iri • **ger** nectere / nectendi / nectendo / nectendum • **sup** nexum / nexu • **par** _pre_ nectens _prt_ – _fut_ nexurus _pas.pre_ – _pas.prt_ nexus _pas.fut_ nectendus

noceo /injure, do harm to/ • **ind** _pre_ noceo, noces, nocet, nocemus, nocetis, nocent _imp_ nocebam, nocebas, nocebat, nocebamus, nocebatis, nocebant _prt_ nocui, nocuisti, nocuit, nocuimus, nocuistis, nocuerunt / nocuere _fut_ nocebo, nocebis, nocebit, nocebimus, nocebitis, nocebunt _plu_ nocueram, nocueras, nocuerat, nocueramus, nocueratis, nocuerant _fpr_ nocuero, nocueris, nocuerit, nocuerimus, nocueritis, nocuerint _pas.pre_ noceor, noceris / nocere, nocetur, nocemur, nocemini, nocentur _pas.imp_ nocebar, nocebaris / nocebare, nocebatur, nocebamur, nocebamini, nocebantur _pas.fut_ nocebor, noceberis / nocebere, nocebitur, nocebimur, nocebimini, nocebuntur • **sub** _pre_ noceam, noceas, noceat, noceamus, noceatis, noceant _imp_ nocerem, noceres, noceret, noceremus, noceretis, nocerent _prt_ nocuerim, nocueris, nocuerit, nocuerimus, nocueritis, nocuerint _plu_ nocuissem, nocuisses, nocuisset, nocuissemus, nocuissetis, nocuissent _pas.pre_ nocear, nocearis / noceare,

nolo

noceatur, noceamur, noceamini, noceantur *pas.imp* nocerer, nocereris / nocerere, noceretur, noceremur, noceremini, nocerentur • **imp** *pre* –, noce, –, –, nocete, – *fut* –, noceto, noceto, –, nocetote, nocento *pas.pre* –, nocere, –, –, nocemini, – *pas.fut* –, nocetor, nocetor, –, –, nocentor • **inf** *pre* nocere *prt* nocuisse *fut* nociturus esse *pas.pre* noceri / nocerier *pas.prt* nocitus esse *pas.fut* nocitum iri • **ger** nocere / nocendi / nocendo / nocendum • **sup** nocitum / nocitu • **par** *pre* nocens *prt* – *fut* nociturus *pas.pre* – *pas.prt* nocitus *pas.fut* nocendus

nolo /be unwilling, wish not/ • **ind** *pre* nolo, non vis, non vult, nolumus, non vultis, nolunt *imp* nolebam, nolebas, nolebat, nolebamus, nolebatis, nolebant *prt* nolui, noluisti, noluit, noluimus, noluistis, noluerunt / noluere *fut* nolam, noles, nolet, nolemus, noletis, nolent *plu* nolueram, nolueras, noluerat, nolueramus, nolueratis, noluerant *fpr* noluero, nolueris, noluerit, noluerimus, nolueritis, noluerint *pas.pre* — *pas.imp* — *pas.fut* — • **sub** *pre* nolim, nolis, nolit, nolimus, nolitis, nolint *imp* nollem, nolles, nollet, nollemus, nolletis, nollent *prt* noluerim, nolueris, noluerit, noluerimus, nolueritis, noluerint *plu* noluissem, noluisses, noluisset, noluissemus, noluissetis, noluissent *pas.pre* — *pas.imp* — • **imp** *pre* –, noli, –, –, nolite, – *fut* –, nolito, nolito, –, nolitote, nolunto *pas.pre* — *pas.fut* — • **inf** *pre* nolle *prt* noluisse *fut* – *pas.pre* — *pas.prt* — *pas.fut* — • **ger** - / – / – / – • **sup** - / – • **par** *pre* nolens *prt* – *fut* – *pas.pre* — *pas.prt* — *pas.fut* —

nosco /know, recognize/ • **ind** *pre* nosco, noscis, noscit, noscimus, noscitis, noscunt *imp* noscebam, noscebas, noscebat, noscebamus, noscebatis, noscebant *prt* novi, novisti / nosti, novit, novimus, novistis / nostis, noverunt / novere *fut* noscam, nosces, noscet, noscemus, noscetis, noscent *plu* noveram, noveras, noverat, noveramus, noveratis, noverant *fpr* novero, noveris, noverit, noverimus, noveritis, noverint *pas.pre* noscor, nosceris / noscere, noscitur, noscimur, noscimini, noscuntur *pas.imp* noscebar, noscebaris / noscebare, noscebatur, noscebamur, noscebamini, noscebantur *pas.fut* noscar, nosceris / noscere, noscetur, noscemur, noscemini, noscentur • **sub** *pre* noscam, noscas, noscat, noscamus, noscatis, noscant *imp* noscerem, nosceres, nosceret, nosceremus, nosceretis, noscerent *prt* noverim, noveris, noverit, noverimus, noveritis, noverint *plu* novissem / nossem, novisses / nosses, novisset / nosset, novissemus / nossemus, novissetis / nossetis, novissent / nossent *pas.pre* noscar, noscaris / noscare, noscatur, noscamur, noscamini, noscantur *pas.imp* noscerer, noscereris / noscerere, nosceretur, nosceremur, nosceremini, noscerentur • **imp** *pre* –, nosce, –, –, noscite, – *fut* –, noscito, noscito, –, noscitote, noscunto *pas.pre* –, noscere,

–, –, noscimini, – *pas.fut* –, noscitor, noscitor, –, –, noscuntur • **inf** *pre* noscere *prt* novisse / nosse *fut* noturus esse *pas.pre* nosci *pas.prt* notus esse *pas.fut* notum iri • **ger** noscere / noscendi / noscendo / noscendum • **sup** notum / notu • **par** *pre* noscens *prt* – *fut* noturus *pas.pre* – *pas.prt* notus *pas.fut* noscendus

nubo /cover/ • **ind** *pre* nubo, nubis, nubit, nubimus, nubitis, nubunt *imp* nubebam, nubebas, nubebat, nubebamus, nubebatis, nubebant *prt* nupsi, nupsisti, nupsit, nupsimus, nupsistis, nupserunt / nupsere *fut* nubam, nubes, nubet, nubemus, nubetis, nubent *plu* nupseram, nupseras, nupserat, nupseramus, nupseratis, nupserant *fpr* nupsero, nupseris, nupserit, nupserimus, nupseritis, nupserint *pas.pre* nubor, nuberis / nubere, nubitur, nubimur, nubimini, nubuntur *pas.imp* nubebar, nubebaris / nubebare, nubebatur, nubebamur, nubebamini, nubebantur *pas.fut* nubar, nuberis / nubere, nubetur, nubemur, nubemini, nubentur • **sub** *pre* nubam, nubas, nubat, nubamus, nubatis, nubant *imp* nuberem, nuberes, nuberet, nuberemus, nuberetis, nuberent *prt* nupserim, nupseris, nupserit, nupserimus, nupseritis, nupserint *plu* nupsissem, nupsisses, nupsisset, nupsissemus, nupsissetis, nupsissent *pas.pre* nubar, nubaris / nubare, nubatur, nubamur, nubamini, nubantur *pas.imp* nuberer, nubereris / nuberere, nuberetur, nuberemur, nuberemini, nuberentur • **imp** *pre* –, nube, –, –, nubite, – *fut* –, nubito, nubito, –, nubitote, nubunto *pas.pre* –, nubere, –, –, nubimini, – *pas.fut* –, nubitor, nubitor, –, –, nubuntor • **inf** *pre* nubere *prt* nupsisse *fut* nupturus esse *pas.pre* nubi *pas.prt* nuptus esse *pas.fut* nuptum iri • **ger** nubere / nubendi / nubendo / nubendum • **sup** nuptum / nuptu • **par** *pre* nubens *prt* – *fut* nupturus *pas.pre* – *pas.prt* nuptus *pas.fut* nubendus

O

obliviscor /lose remembrance of/ • **ind** *pre* obliviscor, oblivisceris / obliviscere, obliviscitur, obliviscimur, obliviscimini, obliviscuntur *imp* obliviscebar, obliviscebaris / obliviscebare, obliviscebatur, obliviscebamur, obliviscebamini, obliviscebantur *prt* — *fut* obliviscar, oblivisceris / obliviscere, obliviscetur, obliviscemur, obliviscemini, obliviscentur *plu* — *fpr* — *pas.pre* — *pas.imp* — *pas.fut* — • **sub** *pre* obliviscar, obliviscaris / obliviscare, obliviscatur, obliviscamur, obliviscamini, obliviscantur *imp* obliviscerer, oblivisceraris / obliviscerere, oblivisceretur, oblivisceremur, oblivisceremini, oblivviscerentur *prt* — *plu* — *pas.pre* — *pas.imp*

— • **imp** *pre* –, obliviscere, –, –, obliviscimini, – *fut* –, obliviscitor, obliviscitor, –, –, obliviscuntor *pas.pre* — *pas.fut* — • **inf** *pre* oblivisci *prt* oblitus esse *fut* obliturus esse *pas.pre* – *pas.prt* – *pas.fut* – • **ger** oblivisci / obliviscendi / obliviscendo / obliviscendum • **sup** oblitum / oblitu • **par** *pre* obliviscens *prt* oblitus *fut* obliturus *pas.pre* – *pas.prt* – *pas.fut* obliviscendus

obsto /stand before/ • **ind** *pre* obsto, obstas, obstat, obstamus, obstatis, obstant *imp* obstabam, obstabas, obstabat, obstabamus, obstabatis, obstabant *prt* obstiti, obstitisti, obstitit, obstitimus, obstitistis, obstiterunt / obstitere *fut* obstabo, obstabis, obstabit, obstabimus, obstabitis, obstabunt *plu* obstiteram, obstiteras, obstiterat, obstiteramus, obstiteratis, obstiterant *fpr* obstitero, obstiteris, obstiterit, obstiterimus, obstiteritis, obstiterint *pas.pre* obstor, obstaris / obstare, obstatur, obstamur, obstamini, obstantur *pas.imp* obstabar, obstabaris / obstabare, obstabatur, obstabamur, obstabamini, obstabantur *pas.fut* obstabor, obstaberis / obstabere, obstabitur, obstabimur, obstabimini, obstabuntur • **sub** *pre* obstem, obstes, obstet, obstemus, obstetis, obstent *imp* obstarem, obstares, obstaret, obstaremus, obstaretis, obstarent *prt* obstiterim, obstiteris, obstiterit, obstiterimus, obstiteritis, obstiterint *plu* obstitissem, obstitisses, obstitisset, obstitissemus, obstitissetis, obstitissent *pas.pre* obster, obsteris / obstere, obstetur, obstemur, obstemini, obstentur *pas.imp* obstarer, obstareris / obstarere, obstaretur, obstaremur, obstaremini, obstarentur • **imp** *pre* –, obsta, –, –, obstate, – *fut* –, obstato, obstato, –, obstatote, obstanto *pas.pre* –, obstare, –, –, obstamini, – *pas.fut* –, obstator, obstator, –, –, obstantor • **inf** *pre* obstare *prt* obstitisse *fut* obstaturus esse *pas.pre* obstari *pas.prt* obstatus esse *pas.fut* obstatum iri • **ger** obstare / obstandi / obstando / obstandum • **sup** obstatum / obstatu • **par** *pre* obstans *prt* – *fut* obstaturus *pas.pre* – *pas.prt* obstatus *pas.fut* obstandus

occurro /run to/ • **ind** *pre* occurro, occurris, occurrit, occurrimus, occurritis, occurrunt *imp* occurrebam, occurrebas, occurrebat, occurrebamus, occurrebatis, occurrebant *prt* occurri, occurristi, occurrit, occurrimus, occurristis, occurrerunt / occurrere *fut* occurram, occurres, occurret, occurremus, occurretis, occurrent *plu* occurreram, occurreras, occurrerat, occurreramus, occurreratis, occurrerant *fpr* occurrero, occurreris, occurrerit, occurrerimus, occurreritis, occurrerint *pas.pre* occurror, occurreris / occurrere, occurritur, occurrimur, occurrimini, occurruntur *pas.imp* occurrebar, occurrebaris / occurrebare, occurrebatur, occurrebamur, occurrebamini, occurrebantur *pas.fut* occurrar, occurreris / occurrere, occurretur, occurremur, occurremini, occurrentur • **sub** _pre_ occurram, occurras, occurrat, occurramus, occurratis, occurrant _imp_ occurrerem, occurreres, occurreret, occurreremus, occurreretis, occurrerent _prt_ occurrerim, occurreris, occurrerit, occurrerimus, occurreritis, occurrerint _plu_ occurrissem, occurrisses, occurrisset, occurrissemus, occurrissetis, occurrissent _pas.pre_ occurrar, occurraris / occurrare, occurratur, occurramur, occurramini, occurrantur _pas.imp_ occurrerer, occurrereris / occurrerere, occurreretur, occurreremur, occurreremini, occurrerentur • **imp** _pre_ –, occurre, –, –, occurrite, – _fut_ –, occurrito, occurrito, –, occurritote, occurrunto _pas.pre_ –, occurrere, –, –, occurrimini, – _pas.fut_ –, occurritor, occurritor, –, –, occurruntor • **inf** _pre_ occurrere _prt_ occurrisse _fut_ occursurus esse _pas.pre_ occurri _pas.prt_ occursus esse _pas.fut_ occursum iri • **ger** occurrere / occurrendi / occurrendo / occurrendum • **sup** occursum / occursu • **par** _pre_ occurrens _prt_ – _fut_ occursurus _pas.pre_ – _pas.prt_ occursus _pas.fut_ occurrendus

odi /hate/ • **ind** _pre_ odo, odis, odit, odimus, oditis, odunt _imp_ odebam, odebas, odebat, odebamus, odebatis, odebant _prt_ odi, odisti, odit, odimus, odistis, oderunt / odere _fut_ odam, odes, odet, odemus, odetis, odent _plu_ oderam, oderas, oderat, oderamus, oderatis, oderant _fpr_ odero, oderis, oderit, oderimus, oderitis, oderint _pas.pre_ — _pas.imp_ — _pas.fut_ — • **sub** _pre_ odam, odas, odat, odamus, odatis, odant _imp_ oderem, oderes, oderet, oderemus, oderetis, oderent _prt_ oderim, oderis, oderit, oderimus, oderitis, oderint _plu_ odissem, odisses, odisset, odissemus, odissetis, odissent _pas.pre_ — _pas.imp_ — • **imp** _pre_ –, ode, –, –, odite, – _fut_ –, odito, odito, –, oditote, odunto _pas.pre_ — _pas.fut_ — • **inf** _pre_ odere _prt_ odisse _fut_ osurus esse _pas.pre_ — _pas.prt_ — _pas.fut_ — • **ger** odere / odendi / odendo / odendum • **sup** osum / osu • **par** _pre_ odens _prt_ – _fut_ osurus _pas.pre_ — _pas.prt_ — _pas.fut_ —

offendo /hit, thrust/ • **ind** _pre_ offendo, offendis, offendit, offendimus, offenditis, offendunt _imp_ offendebam, offendebas, offendebat, offendebamus, offendebatis, offendebant _prt_ offendi, offendisti, offendit, offendimus, offendistis, offenderunt / offendere _fut_ offendam, offendes, offendet, offendemus, offendetis, offendent _plu_ offenderam, offenderas, offenderat, offenderamus, offenderatis, offenderant _fpr_ offendero, offenderis, offenderit, offenderimus, offenderitis, offenderint _pas.pre_ offendor, offenderis / offendere, offenditur, offendimur, offendimini, offenduntur _pas.imp_ offendebar, offendebaris / offendebare, offendebatur, offendebamur, offendebamini, offendebantur _pas.fut_ offendar, offenderis / offendere, offendetur, offendemur, offendemini, offendentur • **sub** _pre_ offendam, offendas, offendat, offendamus, offendatis, offendant _imp_ offenderem, offenderes, offenderet, offenderemus, offenderetis, offenderent *prt* offenderim, offenderis, offenderit, offenderimus, offenderitis, offenderint *plu* offendissem, offendisses, offendisset, offendissemus, offendissetis, offendissent *pas.pre* offendar, offendaris / offendare, offendatur, offendamur, offendamini, offendantur *pas.imp* offenderer, offendereris / offenderere, offenderetur, offenderemur, offenderemini, offenderentur • **imp** *pre* –, offende, –, –, offendite, – *fut* –, offendito, offendito, –, offenditote, offendunto *pas.pre* –, offendere, –, –, offendimini, – *pas.fut* –, offenditor, offenditor, –, –, offenduntor • **inf** *pre* offendere *prt* offendisse *fut* offensurus esse *pas.pre* offendi *pas.prt* offensus esse *pas.fut* offensum iri • **ger** offendere / offendendi / offendendo / offendendum • **sup** offensum / offensu • **par** *pre* offendens *prt* – *fut* offensurus *pas.pre* – *pas.prt* offensus *pas.fut* offendendus

offero /bring before, present/ • **ind** *pre* offero, offers, offert, offerimus, offertis, offerunt *imp* offerebam, offerebas, offerebat, offerebamus, offerebatis, offerebant *prt* obtuli, obtulisti, obtulit, obtulimus, obtulistis, obtulerunt / obtulere *fut* offeram, offeres, offeret, offeremus, offeretis, offerent *plu* obtuleram, obtuleras, obtulerat, obtuleramus, obtuleratis, obtulerant *fpr* obtulero, obtuleris, obtulerit, obtulerimus, obtuleritis, obtulerint *pas.pre* offeror, offerris / offerre, offertur, offerimur, offerimini, offeruntur *pas.imp* offerebar, offerebaris / offerebare, offerebatur, offerebamur, offerebamini, offerebantur *pas.fut* offerar, offereris / offerere, offeretur, offeremur, offeremini, offerentur • **sub** *pre* offeram, offeras, offerat, offeramus, offeratis, offerant *imp* offerrem, offerres, offerret, offerremus, offerretis, offerrent *prt* obtulerim, obtuleris, obtulerit, obtulerimus, obtuleritis, obtulerint *plu* obtulissem, obtulisses, obtulisset, obtulissemus, obtulissetis, obtulissent *pas.pre* offerar, offeraris / offerare, offeratur, offeramur, offeramini, offerantur *pas.imp* offerrer, offerreris / offerrere, offerretur, offerremur, offerremini, offerrentur • **imp** *pre* –, offer, –, –, offerte, – *fut* –, offerto, offerto, –, offertote, offerunto *pas.pre* –, offerre, –, –, offerimini, – *pas.fut* –, offertor, offertor, –, –, offeruntor • **inf** *pre* offerre *prt* obtulisse *fut* oblaturus esse *pas.pre* offerri *pas.prt* oblatus esse *pas.fut* oblatum iri • **ger** offerre / offerendi / offerendo / offerendum • **sup** oblatum / oblatu • **par** *pre* offerens *prt* – *fut* oblaturus *pas.pre* – *pas.prt* oblatus *pas.fut* offerendus

oportet /it is necessary, proper/ • **ind** *pre* –, –, oportet, –, –, – *imp* –, –, oportebat, –, –, – *prt* –, –, oportuit, –, –, – *fut* –, –, oportebit, –, –, – *plu* –, –, oportuerat, –, –, – *fpr* –, –, oportuerit, –, –, – *pas.pre* — *pas.imp* — *pas.fut* — • **sub** *pre* –, –, oporteat, –, –, – *imp* –, –, oporteret, –, –, – *prt* –, –, oportuerit, –, –, – *plu* –, –, oportuisset, –, –,

130

– _pas.pre_ — _pas.imp_ — • **imp** _pre_ –, –, –, –, –, – _fut_ –, –, oporteto, –, –, – _pas.pre_ — _pas.fut_ — • **inf** _pre_ oportere _prt_ oportuisse _fut_ – _pas.pre_ — _pas.prt_ — _pas.fut_ — • **ger** oportere / oportendi / oportendo / oportendum • **sup** – / – • **par** _pre_ oportens _prt_ – _fut_ – _pas.pre_ — _pas.prt_ — _pas.fut_ —

opprimo /press down upon/ • **ind** _pre_ opprimo, opprimis, opprimit, opprimimus, opprimitis, opprimunt _imp_ opprimebam, opprimebas, opprimebat, opprimebamus, opprimebatis, opprimebant _prt_ oppressi, oppressisti, oppressit, oppressimus, oppressistis, oppresserunt / oppressere _fut_ opprimam, opprimes, opprimet, opprimemus, opprimetis, oppriment _plu_ oppresseram, oppresseras, oppresserat, oppresseramus, oppresseratis, oppresserant _fpr_ oppressero, oppresseris, oppresserit, oppresserimus, oppresseritis, oppresserint _pas.pre_ opprimor, opprimeris / opprimere, opprimitur, opprimimur, opprimimini, opprimuntur _pas.imp_ opprimebar, opprimebaris / opprimebare, opprimebatur, opprimebamur, opprimebamini, opprimebantur _pas.fut_ opprimar, opprimeris / opprimere, opprimetur, opprimemur, opprimemini, opprimentur • **sub** _pre_ opprimam, opprimas, opprimat, opprimamus, opprimatis, opprimant _imp_ opprimerem, opprimeres, opprimeret, opprimeremus, opprimeretis, opprimerent _prt_ oppresserim, oppresseris, oppresserit, oppresserimus, oppresseritis, oppresserint _plu_ oppressissem, oppressisses, oppressisset, oppressissemus, oppressissetis, oppressissent _pas.pre_ opprimar, opprimaris / opprimare, opprimatur, opprimamur, opprimamini, opprimantur _pas.imp_ opprimerer, opprimereris / opprimerere, opprimeretur, opprimeremur, opprimeremini, opprimerentur • **imp** _pre_ –, opprime, –, –, opprimite, – _fut_ –, opprimito, opprimito, –, opprimitote, opprimunto _pas.pre_ –, opprimere, –, –, opprimimini, – _pas.fut_ –, opprimitor, opprimitor, –, –, oppriumuntor • **inf** _pre_ opprimere _prt_ oppressisse _fut_ oppressurus esse _pas.pre_ opprimi _pas.prt_ oppressus esse _pas.fut_ oppressum iri • **ger** opprimere / opprimendi / opprimendo / opprimendum • **sup** oppressum / oppressu • **par** _pre_ opprimens _prt_ – _fut_ oppressurus _pas.pre_ – _pas.prt_ oppressus _pas.fut_ opprimendus

orior /rise/ • **ind** _pre_ orior, oriris / orire, oritur, orimur, orimini, oriuntur _imp_ oriebar, oriebaris / oriebare, oriebatur, oriebamur, oriebamini, oriebantur _prt_ — _fut_ oriar, orieris / oriere, orietur, oriemur, oriemini, orientur _plu_ — _fpr_ — _pas.pre_ — _pas.imp_ — _pas.fut_ — • **sub** _pre_ oriar, oriaris / oriare, oriatur, oriamur, oriamini, oriantur _imp_ orirer, orireris / orirere, oriretur, oriremur, oriremini, orirentur _prt_ — _plu_ — _pas.pre_ — _pas.imp_ — • **imp** _pre_ –, orire, –, –, orimini, – _fut_ –, oritor, oritor, –, –, oriuntor _pas.pre_ — _pas.fut_ — • **inf** _pre_ oriri _prt_ ortus esse _fut_ oriturus esse _pas.pre_ — _pas.prt_ — _pas.fut_ • **ger** oriri / oriendi / oriendo / oriendum • **sup** ortum / ortu • **par** _pre_ oriens _prt_ ortus _fut_ oriturus _pas.pre_ — _pas.prt_ — _pas.fut_ oriendus

ostendo /expose view, exhibit/ • **ind** _pre_ ostendo, ostendis, ostendit, ostendimus, ostenditis, ostendunt _imp_ ostendebam, ostendebas, ostendebat, ostendebamus, ostendebatis, ostendebant _prt_ ostendi, ostendisti, ostendit, ostendimus, ostendistis, ostenderunt / ostendere _fut_ ostendam, ostendes, ostendet, ostendemus, ostendetis, ostendent _plu_ ostenderam, ostenderas, ostenderat, ostenderamus, ostenderatis, ostenderant _fpr_ ostendero, ostenderis, ostenderit, ostenderimus, ostenderitis, ostenderint _pas.pre_ ostendor, ostenderis / ostendere, ostenditur, ostendimur, ostendimini, ostenduntur _pas.imp_ ostendebar, ostendebaris / ostendebare, ostendebatur, ostendebamur, ostendebamini, ostendebantur _pas.fut_ ostendar, ostenderis / ostendere, ostendetur, ostendemur, ostendemini, ostendentur • **sub** _pre_ ostendam, ostendas, ostendat, ostendamus, ostendatis, ostendant _imp_ ostenderem, ostenderes, ostenderet, ostenderemus, ostenderetis, ostenderent _prt_ ostenderim, ostenderis, ostenderit, ostenderimus, ostenderitis, ostenderint _plu_ ostendissem, ostendisses, ostendisset, ostendissemus, ostendissetis, ostendissent _pas.pre_ ostendar, ostendaris / ostendare, ostendatur, ostendamur, ostendamini, ostendantur _pas.imp_ ostenderer, ostendereris / ostenderere, ostenderetur, ostenderemur, ostenderemini, ostenderentur • **imp** _pre_ —, ostende, —, —, ostendite, — _fut_ —, ostendito, ostendito, —, ostenditote, ostendunto _pas.pre_ —, ostendere, —, —, ostendimini, — _pas.fut_ —, ostenditor, ostenditor, —, —, ostenduntor • **inf** _pre_ ostendere _prt_ ostendisse _fut_ ostenturus esse _pas.pre_ ostendi _pas.prt_ ostentus esse _pas.fut_ ostentum iri • **ger** ostendere / ostendendi / ostendendo / ostendendum • **sup** ostentum / ostentu • **par** _pre_ ostendens _prt_ — _fut_ ostenturus _pas.pre_ — _pas.prt_ ostentus _pas.fut_ ostendendus

P

paciscor /make a bargain, contract, agreement with/ • **ind** _pre_ paciscor, pacisceris / paciscere, paciscitur, paciscimur, paciscimini, paciscuntur _imp_ paciscebar, paciscebaris / paciscebare, paciscebatur, paciscebamur, paciscebamini, paciscebantur _prt_ — _fut_ paciscar, pacisceris / paciscere, paciscetur, paciscemur, paciscemini, paciscentur _plu_ — _fpr_ — _pas.pre_ — _pas.imp_ — _pas.fut_ — • **sub** _pre_ paciscar, paciscaris / paciscare, paciscatur, paciscamur, paciscamini, paciscantur _imp_ paciscerer, paciscereris / pacisccerere, pacisceretur, paciscceremur, paciscceremini, paciscerentur *prt* — *plu* — *pas.pre* — *pas.imp* — • **imp** *pre* –, paciscere, –, –, paciscimini, – *fut* –, paciscitor, paciscitor, –, –, pacisccuntor *pas.pre* — *pas.fut* — • **inf** *pre* pacisci *prt* pactus esse *fut* pacturus esse *pas.pre* – *pas.prt* – *pas.fut* – • **ger** pacisci / paciscendi / paciscendo / paciscendum • **sup** pactum / pactu • **par** *pre* paciscens *prt* pactus *fut* pacturus *pas.pre* – *pas.prt* – *pas.fut* paciscendus

pareo /appear, am visible/ • **ind** *pre* pareo, pares, paret, paremus, paretis, parent *imp* parebam, parebas, parebat, parebamus, parebatis, parebant *prt* parui, paruisti, paruit, paruimus, paruistis, paruerunt / paruere *fut* parebo, parebis, parebit, parebimus, parebitis, parebunt *plu* parueram, parueras, paruerat, parueramus, parueratis, paruerant *fpr* paruero, parueris, paruerit, paruerimus, parueritis, paruerint *pas.pre* –, –, paretur, –, –, –, *pas.imp* –, –, parebatur, –, –, – *pas.fut* –, –, parebitur, –, –, – • **sub** *pre* paream, pareas, pareat, pareamus, pareatis, pareant *imp* parerem, pareres, pareret, pareremus, pareretis, parerent *prt* paruerim, parueris, paruerit, paruerimus, parueritis, paruerint *plu* paruissem, paruisses, paruisset, paruissemus, paruissetis, paruissent *pas.pre* –, –, pareatur, –, –, – *pas.imp* –, –, pareretur, –, –, – • **imp** *pre* –, pare, –, –, parete, – *fut* –, pareto, pareto, –, paretote, parento *pas.pre* — *pas.fut* — • **inf** *pre* parere *prt* paruisse *fut* pariturus esse *pas.pre* pareri *pas.prt* paritum esse *pas.fut* – • **ger** parere / parendi / parendo / parendum • **sup** paritum / paritu • **par** *pre* parens *prt* – *fut* pariturus *pas.pre* – *pas.prt* *pas.fut* parendus

pario /bear/ • **ind** *pre* –, Please see the discussion on Requests for cleanup(+) for more information and remove this template after the problem has been dealt with., pario, paris, parit, parimus *imp* paritis, pariunt, pariebam, pariebas, pariebat, pariebamus *prt* parietis, parient, peperi, peperisti, peperit, peperimus *fut* pariebatis, pariebant, pariam, paries, pariet, pariemus *plu* peperistis, pepererunt / peperere, pepereram, pepereras, pepererat, pepereramus *fpr* peperetatis, peperatem, peperero, pepereris, pepererit, pepererimus *pas.pre* pepereritis, pepererint, parior, pareris / parere, paritur, parimur *pas.imp* parimini, pariuntur, pariebar, pariebaris / pariebare, pariebatur, pariebamur *pas.fut* pariebamini, pariebantur, pariar, parieris / pariere, parietur, pariemur • **sub** *pre* pariemini, parientur, pariam, parias, pariat, pariamus *imp* pariatis, pariant, parerem, pareres, pareret, pareremus *prt* pareretis, parerent, pepererim, pepereris, pepererit, pepererimus *plu* pepereritis, pepererint, peperissem, peperisses, peperisset, peperissemus *pas.pre* peperissetis, peperissent, pariar, pariaris / pariare, pariatur, pariamur *pas.imp*

133

pariamini, pariantur, parerer, parereris / parerere, pareretur, pareremur
• **imp** *pre* –, parerentur, –, –, –, – *fut* –, –, –, –, parito, – *pas.pre* –, pariunto, –, –, –, – *pas.fut* –, –, –, –, paritor, – • **inf** *pre* – *prt* pariuntor *fut* parere *pas.pre* peperisse *pas.prt* parturus esse *pas.fut* pari • **ger** partus / pariendus / parere / pariendi • **sup** pariendo / pariendum • **par** *pre* partus esse *prt* partum iri *fut* pariens *pas.pre* – *pas.prt* parturus *pas.fut* –

pasco /feed, nourish/ • **ind** *pre* pasco, pascis, pascit, pascimus, pascitis, pascunt *imp* pascebam, pascebas, pascebat, pascebamus, pascebatis, pascebant *prt* pavi, pavisti / pasti, pavit, pavimus, pavistis / pastis, paverunt / pavere *fut* pascam, pasces, pascet, pascemus, pascetis, pascent *plu* paveram, paveras, paverat, paveramus, paveratis, paverant *fpr* pavero, paveris, paverit, paverimus, paveritis, paverint *pas.pre* pascor, pasceris / pascere, pascitur, pascimur, pascimini, pascuntur *pas.imp* pascebar, pascebaris / pascebare, pascebatur, pascebamur, pascebamini, pascebantur *pas.fut* pascar, pasceris / pascere, pascetur, pascemur, pascemini, pascentur • **sub** *pre* pascam, pascas, pascat, pascamus, pascatis, pascant *imp* pascerem, pasceres, pasceret, pasceremus, pasceretis, pascerent *prt* paverim, paveris, paverit, paverimus, paveritis, paverint *plu* pavissem / passem, pavisses / passes, pavisset / passet, pavissemus / passemus, pavissetis / passetis, pavissent / passent *pas.pre* pascar, pascaris / pascare, pascatur, pascamur, pascamini, pascantur *pas.imp* pascerer, pascereris / pascerere, pasceretur, pasceremur, pasceremini, pascerentur • **imp** *pre* –, pasce, –, –, pascite, – *fut* –, pascito, pascito, –, pascitote, pascunto *pas.pre* –, pascere, –, –, pascimini, – *pas.fut* –, pascitor, pascitor, –, –, pascuntor • **inf** *pre* pascere *prt* pavisse / passe *fut* pasturus esse *pas.pre* pasci *pas.prt* pastus esse *pas.fut* pastum iri • **ger** pascere / pascendi / pascendo / pascendum • **sup** pastum / pastu • **par** *pre* pascens *prt* – *fut* pasturus *pas.pre* – *pas.prt* pastus *pas.fut* pascendus

pateo /be accessible/ • **ind** *pre* pateo, pates, patet, patemus, patetis, patent *imp* patebam, patebas, patebat, patebamus, patebatis, patebant *prt* patui, patuisti, patuit, patuimus, patuistis, patuerunt / patuere *fut* patebo, patebis, patebit, patebimus, patebitis, patebunt *plu* patueram, patueras, patuerat, patueramus, patueratis, patuerant *fpr* patuero, patueris, patuerit, patuerimus, patueritis, patuerint *pas.pre* — *pas.imp* — *pas.fut* — • **sub** *pre* pateam, pateas, pateat, pateamus, pateatis, pateant *imp* paterem, pateres, pateret, pateremus, pateretis, paterent *prt* patuerim, patueris, patuerit, patuerimus, patueritis, patuerint *plu* patuissem, patuisses, patuisset, patuissemus, patuissetis, patuissent *pas.pre* — *pas.imp* — • **imp** *pre* –, pate, –, –, patete, – *fut* –, pateto, pateto, –, patetote, patento _pas.pre_ — _pas.fut_ — • **inf** _pre_ patere _prt_ patuisse _fut_ – _pas.pre_ — _pas.prt_ — _pas.fut_ — • **ger** patere / patendi / patendo / patendum • **sup** – / – • **par** _pre_ patens _prt_ – _fut_ – _pas.pre_ — _pas.prt_ — _pas.fut_ —

patior /suffer/ • **ind** _pre_ patior, pateris / patere, patitur, patimur, patimini, patiuntur _imp_ patiebar, patiebaris / patiebare, patiebatur, patiebamur, patiebamini, patiebantur _prt_ — _fut_ patiar, patieris / patiere, patietur, patiemur, patiemini, patientur _plu_ — _fpr_ — _pas.pre_ — _pas.imp_ — _pas.fut_ — • **sub** _pre_ patiar, patiaris / patiare, patiatur, patiamur, patiamini, patiantur _imp_ paterer, patereris / paterere, pateretur, pateremur, pateremini, paterentur _prt_ — _plu_ — _pas.pre_ — _pas.imp_ — • **imp** _pre_ –, patere, –, –, patimini, – _fut_ –, patitor, patitor, –, –, patiuntor _pas.pre_ — _pas.fut_ — • **inf** _pre_ pati _prt_ passus esse _fut_ passurus esse _pas.pre_ – _pas.prt_ – _pas.fut_ – • **ger** pati / patiendi / patiendo / patiendum • **sup** passum / passu • **par** _pre_ patiens _prt_ passus _fut_ passurus _pas.pre_ – _pas.prt_ – _pas.fut_ patiendus

pello /push, drive/ • **ind** _pre_ pello, pellis, pellit, pellimus, pellitis, pellunt _imp_ pellebam, pellebas, pellebat, pellebamus, pellebatis, pellebant _prt_ pepuli, pepulisti, pepulit, pepulimus, pepulistis, pepulerunt / pepulere _fut_ pellam, pelles, pellet, pellemus, pelletis, pellent _plu_ pepuleram, pepuleras, pepulerat, pepuleramus, pepuleratis, pepulerant _fpr_ pepulero, pepuleris, pepulerit, pepulerimus, pepuleritis, pepulerint _pas.pre_ pellor, pelleris / pellere, pellitur, pellimur, pellimini, pelluntur _pas.imp_ pellebar, pellebaris / pellebare, pellebatur, pellebamur, pellebamini, pellebantur _pas.fut_ pellar, pelleris / pellere, pelletur, pellemur, pellemini, pellentur • **sub** _pre_ pellam, pellas, pellat, pellamus, pellatis, pellant _imp_ pellerem, pelleres, pelleret, pelleremus, pelleretis, pellerent _prt_ pepulerim, pepuleris, pepulerit, pepulerimus, pepuleritis, pepulerint _plu_ pepulissem, pepulisses, pepulisset, pepulissemus, pepulissetis, pepulissent _pas.pre_ pellar, pellaris / pellare, pellatur, pellamur, pellamini, pellantur _pas.imp_ pellerer, pellereris / pellerere, pelleretur, pelleremur, pelleremini, pellerentur • **imp** _pre_ –, pelle, –, –, pellite, – _fut_ –, pellito, pellito, –, pellitote, pellunto _pas.pre_ –, pellere, –, –, pellimini, – _pas.fut_ –, pellitor, pellitor, –, –, pelluntor • **inf** _pre_ pellere _prt_ pepulisse _fut_ pulsurus esse _pas.pre_ pelli _pas.prt_ pulsus esse _pas.fut_ pulsum iri • **ger** pellere / pellendi / pellendo / pellendum • **sup** pulsum / pulsu • **par** _pre_ pellens _prt_ – _fut_ pulsurus _pas.pre_ – _pas.prt_ pulsus _pas.fut_ pellendus

pendeo /hang, be suspended/ • **ind** _pre_ pendeo, pendes, pendet, pendemus, pendetis, pendent _imp_ pendebam, pendebas, pendebat, pendebamus, pendebatis, pendebant _prt_ pependi, pependisti, pependit, pe-

pendo

pendimus, pependistis, pependerunt / pependere *fut* pendebo, pendebis, pendebit, pendebimus, pendebitis, pendebunt *plu* pependeram, pependeras, pependerat, pependeramus, pependeratis, pependerant *fpr* pependero, pependeris, pependerit, pependerimus, pependeritis, pependerint *pas.pre* — *pas.imp* — *pas.fut* — • **sub** *pre* pendeam, pendeas, pendeat, pendeamus, pendeatis, pendeant *imp* penderem, penderes, penderet, penderemus, penderetis, penderent *prt* pependerim, pependeris, pependerit, pependerimus, pependeritis, pependerint *plu* pependissem, pependisses, pependisset, pependissemus, pependissetis, pependissent *pas.pre* — *pas.imp* — • **imp** *pre* –, pende, –, –, pendete, – *fut* –, pendeto, pendeto, –, pendetote, pendento *pas.pre* — *pas.fut* — • **inf** *pre* pendere *prt* pependisse *fut* – *pas.pre* — *pas.prt* — *pas.fut* — • **ger** pendere / pendendi / pendendo / pendendum • **sup** – / – • **par** *pre* pendens *prt* – *fut* – *pas.pre* — *pas.prt* — *pas.fut* —

pendo /suspend/ • **ind** *pre* pendo, pendis, pendit, pendimus, penditis, pendunt *imp* pendebam, pendebas, pendebat, pendebamus, pendebatis, pendebant *prt* pependi, pependisti, pependit, pependimus, pependistis, pependerunt / pependere *fut* pendam, pendes, pendet, pendemus, pendetis, pendent *plu* pependeram, pependeras, pependerat, pependeramus, pependeratis, pependerant *fpr* pependero, pependeris, pependerit, pependerimus, pependeritis, pependerint *pas.pre* pendor, penderis / pendere, penditur, pendimur, pendimini, penduntur *pas.imp* pendebar, pendebaris / pendebare, pendebatur, pendebamur, pendebamini, pendebantur *pas.fut* pendar, penderis / pendere, pendetur, pendemur, pendemini, pendentur • **sub** *pre* pendam, pendas, pendat, pendamus, pendatis, pendant *imp* penderem, penderes, penderet, penderemus, penderetis, penderent *prt* pependerim, pependeris, pependerit, pependerimus, pependeritis, pependerint *plu* pependissem, pependisses, pependisset, pependissemus, pependissetis, pependissent *pas.pre* pendar, pendaris / pendare, pendatur, pendamur, pendamini, pendantur *pas.imp* penderer, pendereris / penderere, penderetur, penderemur, penderemini, penderentur • **imp** *pre* –, pende, –, –, pendite, – *fut* –, pendito, pendito, –, penditote, pendunto *pas.pre* –, pendere, –, –, pendimini, – *pas.fut* –, penditor, penditor, –, –, penduntor • **inf** *pre* pendere *prt* pependisse *fut* pensurus esse *pas.pre* pendi *pas.prt* pensus esse *pas.fut* pensum iri • **ger** pendere / pendendi / pendendo / pendendum • **sup** pensum / pensu • **par** *pre* pendens *prt* – *fut* pensurus *pas.pre* – *pas.prt* pensus *pas.fut* pendendus

penso /ponder, consider/ • **ind** *pre* penso, pensas, pensat, pensamus, pensatis, pensant *imp* pensabam, pensabas, pensabat, pensabamus, pensabatis, pensabant *prt* pensavi, pensavisti, pensavit, pensavimus, pensavistis, pensaverunt / pensavere *fut* pensabo, pensabis, pensabit, pensabimus, pensabitis, pensabunt *plu* pensaveram, pensaveras, pensaverat, pensaveramus, pensaveratis, pensaverant *fpr* pensavero, pensaveris, pensaverit, pensaverimus, pensaveritis, pensaverint *pas.pre* pensor, pensaris / pensare, pensatur, pensamur, pensamini, pensantur *pas.imp* pensabar, pensabaris / pensabare, pensabatur, pensabamur, pensabamini, pensabantur *pas.fut* pensabor, pensaberis / pensabere, pensabitur, pensabimur, pensabimini, pensabuntur • **sub** *pre* pensem, penses, penset, pensemus, pensetis, pensent *imp* pensarem, pensares, pensaret, pensaremus, pensaretis, pensarent *prt* pensaverim, pensaveris, pensaverit, pensaverimus, pensaveritis, pensaverint *plu* pensavissem, pensavisses, pensavisset, pensavissemus, pensavissetis, pensavissent *pas.pre* penser, penseris / pensere, pensetur, pensemur, pensemini, pensentur *pas.imp* pensarer, pensareris / pensarere, pensaretur, pensaremur, pensaremini, pensarentur • **imp** *pre* –, pensa, –, –, pensate, – *fut* –, pensato, pensato, –, pensatote, pensanto *pas.pre* –, pensare, –, –, pensamini, – *pas.fut* –, pensator, pensator, –, –, pensantor • **inf** *pre* pensare *prt* pensavisse *fut* pensaturus esse *pas.pre* pensari *pas.prt* pensatus esse *pas.fut* pensatum iri • **ger** pensare / pensandi / pensando / pensandum • **sup** pensatum / pensatu • **par** *pre* pensans *prt* – *fut* pensaturus *pas.pre* – *pas.prt* pensatus *pas.fut* pensandus

percello /beat down, overturn, upset/ • **ind** *pre* percello, percellis, percellit, percellimus, percellitis, percellunt *imp* percellebam, percellebas, percellebat, percellebamus, percellebatis, percellebant *prt* perculi, perculisti, perculit, perculimus, perculistis, perculerunt / perculere *fut* percellam, percelles, percellet, percellemus, percelletis, percellent *plu* perculeram, perculeras, perculerat, perculeramus, perculeratis, perculerant *fpr* perculero, perculeris, perculerit, perculerimus, perculeritis, perculerint *pas.pre* percellor, percelleris / percellere, percellitur, percellimur, percellimini, percelluntur *pas.imp* percellebar, percellebaris / percellebare, percellebatur, percellebamur, percellebamini, percellebantur *pas.fut* percellar, percelleris / percellere, percelletur, percellemur, percellemini, percellentur • **sub** *pre* percellam, percellas, percellat, percellamus, percellatis, percellant *imp* percellerem, percelleres, percelleret, percelleremus, percelleretis, percellerent *prt* perculerim, perculeris, perculerit, perculerimus, perculeritis, perculerint *plu* perculissem, perculisses, perculisset, perculissemus, perculissetis, perculissent *pas.pre* percellar, percellaris / percellare, percellatur, percellamur, percellamini, percellantur *pas.imp* percellerer, percellereris / percellerere, percelleretur, percelleremur, percelleremini, percellerentur • **imp** *pre* –, percelle,

–, –, percellite, – *fut* –, percellito, percellito, –, percellitote, percellunto *pas.pre* –, percellere, –, –, percellimini, – *pas.fut* –, percellitor, percellitor, –, –, percelluntor • **inf** *pre* percellere *prt* perculisse *fut* perculsurus esse *pas.pre* percelli *pas.prt* perculsus esse *pas.fut* perculsum iri • **ger** percellere / percellendi / percellendo / percellendum • **sup** perculsum / perculsu • **par** *pre* percellens *prt* – *fut* perculsurus *pas.pre* – *pas.prt* perculsus *pas.fut* percellendus

perdecipio /deceive utterly/ • **ind** *pre* perdecipio, perdecipis, perdecipit, perdecipimus, perdecipitis, perdecipiunt *imp* perdecipiebam, perdecipiebas, perdecipiebat, perdecipiebamus, perdecipiebatis, perdecipiebant *prt* perdecepi, perdecepisti, perdecepit, perdecepimus, perdecepistis, perdeceperunt / perdecepere *fut* perdecipiam, perdecipies, perdecipiet, perdecipiemus, perdecipietis, perdecipient *plu* perdeceperam, perdeceperas, perdeceperat, perdeceperamus, perdeceperatis, perdeceperant *fpr* perdecepero, perdeceperis, perdeceperit, perdeceperimus, perdeceperitis, perdeceperint *pas.pre* perdecipior, perdeciperis / perdecipere, perdecipitur, perdecipimur, perdecipimini, perdecipiuntur *pas.imp* perdecipiebar, perdecipiebaris / perdecipiebare, perdecipiebatur, perdecipiebamur, perdecipiebamini, perdecipiebantur *pas.fut* perdecipiar, perdecipieris / perdecipiere, perdecipietur, perdecipiemur, perdecipiemini, perdecipientur • **sub** *pre* perdecipiam, perdecipias, perdecipiat, perdecipiamus, perdecipiatis, perdecipiant *imp* perdeciperem, perdeciperes, perdeciperet, perdeciperemus, perdeciperetis, perdeciperent *prt* perdeceperim, perdeceperis, perdeceperit, perdeceperimus, perdeceperitis, perdeceperint *plu* perdecepissem, perdecepisses, perdecepisset, perdecepissemus, perdecepissetis, perdecepissent *pas.pre* perdecipiar, perdecipiaris / perdecipiare, perdecipiatur, perdecipiamur, perdecipiamini, perdecipiantur *pas.imp* perdeciperer, perdecipereris / perdeciperere, perdeciperetur, perdeciperemur, perdeciperemini, perdeciperentur • **imp** *pre* –, perdecipe, –, –, perdecipite, – *fut* –, perdecipito, perdecipito, –, perdecipitote, perdecipiunto *pas.pre* –, perdecipere, –, –, perdecipimini, – *pas.fut* –, perdecipitor, perdecipitor, –, –, perdecipiuntor • **inf** *pre* perdecipere *prt* perdecepisse *fut* perdecepturus esse *pas.pre* perdecipi *pas.prt* perdeceptus esse *pas.fut* perdeceptum iri • **ger** perdecipere / perdecipiendi / perdecipiendo / perdecipiendum • **sup** perdeceptum / perdeceptu • **par** *pre* perdecipiens *prt* – *fut* perdecepturus *pas.pre* – *pas.prt* perdeceptus *pas.fut* perdecipiendus

perdoleo /feel great pain/ • **ind** *pre* perdoleo, perdoles, perdolet, perdolemus, perdoletis, perdolent *imp* perdolebam, perdolebas, perdolebat, perdolebamus, perdolebatis, perdolebant *prt* perdolui, perdoluisti, perdoluit, perdoluimus, perdoluistis, perdoluerunt / perdoluere *fut* perdolebo, perdolebis, perdolebit, perdolebimus, perdolebitis, perdolebunt *plu* perdolueram, perdolueras, perdoluerat, perdolueramus, perdolueratis, perdoluerant *fpr* perdoluero, perdolueris, perdoluerit, perdoluerimus, perdolueritis, perdoluerint *pas.pre* — *pas.imp* — *pas.fut* — • **sub** *pre* perdoleam, perdoleas, perdoleat, perdoleamus, perdoleatis, perdoleant *imp* perdolerem, perdoleres, perdoleret, perdoleremus, perdoleretis, perdolerent *prt* perdoluerim, perdolueris, perdoluerit, perdoluerimus, perdolueritis, perdoluerint *plu* perdoluissem, perdoluisses, perdoluisset, perdoluissemus, perdoluissetis, perdoluissent *pas.pre* — *pas.imp* — • **imp** *pre* –, perdole, –, –, perdolete, – *fut* –, perdoleto, perdoleto, –, perdoletote, perdolento *pas.pre* — *pas.fut* — • **inf** *pre* perdolere *prt* perdoluisse *fut* – *pas.pre* — *pas.prt* — *pas.fut* — • **ger** perdolere / perdolendi / perdolendo / perdolendum • **sup** – / – • **par** *pre* perdolens *prt* – *fut* – *pas.pre* — *pas.prt* — *pas.fut* —

pereo /vanish, disappear/ • **ind** *pre* pereo, peris, perit, perimus, peritis, pereunt *imp* peribam, peribas, peribat, peribamus, peribatis, peribant *prt* perii / perivi, peristi / perivisti, periit / perivit, periimus, peristis, perierunt / periere *fut* peribo, peribis, peribit, peribimus, peribitis, peribunt *plu* perieram, perieras, perierat, perieramus, perieratis, perierant *fpr* periero, perieris, perierit, perierimus, perieritis, perierint *pas.pre* –, –, peritur, –, –, – *pas.imp* –, –, peribatur, –, –, – *pas.fut* –, –, peribitur, –, –, – • **sub** *pre* peream, pereas, pereat, pereamus, pereatis, pereant *imp* perirem, perires, periret, periremus, periretis, perirent *prt* perierim, perieris, perierit, perierimus, perieritis, perierint *plu* perissem, perisses, perisset, perissemus, perissetis, perissent *pas.pre* –, –, pereatur, –, –, – *pas.imp* –, –, periretur, –, –, – • **imp** *pre* –, peri, –, –, perite, – *fut* –, perito, perito, –, peritote, pereunto *pas.pre* — *pas.fut* — • **inf** *pre* perire *prt* perisse *fut* periturus esse *pas.pre* periri *pas.prt* itum esse *pas.fut* – • **ger** perire / pereundi / pereundo / pereundum • **sup** peritum / peritu • **par** *pre* periens *prt* – *fut* periturus *pas.pre* – *pas.prt* *pas.fut* pereundus

perficio /finish/ • **ind** *pre* perficio, perficis, perficit, perficimus, perficitis, perficiunt *imp* perficiebam, perficiebas, perficiebat, perficiebamus, perficiebatis, perficiebant *prt* perfeci, perfecisti, perfecit, perfecimus, perfecistis, perfecerunt / perfecere *fut* perficiam, perficies, perficiet, perficiemus, perficietis, perficient *plu* perfeceram, perfeceras, perfecerat, perfeceramus, perfeceratis, perfecerant *fpr* perfecero, perfeceris, perfecerit, perfecerimus, perfeceritis, perfecerint *pas.pre* perficior, perficeris / perficere, perficitur, perficimur, perficimini, perficiuntur *pas.imp* perfi-

pergo

ciebar, perficiebaris / perficiebare, perficiebatur, perficiebamur, perficiebamini, perficiebantur *pas.fut* perficiar, perficieris / perficiere, perficietur, perficiemur, perficiemini, perficientur • **sub** *pre* perficiam, perficias, perficiat, perficiamus, perficiatis, perficiant *imp* perficerem, perficeres, perficeret, perficeremus, perficeretis, perficerent *prt* perfecerim, perfeceris, perfecerit, perfecerimus, perfeceritis, perfecerint *plu* perfecissem, perfecisses, perfecisset, perfecissemus, perfecissetis, perfecissent *pas.pre* perficiar, perficiaris / perficiare, perficiatur, perficiamur, perficiamini, perficiantur *pas.imp* perficerer, perficereris / perficerere, perficeretur, perficeremur, perficeremini, perficerentur • **imp** *pre* –, perfice, –, –, perficite, – *fut* –, perficito, perficito, –, perficitote, perficiunto *pas.pre* –, perficere, –, –, perficimini, – *pas.fut* –, perficitor, perficitor, –, –, perficiuntor • **inf** *pre* perficere *prt* perfecisse *fut* perfecturus esse *pas.pre* perfici *pas.prt* perfectus esse *pas.fut* perfectum iri • **ger** perficere / perficiendi / perficiendo / perficiendum • **sup** perfectum / perfectu • **par** *pre* perficiens *prt* – *fut* perfecturus *pas.pre* – *pas.prt* perfectus *pas.fut* perficiendus

pergo /go on, proceed/ • **ind** *pre* pergo, pergis, pergit, pergimus, pergitis, pergunt *imp* pergebam, pergebas, pergebat, pergebamus, pergebatis, pergebant *prt* perrexi, perrexisti, perrexit, perreximus, perrexistis, perrexerunt / perrexere *fut* pergam, perges, perget, pergemus, pergetis, pergent *plu* perrexeram, perrexeras, perrexerat, perrexeramus, perrexeratis, perrexerant *fpr* perrexero, perrexeris, perrexerit, perrexerimus, perrexeritis, perrexerint *pas.pre* pergor, pergeris / pergere, pergitur, pergimur, pergimini, perguntur *pas.imp* pergebar, pergebaris / pergebare, pergebatur, pergebamur, pergebamini, pergebantur *pas.fut* pergar, pergeris / pergere, pergetur, pergemur, pergemini, pergentur • **sub** *pre* pergam, pergas, pergat, pergamus, pergatis, pergant *imp* pergerem, pergeres, pergeret, pergeremus, pergeretis, pergerent *prt* perrexerim, perrexeris, perrexerit, perrexerimus, perrexeritis, perrexerint *plu* perrexissem, perrexisses, perrexisset, perrexissemus, perrexissetis, perrexissent *pas.pre* pergar, pergaris / pergare, pergatur, pergamur, pergamini, pergantur *pas.imp* pergerer, pergereris / pergerere, pergeretur, pergeremur, pergeremini, pergerentur • **imp** *pre* –, perge, –, –, pergite, – *fut* –, pergito, pergito, –, pergitote, pergunto *pas.pre* –, pergere, –, –, pergimini, – *pas.fut* –, pergitor, pergitor, –, –, perguntor • **inf** *pre* pergere *prt* perrexisse *fut* perrecturus esse *pas.pre* pergi *pas.prt* perrectus esse *pas.fut* perrectum iri • **ger** pergere / pergendi / pergendo / pergendum • **sup** perrectum / perrectu • **par** *pre* pergens *prt* – *fut* perrecturus *pas.pre* – *pas.prt* perrectus *pas.fut* pergendus

permitto /let go, let loose/ • **ind** _pre_ permitto, permittis, permittit, permittimus, permittitis, permittunt _imp_ permittebam, permittebas, permittebat, permittebamus, permittebatis, permittebant _prt_ permisi, permisisti, permisit, permisimus, permisistis, permiserunt / permisere _fut_ permittam, permittes, permittet, permittemus, permittetis, permittent _plu_ permiseram, permiseras, permiserat, permiseramus, permiseratis, permiserant _fpr_ permisero, permiseris, permiserit, permiserimus, permiseritis, permiserint _pas.pre_ permittor, permitteris / permittere, permittitur, permittimur, permittimini, permittuntur _pas.imp_ permittebar, permittebaris / permittebare, permittebatur, permittebamur, permittebamini, permittebantur _pas.fut_ permittar, permitteris / permittere, permittetur, permittemur, permittemini, permittentur • **sub** _pre_ permittam, permittas, permittat, permittamus, permittatis, permittant _imp_ permitterem, permitteres, permitteret, permitteremus, permitteretis, permitterent _prt_ permiserim, permiseris, permiserit, permiserimus, permiseritis, permiserint _plu_ permisissem, permisisses, permisisset, permisissemus, permisissetis, permisissent _pas.pre_ permittar, permittaris / permittare, permittatur, permittamur, permittamini, permittantur _pas.imp_ permitterer, permittereris / permitterere, permitteretur, permitteremur, permitteremini, permitterentur • **imp** _pre_ –, permitte, –, –, permittite, – _fut_ –, permittito, permittito, –, permittitote, permittunto _pas.pre_ –, permittere, –, –, permittimini, – _pas.fut_ –, permittitor, permittitor, –, –, permittuntor • **inf** _pre_ permittere _prt_ permisisse _fut_ permissurus esse _pas.pre_ permitti _pas.prt_ permissus esse _pas.fut_ permissum iri • **ger** permittere / permittendi / permittendo / permittendum • **sup** permissum / permissu • **par** _pre_ permittens _prt_ – _fut_ permissurus _pas.pre_ – _pas.prt_ permissus _pas.fut_ permittendus

pertineo /extend, stretch out/ • **ind** _pre_ pertineo, pertines, pertinet, pertinemus, pertinetis, pertinent _imp_ pertinebam, pertinebas, pertinebat, pertinebamus, pertinebatis, pertinebant _prt_ pertinui, pertinuisti, pertinuit, pertinuimus, pertinuistis, pertinuerunt / pertinuere _fut_ pertinebo, pertinebis, pertinebit, pertinebimus, pertinebitis, pertinebunt _plu_ pertinueram, pertinueras, pertinuerat, pertinueramus, pertinueratis, pertinuerant _fpr_ pertinuero, pertinueris, pertinuerit, pertinuerimus, pertinueritis, pertinuerint _pas.pre_ — _pas.imp_ — _pas.fut_ — • **sub** _pre_ pertineam, pertineas, pertineat, pertineamus, pertineatis, pertineant _imp_ pertinerem, pertineres, pertineret, pertineremus, pertineretis, pertinerent _prt_ pertinuerim, pertinueris, pertinuerit, pertinuerimus, pertinueritis, pertinuerint _plu_ pertinuissem, pertinuisses, pertinuisset, pertinuissemus, pertinuissetis, pertinuissent _pas.pre_ — _pas.imp_ — • **imp** _pre_ –, pertine, –, –, pertinete, – _fut_ –, pertineto, pertineto, –, pertinetote,

pertundo

pertinento _pas.pre_ — _pas.fut_ — • **inf** _pre_ pertinere _prt_ pertinuisse _fut_ – _pas.pre_ — _pas.prt_ — _pas.fut_ — • **ger** pertinere / pertinendi / pertinendo / pertinendum • **sup** – / – • **par** _pre_ pertinens _prt_ – _fut_ – _pas.pre_ — _pas.prt_ — _pas.fut_ —

pertundo /bore through/ • **ind** _pre_ pertundo, pertundis, pertundit, pertundimus, pertunditis, pertundunt _imp_ pertundebam, pertundebas, pertundebat, pertundebamus, pertundebatis, pertundebant _prt_ pertutudi, pertutudisti, pertutudit, pertutudimus, pertutudistis, pertutuderunt / pertutudere _fut_ pertundam, pertundes, pertundet, pertundemus, pertundetis, pertundent _plu_ pertutuderam, pertutuderas, pertutuderat, pertutuderamus, pertutuderatis, pertutuderant _fpr_ pertutudero, pertutuderis, pertutuderit, pertutuderimus, pertutuderitis, pertutuderint _pas.pre_ pertundor, pertunderis / pertundere, pertunditur, pertundimur, pertundimini, pertunduntur _pas.imp_ pertundebar, pertundebaris / pertundebare, pertundebatur, pertundebamur, pertundebamini, pertundebantur _pas.fut_ pertundar, pertunderis / pertundere, pertundetur, pertundemur, pertundemini, pertundentur • **sub** _pre_ pertundam, pertundas, pertundat, pertundamus, pertundatis, pertundant _imp_ pertunderem, pertunderes, pertunderet, pertunderemus, pertunderetis, pertunderent _prt_ pertutuderim, pertutuderis, pertutuderit, pertutuderimus, pertutuderitis, pertutuderint _plu_ pertutudissem, pertutudisses, pertutudisset, pertutudissemus, pertutudissetis, pertutudissent _pas.pre_ pertundar, pertundaris / pertundare, pertundatur, pertundamur, pertundamini, pertundantur _pas.imp_ pertunderer, pertundereris / pertunderere, pertunderetur, pertunderemur, pertunderemini, pertunderentur • **imp** _pre_ –, pertunde, –, –, pertundite, – _fut_ –, pertundito, pertundito, –, pertunditote, pertundunto _pas.pre_ –, pertundere, –, –, pertundimini, – _pas.fut_ –, pertunditor, pertunditor, –, –, pertunduntor • **inf** _pre_ pertundere _prt_ pertutudisse _fut_ pertusurus esse _pas.pre_ pertundi _pas.prt_ pertusus esse _pas.fut_ pertusum iri • **ger** pertundere / pertundendi / pertundendo / pertundendum • **sup** pertusum / pertusu • **par** _pre_ pertundens _prt_ – _fut_ pertusurus _pas.pre_ – _pas.prt_ pertusus _pas.fut_ pertundendus

pervenio /come, arrive/ • **ind** _pre_ pervenio, pervenis, pervenit, pervenimus, pervenitis, perveniunt _imp_ perveniebam, perveniebas, perveniebat, perveniebamus, perveniebatis, perveniebant _prt_ perveni, pervenisti, pervenit, pervenimus, pervenistis, pervenerunt / pervenere _fut_ perveniam, pervenies, perveniet, perveniemus, pervenietis, pervenient _plu_ perveneram, perveneras, pervenerat, perveneramus, perveneratis, pervenerant _fpr_ pervenero, perveneris, pervenerit, pervenerimus, perveneritis, pervenerint _pas.pre_ –, –, pervenitur, –, –, – _pas.imp_ –, –, perveniebatur, –, –, – *pas.fut* –, –, pervenietur, –, –, – • **sub** *pre* perveniam, pervenias, perveniat, perveniamus, perveniatis, perveniant *imp* pervenirem, pervenires, perveniret, perveniremus, perveniretis, pervenirent *prt* pervenerim, perveneris, pervenerit, pervenerimus, perveneritis, pervenerint *plu* pervenissem, pervenisses, pervenisset, pervenissemus, pervenissetis, pervenissent *pas.pre* –, –, perveniatur, –, –, – *pas.imp* –, –, perveniretur, –, –, – • **imp** *pre* –, perveni, –, –, pervenite, – *fut* –, pervenito, pervenito, –, pervenitote, perveniunto *pas.pre* — *pas.fut* — • **inf** *pre* pervenire *prt* pervenisse *fut* perventurus esse *pas.pre* perveniri *pas.prt* perventum esse *pas.fut* – • **ger** pervenire / perveniendi / perveniendo / perveniendum • **sup** perventum / perventu • **par** *pre* perveniens *prt* – *fut* perventurus *pas.pre* – *pas.prt* *pas.fut* perveniendus

peto /ask, beg/ • **ind** *pre* peto, petis, petit, petimus, petitis, petunt *imp* petebam, petebas, petebat, petebamus, petebatis, petebant *prt* petivi, petivisti / petisti, petivit, petivimus, petivistis / petistis, petiverunt / petivere *fut* petam, petes, petet, petemus, petetis, petent *plu* petiveram, petiveras, petiverat, petiveramus, petiveratis, petiverant *fpr* petivero, petiveris, petiverit, petiverimus, petiveritis, petiverint *pas.pre* petor, peteris / petere, petitur, petimur, petimini, petuntur *pas.imp* petebar, petebaris / petebare, petebatur, petebamur, petebamini, petebantur *pas.fut* petar, peteris / petere, petetur, petemur, petemini, petentur • **sub** *pre* petam, petas, petat, petamus, petatis, petant *imp* peterem, peteres, peteret, peteremus, peteretis, peterent *prt* petiverim, petiveris, petiverit, petiverimus, petiveritis, petiverint *plu* petivissem / petissem, petivisses / petisses, petivisset / petisset, petivissemus / petissemus, petivissetis / petissetis, petivissent / petissent *pas.pre* petar, petaris / petare, petatur, petamur, petamini, petantur *pas.imp* peterer, petereris / peterere, peteretur, peteremur, peteremini, peterentur • **imp** *pre* –, pete, –, –, petite, – *fut* –, petito, petito, –, petitote, petunto *pas.pre* –, petere, –, –, petimini, – *pas.fut* –, petitor, petitor, –, –, petuntor • **inf** *pre* petere *prt* petivisse / petisse *fut* petiturus esse *pas.pre* peti *pas.prt* petitus esse *pas.fut* petitum iri • **ger** petere / petendi / petendo / petendum • **sup** petitum / petitu • **par** *pre* petens *prt* – *fut* petiturus *pas.pre* – *pas.prt* petitus *pas.fut* petendus

placeo /be pleasing, agreeable to, please/ • **ind** *pre* placeo, places, placet, placemus, placetis, placent *imp* placebam, placebas, placebat, placebamus, placebatis, placebant *prt* placui / placitus sum, placuisti / placitus es, placuit / placitus est, placuimus / placiti sumus, placuistis / placiti estis, placuerunt / placuere / placiti sunt *fut* placebo, placebis, placebit, placebimus, placebitis, placebunt _plu_ placueram / placitus eram, placueras / placitus eras, placuerat / placitus erat, placueramus / placiti eramus, placueratis / placiti eratis, placuerant / placiti erant _fpr_ placuero / placitus ero, placueris / placitus eris, placuerit / placitus erit, placuerimus / placiti erimus, placueritis / placiti eritis, placuerint / placiti erint _pas.pre_ — _pas.imp_ — _pas.fut_ — • **sub** _pre_ placeam, placeas, placeat, placeamus, placeatis, placeant _imp_ placerem, placeres, placeret, placeremus, placeretis, placerent _prt_ placuerim / placitus sim, placueris / placitus sis, placuerit / placitus sit, placuerimus / placiti simus, placueritis / placiti sitis, placuerint / placiti sint _plu_ placuissem / placitus essem, placuisses / placitus esses, placuisset / placitus esset, placuissemus / placiti essemus, placuissetis / placiti essetis, placuissent / placiti essent _pas.pre_ — _pas.imp_ — • **imp** _pre_ — _fut_ — _pas.pre_ — _pas.fut_ — • **inf** _pre_ placere _prt_ placitus esse _fut_ placiturus esse _pas.pre_ — _pas.prt_ — _pas.fut_ — • **ger** placere / placendi / placendo / placendum • **sup** placitum / placitu • **par** _pre_ placens _prt_ placitus _fut_ placiturus _pas.pre_ — _pas.prt_ — _pas.fut_ —

plaudo /strike, beat/ • **ind** _pre_ plaudo, plaudis, plaudit, plaudimus, plauditis, plaudunt _imp_ plaudebam, plaudebas, plaudebat, plaudebamus, plaudebatis, plaudebant _prt_ plausi, plausisti, plausit, plausimus, plausistis, plauserunt / plausere _fut_ plaudam, plaudes, plaudet, plaudemus, plaudetis, plaudent _plu_ plauseram, plauseras, plauserat, plauseramus, plauseratis, plauserant _fpr_ plausero, plauseris, plauserit, plauserimus, plauseritis, plauserint _pas.pre_ plaudor, plauderis / plaudere, plauditur, plaudimur, plaudimini, plauduntur _pas.imp_ plaudebar, plaudebaris / plaudebare, plaudebatur, plaudebamur, plaudebamini, plaudebantur _pas.fut_ plaudar, plauderis / plaudere, plaudetur, plaudemur, plaudemini, plaudentur • **sub** _pre_ plaudam, plaudas, plaudat, plaudamus, plaudatis, plaudant _imp_ plauderem, plauderes, plauderet, plauderemus, plauderetis, plauderent _prt_ plauserim, plauseris, plauserit, plauserimus, plauseritis, plauserint _plu_ plausissem, plausisses, plausisset, plausissemus, plausissetis, plausissent _pas.pre_ plaudar, plaudaris / plaudare, plaudatur, plaudamur, plaudamini, plaudantur _pas.imp_ plauderer, plaudereris / plauderere, plauderetur, plauderemur, plauderemini, plauderentur • **imp** _pre_ –, plaude, –, –, plaudite, – _fut_ –, plaudito, plaudito, –, plauditote, plaudunto _pas.pre_ –, plaudere, –, –, plaudimini, – _pas.fut_ –, plauditor, plauditor, –, –, plauduntor • **inf** _pre_ plaudere _prt_ plausisse _fut_ plausurus esse _pas.pre_ plaudi _pas.prt_ plausus esse _pas.fut_ plausum iri • **ger** plaudere / plaudendi / plaudendo / plaudendum • **sup** plausum / plausu • **par** _pre_ plaudens _prt_ – _fut_ plausurus _pas.pre_ – _pas.prt_ plausus _pas.fut_ plaudendus

pono /place, put/ • **ind** _pre_ pono, ponis, ponit, ponimus, ponitis, ponunt *imp* ponebam, ponebas, ponebat, ponebamus, ponebatis, ponebant *prt* posui, posuisti, posuit, posuimus, posuistis, posuerunt / posuere *fut* ponam, pones, ponet, ponemus, ponetis, ponent *plu* posueram, posueras, posuerat, posueramus, posueratis, posuerant *fpr* posuero, posueris, posuerit, posuerimus, posueritis, posuerint *pas.pre* ponor, poneris / ponere, ponitur, ponimur, ponimini, ponuntur *pas.imp* ponebar, ponebaris / ponebare, ponebatur, ponebamur, ponebamini, ponebantur *pas.fut* ponar, poneris / ponere, ponetur, ponemur, ponemini, ponentur • **sub** *pre* ponam, ponas, ponat, ponamus, ponatis, ponant *imp* ponerem, poneres, poneret, poneremus, poneretis, ponerent *prt* posuerim, posueris, posuerit, posuerimus, posueritis, posuerint *plu* posuissem, posuisses, posuisset, posuissemus, posuissetis, posuissent *pas.pre* ponar, ponaris / ponare, ponatur, ponamur, ponamini, ponantur *pas.imp* ponerer, ponereris / ponerere, poneretur, poneremur, poneremini, ponerentur • **imp** *pre* –, pone, –, –, ponite, – *fut* –, ponito, ponito, –, ponitote, ponunto *pas.pre* –, ponere, –, –, ponimini, – *pas.fut* –, ponitor, ponitor, –, –, ponuntor • **inf** *pre* ponere *prt* posuisse *fut* positurus esse *pas.pre* poni *pas.prt* positus esse *pas.fut* positum iri • **ger** ponere / ponendi / ponendo / ponendum • **sup** positum / positu • **par** *pre* ponens *prt* – *fut* positurus *pas.pre* – *pas.prt* positus *pas.fut* ponendus

porto /carry, bear/ • **ind** *pre* porto, portas, portat, portamus, portatis, portant *imp* portabam, portabas, portabat, portabamus, portabatis, portabant *prt* portavi, portavisti / portasti, portavit, portavimus, portavistis / portastis, portaverunt / portavere *fut* portabo, portabis, portabit, portabimus, portabitis, portabunt *plu* portaveram, portaveras, portaverat, portaveramus, portaveratis, portaverant *fpr* portavero, portaveris, portaverit, portaverimus, portaveritis, portaverint *pas.pre* portor, portaris / portare, portatur, portamur, portamini, portantur *pas.imp* portabar, portabaris / portabare, portabatur, portabamur, portabamini, portabantur *pas.fut* portabor, portaberis / portabere, portabitur, portabimur, portabimini, portabuntur • **sub** *pre* portem, portes, portet, portemus, portetis, portent *imp* portarem, portares, portaret, portaremus, portaretis, portarent *prt* portaverim, portaveris, portaverit, portaverimus, portaveritis, portaverint *plu* portavissem / portassem, portavisses / portasses, portavisset / portasset, portavissemus / portassemus, portavissetis / portassetis, portavissent / portassent *pas.pre* porter, porteris / portere, portetur, portemur, portemini, portentur *pas.imp* portarer, portareris / portarere, portaretur, portaremur, portaremini, portarentur • **imp** *pre* –, porta, –, –, portate, – *fut* –, portato, portato, –, portatote, portanto *pas.pre* –, portare, –, –, portamini, – *pas.fut* –, portator, portator, –, –, portantor • **inf** *pre* portare *prt* portavisse / portasse *fut* portaturus esse *pas.pre* portari *pas.prt* portatus esse *pas.fut* portatum iri • **ger** portare / portandi / portando / portandum • **sup** portatum / portatu • **par** *pre* portans *prt* – *fut* portaturus *pas.pre* – *pas.prt* portatus *pas.fut* portandus

posco /beg, demand/ • **ind** *pre* posco, poscis, poscit, poscimus, poscitis, poscunt *imp* poscebam, poscebas, poscebat, poscebamus, poscebatis, poscebant *prt* poposci, poposcisti, poposcit, poposcimus, poposcistis, poposcerunt / poposcere *fut* poscam, posces, poscet, poscemus, poscetis, poscent *plu* poposceram, poposceras, poposcerat, poposceramus, poposceratis, poposcerant *fpr* poposcero, poposceris, poposcerit, poposcerimus, poposceritis, poposcerint *pas.pre* poscor, posceris / poscere, poscitur, poscimur, poscimini, poscuntur *pas.imp* poscebar, poscebaris / poscebare, poscebatur, poscebamur, poscebamini, poscebantur *pas.fut* poscar, posceris / poscere, poscetur, poscemur, poscemini, poscentur • **sub** *pre* poposcissem, poposcisses, poposcisset, poposcissemus, poposcissetis, poposcissent *imp* poscar, poscaris / poscare, poscatur, poscamur, poscamini, poscantur *prt* poscerer, poscereris / poscerere, posceretur, posceremur, posceremini, poscerentur *plu* –, posce, –, –, poscite, – *pas.pre* –, poscito, poscito, –, poscitote, poscunto *pas.imp* –, poscere, –, –, poscimini, – • **imp** *pre* –, –, –, –, –, – *fut* –, poscendi, poscendo, –, –, – *pas.pre* — *pas.fut* — • **inf** *pre* posco *prt* poscis *fut* poscit *pas.pre* poscimus *pas.prt* poscitis *pas.fut* poscunt • **ger** poscam / posces / poscet / poscemus • **sup** poscetis / poscent • **par** *pre* poscebam *prt* poscebas *fut* poscebat *pas.pre* poscebamus *pas.prt* *pas.fut* poscebant

possum /be able, can/ • **ind** *pre* possum, potes, potest, possumus, potestis, possunt *imp* poteram, poteras, poterat, poteramus, poteratis, poterant *prt* potui, potuisti, potuit, potuimus, potuistis, potuerunt / potuere *fut* potero, poteris / potere, poterit, poterimus, poteritis, poterunt *plu* potueram, potueras, potuerat, potueramus, potueratis, potuerant *fpr* potuero, potueris, potuerit, potuerimus, potueritis, potuerint *pas.pre* — *pas.imp* — *pas.fut* — • **sub** *pre* possim, possis, possit, possimus, possitis, possint *imp* possem, posses, posset, possemus, possetis, possent *prt* potuerim, potueris, potuerit, potuerimus, potueritis, potuerint *plu* potuissem, potuisses, potuisset, potuissemus, potuissetis, potuissent *pas.pre* — *pas.imp* — • **imp** *pre* –, potuisse, –, –, –, – *fut* –, –, –, –, –, – *pas.pre* — *pas.fut* — • **inf** *pre* posse *prt* potuisse *fut* – *pas.pre* — *pas.prt* — *pas.fut* — • **ger** - / – / – / – • **sup** - / – • **par** *pre* potens *prt* – *fut* – *pas.pre* — *pas.prt* — *pas.fut* —

poto /drink/ • **ind** *pre* poto, potas, potat, potamus, potatis, potant *imp* potabam, potabas, potabat, potabamus, potabatis, potabant *prt* potavi, potavisti / potasti, potavit, potavimus, potavistis / potastis, potaverunt / potavere *fut* potabo, potabis, potabit, potabimus, potabitis, potabunt *plu* potaveram, potaveras, potaverat, potaveramus, potaveratis, potaverant *fpr* potavero, potaveris, potaverit, potaverimus, potaveritis, potaverint *pas.pre* potor, potaris / potare, potatur, potamur, potamini, potantur *pas.imp* potabar, potabaris / potabare, potabatur, potabamur, potabamini, potabantur *pas.fut* potabor, potaberis / potabere, potabitur, potabimur, potabimini, potabuntur • **sub** *pre* potem, potes, potet, potemus, potetis, potent *imp* potarem, potares, potaret, potaremus, potaretis, potarent *prt* potaverim, potaveris, potaverit, potaverimus, potaveritis, potaverint *plu* potavissem / potassem, potavisses / potasses, potavisset / potasset, potavissemus / potassemus, potavissetis / potassetis, potavissent / potassent *pas.pre* poter, poteris / potere, potetur, potemur, potemini, potentur *pas.imp* potarer, potareris / potarere, potaretur, potaremur, potaremini, potarentur • **imp** *pre* –, pota, –, –, potate, – *fut* –, potato, potato, –, potatote, potanto *pas.pre* –, potare, –, –, potamini, – *pas.fut* –, potator, potator, –, –, potantor • **inf** *pre* potare *prt* potavisse / potasse *fut* poturus esse *pas.pre* potari / potarier *pas.prt* potus esse *pas.fut* potum iri • **ger** potare / potandi / potando / potandum • **sup** potum / potu • **par** *pre* potans *prt* – *fut* poturus *pas.pre* – *pas.prt* potus *pas.fut* potandus

praebeo /provide/ • **ind** *pre* praebeo, praebes, praebet, praebemus, praebetis, praebent *imp* praebebam, praebebas, praebebat, praebebamus, praebebatis, praebebant *prt* praebui, praebuisti, praebuit, praebuimus, praebuistis, praebuerunt / praebuere *fut* praebebo, praebebis, praebebit, praebebimus, praebebitis, praebebunt *plu* praebueram, praebueras, praebuerat, praebueramus, praebueratis, praebuerant *fpr* praebuero, praebueris, praebuerit, praebuerimus, praebueritis, praebuerint *pas.pre* praebeor, praeberis / praebere, praebetur, praebemur, praebemini, praebentur *pas.imp* praebebar, praebebaris / praebebare, praebebatur, praebebamur, praebebamini, praebebantur *pas.fut* praebebor, praebeberis / praebebere, praebebitur, praebebimur, praebebimini, praebebuntur • **sub** *pre* praebeam, praebeas, praebeat, praebeamus, praebeatis, praebeant *imp* praeberem, praeberes, praeberet, praeberemus, praeberetis, praeberent *prt* praebuerim, praebueris, praebuerit, praebuerimus, praebueritis, praebuerint *plu* praebuissem, praebuisses, praebuisset, praebuissemus, praebuissetis, praebuissent *pas.pre* praebear, praebearis / praebeare, praebeatur, praebeamur, praebeamini, praebeantur *pas.imp* praeberer, praebereris / praeberere, praeberetur, praeberemur, praeberemini, praeberentur • **imp** *pre* –, praebe, –, –, praebete, –

fut –, praebeto, praebeto, –, praebetote, praebento *pas.pre* –, praebere, –, –, praebemini, – *pas.fut* –, praebetor, praebetor, –, –, praebentor • **inf** *pre* praebere *prt* praebuisse *fut* praebiturus esse *pas.pre* praeberi / praeberier *pas.prt* praebitus esse *pas.fut* praebitum iri • **ger** praebere / praebendi / praebendo / praebendum • **sup** praebitum / praebitu • **par** *pre* praebens *prt* – *fut* praebiturus *pas.pre* – *pas.prt* praebitus *pas.fut* praebendus

praecipio /take, seize beforehand/ • **ind** *pre* praecipio, praecipis, praecipit, praecipimus, praecipitis, praecipiunt *imp* praecipiebam, praecipiebas, praecipiebat, praecipiebamus, praecipiebatis, praecipiebant *prt* praecepi, praecepisti, praecepit, praecepimus, praecepistis, praeceperunt / praecepere *fut* praecipiam, praecipies, praecipiet, praecipiemus, praecipietis, praecipient *plu* praeceperam, praeceperas, praeceperat, praeceperamus, praeceperatis, praeceperant *fpr* praecepero, praeceperis, praeceperit, praeceperimus, praeceperitis, praeceperint *pas.pre* praecipior, praeciperis / praecipere, praecipitur, praecipimur, praecipimini, praecipiuntur *pas.imp* praecipiebar, praecipiebaris / praecipiebare, praecipiebatur, praecipiebamur, praecipiebamini, praecipiebantur *pas.fut* praecipiar, praecipieris / praecipiere, praecipietur, praecipiemur, praecipiemini, praecipientur • **sub** *pre* praecipiam, praecipias, praecipiat, praecipiamus, praecipiatis, praecipiant *imp* praeciperem, praeciperes, praeciperet, praeciperemus, praeciperetis, praeciperent *prt* praeceperim, praeceperis, praeceperit, praeceperimus, praeceperitis, praeceperint *plu* praecepissem, praecepisses, praecepisset, praecepissemus, praecepissetis, praecepissent *pas.pre* praecipiar, praecipiaris / praecipiare, praecipiatur, praecipiamur, praecipiamini, praecipiantur *pas.imp* praecipierer, praecipiereris / praecipierere, praeciperetur, praeciperemur, praeciperemini, praeciperentur • **imp** *pre* –, praecipe, –, –, praecipite, – *fut* –, praecipito, praecipito, –, praecipitote, praecipiunto *pas.pre* –, praecipere, –, –, praecipimini, – *pas.fut* –, praecipitor, praecipitor, –, –, praecipiuntor • **inf** *pre* praecipere *prt* praecepisse *fut* praecepturus esse *pas.pre* praecipi *pas.prt* praeceptus esse *pas.fut* praeceptum iri • **ger** praecipere / praecipiendi / praecipiendo / praecipiendum • **sup** praeceptum / praeceptu • **par** *pre* praecipiens *prt* – *fut* praecepturus *pas.pre* – *pas.prt* praeceptus *pas.fut* praecipiendus

praeduco /lead, draw/ • **ind** *pre* praeduco, praeducis, praeducit, praeducimus, praeducitis, praeducunt *imp* praeducebam, praeducebas, praeducebat, praeducebamus, praeducebatis, praeducebant *prt* praeduxi, praeduxisti, praeduxit, praeduximus, praeduxistis, praeduxerunt / praeduxere *fut* praeducam, praeduces, praeducet, praeducemus, praeducetis, praeducent _plu_   praeduxeram, praeduxeras, praeduxerat, praeduxeramus, praeduxeratis, praeduxerant _fpr_   praeduxero, praeduxeris, praeduxerit, praeduxerimus, praeduxeritis, praeduxerint _pas.pre_ praeducor, praeduceris / praeducere, praeducitur, praeducimur, praeducimini, praeducuntur _pas.imp_   praeducebar, praeducebaris / praeducebare, praeducebatur, praeducebamur, praeducebamini, praeducebantur _pas.fut_   praeducar, praeduceris / praeducere, praeducetur, praeducemur, praeducemini, praeducentur • **sub** _pre_   praeducam, praeducas, praeducat, praeducamus, praeducatis, praeducant _imp_   praeducerem, praeduceres, praeduceret, praeduceremus, praeduceretis, praeducerent _prt_   praeduxerim, praeduxeris, praeduxerit, praeduxerimus, praeduxeritis, praeduxerint _plu_ praeduxissem, praeduxisses, praeduxisset, praeduxissemus, praeduxissetis, praeduxissent _pas.pre_   praeducar, praeducaris / praeducare, praeducatur, praeducamur, praeducamini, praeducantur _pas.imp_ praeducerer, praeducereris / praeducerere, praeduceretur, praeduceremur, praeduceremini, praeducerentur • **imp** _pre_   –, praeduc / praeduce, –, –, praeducite, – _fut_ –, praeducito, praeducito, –, praeducitote, praeducunto _pas.pre_   –, praeducere, –, –, praeducimini, – _pas.fut_   –, praeducitor, praeducitor, –, –, praeducuntor • **inf** _pre_   praeducere _prt_   praeduxisse _fut_   praeducturus esse _pas.pre_   praeduci _pas.prt_   praeductus esse _pas.fut_ praeductum iri • **ger** praeducere / praeducendi / praeducendo / praeducendum • **sup** praeductum / praeductu • **par** _pre_   praeducens _prt_   – _fut_   praeducturus _pas.pre_   – _pas.prt_   praeductus _pas.fut_   praeducendus

praeicio /cast up/ • **ind** _pre_   praeicio, praeicis, praeicit, praeicimus, praeicitis, praeiciunt _imp_   praeiciebam, praeiciebas, praeiciebat, praeiciebamus, praeiciebatis, praeiciebant _prt_   praeieci, praeiecisti, praeiecit, praeiecimus, praeiecistis, praeiecerunt / praeiecere _fut_   praeiciam, praeicies, praeiciet, praeiciemus, praeicietis, praeicient _plu_ praeieceram, praeieceras, praeiecerat, praeieceramus, praeieceratis, praeiecerant _fpr_ praeiecero, praeieceris, praeiecerit, praeiecerimus, praeieceritis, praeiecerint _pas.pre_   praeicior, praeiceris / praeicere, praeicitur, praeicimur, praeicimini, praeiciuntur _pas.imp_   praeiciebar, praeiciebaris / praeiciebare, praeiciebatur, praeiciebamur, praeiciebamini, praeiciebantur _pas.fut_ praeiciar, praeicieris / praeiciere, praeicietur, praeiciemur, praeiciemini, praeicientur • **sub** _pre_   praeiciam, praeicias, praeiciat, praeiciamus, praeiciatis, praeiciant _imp_   praeicerem, praeiceres, praeiceret, praeiceremus, praeiceretis, praeicerent _prt_   praeiecerim, praeieceris, praeiecerit, praeiecerimus, praeieceritis, praeiecerint _plu_   praeiecissem, praeiecisses, praeiecisset, praeiecissemus, praeiecissetis, praeiecissent _pas.pre_ praeiciar, praeiciaris / praeiciare, praeiciatur, praeiciamur, praeiciamini, praeiciantur _pas.imp_   praeicerer, praeicereris / praeicerere, praeicere-

praestituo

tur, praeiceremur, praeiceremini, praeicerentur • **imp** _pre_ –, praeice, –, –, praeicite, – _fut_ –, praeicito, praeicito, –, praeicitote, praeiciunto _pas.pre_ –, praeicere, –, –, praeicimini, – _pas.fut_ –, praeicitor, praeicitor, –, –, praeiciuntor • **inf** _pre_ praeicere _prt_ praeiecisse _fut_ praeiecturus esse _pas.pre_ praeici _pas.prt_ praeiectus esse _pas.fut_ praeiectum iri • **ger** praeicere / praeiciendi / praeiciendo / praeiciendum • **sup** praeiectum / praeiectu • **par** _pre_ praeiciens _prt_ – _fut_ praeiecturus _pas.pre_ – _pas.prt_ praeiectus _pas.fut_ praeiciendus

praestituo /determine in advance/ • **ind** _pre_ praestituo, praestituis, praestituit, praestituimus, praestituitis, praestituunt _imp_ praestituebam, praestituebas, praestituebat, praestituebamus, praestituebatis, praestituebant _prt_ praestitui, praestituisti, praestituit, praestituimus, praestituistis, praestituerunt / praestituere _fut_ praestituam, praestitues, praestituet, praestituemus, praestituetis, praestituent _plu_ praestitueram, praestitueras, praestituerat, praestitueramus, praestitueratis, praestituerant _fpr_ praestituero, praestitueris, praestituerit, praestituerimus, praestitueritis, praestituerint _pas.pre_ praestituor, praestitueris / praestituere, praestituitur, praestituimur, praestituimini, praestituuntur _pas.imp_ praestituebar, praestituebaris / praestituebare, praestituebatur, praestituebamur, praestituebamini, praestituebantur _pas.fut_ praestituar, praestitueris / praestituere, praestituetur, praestituemur, praestituemini, praestituentur • **sub** _pre_ praestituam, praestituas, praestituat, praestituamus, praestituatis, praestituant _imp_ praestituerem, praestitueres, praestitueret, praestitueremus, praestitueretis, praestituerent _prt_ praestituerim, praestitueris, praestituerit, praestituerimus, praestitueritis, praestituerint _plu_ praestituissem, praestituisses, praestituisset, praestituissemus, praestituissetis, praestituissent _pas.pre_ praestituar, praestituaris / praestituare, praestituatur, praestituamur, praestituamini, praestituantur _pas.imp_ praestituerer, praestituereris / praestituerere, praestitueretur, praestitueremur, praestitueremini, praestituerentur • **imp** _pre_ –, praestitue, –, –, praestituite, – _fut_ –, praestituito, praestituito, –, praestituitote, praestituunto _pas.pre_ –, praestituere, –, –, praestituimini, – _pas.fut_ –, praestituitor, praestituitor, –, –, praestituuntor • **inf** _pre_ praestituere _prt_ praestituisse _fut_ praestituturus esse _pas.pre_ praestitui _pas.prt_ praestitutus esse _pas.fut_ praestitutum iri • **ger** praestituere / praestituendi / praestituendo / praestituendum • **sup** praestitutum / praestitutu • **par** _pre_ praestituens _prt_ – _fut_ praestituturus _pas.pre_ – _pas.prt_ praestitutus _pas.fut_ praestituendus

praesto /be outstanding/ • **ind** _pre_ praesto, praestas, praestat, praestamus, praestatis, praestant _imp_ praestabam, praestabas, praestabat, praestabamus, praestabatis, praestabant _prt_ praestavi, praestavisti, praestavit, praestavimus, praestavistis, praestaverunt / praestavere _fut_ praestabo, praestabis, praestabit, praestabimus, praestabitis, praestabunt _plu_ praestaveram, praestaveras, praestaverat, praestaveramus, praestaveratis, praestaverant _fpr_ praestavero, praestaveris, praestaverit, praestaverimus, praestaveritis, praestaverint _pas.pre_ praestor, praestaris / praestare, praestatur, praestamur, praestamini, praestantur _pas.imp_ praestabar, praestabaris / praestabare, praestabatur, praestabamur, praestabamini, praestabantur _pas.fut_ praestabor, praestaberis / praestabere, praestabitur, praestabimur, praestabimini, praestabuntur • **sub** _pre_ praestavissem, praestavisses, praestavisset, praestavissemus, praestavissetis, praestavissent _imp_ praester, praesteris / praestere, praestetur, praestemur, praestemini, praestentur _prt_ praestarer, praestareris / praestarere, praestaretur, praestaremur, praestaremini, praestarentur _plu_ –, praesta, –, –, praestate, – _pas.pre_ –, praestato, praestato, –, praestatote, praestanto _pas.imp_ –, praestare, –, –, praestamini, – • **imp** _pre_ –, –, –, –, praestatus, – _fut_ –, praestandi, praestando, –, praestatum, praestatu _pas.pre_ — _pas.fut_ — • **inf** _pre_ praesto _prt_ praestas _fut_ praestat _pas.pre_ praestamus _pas.prt_ praestatis _pas.fut_ praestant • **ger** praestabo / praestabis / praestabit / praestabimus • **sup** praestabitis / praestabunt • **par** _pre_ praestabam _prt_ praestabas _fut_ praestabat _pas.pre_ praestabamus _pas.prt_ _pas.fut_ praestabant

praesum /be before something, preside, rule over/ • **ind** _pre_ praesum, praees, praeest, praesumus, praeestis, praesunt _imp_ praeeram, praeeras, praeerat, praeeramus, praeeratis, praeerant _prt_ praefui, praefuisti, praefuit, praefuimus, praefuistis, praefuerunt / praefuere _fut_ praeero, praeeris / praeere, praeerit, praeerimus, praeeritis, praeerunt _plu_ praefueram, praefueras, praefuerat, praefueramus, praefueratis, praefuerant _fpr_ praefuero, praefueris, praefuerit, praefuerimus, praefueritis, praefuerint _pas.pre_ — _pas.imp_ — _pas.fut_ — • **sub** _pre_ praesim, praesis, praesit, praesimus, praesitis, praesint _imp_ praeessem / praeforem, praeesses / praefores, praeesset / praeforet, praeessemus / praeforemus, praeessetis / praeforetis, praeessent / praeforent _prt_ praefuerim, praefueris, praefuerit, praefuerimus, praefueritis, praefuerint _plu_ praefuissem, praefuisses, praefuisset, praefuissemus, praefuissetis, praefuissent _pas.pre_ — _pas.imp_ — • **imp** _pre_ –, praees, –, –, praeeste, – _fut_ –, praeesto, praeesto, –, praeestote, praeesunto _pas.pre_ — _pas.fut_ — • **inf** _pre_ praeesse _prt_ praefuisse _fut_ praefuturus esse / praefore _pas.pre_ — _pas.prt_ — _pas.fut_ — • **ger** - / – / – / – • **sup** - / – • **par** _pre_ praesens _prt_ – _fut_ praefuturus _pas.pre_ — _pas.prt_ — _pas.fut_ —

precor /beseech, beg/ • **ind** _pre_ precor, precaris / precare, precatur, precamur, precamini, precantur _imp_ precabar, precabaris / precabare, precabatur, precabamur, precabamini, precabantur _prt_ — _fut_ precabor, precaberis / precabere, precabitur, precabimur, precabimini, precabuntur _plu_ — _fpr_ — _pas.pre_ — _pas.imp_ — _pas.fut_ — • **sub** _pre_ precer, preceris / precere, precetur, precemur, precemini, precentur _imp_ precarer, precareris / precarere, precaretur, precaremur, precaremini, precarentur _prt_ — _plu_ — _pas.pre_ — _pas.imp_ — • **imp** _pre_ –, precare, –, –, precamini, – _fut_ –, precator, precator, –, –, precantor _pas.pre_ — _pas.fut_ — • **inf** _pre_ precari _prt_ precatus esse _fut_ precaturus esse _pas.pre_ – _pas.prt_ – _pas.fut_ – • **ger** precari / precandi / precando / precandum • **sup** precatum / precatu • **par** _pre_ precans _prt_ precatus _fut_ precaturus _pas.pre_ – _pas.prt_ – _pas.fut_ precandus

prehendo /lay hold of, seize/ • **ind** _pre_ prehendo, prehendis, prehendit, prehendimus, prehenditis, prehendunt _imp_ prehendebam, prehendebas, prehendebat, prehendebamus, prehendebatis, prehendebant _prt_ prehendi, prehendisti, prehendit, prehendimus, prehendistis, prehenderunt / prehendere _fut_ prehendam, prehendes, prehendet, prehendemus, prehendetis, prehendent _plu_ prehenderam, prehenderas, prehenderat, prehenderamus, prehenderatis, prehenderant _fpr_ prehendero, prehenderis, prehenderit, prehenderimus, prehenderitis, prehenderint _pas.pre_ prehendor, prehenderis / prehendere, prehenditur, prehendimur, prehendimini, prehenduntur _pas.imp_ prehendebar, prehendebaris / prehendebare, prehendebatur, prehendebamur, prehendebamini, prehendebantur _pas.fut_ prehendar, prehenderis / prehendere, prehendetur, prehendemur, prehendemini, prehendentur • **sub** _pre_ prehendam, prehendas, prehendat, prehendamus, prehendatis, prehendant _imp_ prehenderem, prehenderes, prehenderet, prehenderemus, prehenderetis, prehenderent _prt_ prehenderim, prehenderis, prehenderit, prehenderimus, prehenderitis, prehenderint _plu_ prehendissem, prehendisses, prehendisset, prehendissemus, prehendissetis, prehendissent _pas.pre_ prehendar, prehendaris / prehendare, prehendatur, prehendamur, prehendamini, prehendantur _pas.imp_ prehenderer, prehendereris / prehenderere, prehenderetur, prehenderemur, prehenderemini, prehenderentur • **imp** _pre_ –, prehende, –, –, prehendite, – _fut_ –, prehendito, prehendito, –, prehenditote, prehendunto _pas.pre_ –, prehendere, –, –, prehendimini, – _pas.fut_ –, prehenditor, prehenditor, –, –, prehenduntor • **inf** _pre_ prehendere _prt_ prehendisse _fut_ prehensurus esse _pas.pre_ prehendi _pas.prt_ prehensus esse _pas.fut_ prehensum iri • **ger** prehendere / prehendendi / prehendendo / prehendendum • **sup** prehensum / prehensu • **par** _pre_ prehendens _prt_ – _fut_ prehensurus _pas.pre_ – _pas.prt_ prehensus _pas.fut_ prehendendus

premo /press, pursue/ • **ind** _pre_ premo, premis, premit, premimus, premitis, premunt _imp_ premebam, premebas, premebat, premebamus, premebatis, premebant _prt_ pressi, pressisti, pressit, pressimus, pressistis, presserunt / pressere _fut_ premam, premes, premet, prememus, premetis, prement _plu_ presseram, presseras, presserat, presseramus, presseratis, presserant _fpr_ pressero, presseris, presserit, presserimus, presseritis, presserint _pas.pre_ premor, premeris / premere, premitur, premimur, premimini, premuntur _pas.imp_ premebar, premebaris / premebare, premebatur, premebamur, premebamini, premebantur _pas.fut_ premar, premeris / premere, premetur, prememur, prememini, prementur • **sub** _pre_ premam, premas, premat, premamus, prematis, premant _imp_ premerem, premeres, premeret, premeremus, premeretis, premerent _prt_ presserim, presseris, presserit, presserimus, presseritis, presserint _plu_ pressissem, pressisses, pressisset, pressissemus, pressissetis, pressissent _pas.pre_ premar, premaris / premare, prematur, premamur, premamini, premantur _pas.imp_ premerer, premereris / premerere, premeretur, premeremur, premeremini, premerentur • **imp** _pre_ –, preme, –, –, premite, – _fut_ –, premito, premito, –, premitote, premunto _pas.pre_ –, premere, –, –, premimini, – _pas.fut_ –, premitor, premitor, –, –, premuntor • **inf** _pre_ premere _prt_ pressisse _fut_ pressurus esse _pas.pre_ premi _pas.prt_ pressus esse _pas.fut_ pressum iri • **ger** premere / premendi / premendo / premendum • **sup** pressum / pressu • **par** _pre_ premens _prt_ – _fut_ pressurus _pas.pre_ – _pas.prt_ pressus _pas.fut_ premendus

procedo /proceed, advance/ • **ind** _pre_ procedo, procedis, procedit, procedimus, proceditis, procedunt _imp_ procedebam, procedebas, procedebat, procedebamus, procedebatis, procedebant _prt_ processi, processisti, processit, processimus, processistis, processerunt / processere _fut_ procedam, procedes, procedet, procedemus, procedetis, procedent _plu_ processeram, processeras, processerat, processeramus, processeratis, processerant _fpr_ processero, processeris, processerit, processerimus, processeritis, processerint _pas.pre_ procedor, procederis / procedere, proceditur, procedimur, procedimini, proceduntur _pas.imp_ procedebar, procedebaris / procedebare, procedebatur, procedebamur, procedebamini, procedebantur _pas.fut_ procedar, procederis / procedere, procedetur, procedemur, procedemini, procedentur • **sub** _pre_ procedam, procedas, procedat, procedamus, procedatis, procedant _imp_ procederem, procederes, procederet, procederemus, procederetis, procederent _prt_ processerim, processeris, processerit, processerimus, processeritis, processerint _plu_ processissem, processisses, processisset, proces-

procumbo

sissemus, processissetis, processissent _pas.pre_ procedar, procedaris / procedare, procedatur, procedamur, procedamini, procedantur _pas.imp_ procederer, procedereris / procederere, procederetur, procederemur, procederemini, procederentur • **imp** _pre_ –, procede, –, –, procedite, – _fut_ –, procedito, procedito, –, proceditote, procedunto _pas.pre_ –, procedere, –, –, procedimini, – _pas.fut_ –, proceditor, proceditor, –, –, proceduntor • **inf** _pre_ procedere _prt_ processisse _fut_ processurus esse _pas.pre_ procedi _pas.prt_ processus esse _pas.fut_ processum iri • **ger** procedere / procedendi / procedendo / procedendum • **sup** processum / processu • **par** _pre_ procedens _prt_ – _fut_ processurus _pas.pre_ – _pas.prt_ processus _pas.fut_ procedendus

procumbo /fall forward, sink down/ • **ind** _pre_ procumbo, procumbis, procumbit, procumbimus, procumbitis, procumbunt _imp_ procumbebam, procumbebas, procumbebat, procumbebamus, procumbebatis, procumbebant _prt_ procubui, procubuisti, procubuit, procubuimus, procubuistis, procubuerunt / procubuere _fut_ procumbam, procumbes, procumbet, procumbemus, procumbetis, procumbent _plu_ procubueram, procubueras, procubuerat, procubueramus, procubueratis, procubuerant _fpr_ procubuero, procubueris, procubuerit, procubuerimus, procubueritis, procubuerint _pas.pre_ procumbor, procumberis / procumbere, procumbitur, procumbimur, procumbimini, procumbuntur _pas.imp_ procumbebar, procumbebaris / procumbebare, procumbebatur, procumbebamur, procumbebamini, procumbebantur _pas.fut_ procumbar, procumberis / procumbere, procumbetur, procumbemur, procumbemini, procumbentur • **sub** _pre_ procumbam, procumbas, procumbat, procumbamus, procumbatis, procumbant _imp_ procumberem, procumberes, procumberet, procumberemus, procumberetis, procumberent _prt_ procubuerim, procubueris, procubuerit, procubuerimus, procubueritis, procubuerint _plu_ procubuissem, procubuisses, procubuisset, procubuissemus, procubuissetis, procubuissent _pas.pre_ procumbar, procumbaris / procumbare, procumbatur, procumbamur, procumbamini, procumbantur _pas.imp_ procumberer, procumbereris / procumberere, procumberetur, procumberemur, procumberemini, procumberentur • **imp** _pre_ –, procumbe, –, –, procumbite, – _fut_ –, procumbito, procumbito, –, procumbitote, procumbunto _pas.pre_ –, procumbere, –, –, procumbimini, – _pas.fut_ –, procumbitor, procumbitor, –, –, procumbuntor • **inf** _pre_ procumbere _prt_ procubuisse _fut_ procubiturus esse _pas.pre_ procumbi _pas.prt_ procubitus esse _pas.fut_ procubitum iri • **ger** procumbere / procumbendi / procumbendo / procumbendum • **sup** procubitum / procubitu • **par** _pre_ procumbens _prt_ – _fut_ procubiturus _pas.pre_ – _pas.prt_ procubitus _pas.fut_ procumbendus

prodo /give, put, bring forth/ • **ind** _pre_ prodo, prodis, prodit, prodimus, proditis, produnt _imp_ prodebam, prodebas, prodebat, prodebamus, prodebatis, prodebant _prt_ prodidi, prodidisti, prodidit, prodidimus, prodidistis, prodiderunt / prodidere _fut_ prodam, prodes, prodet, prodemus, prodetis, prodent _plu_ prodideram, prodideras, prodiderat, prodideramus, prodideratis, prodiderant _fpr_ prodidero, prodideris, prodiderit, prodiderimus, prodideritis, prodiderint _pas.pre_ prodor, proderis / prodere, proditur, prodimur, prodimini, produntur _pas.imp_ prodebar, prodebaris / prodebare, prodebatur, prodebamur, prodebamini, prodebantur _pas.fut_ prodar, proderis / prodere, prodetur, prodemur, prodemini, prodentur • **sub** _pre_ prodam, prodas, prodat, prodamus, prodatis, prodant _imp_ proderem, proderes, proderet, proderemus, proderetis, proderent _prt_ prodiderim, prodideris, prodiderit, prodiderimus, prodideritis, prodiderint _plu_ prodidissem, prodidisses, prodidisset, prodidissemus, prodidissetis, prodidissent _pas.pre_ prodar, prodaris / prodare, prodatur, prodamur, prodamini, prodantur _pas.imp_ proderer, prodereris / proderere, proderetur, proderemur, proderemini, proderentur • **imp** _pre_ –, prode, –, –, prodite, – _fut_ –, prodito, prodito, –, proditote, produnto _pas.pre_ –, prodere, –, –, prodimini, – _pas.fut_ –, proditor, proditor, –, –, produntor • **inf** _pre_ prodere _prt_ prodidisse _fut_ proditurus esse _pas.pre_ prodi _pas.prt_ proditus esse _pas.fut_ proditum iri • **ger** prodere / prodendi / prodendo / prodendum • **sup** proditum / proditu • **par** _pre_ prodens _prt_ – _fut_ proditurus _pas.pre_ – _pas.prt_ proditus _pas.fut_ prodendus

proficiscor /set out, depart/ • **ind** _pre_ proficiscor, proficisceris / proficiscere, proficiscitur, proficiscimur, proficiscimini, proficiscuntur _imp_ proficiscebar, proficiscebaris / proficiscebare, proficiscebatur, proficiscebamur, proficiscebamini, proficiscebantur _prt_ — _fut_ proficiscar, proficisceris / proficiscere, proficiscetur, proficiscemur, proficiscemini, proficiscentur _plu_ — _fpr_ — _pas.pre_ — _pas.imp_ — _pas.fut_ — • **sub** _pre_ proficiscar, proficiscaris / proficiscare, proficiscatur, proficiscamur, proficiscamini, proficiscantur _imp_ proficiscerer, proficiscereris / proficiscerere, proficisceretur, proficisceremur, proficisceremini, proficiscerentur _prt_ — _plu_ — _pas.pre_ — _pas.imp_ — • **imp** _pre_ –, proficiscere, –, –, proficiscimini, – _fut_ –, proficiscitor, proficiscitor, –, –, proficiscuntor _pas.pre_ — _pas.fut_ — • **inf** _pre_ proficisci _prt_ profectus esse _fut_ profecturus esse _pas.pre_ – _pas.prt_ – _pas.fut_ – • **ger** proficisci / proficiscendi / proficiscendo / proficiscendum • **sup** profectum / profectu • **par** _pre_ proficiscens _prt_ profectus _fut_ profecturus _pas.pre_ – _pas.prt_ – _pas.fut_ proficiscendus

prospicio

prohibeo /hold back, before, keep off/ • **ind** _pre_ prohibeo, prohibes, prohibet, prohibemus, prohibetis, prohibent _imp_ prohibebam, prohibebas, prohibebat, prohibebamus, prohibebatis, prohibebant _prt_ prohibui, prohibuisti, prohibuit, prohibuimus, prohibuistis, prohibuerunt / prohibuere _fut_ prohibebo, prohibebis, prohibebit, prohibebimus, prohibebitis, prohibebunt _plu_ prohibueram, prohibueras, prohibuerat, prohibueramus, prohibueratis, prohibuerant _fpr_ prohibuero, prohibueris, prohibuerit, prohibuerimus, prohibueritis, prohibuerint _pas.pre_ prohibeor, prohiberis / prohibere, prohibetur, prohibemur, prohibemini, prohibentur _pas.imp_ prohibebar, prohibebaris / prohibebare, prohibebatur, prohibebamur, prohibebamini, prohibebantur _pas.fut_ prohibebor, prohibeberis / prohibebere, prohibebitur, prohibebimur, prohibebimini, prohibebuntur • **sub** _pre_ prohibeam, prohibeas, prohibeat, prohibeamus, prohibeatis, prohibeant _imp_ prohiberem, prohiberes, prohiberet, prohiberemus, prohiberetis, prohiberent _prt_ prohibuerim, prohibueris, prohibuerit, prohibuerimus, prohibueritis, prohibuerint _plu_ prohibuissem, prohibuisses, prohibuisset, prohibuissemus, prohibuissetis, prohibuissent _pas.pre_ prohibear, prohibearis / prohibeare, prohibeatur, prohibeamur, prohibeamini, prohibeantur _pas.imp_ prohiberer, prohibereris / prohiberere, prohiberetur, prohiberemur, prohiberemini, prohiberentur • **imp** _pre_ –, prohibe, –, –, prohibete, – _fut_ –, prohibeto, prohibeto, –, prohibetote, prohibento _pas.pre_ –, prohibere, –, –, prohibemini, – _pas.fut_ –, prohibetor, prohibetor, –, –, prohibentor • **inf** _pre_ prohibere _prt_ prohibuisse _fut_ prohibiturus esse _pas.pre_ prohiberi _pas.prt_ prohibitus esse _pas.fut_ prohibitum iri • **ger** prohibere / prohibendi / prohibendo / prohibendum • **sup** prohibitum / prohibitu • **par** _pre_ prohibens _prt_ – _fut_ prohibiturus _pas.pre_ – _pas.prt_ prohibitus _pas.fut_ prohibendus

prospicio /look far off, see inthe distance/ • **ind** _pre_ prospicio, prospicis, prospicit, prospicimus, prospicitis, prospiciunt _imp_ prospiciebam, prospiciebas, prospiciebat, prospiciebamus, prospiciebatis, prospiciebant _prt_ prospexi, prospexisti, prospexit, prospeximus, prospexistis, prospexerunt / prospexere _fut_ prospiciam, prospicies, prospiciet, prospiciemus, prospicietis, prospicient _plu_ prospexeram, prospexeras, prospexerat, prospexeramus, prospexeratis, prospexerant _fpr_ prospexero, prospexeris, prospexerit, prospexerimus, prospexeritis, prospexerint _pas.pre_ prospicior, prospiceris / prospicere, prospicitur, prospicimur, prospicimini, prospiciuntur _pas.imp_ prospiciebar, prospiciebaris / prospiciebare, prospiciebatur, prospiciebamur, prospiciebamini, prospiciebantur _pas.fut_ prospiciar, prospicieris / prospiciere, prospicietur, prospiciemur, prospiciemini, prospicientur • **sub** _pre_ prospiciam, prospicias, prospiciat, prospiciamus, prospiciatis, prospiciant _imp_ prospicerem, prospiceres, prospiceret, prospiceremus, prospiceretis, prospicerent _prt_ prospexerim, prospexeris, prospexerit, prospexerimus, prospexeritis, prospexerint _plu_ prospexissem, prospexisses, prospexisset, prospexissemus, prospexissetis, prospexissent _pas.pre_ prospiciar, prospiciaris / prospiciare, prospiciatur, prospiciamur, prospiciamini, prospiciantur _pas.imp_ prospicerer, prospicereris / prospicerere, prospiceretur, prospiceremur, prospiceremini, prospicerentur • **imp** _pre_ –, prospice, –, –, prospicite, – _fut_ –, prospicito, prospicito, –, prospicitote, prospiciunto _pas.pre_ –, prospicere, –, –, prospicimini, – _pas.fut_ –, prospicitor, prospicitor, –, –, prospiciuntor • **inf** _pre_ prospicere _prt_ prospexisse _fut_ prospecturus esse _pas.pre_ prospici _pas.prt_ prospectus esse _pas.fut_ prospectum iri • **ger** prospicere / prospiciendi / prospiciendo / prospiciendum • **sup** prospectum / prospectu • **par** _pre_ prospiciens _prt_ – _fut_ prospecturus _pas.pre_ – _pas.prt_ prospectus _pas.fut_ prospiciendus

prosum /be useful, of use, do good/ • **ind** _pre_ prosum, prodes, prodest, prosumus, prodestis, prosunt _imp_ proderam, proderas, proderat, proderamus, proderatis, proderant _prt_ profui, profuisti, profuit, profuimus, profuistis, profuerunt / profuere _fut_ prodero, proderis / prodere, proderit, proderimus, proderitis, proderunt _plu_ profueram, profueras, profuerat, profueramus, profueratis, profuerant _fpr_ profuero, profueris, profuerit, profuerimus, profueritis, profuerint _pas.pre_ — _pas.imp_ — _pas.fut_ — • **sub** _pre_ prosim, prosis, prosit, prosimus, prositis, prosint _imp_ prodessem / proforem, prodesses / profores, prodesset / proforet, prodessemus / proforemus, prodessetis / proforetis, prodessent / proforent _prt_ profuerim, profueris, profuerit, profuerimus, profueritis, profuerint _plu_ profuissem, profuisses, profuisset, profuissemus, profuissetis, profuissent _pas.pre_ — _pas.imp_ — • **imp** _pre_ –, prodes, –, –, prodeste, – _fut_ –, prodesto, prodesto, –, prodestote, prosunto _pas.pre_ — _pas.fut_ — • **inf** _pre_ prodesse _prt_ profuisse _fut_ profuturus esse / profore _pas.pre_ — _pas.prt_ — _pas.fut_ — • **ger** - / – / – / – • **sup** - / – • **par** _pre_ – _prt_ – _fut_ profuturus _pas.pre_ — _pas.prt_ — _pas.fut_ —

pullo /put forth, sprout out/ • **ind** _pre_ pullo, pullas, pullat, pullamus, pullatis, pullant _imp_ pullabam, pullabas, pullabat, pullabamus, pullabatis, pullabant _prt_ pullavi, pullavisti, pullavit, pullavimus, pullavistis, pullaverunt / pullavere _fut_ pullabo, pullabis, pullabit, pullabimus, pullabitis, pullabunt _plu_ pullaveram, pullaveras, pullaverat, pullaveramus, pullaveratis, pullaverant _fpr_ pullavero, pullaveris, pullaverit, pullaverimus, pullaveritis, pullaverint _pas.pre_ pullor, pullaris / pullare, pullatur, pullamur, pullamini, pullantur _pas.imp_ pullabar, pullabaris / pullabare, pullabatur, pullabamur, pullabamini, pullabantur _pas.fut_ pullabor, pullaberis / pullabere, pullabi-

punctuo

tur, pullabimur, pullabimini, pullabuntur • **sub** _pre_ pullem, pulles, pullet, pullemus, pulletis, pullent _imp_ pullarem, pullares, pullaret, pullaremus, pullaretis, pullarent _prt_ pullaverim, pullaveris, pullaverit, pullaverimus, pullaveritis, pullaverint _plu_ pullavissem, pullavisses, pullavisset, pullavissemus, pullavissetis, pullavissent _pas.pre_ puller, pulleris / pullere, pulletur, pullemur, pullemini, pullentur _pas.imp_ pullarer, pullareris / pullarere, pullaretur, pullaremur, pullaremini, pullarentur • **imp** _pre_ –, pulla, –, –, pullate, – _fut_ –, pullato, pullato, –, pullatote, pullanto _pas.pre_ –, pullare, –, –, pullamini, – _pas.fut_ –, pullator, pullator, –, –, pullantor • **inf** _pre_ pullare _prt_ pullavisse _fut_ pullaturus esse _pas.pre_ pullari _pas.prt_ pullatus esse _pas.fut_ pullatum iri • **ger** pullare / pullandi / pullando / pullandum • **sup** pullatum / pullatu • **par** _pre_ pullans _prt_ – _fut_ pullaturus _pas.pre_ – _pas.prt_ pullatus _pas.fut_ pullandus

punctuo /mark with a point, by pointing, point/ • **ind** _pre_ punctuo, punctuas, punctuat, punctuamus, punctuatis, punctuant _imp_ punctuabam, punctuabas, punctuabat, punctuabamus, punctuabatis, punctuabant _prt_ punctuavi, punctuavisti, punctuavit, punctuavimus, punctuavistis, punctuaverunt / punctuavere _fut_ punctuabo, punctuabis, punctuabit, punctuabimus, punctuabitis, punctuabunt _plu_ punctuaveram, punctuaveras, punctuaverat, punctuaveramus, punctuaveratis, punctuaverant _fpr_ punctuavero, punctuaveris, punctuaverit, punctuaverimus, punctuaveritis, punctuaverint _pas.pre_ punctuor, punctuaris / punctuare, punctuatur, punctuamur, punctuamini, punctuantur _pas.imp_ punctuabar, punctuabaris / punctuabare, punctuabatur, punctuabamur, punctuabamini, punctuabantur _pas.fut_ punctuabor, punctuaberis / punctuabere, punctuabitur, punctuabimur, punctuabimini, punctuabuntur • **sub** _pre_ punctuem, punctues, punctuet, punctuemus, punctuetis, punctuent _imp_ punctuarem, punctuares, punctuaret, punctuaremus, punctuaretis, punctuarent _prt_ punctuaverim, punctuaveris, punctuaverit, punctuaverimus, punctuaveritis, punctuaverint _plu_ punctuavissem, punctuavisses, punctuavisset, punctuavissemus, punctuavissetis, punctuavissent _pas.pre_ punctuer, punctueris / punctuere, punctuetur, punctuemur, punctuemini, punctuentur _pas.imp_ punctuarer, punctuareris / punctuarere, punctuaretur, punctuaremur, punctuaremini, punctuarentur • **imp** _pre_ –, punctua, –, –, punctuate, – _fut_ –, punctuato, punctuato, –, punctuatote, punctuanto _pas.pre_ –, punctuare, –, –, punctuamini, – _pas.fut_ –, punctuator, punctuator, –, –, punctuantor • **inf** _pre_ punctuare _prt_ punctuavisse _fut_ punctuaturus esse _pas.pre_ punctuari _pas.prt_ punctuatus esse _pas.fut_ punctuatum iri • **ger** punctuare / punctuandi / punctuando / punctuandum • **sup** punctuatum / punctuatu • **par** _pre_ punctuans _prt_ – _fut_ punctuaturus _pas.pre_ – _pas.prt_ punctuatus _pas.fut_ punctuandus

puto /clean, cleanse/ • **ind** _pre_ puto, putas, putat, putamus, putatis, putant _imp_ putabam, putabas, putabat, putabamus, putabatis, putabant _prt_ putavi, putavisti / putasti, putavit, putavimus, putavistis / putastis, putaverunt / putavere _fut_ putabo, putabis, putabit, putabimus, putabitis, putabunt _plu_ putaveram, putaveras, putaverat, putaveramus, putaveratis, putaverant _fpr_ putavero, putaveris, putaverit, putaverimus, putaveritis, putaverint _pas.pre_ putor, putaris / putare, putatur, putamur, putamini, putantur _pas.imp_ putabar, putabaris / putabare, putabatur, putabamur, putabamini, putabantur _pas.fut_ putabor, putaberis / putabere, putabitur, putabimur, putabimini, putabuntur • **sub** _pre_ putem, putes, putet, putemus, putetis, putent _imp_ putarem, putares, putaret, putaremus, putaretis, putarent _prt_ putaverim, putaveris, putaverit, putaverimus, putaveritis, putaverint _plu_ putavissem / putassem, putavisses / putasses, putavisset / putasset, putavissemus / putassemus, putavissetis / putassetis, putavissent / putassent _pas.pre_ puter, puteris / putere, putetur, putemur, putemini, putentur _pas.imp_ putarer, putareris / putarere, putaretur, putaremur, putaremini, putarentur • **imp** _pre_ –, puta, –, –, putate, – _fut_ –, putato, putato, –, putatote, putanto _pas.pre_ –, putare, –, –, putamini, – _pas.fut_ –, putator, putator, –, –, putantor • **inf** _pre_ putare _prt_ putavisse / putasse _fut_ putaturus esse _pas.pre_ putari _pas.prt_ putatus esse _pas.fut_ putatum iri • **ger** putare / putandi / putando / putandum • **sup** putatum / putatu • **par** _pre_ putans _prt_ – _fut_ putaturus _pas.pre_ – _pas.prt_ putatus _pas.fut_ putandus

Q

quaero /seek, look for/ • **ind** _pre_ quaero, quaeris, quaerit, quaerimus, quaeritis, quaerunt _imp_ quaerebam, quaerebas, quaerebat, quaerebamus, quaerebatis, quaerebant _prt_ quaesivi, quaesivisti / quaesisti, quaesivit, quaesivimus, quaesivistis / quaesistis, quaesiverunt / quaesivere _fut_ quaeram, quaeres, quaeret, quaeremus, quaeretis, quaerent _plu_ quaesiveram, quaesiveras, quaesiverat, quaesiveramus, quaesiveratis, quaesiverant _fpr_ quaesivero, quaesiveris, quaesiverit, quaesiverimus, quaesiveritis, quaesiverint _pas.pre_ quaeror, quaereris / quaerere, quaeritur, quaerimur, quaerimini, quaeruntur _pas.imp_ quaerebar, quaerebaris / quaerebare, quaerebatur, quaerebamur, quaerebamini, quaerebantur _pas.fut_ quaerar, quaereris / quaerere, quaeretur, quaeremur, quaeremini, quaerentur • **sub** _pre_ quaeram, quaeras, quaerat, quaeramus, quaeratis, quaerant _imp_ quaererem, quaereres, quaereret, quaereremus, quaereretis, quaererent *prt* quaesiverim, quaesiveris, quaesiverit, quaesiverimus, quaesiveritis, quaesiverint *plu* quaesivissem / quaesissem, quaesivisses / quaesisses, quaesivisset / quaesisset, quaesivissemus / quaesissemus, quaesivissetis / quaesissetis, quaesivissent / quaesissent *pas.pre* quaerar, quaeraris / quaerare, quaeratur, quaeramur, quaeramini, quaerantur *pas.imp* quaererer, quaerereris / quaererere, quaereretur, quaereremur, quaereremini, quaererentur • **imp** *pre* –, quaere, –, –, quaerite, – *fut* –, quaerito, quaerito, –, quaeritote, quaerunto *pas.pre* –, quaerere, –, –, quaerimini, – *pas.fut* –, quaeritor, quaeritor, –, –, quaeruntor • **inf** *pre* quaerere *prt* quaesivisse / quaesisse *fut* quaesiturus esse *pas.pre* quaeri *pas.prt* quaesitus esse *pas.fut* quaesitum iri • **ger** quaerere / quaerendi / quaerendo / quaerendum • **sup** quaesitum / quaesitu • **par** *pre* quaerens *prt* – *fut* quaesiturus *pas.pre* – *pas.prt* quaesitus *pas.fut* quaerendus

queo /be able/ • **ind** *pre* queo, quis, quit, quimus, quitis, queunt *imp* quibam, quibas, quibat, quibamus, quibatis, quibant *prt* quii / quivi, quisti / quivisti, quiit / quivit, quiimus, quistis / qstis, quierunt / quiere *fut* quibo, quibis, quibit, quibimus, quibitis, quibunt *plu* quieram, quieras, quierat, quieramus, quieratis, quierant *fpr* quiero, quieris, quierit, quierimus, quieritis, quierint *pas.pre* –, –, quitur, –, –, – *pas.imp* –, –, quibatur, –, –, – *pas.fut* –, –, quibitur, –, –, – • **sub** *pre* queam, queas, queat, queamus, queatis, queant *imp* quirem, quires, quiret, quiremus, quiretis, quirent *prt* quierim, quieris, quierit, quierimus, quieritis, quierint *plu* quissem / qssem, quisses / qsses, quisset / qsset, quissemus / qssemus, quissetis / qssetis, quissent / qssent *pas.pre* –, –, queatur, –, –, – *pas.imp* –, –, quiretur, –, –, – • **imp** *pre* –, qui, –, –, quite, – *fut* –, quito, quito, –, quitote, queunto *pas.pre* — *pas.fut* — • **inf** *pre* quire *prt* quisse / qsse *fut* quiturus esse *pas.pre* quiri *pas.prt* itum esse *pas.fut* – • **ger** quire / queundi / queundo / queundum • **sup** quitum / quitu • **par** *pre* quiens *prt* – *fut* quiturus *pas.pre* – *pas.prt* *pas.fut* queundus

queror /complain/ • **ind** *pre* queror, quereris / querere, queritur, querimur, querimini, queruntur *imp* querebar, querebaris / querebare, querebatur, querebamur, querebamini, querebantur *prt* — *fut* querar, quereris / querere, queretur, queremur, queremini, querentur *plu* — *fpr* — *pas.pre* —*pas.imp* —*pas.fut* — • **sub** *pre* querar, queraris / querare, queratur, queramur, queramini, querantur *imp* quererer, querereris / quererere, quereretur, quereremur, quereremini, quererentur *prt* — *plu* — *pas.pre* — *pas.imp* — • **imp** *pre* –, querere, –, –, querimini, – *fut* –, queritor, queritor, –, –, queruntor *pas.pre* — *pas.fut* — • **inf** *pre* queri *prt* questus esse *fut* questurus esse *pas.pre* – *pas.prt* – *pas.fut* – •

ger queri / querendi / querendo / querendum • **sup** questum / questu • **par** _pre_ querens _prt_ questus _fut_ questurus _pas.pre_ – _pas.prt_ – _pas.fut_ querendus

quiesco /rest, sleep/ • **ind** _pre_ quiesco, quiescis, quiescit, quiescimus, quiescitis, quiescunt _imp_ quiescebam, quiescebas, quiescebat, quiescebamus, quiescebatis, quiescebant _prt_ quievi, quievisti / quiesti, quievit, quievimus, quievistis / quiestis, quieverunt / quievere _fut_ quiescam, quiesces, quiescet, quiescemus, quiescetis, quiescent _plu_ quieveram, quieveras, quieverat, quieveramus, quieveratis, quieverant _fpr_ quievero, quieveris, quieverit, quieverimus, quieveritis, quieverint _pas.pre_ quiescor, quiesceris / quiescere, quiescitur, quiescimur, quiescimini, quiescuntur _pas.imp_ quiescebar, quiescebaris / quiescebare, quiescebatur, quiescebamur, quiescebamini, quiescebantur _pas.fut_ quiescar, quiesceris / quiescere, quiescetur, quiescemur, quiescemini, quiescentur • **sub** _pre_ quiescam, quiescas, quiescat, quiescamus, quiescatis, quiescant _imp_ quiescerem, quiesceres, quiesceret, quiesceremus, quiesceretis, quiescerent _prt_ quieverim, quieveris, quieverit, quieverimus, quieveritis, quieverint _plu_ quievissem / quiessem, quievisses / quiesses, quievisset / quiesset, quievissemus / quiessemus, quievissetis / quiessetis, quievissent / quiessent _pas.pre_ quiescar, quiescaris / quiescare, quiescatur, quiescamur, quiescamini, quiescantur _pas.imp_ quiescerer, quiescereris / quiescerere, quiesceretur, quiesceremur, quiesceremini, quiescerentur • **imp** _pre_ –, quiesce, –, –, quiescite, – _fut_ –, quiescito, quiescito, –, quiescitote, quiescunto _pas.pre_ –, quiescere, –, –, quiescimini, – _pas.fut_ –, quiescitor, quiescitor, –, –, quiescuntor • **inf** _pre_ quiescere _prt_ quievisse / quiesse _fut_ quieturus esse _pas.pre_ quiesci _pas.prt_ quietus esse _pas.fut_ quietum iri • **ger** quiescere / quiescendi / quiescendo / quiescendum • **sup** quietum / quietu • **par** _pre_ quiescens _prt_ – _fut_ quieturus _pas.pre_ – _pas.prt_ quietus _pas.fut_ quiescendus

R

radicesco /take root/ • **ind** _pre_ radicesco, radicescis, radicescit, radicescimus, radicescitis, radicescunt _imp_ radicescebam, radicescebas, radicescebat, radicescebamus, radicescebatis, radicescebant _prt_ radicui, radicuisti, radicuit, radicuimus, radicuistis, radicuerunt / radicuere _fut_ radicescam, radicesces, radicescet, radicescemus, radicescetis, radicescent _plu_ radicueram, radicueras, radicuerat, radicueramus, radicueratis, radicuerant _fpr_ radicuero, radicueris, radicuerit, radicuerimus, radicueritis, radicuerint *pas.pre* — *pas.imp* — *pas.fut* — • **sub** *pre* radicescam, radicescas, radicescat, radicescamus, radicescatis, radicescant *imp* radicescerem, radicesceres, radicesceret, radicesceremus, radicesceretis, radicescerent *prt* radicuerim, radicueris, radicuerit, radicuerimus, radicueritis, radicuerint *plu* radicuissem, radicuisses, radicuisset, radicuissemus, radicuissetis, radicuissent *pas.pre* — *pas.imp* — • **imp** *pre* –, radicesce, –, –, radicescite, – *fut* –, radicescito, radicescito, –, radicescitote, radicescunto *pas.pre* — *pas.fut* — • **inf** *pre* radicescere *prt* radicuisse *fut* – *pas.pre* — *pas.prt* — *pas.fut* — • **ger** radicescere / radicescendi / radicescendo / radicescendum • **sup** – / – • **par** *pre* radicescens *prt* – *fut* – *pas.pre* — *pas.prt* — *pas.fut* —

rado /scrape, shave/ • **ind** *pre* rado, radis, radit, radimus, raditis, radunt *imp* radebam, radebas, radebat, radebamus, radebatis, radebant *prt* rasi, rasisti, rasit, rasimus, rasistis, raserunt / rasere *fut* radam, rades, radet, rademus, radetis, radent *plu* raseram, raseras, raserat, raseramus, raseratis, raserant *fpr* rasero, raseris, raserit, raserimus, raseritis, raserint *pas.pre* rador, raderis / radere, raditur, radimur, radimini, raduntur *pas.imp* radebar, radebaris / radebare, radebatur, radebamur, radebamini, radebantur *pas.fut* radar, raderis / radere, radetur, rademur, rademini, radentur • **sub** *pre* radam, radas, radat, radamus, radatis, radant *imp* raderem, raderes, raderet, raderemus, raderetis, raderent *prt* raserim, raseris, raserit, raserimus, raseritis, raserint *plu* rasissem, rasisses, rasisset, rasissemus, rasissetis, rasissent *pas.pre* radar, radaris / radare, radatur, radamur, radamini, radantur *pas.imp* raderer, radereris / raderere, raderetur, raderemur, raderemini, raderentur • **imp** *pre* –, rade, –, –, radite, – *fut* –, radito, radito, –, raditote, radunto *pas.pre* –, radere, –, –, radimini, – *pas.fut* –, raditor, raditor, –, –, raduntor • **inf** *pre* radere *prt* rasisse *fut* rasurus esse *pas.pre* radi *pas.prt* rasus esse *pas.fut* rasum iri • **ger** radere / radendi / radendo / radendum • **sup** rasum / rasu • **par** *pre* radens *prt* – *fut* rasurus *pas.pre* – *pas.prt* rasus *pas.fut* radendus

rapio /snatch, grab/ • **ind** *pre* rapio, rapis, rapit, rapimus, rapitis, rapiunt *imp* rapiebam, rapiebas, rapiebat, rapiebamus, rapiebatis, rapiebant *prt* rapui, rapuisti, rapuit, rapuimus, rapuistis, rapuerunt / rapuere *fut* rapiam, rapies, rapiet, rapiemus, rapietis, rapient *plu* rapueram, rapueras, rapuerat, rapueramus, rapueratis, rapuerant *fpr* rapuero, rapueris, rapuerit, rapuerimus, rapueritis, rapuerint *pas.pre* rapior, raperis / rapere, rapitur, rapimur, rapimini, rapiuntur *pas.imp* rapiebar, rapiebaris / rapiebare, rapiebatur, rapiebamur, rapiebamini, rapiebantur *pas.fut* rapiar, rapieris / rapiere, rapietur, rapiemur, rapiemini, rapientur • **sub** *pre* rapiam, rapias, rapiat, rapiamus, rapiatis, rapiant *imp* raperem, raperes, raperet, raperemus, raperetis, raperent *prt* rapuerim, rapueris, rapuerit, rapuerimus, rapueritis, rapuerint *plu* rapuissem, rapuisses, rapuisset, rapuissemus, rapuissetis, rapuissent *pas.pre* rapiar, rapiaris / rapiare, rapiatur, rapiamur, rapiamini, rapiantur *pas.imp* raperer, rapereris / raperere, raperetur, raperemur, raperemini, raperentur • **imp** *pre* –, rape, –, –, rapite, – *fut* –, rapito, rapito, –, rapitote, rapiunto *pas.pre* –, rapere, –, –, rapimini, – *pas.fut* –, rapitor, rapitor, –, –, rapiuntor • **inf** *pre* rapere *prt* rapuisse *fut* rapturus esse *pas.pre* rapi *pas.prt* raptus esse *pas.fut* raptum iri • **ger** rapere / rapiendi / rapiendo / rapiendum • **sup** raptum / raptu • **par** *pre* rapiens *prt* – *fut* rapturus *pas.pre* – *pas.prt* raptus *pas.fut* rapiendus

reboo /bellow, call back, resound/ • **ind** *pre* reboo, reboas, reboat, reboamus, reboatis, reboant *imp* reboabam, reboabas, reboabat, reboabamus, reboabatis, reboabant *prt* reboavi, reboavisti, reboavit, reboavimus, reboavistis, reboaverunt / reboavere *fut* reboabo, reboabis, reboabit, reboabimus, reboabitis, reboabunt *plu* reboaveram, reboaveras, reboaverat, reboaveramus, reboaveratis, reboaverant *fpr* reboavero, reboaveris, reboaverit, reboaverimus, reboaveritis, reboaverint *pas.pre* reboor, reboaris / reboare, reboatur, reboamur, reboamini, reboantur *pas.imp* reboabar, reboabaris / reboabare, reboabatur, reboabamur, reboabamini, reboabantur *pas.fut* reboabor, reboaberis / reboabere, reboabitur, reboabimur, reboabimini, reboabuntur • **sub** *pre* reboem, reboes, reboet, reboemus, reboetis, reboent *imp* reboarem, reboares, reboaret, reboaremus, reboaretis, reboarent *prt* reboaverim, reboaveris, reboaverit, reboaverimus, reboaveritis, reboaverint *plu* reboavissem, reboavisses, reboavisset, reboavissemus, reboavissetis, reboavissent *pas.pre* reboer, reboeris / reboere, reboetur, reboemur, reboemini, reboentur *pas.imp* reboarer, reboareris / reboarere, reboaretur, reboaremur, reboaremini, reboarentur • **imp** *pre* –, reboa, –, –, reboate, – *fut* –, reboato, reboato, –, reboatote, reboanto *pas.pre* –, reboare, –, –, reboamini, – *pas.fut* –, reboator, reboator, –, –, reboantor • **inf** *pre* reboare *prt* reboavisse *fut* reboaturus esse *pas.pre* reboari *pas.prt* reboatus esse *pas.fut* reboatum iri • **ger** reboare / reboandi / reboando / reboandum • **sup** reboatum / reboatu • **par** *pre* reboans *prt* – *fut* reboaturus *pas.pre* – *pas.prt* reboatus *pas.fut* reboandus

recedo /fall back, give ground/ • **ind** *pre* recedo, recedis, recedit, recedimus, receditis, recedunt *imp* recedebam, recedebas, recedebat, recedebamus, recedebatis, recedebant *prt* recessi, recessisti, recessit, recessimus, recessistis, recesserunt / recessere *fut* recedam, recedes, recedet, recedemus, recedetis, recedent *plu* recesseram, recesseras, recesserat, recesseramus, recesseratis, recesserant *fpr* recessero, recesseris, recesserit, recesserimus, recesseritis, recesserint *pas.pre* recedor, recederis / recedere, receditur, recedimur, recedimini, receduntur *pas.imp* recedebar, recedebaris / recedebare, recedebatur, recedebamur, recedebamini, recedebantur *pas.fut* recedar, recederis / recedere, recedetur, recedemur, recedemini, recedentur • **sub** *pre* recedam, recedas, recedat, recedamus, recedatis, recedant *imp* recederem, recederes, recederet, recederemus, recederetis, recederent *prt* recesserim, recesseris, recesserit, recesserimus, recesseritis, recesserint *plu* recessissem, recessisses, recessisset, recessissemus, recessissetis, recessissent *pas.pre* recedar, recedaris / recedare, recedatur, recedamur, recedamini, recedantur *pas.imp* recederer, recedereris / recederere, recederetur, recederemur, recederemini, recederentur • **imp** *pre* –, recede, –, –, recedite, – *fut* –, recedito, recedito, –, receditote, recedunto *pas.pre* –, recedere, –, –, recedimini, – *pas.fut* –, receditor, receditor, –, –, receduntor • **inf** *pre* recedere *prt* recessisse *fut* recessurus esse *pas.pre* recedi *pas.prt* recessus esse *pas.fut* recessum iri • **ger** recedere / recedendi / recedendo / recedendum • **sup** recessum / recessu • **par** *pre* recedens *prt* – *fut* recessurus *pas.pre* – *pas.prt* recessus *pas.fut* recedendus

reclamo /cry out, exclaim/ • **ind** *pre* reclamo, reclamas, reclamat, reclamamus, reclamatis, reclamant *imp* reclamabam, reclamabas, reclamabat, reclamabamus, reclamabatis, reclamabant *prt* reclamavi, reclamavisti, reclamavit, reclamavimus, reclamavistis, reclamaverunt / reclamavere *fut* reclamabo, reclamabis, reclamabit, reclamabimus, reclamabitis, reclamabunt *plu* reclamaveram, reclamaveras, reclamaverat, reclamaveramus, reclamaveratis, reclamaverant *fpr* reclamavero, reclamaveris, reclamaverit, reclamaverimus, reclamaveritis, reclamaverint *pas.pre* reclamor, reclamaris / reclamare, reclamatur, reclamamur, reclamamini, reclamantur *pas.imp* reclamabar, reclamabaris / reclamabare, reclamabatur, reclamabamur, reclamabamini, reclamabantur *pas.fut* reclamabor, reclamaberis / reclamabere, reclamabitur, reclamabimur, reclamabimini, reclamabuntur • **sub** *pre* reclamem, reclames, reclamet, reclamemus, reclametis, reclament *imp* reclamarem, reclamares, reclamaret, reclamaremus, reclamaretis, reclamarent *prt* reclamaverim, reclamaveris, reclamaverit, reclamaverimus, reclamaveritis, reclamaverint *plu* reclamavissem, reclamavisses, reclamavisset, reclamavissemus, reclamavissetis, reclamavissent *pas.pre* reclamer, reclameris / reclamere, reclametur, reclamemur, reclamemini, reclamentur *pas.imp* reclamarer, reclamareris / reclamarere, reclamaretur, reclamaremur, reclamaremini, reclamarentur

• **imp** _pre_ –, reclama, –, –, reclamate, – _fut_ –, reclamato, reclamato, –, reclamatote, reclamanto _pas.pre_ –, reclamare, –, –, reclamamini, – _pas.fut_ –, reclamator, reclamator, –, –, reclamantor • **inf** _pre_ reclamare _prt_ reclamavisse _fut_ reclamaturus esse _pas.pre_ reclamari _pas.prt_ reclamatus esse _pas.fut_ reclamatum iri • **ger** reclamare / reclamandi / reclamando / reclamandum • **sup** reclamatum / reclamatu • **par** _pre_ reclamans _prt_ – _fut_ reclamaturus _pas.pre_ – _pas.prt_ reclamatus _pas.fut_ reclamandus

redarguo /disprove, refute/ • **ind** _pre_ redarguo, redarguis, redarguit, redarguimus, redarguitis, redarguunt _imp_ redarguebam, redarguebas, redarguebat, redarguebamus, redarguebatis, redarguebant _prt_ redargui, redarguisti, redarguit, redarguimus, redarguistis, redarguerunt / redarguere _fut_ redarguam, redargues, redarguet, redarguemus, redarguetis, redarguent _plu_ redargueram, redargueras, redarguerat, redargueramus, redargueratis, redarguerant _fpr_ redarguero, redargueris, redarguerit, redarguerimus, redargueritis, redarguerint _pas.pre_ redarguor, redargueris / redarguere, redarguitur, redarguimur, redarguimini, redarguuntur _pas.imp_ redarguebar, redarguebaris / redarguebare, redarguebatur, redarguebamur, redarguebamini, redarguebantur _pas.fut_ redarguar, redargueris / redarguere, redarguetur, redarguemur, redarguemini, redarguentur • **sub** _pre_ redarguam, redarguas, redarguat, redarguamus, redarguatis, redarguant _imp_ redarguerem, redargueres, redargueret, redargueremus, redargueretis, redarguerent _prt_ redarguerim, redargueris, redarguerit, redarguerimus, redargueritis, redarguerint _plu_ redarguissem, redarguisses, redarguisset, redarguissemus, redarguissetis, redarguissent _pas.pre_ redarguar, redarguaris / redarguare, redarguatur, redarguamur, redarguamini, redarguantur _pas.imp_ redarguerer, redarguereris / redarguerere, redargueretur, redargueremur, redargueremini, redarguerentur • **imp** _pre_ –, redargue, –, –, redarguite, – _fut_ –, redarguito, redarguito, –, redarguitote, redarguunto _pas.pre_ –, redarguere, –, –, redarguimini, – _pas.fut_ –, redarguitor, redarguitor, –, –, redarguuntor • **inf** _pre_ redarguere _prt_ redarguisse _fut_ redarguturus esse _pas.pre_ redargui _pas.prt_ redargutus esse _pas.fut_ redargutum iri • **ger** redarguere / redarguendi / redarguendo / redarguendum • **sup** redargutum / redargutu • **par** _pre_ redarguens _prt_ – _fut_ redarguturus _pas.pre_ – _pas.prt_ redargutus _pas.fut_ redarguendus

reddo /give back, return/ • **ind** _pre_ reddo, reddis, reddit, reddimus, redditis, reddunt _imp_ reddebam, reddebas, reddebat, reddebamus, reddebatis, reddebant _prt_ reddidi, reddidisti, reddidit, reddidimus, reddidistis, reddiderunt / reddidere _fut_ reddam, reddes, reddet, reddemus, reddetis, reddent _plu_ reddideram, reddideras, reddiderat, reddideramus,

redeo

reddideratis, reddiderant *fpr* reddidero, reddideris, reddiderit, reddiderimus, reddideritis, reddiderint *pas.pre* reddor, redderis / reddere, redditur, reddimur, reddimini, redduntur *pas.imp* reddebar, reddebaris / reddebare, reddebatur, reddebamur, reddebamini, reddebantur *pas.fut* reddar, redderis / reddere, reddetur, reddemur, reddemini, reddentur • **sub** *pre* reddam, reddas, reddat, reddamus, reddatis, reddant *imp* redderem, redderes, redderet, redderemus, redderetis, redderent *prt* reddiderim, reddideris, reddiderit, reddiderimus, reddideritis, reddiderint *plu* reddidissem, reddidisses, reddidisset, reddidissemus, reddidissetis, reddidissent *pas.pre* reddar, reddaris / reddare, reddatur, reddamur, reddamini, reddantur *pas.imp* redderer, reddereris / reddererere, redderetur, redderemur, redderemini, redderentur • **imp** *pre* –, redde, –, –, reddite, – *fut* –, reddito, reddito, –, redditote, reddunto *pas.pre* –, reddere, –, –, reddimini, – *pas.fut* –, redditor, redditor, –, –, redduntor • **inf** *pre* reddere *prt* reddidisse *fut* redditurus esse *pas.pre* reddi *pas.prt* redditus esse *pas.fut* redditum iri • **ger** reddere / reddendi / reddendo / reddendum • **sup** redditum / redditu • **par** *pre* reddens *prt* – *fut* redditurus *pas.pre* – *pas.prt* redditus *pas.fut* reddendus

redeo /go, move/ • **ind** *pre* redeo, redis, redit, redimus, reditis, redeunt *imp* redibam, redibas, redibat, redibamus, redibatis, redibant *prt* redii, redisti / redivisti, rediit / redivit, rediimus, redistis, redierunt / rediere *fut* redibo, redibis, redibit, redibimus, redibitis, redibunt *plu* redieram, redieras, redierat, redieramus, redieratis, redierant *fpr* rediero, redieris, redierit, redierimus, redieritis, redierint *pas.pre* redeor, rediris / redire, reditur, redimur, redimini, redeuntur *pas.imp* redibar, redibaris / redibare, redibatur, redibamur, redibamini, redibantur *pas.fut* redibor, rediberis / redibere, redibitur, redibimur, redibimini, redibuntur • **sub** *pre* redeam, redeas, redeat, redeamus, redeatis, redeant *imp* redirem, redires, rediret, rediremus, rediretis, redirent *prt* redierim, redieris, redierit, redierimus, redieritis, redierint *plu* redissem, redisses, redisset, redissemus, redissetis, redissent *pas.pre* redear, redearis / redeare, redeatur, redeamur, redeamini, redeantur *pas.imp* redirer, redireris / redirere, rediretur, rediremur, rediremini, redirentur • **imp** *pre* –, redi, –, –, redite, – *fut* –, redito, redito, –, reditote, redeunto *pas.pre* –, redire, –, –, redimini, – *pas.fut* –, reditor, reditor, –, –, redeuntor • **inf** *pre* redire *prt* redisse *fut* rediturus esse *pas.pre* rediri *pas.prt* reditus esse *pas.fut* reditum iri • **ger** redire / redeundi / redeundo / redeundum • **sup** reditum / reditu • **par** *pre* rediens *prt* – *fut* rediturus *pas.pre* – *pas.prt* reditus *pas.fut* redeundus

refero /bear, bring/ • **ind** *pre* refero, refers, refert, referimus, refertis, referunt *imp* referebam, referebas, referebat, referebamus, referebatis, referebant *prt* rettuli, rettulisti, rettulit, rettulimus, rettulistis, rettulerunt / rettulere *fut* referam, referes, referet, referemus, referetis, referent *plu* rettuleram, rettuleras, rettulerat, rettuleramus, rettuleratis, rettulerant *fpr* rettulero, rettuleris, rettulerit, rettulerimus, rettuleritis, rettulerint *pas.pre* referor, referris / referre, refertur, referimur, referimini, referuntur *pas.imp* referebar, referebaris / referebare, referebatur, referebamur, referebamini, referebantur *pas.fut* referar, refereris / referere, referetur, referemur, referemini, referentur • **sub** *pre* referam, referas, referat, referamus, referatis, referant *imp* referrem, referres, referret, referremus, referretis, referrent *prt* rettulerim, rettuleris, rettulerit, rettulerimus, rettuleritis, rettulerint *plu* rettulissem, rettulisses, rettulisset, rettulissemus, rettulissetis, rettulissent *pas.pre* referar, referaris / referare, referatur, referamur, referamini, referantur *pas.imp* referrer, referreris / referrere, referretur, referremur, referremini, referrentur • **imp** *pre* –, refer, –, –, referte, – *fut* –, referto, referto, –, refertote, referunto *pas.pre* –, referre, –, –, referimini, – *pas.fut* –, refertor, refertor, –, –, referuntor • **inf** *pre* referre *prt* rettulisse *fut* relaturus esse *pas.pre* referri *pas.prt* relatus esse *pas.fut* relatum iri • **ger** referre / referendi / referendo / referendum • **sup** relatum / relatu • **par** *pre* referens *prt* – *fut* relaturus *pas.pre* – *pas.prt* relatus *pas.fut* referendus

regero /carry back, retort/ • **ind** *pre* regero, regeris, regerit, regerimus, regeritis, regerunt *imp* regerebam, regerebas, regerebat, regerebamus, regerebatis, regerebant *prt* regessi, regessisti, regessit, regessimus, regessistis, regesserunt / regessere *fut* regeram, regeres, regeret, regeremus, regeretis, regerent *plu* regesseram, regesseras, regesserat, regesseramus, regesseratis, regesserant *fpr* regessero, regesseris, regesserit, regesserimus, regesseritis, regesserint *pas.pre* regeror, regereris / regerere, regeritur, regerimur, regerimini, regeruntur *pas.imp* regerebar, regerebaris / regerebare, regerebatur, regerebamur, regerebamini, regerebantur *pas.fut* regerar, regereris / regerere, regeretur, regeremur, regeremini, regerentur • **sub** *pre* regeram, regeras, regerat, regeramus, regeratis, regerant *imp* regererem, regereres, regereret, regereremus, regereretis, regererent *prt* regesserim, regesseris, regesserit, regesserimus, regesseritis, regesserint *plu* regessissem, regessisses, regessisset, regessissemus, regessissetis, regessissent *pas.pre* regerar, regeraris / regerare, regeratur, regeramur, regeramini, regerantur *pas.imp* regererer, regerereris / regererere, regereretur, regereremur, regereremini, regererentur • **imp** *pre* –, regere, –, –, regerite, – *fut* –, regerito, regerito, –, regeritote, regerunto *pas.pre* –, regerere, –, –, regerimini, – *pas.fut* –, regeritor, regeritor, –, –, regeruntor • **inf** *pre* regerere *prt* regessisse *fut* regesturus esse *pas.pre* regeri *pas.prt* regestus esse *pas.fut* regestum iri • **ger** regerere / regerendi / regerendo / regerendum • **sup** regestum / regestu • **par** *pre* regerens *prt* – *fut* regesturus *pas.pre* – *pas.prt* regestus *pas.fut* regerendus

rego /rule, govern/ • **ind** *pre* rego, regis, regit, regimus, regitis, regunt *imp* regebam, regebas, regebat, regebamus, regebatis, regebant *prt* rexi, rexisti, rexit, reximus, rexistis, rexerunt / rexere *fut* regam, reges, reget, regemus, regetis, regent *plu* rexeram, rexeras, rexerat, rexeramus, rexeratis, rexerant *fpr* rexero, rexeris, rexerit, rexerimus, rexeritis, rexerint *pas.pre* regor, regeris / regere, regitur, regimur, regimini, reguntur *pas.imp* regebar, regebaris / regebare, regebatur, regebamur, regebamini, regebantur *pas.fut* regar, regeris / regere, regetur, regemur, regemini, regentur • **sub** *pre* regam, regas, regat, regamus, regatis, regant *imp* regerem, regeres, regeret, regeremus, regeretis, regerent *prt* rexerim, rexeris, rexerit, rexerimus, rexeritis, rexerint *plu* rexissem, rexisses, rexisset, rexissemus, rexissetis, rexissent *pas.pre* regar, regaris / regare, regatur, regamur, regamini, regantur *pas.imp* regerer, regereris / regerere, regeretur, regeremur, regeremini, regerentur • **imp** *pre* –, rege, –, –, regite, – *fut* –, regito, regito, –, regitote, regunto *pas.pre* –, regere, –, –, regimini, – *pas.fut* –, regitor, regitor, –, –, reguntor • **inf** *pre* regere *prt* rexisse *fut* recturus esse *pas.pre* regi *pas.prt* rectus esse *pas.fut* rectum iri • **ger** regere / regendi / regendo / regendum • **sup** rectum / rectu • **par** *pre* regens *prt* – *fut* recturus *pas.pre* – *pas.prt* rectus *pas.fut* regendus

relinquo /abandon, relinquish/ • **ind** *pre* relinquo, relinquis, relinquit, relinquimus, relinquitis, relinquunt *imp* relinquebam, relinquebas, relinquebat, relinquebamus, relinquebatis, relinquebant *prt* reliqui, reliquisti, reliquit, reliquimus, reliquistis, reliquerunt / reliquere *fut* relinquam, relinques, relinquet, relinquemus, relinquetis, relinquent *plu* reliqueram, reliqueras, reliquerat, reliqueramus, reliqueratis, reliquerant *fpr* reliquero, reliqueris, reliquerit, reliquerimus, reliqueritis, reliquerint *pas.pre* relinquor, relinqueris / relinquere, relinquitur, relinquimur, relinquimini, relinquuntur *pas.imp* relinquebar, relinquebaris / relinquebare, relinquebatur, relinquebamur, relinquebamini, relinquebantur *pas.fut* relinquar, relinqueris / relinquere, relinquetur, relinquemur, relinquemini, relinquentur • **sub** *pre* relinquam, relinquas, relinquat, relinquamus, relinquatis, relinquant *imp* relinquerem, relinqueres, relinqueret, relinqueremus, relinqueretis, relinquerent *prt* reliquerim, reliqueris, reliquerit, reliquerimus, reliqueritis, reliquerint *plu* reliquissem, reliquisses, reliquisset, reliquissemus, reliquissetis, reliquissent *pas.pre* relinquar, relinquaris / relinquare, relinquatur, relinquamur, relinquamini, relinquantur *pas.imp* relinquerer, relinquereris / relinquerere, relinqueretur, relinqueremur, relinqueremini, relinquerentur • **imp** *pre* –, relinque, –, –, relinquite, – *fut* –, relinquito, relinquito, –, relinquitote, relinquunto *pas.pre* –, relinquere, –, –, relinquimini, – *pas.fut* –, relinquitor, relinquitor, –, – , relinquuntor • **inf** *pre* relinquere *prt* reliquisse *fut* relicturus esse *pas.pre* relinqui *pas.prt* relictus esse *pas.fut* relictum iri • **ger** relinquere / relinquendi / relinquendo / relinquendum • **sup** relictum / relictu • **par** *pre* relinquens *prt* – *fut* relicturus *pas.pre* – *pas.prt* relictus *pas.fut* relinquendus

renitor /struggle, resist/ • **ind** *pre* renitor, reniteris / renitere, renititur, renitimur, renitimini, renituntur *imp* renitebar, renitebaris / renitebare, renitebatur, renitebamur, renitebamini, renitebantur *prt* — *fut* renitar, reniteris / renitere, renitetur, renitemur, renitemini, renitentur *plu* — *fpr* — *pas.pre* — *pas.imp* — *pas.fut* — • **sub** *pre* renitar, renitaris / renitare, renitatur, renitamur, renitamini, renitantur *imp* reniterer, renitereris / reniterere, reniteretur, reniteremur, reniteremini, reniterentur *prt* — *plu* — *pas.pre* — *pas.imp* — • **imp** *pre* –, renitere, –, –, renitimini, – *fut* –, renititor, renititor, –, –, renituntor *pas.pre* — *pas.fut* — • **inf** *pre* reniti *prt* renisus esse *fut* renisurus esse *pas.pre* – *pas.prt* – *pas.fut* – • **ger** reniti / renitendi / renitendo / renitendum • **sup** renisum / renisu • **par** *pre* renitens *prt* renisus *fut* renisurus *pas.pre* – *pas.prt* – *pas.fut* renitendus

reor /reckon/ • **ind** *pre* reor, reris / rere, retur, remur, remini, rentur *imp* rebar, rebaris / rebare, rebatur, rebamur, rebamini, rebantur *prt* — *fut* rebor, reberis / rebere, rebitur, rebimur, rebimini, rebuntur *plu* — *fpr* — *pas.pre* — *pas.imp* — *pas.fut* — • **sub** *pre* rear, rearis / reare, reatur, reamur, reamini, reantur *imp* rerer, rereris / rerere, reretur, reremur, reremini, rerentur *prt* — *plu* — *pas.pre* — *pas.imp* — • **imp** *pre* –, rere, –, –, remini, – *fut* –, retor, retor, –, –, rentor *pas.pre* — *pas.fut* — • **inf** *pre* reri *prt* ratus esse *fut* raturus esse *pas.pre* – *pas.prt* – *pas.fut* – • **ger** reri / rendi / rendo / rendum • **sup** ratum / ratu • **par** *pre* rens *prt* ratus *fut* raturus *pas.pre* – *pas.prt* – *pas.fut* rendus

reperio /find, find out/ • **ind** *pre* reperio, reperis, reperit, reperimus, reperitis, reperiunt *imp* reperiebam, reperiebas, reperiebat, reperiebamus, reperiebatis, reperiebant *prt* reperi, reperisti, reperit, reperimus, reperistis, repererunt / reperere *fut* reperiam, reperies, reperiet, reperiemus, reperietis, reperient *plu* repereram, repereras, repererat, repereramus, repereratis, repererant *fpr* reperero, repereris, repererit, repeto

repererimus, reperereritis, repererint *pas.pre* reperior, reperiris / reperire, reperitur, reperimur, reperimini, reperiuntur *pas.imp* reperiebar, reperiebaris / reperiebare, reperiebatur, reperiebamur, reperiebamini, reperiebantur *pas.fut* reperiar, reperieris / reperiere, reperietur, reperiemur, reperiemini, reperientur • **sub** *pre* reperiam, reperias, reperiat, reperiamus, reperiatis, reperiant *imp* reperirem, reperires, reperiret, reperiremus, reperiretis, reperirent *prt* repererim, repereris, repererit, repererimus, reperereritis, repererint *plu* reperissem, reperisses, reperisset, reperissemus, reperissetis, reperissent *pas.pre* reperiar, reperiaris / reperiare, reperiatur, reperiamur, reperiamini, reperiantur *pas.imp* reperirer, reperireris / reperirere, reperiretur, reperiremur, reperiremini, reperirentur • **imp** *pre* –, reperi, –, –, reperite, – *fut* –, reperito, reperito, –, reperitote, reperiunto *pas.pre* –, reperire, –, –, reperimini, – *pas.fut* –, reperitor, reperitor, –, –, reperiuntor • **inf** *pre* reperire *prt* reperisse *fut* reperturus esse *pas.pre* reperiri / reperirier *pas.prt* repertus esse *pas.fut* repertum iri • **ger** reperire / reperiendi / reperiendo / reperiendum • **sup** repertum / repertu • **par** *pre* reperiens *prt* – *fut* reperturus *pas.pre* – *pas.prt* repertus *pas.fut* reperiendus

repeto /attack again, recommence/ • **ind** *pre* repeto, repetis, repetit, repetimus, repetitis, repetunt *imp* repetebam, repetebas, repetebat, repetebamus, repetebatis, repetebant *prt* repetivi, repetivisti / repetisti, repetivit, repetivimus, repetivistis / repetistis, repetiverunt / repetivere *fut* repetam, repetes, repetet, repetemus, repetetis, repetent *plu* repetiveram, repetiveras, repetiverat, repetiveramus, repetiveratis, repetiverant *fpr* repetivero, repetiveris, repetiverit, repetiverimus, repetiveritis, repetiverint *pas.pre* repetor, repeteris / repetere, repetitur, repetimur, repetimini, repetuntur *pas.imp* repetebar, repetebaris / repetebare, repetebatur, repetebamur, repetebamini, repetebantur *pas.fut* repetar, repeteris / repetere, repetetur, repetemur, repetemini, repetentur • **sub** *pre* repetam, repetas, repetat, repetamus, repetatis, repetant *imp* repeterem, repeteres, repeteret, repeteremus, repeteretis, repeterent *prt* repetiverim, repetiveris, repetiverit, repetiverimus, repetiveritis, repetiverint *plu* repetivissem / repetissem, repetivisses / repetisses, repetivisset / repetisset, repetivissemus / repetissemus, repetivissetis / repetissetis, repetivissent / repetissent *pas.pre* repetar, repetaris / repetare, repetatur, repetamur, repetamini, repetantur *pas.imp* repeterer, repetereris / repeterere, repeteretur, repeteremur, repeteremini, repeterentur • **imp** *pre* –, repete, –, –, repetite, – *fut* –, repetito, repetito, –, repetitote, repetunto *pas.pre* –, repetere, –, –, repetimini, – *pas.fut* –, repetitor, repetitor, –, –, repetuntor • **inf** *pre* repetere *prt* repetivisse / repetisse *fut* repetiturus esse *pas.pre* repeti *pas.prt* repetitus esse *pas.fut* repetitum iri • **ger** repetere / repetendi / repetendo / repetendum • **sup** repetitum / repetitu • **par** *pre* repetens *prt* – *fut* repetiturus *pas.pre* – *pas.prt* repetitus *pas.fut* repetendus

repo /creep, crawl/ • **ind** *pre* repo, repis, repit, repimus, repitis, repunt *imp* repebam, repebas, repebat, repebamus, repebatis, repebant *prt* repsi, repsisti, repsit, repsimus, repsistis, repserunt / repsere *fut* repam, repes, repet, repemus, repetis, repent *plu* repseram, repseras, repserat, repseramus, repseratis, repserant *fpr* repsero, repseris, repserit, repserimus, repseritis, repserint *pas.pre* — *pas.imp* — *pas.fut* — • **sub** *pre* repam, repas, repat, repamus, repatis, repant *imp* reperem, reperes, reperet, reperemus, reperetis, reperent *prt* repserim, repseris, repserit, repserimus, repseritis, repserint *plu* repsissem, repsisses, repsisset, repsissemus, repsissetis, repsissent *pas.pre* — *pas.imp* — • **imp** *pre* –, repe, –, –, repite, – *fut* –, repito, repito, –, repitote, repunto *pas.pre* — *pas.fut* — • **inf** *pre* repere *prt* repsisse *fut* – *pas.pre* — *pas.prt* — *pas.fut* — • **ger** repere / rependi / rependo / rependum • **sup** – / – • **par** *pre* repens *prt* – *fut* – *pas.pre* — *pas.prt* — *pas.fut* —

resisto /stand back, remain standing somewhere/ • **ind** *pre* resisto, resistis, resistit, resistimus, resistitis, resistunt *imp* resistebam, resistebas, resistebat, resistebamus, resistebatis, resistebant *prt* restiti, restitisti, restitit, restitimus, restitistis, restiterunt / restitere *fut* resistam, resistes, resistet, resistemus, resistetis, resistent *plu* restiteram, restiteras, restiterat, restiteramus, restiteratis, restiterant *fpr* restitero, restiteris, restiterit, restiterimus, restiteritis, restiterint *pas.pre* — *pas.imp* — *pas.fut* — • **sub** *pre* resistam, resistas, resistat, resistamus, resistatis, resistant *imp* resisterem, resisteres, resisteret, resisteremus, resisteretis, resisterent *prt* restiterim, restiteris, restiterit, restiterimus, restiteritis, restiterint *plu* restitissem, restitisses, restitisset, restitissemus, restitissetis, restitissent *pas.pre* — *pas.imp* — • **imp** *pre* –, resiste, –, –, resistite, – *fut* –, resistito, resistito, –, resistitote, resistunto *pas.pre* — *pas.fut* — • **inf** *pre* resistere *prt* restitisse *fut* – *pas.pre* — *pas.prt* — *pas.fut* — • **ger** resistere / resistendi / resistendo / resistendum • **sup** – / – • **par** *pre* resistens *prt* – *fut* – *pas.pre* — *pas.prt* — *pas.fut* —

respicio /look behind, look back at, upon/ • **ind** *pre* respicio, respicis, respicit, respicimus, respicitis, respiciunt *imp* respiciebam, respiciebas, respiciebat, respiciebamus, respiciebatis, respiciebant *prt* respexi, respexisti, respexit, respeximus, respexistis, respexerunt / respexere *fut* respiciam, respicies, respiciet, respiciemus, respicietis, respicient *plu* respexeram, respexeras, respexerat, respexeramus, respexeratis, respexerant *fpr* respexero, respexeris, respexerit, respexerimus, respe-

respondeo

xeritis, respexerint *pas.pre*   respicior, respiceris / respicere, respicitur, respicimur, respicimini, respiciuntur *pas.imp* respiciebar, respiciebaris / respiciebare, respiciebatur, respiciebamur, respiciebamini, respiciebantur *pas.fut* respiciar, respicieris / respiciere, respicietur, respiciemur, respiciemini, respicientur • **sub** *pre*   respiciam, respicias, respiciat, respiciamus, respiciatis, respiciant *imp* respicerem, respiceres, respiceret, respiceremus, respiceretis, respicerent *prt* respexerim, respexeris, respexerit, respexerimus, respexeritis, respexerint *plu* respexissem, respexisses, respexisset, respexissemus, respexissetis, respexissent *pas.pre* respiciar, respiciaris / respiciare, respiciatur, respiciamur, respiciamini, respiciantur *pas.imp* respicerer, respicereris / respicerere, respiceretur, respiceremur, respiceremini, respicerentur • **imp** *pre* –, respice, –, –, respicite, – *fut* –, respicito, respicito, –, respicitote, respiciunto *pas.pre* –, respicere, –, –, respicimini, – *pas.fut* –, respicitor, respicitor, –, –, respiciuntor • **inf** *pre* respicere *prt* respexisse *fut* respecturus esse *pas.pre* respici *pas.prt* respectus esse *pas.fut* respectum iri • **ger** respicere / respiciendi / respiciendo / respiciendum • **sup** respectum / respectu • **par** *pre* respiciens *prt* – *fut* respecturus *pas.pre* – *pas.prt* respectus *pas.fut* respiciendus

respondeo /reply, answer/ • **ind** *pre* respondeo, respondes, respondet, respondemus, respondetis, respondent *imp* respondebam, respondebas, respondebat, respondebamus, respondebatis, respondebant *prt* respondi, respondisti, respondit, respondimus, respondistis, responderunt / respondere *fut* respondebo, respondebis, respondebit, respondebimus, respondebitis, respondebunt *plu* responderam, responderas, responderat, responderamus, responderatis, responderant *fpr* respondero, responderis, responderit, responderimus, responderitis, responderint *pas.pre* –, –, respondetur, –, –, – *pas.imp* –, –, respondebatur, –, –, – *pas.fut* –, –, respondebitur, –, –, – • **sub** *pre* respondeam, respondeas, respondeat, respondeamus, respondeatis, respondeant *imp* responderem, responderes, responderet, responderemus, responderetis, responderent *prt* responderim, responderis, responderit, responderimus, responderitis, responderint *plu* respondissem, respondisses, respondisset, respondissemus, respondissetis, respondissent *pas.pre* –, –, respondeatur, –, –, – *pas.imp* –, –, responderetur, –, –, – • **imp** *pre* –, responde, –, –, respondete, – *fut* –, respondeto, respondeto, –, respondetote, respondento *pas.pre*   — *pas.fut*   — • **inf** *pre* respondere *prt* respondisse *fut* responsurus esse *pas.pre* responderi *pas.prt* responsum esse *pas.fut* – • **ger** respondere / respondendi / respondendo / respondendum • **sup** responsum / responsu • **par** *pre* respondens *prt* – *fut* responsurus *pas.pre* – *pas.prt* *pas.fut* respondendus

restipulor /stipulate, promise in return/ • **ind** *pre* restipulor, restipularis / restipulare, restipulatur, restipulamur, restipulamini, restipulantur *imp* restipulabar, restipulabaris / restipulabare, restipulabatur, restipulabamur, restipulabamini, restipulabantur *prt* — *fut* restipulabor, restipulaberis / restipulabere, restipulabitur, restipulabimur, restipulabimini, restipulabuntur *plu* — *fpr* — *pas.pre* — *pas.imp* — *pas.fut* — • **sub** *pre* restipuler, restipuleris / restipulere, restipuletur, restipulemur, restipulemini, restipulentur *imp* restipularer, restipulareris / restipularere, restipularetur, restipularemur, restipularemini, restipularentur *prt* — *plu* — *pas.pre* — *pas.imp* — • **imp** *pre* –, restipulare, –, –, restipulamini, – *fut* –, restipulator, restipulator, –, –, restipulantor *pas.pre* — *pas.fut* — • **inf** *pre* restipulari *prt* restipulatus esse *fut* restipulaturus esse *pas.pre* – *pas.prt* – *pas.fut* – • **ger** restipulari / restipulandi / restipulando / restipulandum • **sup** restipulatum / restipulatu • **par** *pre* restipulans *prt* restipulatus *fut* restipulaturus *pas.pre* – *pas.prt* – *pas.fut* restipulandus

resumo /take again, take back/ • **ind** *pre* resumo, resumis, resumit, resumimus, resumitis, resumunt *imp* resumebam, resumebas, resumebat, resumebamus, resumebatis, resumebant *prt* resumpsi, resumpsisti, resumpsit, resumpsimus, resumpsistis, resumpserunt / resumpsere *fut* resumam, resumes, resumet, resumemus, resumetis, resument *plu* resumpseram, resumpseras, resumpserat, resumpseramus, resumpseratis, resumpserant *fpr* resumpsero, resumpseris, resumpserit, resumpserimus, resumpseritis, resumpserint *pas.pre* resumor, resumeris / resumere, resumitur, resumimur, resumimini, resumuntur *pas.imp* resumebar, resumebaris / resumebare, resumebatur, resumebamur, resumebamini, resumebantur *pas.fut* resumar, resumeris / resumere, resumetur, resumemur, resumemini, resumentur • **sub** *pre* resumam, resumas, resumat, resumamus, resumatis, resumant *imp* resumerem, resumeres, resumeret, resumeremus, resumeretis, resumerent *prt* resumpserim, resumpseris, resumpserit, resumpserimus, resumpseritis, resumpserint *plu* resumpsissem, resumpsisses, resumpsisset, resumpsissemus, resumpsissetis, resumpsissent *pas.pre* resumar, resumaris / resumare, resumatur, resumamur, resumamini, resumantur *pas.imp* resumerer, resumereris / resumerere, resumeretur, resumeremur, resumeremini, resumerentur • **imp** *pre* –, resume, –, –, resumite, – *fut* –, resumito, resumito, –, resumitote, resumunto *pas.pre* –, resumere, –, –, resumimini, – *pas.fut* –, resumitor, resumitor, –, –, resumuntor • **inf** *pre* resumere *prt* resumpsisse *fut* resumpturus esse *pas.pre* resumi *pas.prt* resumptus esse *pas.fut* resumptum iri • **ger** resumere / resumendi / resumendo / resumendum • **sup** resumptum / resumptu • **par** *pre* resumens *prt* – *fut* resumpturus *pas.pre* – *pas.prt* resumptus *pas.fut* resumendus

retineo /keep, hold back, detain/ • **ind** *pre* retineo, retines, retinet, retinemus, retinetis, retinent *imp* retinebam, retinebas, retinebat, retinebamus, retinebatis, retinebant *prt* retinui, retinuisti, retinuit, retinuimus, retinuistis, retinuerunt / retinuere *fut* retinebo, retinebis, retinebit, retinebimus, retinebitis, retinebunt *plu* retinueram, retinueras, retinuerat, retinueramus, retinueratis, retinuerant *fpr* retinuero, retinueris, retinuerit, retinuerimus, retinueritis, retinuerint *pas.pre* retineor, retineris / retinere, retinetur, retinemur, retinemini, retinentur *pas.imp* retinebar, retinebaris / retinebare, retinebatur, retinebamur, retinebamini, retinebantur *pas.fut* retinebor, retineberis / retinebere, retinebitur, retinebimur, retinebimini, retinebuntur • **sub** *pre* retineam, retineas, retineat, retineamus, retineatis, retineant *imp* retinerem, retineres, retineret, retineremus, retineretis, retinerent *prt* retinuerim, retinueris, retinuerit, retinuerimus, retinueritis, retinuerint *plu* retinuissem, retinuisses, retinuisset, retinuissemus, retinuissetis, retinuissent *pas.pre* retinear, retinearis / retineare, retineatur, retineamur, retineamini, retineantur *pas.imp* retinerer, retinereris / retinerere, retineretur, retineremur, retineremini, retinerentur • **imp** *pre* –, retine, –, –, retinete, – *fut* –, retineto, retineto, –, retinetote, retinento *pas.pre* –, retinere, –, –, retinemini, – *pas.fut* –, retinetor, retinetor, –, –, retinentor • **inf** *pre* retinere *prt* retinuisse *fut* retenturus esse *pas.pre* retineri *pas.prt* retentus esse *pas.fut* retentum iri • **ger** retinere / retinendi / retinendo / retinendum • **sup** retentum / retentu • **par** *pre* retinens *prt* – *fut* retenturus *pas.pre* – *pas.prt* retentus *pas.fut* retinendus

reviso /revisit/ • **ind** *pre* reviso, revisis, revisit, revisimus, revisitis, revisunt *imp* revisebam, revisebas, revisebat, revisebamus, revisebatis, revisebant *prt* revisi, revisisti, revisit, revisimus, revisistis, reviserunt / revisere *fut* revisam, revises, reviset, revisemus, revisetis, revisent *plu* reviseram, reviseras, reviserat, reviseramus, reviseratis, reviserant *fpr* revisero, reviseris, reviserit, reviserimus, reviseritis, reviserint *pas.pre* revisor, reviseris / revisere, revisitur, revisimur, revisimini, revisuntur *pas.imp* revisebar, revisebaris / revisebare, revisebatur, revisebamur, revisebamini, revisebantur *pas.fut* revisar, reviseris / revisere, revisetur, revisemur, revisemini, revisentur • **sub** *pre* revisam, revisas, revisat, revisamus, revisatis, revisant *imp* reviserem, reviseres, reviseret, reviseremus, reviseretis, reviserent *prt* reviserim, reviseris, reviserit, reviserimus, reviseritis, reviserint *plu* revisissem, revisisses, revisisset, revisissemus, revisissetis, revisissent *pas.pre* revisar, revisaris / revisare, revisatur, revisamur, revisamini, revisantur *pas.imp* reviserer, revisereris / reviserere, reviseretur, reviseremur, reviseremini, reviserentur • **imp** _pre_ –, revise, –, –, revisite, – _fut_ –, revisito, revisito, –, revisitote, revisunto _pas.pre_ –, revisere, –, –, revisimini, – _pas.fut_ –, revisitor, revisitor, –, –, revisuntor • **inf** _pre_ revisere _prt_ revisisse _fut_ revisurus esse _pas.pre_ revisi _pas.prt_ revisus esse _pas.fut_ revisum iri • **ger** revisere / revisendi / revisendo / revisendum • **sup** revisum / revisu • **par** _pre_ revisens _prt_ – _fut_ revisurus _pas.pre_ – _pas.prt_ revisus _pas.fut_ revisendus

rideo /laugh at/ • **ind** _pre_ rideo, rides, ridet, ridemus, ridetis, rident _imp_ ridebam, ridebas, ridebat, ridebamus, ridebatis, ridebant _prt_ risi, risisti, risit, risimus, risistis, riserunt / risere _fut_ ridebo, ridebis, ridebit, ridebimus, ridebitis, ridebunt _plu_ riseram, riseras, riserat, riseramus, riseratis, riserant _fpr_ risero, riseris, riserit, riserimus, riseritis, riserint _pas.pre_ rideor, rideris / ridere, ridetur, ridemur, ridemini, ridentur _pas.imp_ ridebar, ridebaris / ridebare, ridebatur, ridebamur, ridebamini, ridebantur _pas.fut_ ridebor, rideberis / ridebere, ridebitur, ridebimur, ridebimini, ridebuntur • **sub** _pre_ rideam, rideas, rideat, rideamus, rideatis, rideant _imp_ riderem, rideres, rideret, rideremus, rideretis, riderent _prt_ riserim, riseris, riserit, riserimus, riseritis, riserint _plu_ risissem, risisses, risisset, risissemus, risissetis, risissent _pas.pre_ ridear, ridearis / rideare, rideatur, rideamur, rideamini, rideantur _pas.imp_ riderer, ridereris / riderere, rideretur, rideremur, rideremini, riderentur • **imp** _pre_ –, ride, –, –, ridete, – _fut_ –, rideto, rideto, –, ridetote, ridento _pas.pre_ –, ridere, –, –, ridemini, – _pas.fut_ –, ridetor, ridetor, –, –, ridentor • **inf** _pre_ ridere _prt_ risisse _fut_ risurus esse _pas.pre_ rideri _pas.prt_ risus esse _pas.fut_ risum iri • **ger** ridere / ridendi / ridendo / ridendum • **sup** risum / risu • **par** _pre_ ridens _prt_ – _fut_ risurus _pas.pre_ – _pas.prt_ risus _pas.fut_ ridendus

rogo /ask, enquire/ • **ind** _pre_ rogo, rogas, rogat, rogamus, rogatis, rogant _imp_ rogabam, rogabas, rogabat, rogabamus, rogabatis, rogabant _prt_ rogavi, rogavisti / rogasti, rogavit, rogavimus, rogavistis / rogastis, rogaverunt / rogavere _fut_ rogabo, rogabis, rogabit, rogabimus, rogabitis, rogabunt _plu_ rogaveram, rogaveras, rogaverat, rogaveramus, rogaveratis, rogaverant _fpr_ rogavero, rogaveris, rogaverit, rogaverimus, rogaveritis, rogaverint _pas.pre_ rogor, rogaris / rogare, rogatur, rogamur, rogamini, rogantur _pas.imp_ rogabar, rogabaris / rogabare, rogabatur, rogabamur, rogabamini, rogabantur _pas.fut_ rogabor, rogaberis / rogabere, rogabitur, rogabimur, rogabimini, rogabuntur • **sub** _pre_ rogem, roges, roget, rogemus, rogetis, rogent _imp_ rogarem, rogares, rogaret, rogaremus, rogaretis, rogarent _prt_ rogaverim, rogaveris, rogaverit, rogaverimus, rogaveritis, rogaverint _plu_ rogavissem / rogassem, rogavisses / rogasses, rogavisset / rogasset, rogavissemus / rogassemus, rogavissetis / rogassetis, rogavissent / rogassent *pas.pre* roger, rogeris / rogere, rogetur, rogemur, rogemini, rogentur *pas.imp* rogarer, rogareris / rogarere, rogaretur, rogaremur, rogaremini, rogarentur • **imp** *pre* –, roga, –, –, rogate, – *fut* –, rogato, rogato, –, rogatote, roganto *pas.pre* –, rogare, –, –, rogamini, – *pas.fut* –, rogator, rogator, –, –, rogantor • **inf** *pre* rogare *prt* rogavisse / rogasse *fut* rogaturus esse *pas.pre* rogari / rogarier *pas.prt* rogatus esse *pas.fut* rogatum iri • **ger** rogare / rogandi / rogando / rogandum • **sup** rogatum / rogatu • **par** *pre* rogans *prt* – *fut* rogaturus *pas.pre* – *pas.prt* rogatus *pas.fut* rogandus

ructo /belch, eructate/ • **ind** *pre* ructo, ructas, ructat, ructamus, ructatis, ructant *imp* ructabam, ructabas, ructabat, ructabamus, ructabatis, ructabant *prt* ructavi, ructavisti, ructavit, ructavimus, ructavistis, ructaverunt / ructavere *fut* ructabo, ructabis, ructabit, ructabimus, ructabitis, ructabunt *plu* ructaveram, ructaveras, ructaverat, ructaveramus, ructaveratis, ructaverant *fpr* ructavero, ructaveris, ructaverit, ructaverimus, ructaveritis, ructaverint *pas.pre* ructor, ructaris / ructare, ructatur, ructamur, ructamini, ructantur *pas.imp* ructabar, ructabaris / ructabare, ructabatur, ructabamur, ructabamini, ructabantur *pas.fut* ructabor, ructaberis / ructabere, ructabitur, ructabimur, ructabimini, ructabuntur • **sub** *pre* ructem, ructes, ructet, ructemus, ructetis, ructent *imp* ructarem, ructares, ructaret, ructaremus, ructaretis, ructarent *prt* ructaverim, ructaveris, ructaverit, ructaverimus, ructaveritis, ructaverint *plu* ructavissem, ructavisses, ructavisset, ructavissemus, ructavissetis, ructavissent *pas.pre* ructer, ructeris / ructere, ructetur, ructemur, ructemini, ructentur *pas.imp* ructarer, ructareris / ructarere, ructaretur, ructaremur, ructaremini, ructarentur • **imp** *pre* –, ructa, –, –, ructate, – *fut* –, ructato, ructato, –, ructatote, ructanto *pas.pre* –, ructare, –, –, ructamini, – *pas.fut* –, ructator, ructator, –, –, ructantor • **inf** *pre* ructare *prt* ructavisse *fut* ructaturus esse *pas.pre* ructari *pas.prt* ructatus esse *pas.fut* ructatum iri • **ger** ructare / ructandi / ructando / ructandum • **sup** ructatum / ructatu • **par** *pre* ructans *prt* – *fut* ructaturus *pas.pre* – *pas.prt* ructatus *pas.fut* ructandus

rumpo /break, burst/ • **ind** *pre* rumpo, rumpis, rumpit, rumpimus, rumpitis, rumpunt *imp* rumpebam, rumpebas, rumpebat, rumpebamus, rumpebatis, rumpebant *prt* rupi, rupisti, rupit, rupimus, rupistis, ruperunt / rupere *fut* rumpam, rumpes, rumpet, rumpemus, rumpetis, rumpent *plu* ruperam, ruperas, ruperat, ruperamus, ruperatis, ruperant *fpr* rupero, ruperis, ruperit, ruperimus, ruperitis, ruperint *pas.pre* rumpor, rumperis / rumpere, rumpitur, rumpimur, rumpimini, rumpuntur *pas.imp* rumpebar, rumpebaris / rumpebare, rumpebatur, rumpebamur, rumpebamini, rumpebantur *pas.fut* rumpar, rumperis / rumpere, rumpetur, rumpemur, rumpemini, rumpentur • **sub** *pre* rumpam, rumpas, rumpat, rumpamus, rumpatis, rumpant *imp* rumperem, rumperes, rumperet, rumperemus, rumperetis, rumperent *prt* ruperim, ruperis, ruperit, ruperimus, ruperitis, ruperint *plu* rupissem, rupisses, rupisset, rupissemus, rupissetis, rupissent *pas.pre* rumpar, rumparis / rumpare, rumpatur, rumpamur, rumpamini, rumpantur *pas.imp* rumperer, rumpereris / rumperere, rumperetur, rumperemur, rumperemini, rumperentur • **imp** *pre* –, rumpe, –, –, rumpite, – *fut* –, rumpito, rumpito, –, rumpitote, rumpunto *pas.pre* –, rumpere, –, –, rumpimini, – *pas.fut* –, rumpitor, rumpitor, –, –, rumpuntor • **inf** *pre* rumpere *prt* rupisse *fut* rupturus esse *pas.pre* rumpi *pas.prt* ruptus esse *pas.fut* ruptum iri • **ger** rumpere / rumpendi / rumpendo / rumpendum • **sup** ruptum / ruptu • **par** *pre* rumpens *prt* – *fut* rupturus *pas.pre* – *pas.prt* ruptus *pas.fut* rumpendus

runco /weed, clear of weeds/ • **ind** *pre* runco, runcas, runcat, runcamus, runcatis, runcant *imp* runcabam, runcabas, runcabat, runcabamus, runcabatis, runcabant *prt* runcavi, runcavisti, runcavit, runcavimus, runcavistis, runcaverunt / runcavere *fut* runcabo, runcabis, runcabit, runcabimus, runcabitis, runcabunt *plu* runcaveram, runcaveras, runcaverat, runcaveramus, runcaveratis, runcaverant *fpr* runcavero, runcaveris, runcaverit, runcaverimus, runcaveritis, runcaverint *pas.pre* runcor, runcaris / runcare, runcatur, runcamur, runcamini, runcantur *pas.imp* runcabar, runcabaris / runcabare, runcabatur, runcabamur, runcabamini, runcabantur *pas.fut* runcabor, runcaberis / runcabere, runcabitur, runcabimur, runcabimini, runcabuntur • **sub** *pre* runcem, runces, runcet, runcemus, runcetis, runcent *imp* runcarem, runcares, runcaret, runcaremus, runcaretis, runcarent *prt* runcaverim, runcaveris, runcaverit, runcaverimus, runcaveritis, runcaverint *plu* runcavissem, runcavisses, runcavisset, runcavissemus, runcavissetis, runcavissent *pas.pre* runcer, runceris / runcere, runcetur, runcemur, runcemini, runcentur *pas.imp* runcarer, runcareris / runcarere, runcaretur, runcaremur, runcaremini, runcarentur • **imp** *pre* –, runca, –, –, runcate, – *fut* –, runcato, runcato, –, runcatote, runcanto *pas.pre* –, runcare, –, –, runcamini, – *pas.fut* –, runcator, runcator, –, –, runcantor • **inf** *pre* runcare *prt* runcavisse *fut* runcaturus esse *pas.pre* runcari *pas.prt* runcatus esse *pas.fut* runcatum iri • **ger** runcare / runcandi / runcando / runcandum • **sup** runcatum / runcatu • **par** *pre* runcans *prt* – *fut* runcaturus *pas.pre* – *pas.prt* runcatus *pas.fut* runcandus

S

saburro /ballast a vessel, cram full/ • **ind** <u>pre</u> saburro, saburras, saburrat, saburramus, saburratis, saburrant <u>imp</u> saburrabam, saburrabas, saburrabat, saburrabamus, saburrabatis, saburrabant <u>prt</u> saburravi, saburravisti, saburravit, saburravimus, saburravistis, saburraverunt / saburravere <u>fut</u> saburrabo, saburrabis, saburrabit, saburrabimus, saburrabitis, saburrabunt <u>plu</u> saburraveram, saburraveras, saburraverat, saburraveramus, saburraveratis, saburraverant <u>fpr</u> saburravero, saburraveris, saburraverit, saburraverimus, saburraveritis, saburraverint <u>pas.pre</u> saburror, saburraris / saburrare, saburratur, saburramur, saburramini, saburrantur <u>pas.imp</u> saburrabar, saburrabaris / saburrabare, saburrabatur, saburrabamur, saburrabamini, saburrabantur <u>pas.fut</u> saburrabor, saburraberis / saburrabere, saburrabitur, saburrabimur, saburrabimini, saburrabuntur • **sub** <u>pre</u> saburrem, saburres, saburret, saburremus, saburretis, saburrent <u>imp</u> saburrarem, saburrares, saburraret, saburraremus, saburraretis, saburrarent <u>prt</u> saburraverim, saburraveris, saburraverit, saburraverimus, saburraveritis, saburraverint <u>plu</u> saburravissem, saburravisses, saburravisset, saburravissemus, saburravissetis, saburravissent <u>pas.pre</u> saburrer, saburreris / saburrere, saburretur, saburremur, saburremini, saburrentur <u>pas.imp</u> saburrarer, saburrareris / saburrarere, saburraretur, saburraremur, saburraremini, saburrarentur • **imp** <u>pre</u> –, saburra, –, –, saburrate, – <u>fut</u> –, saburrato, saburrato, –, saburratote, saburranto <u>pas.pre</u> –, saburrare, –, –, saburramini, – <u>pas.fut</u> –, saburrator, saburrator, –, –, saburrantor • **inf** <u>pre</u> saburrare <u>prt</u> saburravisse <u>fut</u> saburraturus esse <u>pas.pre</u> saburrari <u>pas.prt</u> saburratus esse <u>pas.fut</u> saburratum iri • **ger** saburrare / saburrandi / saburrando / saburrandum • **sup** saburratum / saburratu • **par** <u>pre</u> saburrans <u>prt</u> – <u>fut</u> saburraturus <u>pas.pre</u> – <u>pas.prt</u> saburratus <u>pas.fut</u> saburrandus

scando /climb, ascend/ • **ind** <u>pre</u> scando, scandis, scandit, scandimus, scanditis, scandunt <u>imp</u> scandebam, scandebas, scandebat, scandebamus, scandebatis, scandebant <u>prt</u> scandi, scandisti, scandit, scandimus, scandistis, scanderunt / scandere <u>fut</u> scandam, scandes, scandet, scandemus, scandetis, scandent <u>plu</u> scanderam, scanderas, scanderat, scanderamus, scanderatis, scanderant <u>fpr</u> scandero, scanderis, scanderit, scanderimus, scanderitis, scanderint <u>pas.pre</u> scandor, scanderis / scandere, scanditur, scandimur, scandimini, scanduntur <u>pas.imp</u> scandebar, scandebaris / scandebare, scandebatur, scandebamur, scandebamini, scandebantur <u>pas.fut</u> scandar, scanderis / scandere, scandetur, scandemur, scandemini, scandentur • **sub** <u>pre</u> scandam, scandas, scandat, scandamus, scandatis, scandant *imp* scanderem, scanderes, scanderet, scanderemus, scanderetis, scanderent *prt* scanderim, scanderis, scanderit, scanderimus, scanderitis, scanderint *plu* scandissem, scandisses, scandisset, scandissemus, scandissetis, scandissent *pas.pre* scandar, scandaris / scandare, scandatur, scandamur, scandamini, scandantur *pas.imp* scanderer, scandereris / scanderere, scanderetur, scanderemur, scanderemini, scanderentur • **imp** *pre* –, scande, –, –, scandite, – *fut* –, scandito, scandito, –, scanditote, scandunto *pas.pre* –, scandere, –, –, scandimini, – *pas.fut* –, scanditor, scanditor, –, –, scanduntor • **inf** *pre* scandere *prt* scandisse *fut* scansurus esse *pas.pre* scandi *pas.prt* scansus esse *pas.fut* scansum iri • **ger** scandere / scandendi / scandendo / scandendum • **sup** scansum / scansu • **par** *pre* scandens *prt* – *fut* scansurus *pas.pre* – *pas.prt* scansus *pas.fut* scandendus

scindo /cut, tear/ • **ind** *pre* scindo, scindis, scindit, scindimus, scinditis, scindunt *imp* scindebam, scindebas, scindebat, scindebamus, scindebatis, scindebant *prt* scidi, scidisti, scidit, scidimus, scidistis, sciderunt / scidere *fut* scindam, scindes, scindet, scindemus, scindetis, scindent *plu* scideram, scideras, sciderat, scideramus, scideratis, sciderant *fpr* scidero, scideris, sciderit, sciderimus, scideritis, sciderint *pas.pre* scindor, scinderis / scindere, scinditur, scindimur, scindimini, scinduntur *pas.imp* scindebar, scindebaris / scindebare, scindebatur, scindebamur, scindebamini, scindebantur *pas.fut* scindar, scinderis / scindere, scindetur, scindemur, scindemini, scindentur • **sub** *pre* scindam, scindas, scindat, scindamus, scindatis, scindant *imp* scinderem, scinderes, scinderet, scinderemus, scinderetis, scinderent *prt* sciderim, scideris, sciderit, sciderimus, scideritis, sciderint *plu* scidissem, scidisses, scidisset, scidissemus, scidissetis, scidissent *pas.pre* scindar, scindaris / scindare, scindatur, scindamur, scindamini, scindantur *pas.imp* scinderer, scindereris / scinderere, scinderetur, scinderemur, scinderemini, scinderentur • **imp** *pre* –, scinde, –, –, scindite, – *fut* –, scindito, scindito, –, scinditote, scindunto *pas.pre* –, scindere, –, –, scindimini, – *pas.fut* –, scinditor, scinditor, –, –, scinduntor • **inf** *pre* scindere *prt* scidisse *fut* scissurus esse *pas.pre* scindi *pas.prt* scissus esse *pas.fut* scissum iri • **ger** scindere / scindendi / scindendo / scindendum • **sup** scissum / scissu • **par** *pre* scindens *prt* – *fut* scissurus *pas.pre* – *pas.prt* scissus *pas.fut* scindendus

scio /can, know/ • **ind** *pre* scio, scis, scit, scimus, scitis, sciunt *imp* sciebam, sciebas, sciebat, sciebamus, sciebatis, sciebant *prt* scivi, scivisti, scivit, scivimus, scivistis, sciverunt / scivere *fut* sciam, scies, sciet, sciemus, scietis, scient *plu* sciveram, sciveras, sciverat, sciveramus, sciveratis, sciverant *fpr* scivero, sciveris, sciverit, sciverimus, sciveritis, sci-

scribo

verint *pas.pre* scior, sciris / scire, scitur, scimur, scimini, sciuntur *pas.imp* sciebar, sciebaris / sciebare, sciebatur, sciebamur, sciebamini, sciebantur *pas.fut* sciar, scieris / sciere, scietur, sciemur, sciemini, scientur • **sub** *pre* sciam, scias, sciat, sciamus, sciatis, sciant *imp* scirem, scires, sciret, sciremus, sciretis, scirent *prt* sciverim, sciveris, sciverit, sciverimus, sciveritis, sciverint *plu* scivissem, scivisses, scivisset, scivissemus, scivissetis, scivissent *pas.pre* sciar, sciaris / sciare, sciatur, sciamur, sciamini, sciantur *pas.imp* scirer, scireris / scirere, sciretur, sciremur, sciremini, scirentur • **imp** *pre* –, sci, –, –, scite, – *fut* –, scito, scito, –, scitote, sciunto *pas.pre* –, scire, –, –, scimini, – *pas.fut* –, scitor, scitor, –, –, sciuntor • **inf** *pre* scire *prt* scivisse *fut* sciturus esse *pas.pre* sciri *pas.prt* scitus esse *pas.fut* scitum iri • **ger** scire / sciendi / sciendo / sciendum • **sup** scitum / scitu • **par** *pre* sciens *prt* – *fut* sciturus *pas.pre* – *pas.prt* scitus *pas.fut* sciendus

scribo /write/ • **ind** *pre* scribo, scribis, scribit, scribimus, scribitis, scribunt *imp* scribebam, scribebas, scribebat, scribebamus, scribebatis, scribebant *prt* scripsi, scripsisti, scripsit, scripsimus, scripsistis, scripserunt / scripsere *fut* scribam, scribes, scribet, scribemus, scribetis, scribent *plu* scripseram, scripseras, scripserat, scripseramus, scripseratis, scripserant *fpr* scripsero, scripseris, scripserit, scripserimus, scripseritis, scripserint *pas.pre* scribor, scriberis / scribere, scribitur, scribimur, scribimini, scribuntur *pas.imp* scribebar, scribebaris / scribebare, scribebatur, scribebamur, scribebamini, scribebantur *pas.fut* scribar, scriberis / scribere, scribetur, scribemur, scribemini, scribentur • **sub** *pre* scribam, scribas, scribat, scribamus, scribatis, scribant *imp* scriberem, scriberes, scriberet, scriberemus, scriberetis, scriberent *prt* scripserim, scripseris, scripserit, scripserimus, scripseritis, scripserint *plu* scripsissem, scripsisses, scripsisset, scripsissemus, scripsissetis, scripsissent *pas.pre* scribar, scribaris / scribare, scribatur, scribamur, scribamini, scribantur *pas.imp* scriberer, scribereris / scriberere, scriberetur, scriberemur, scriberemini, scriberentur • **imp** *pre* –, scribe, –, –, scribite, – *fut* –, scribito, scribito, –, scribitote, scribunto *pas.pre* –, scribere, –, –, scribimini, – *pas.fut* –, scribitor, scribitor, –, –, scribuntor • **inf** *pre* scribere *prt* scripsisse *fut* scripturus esse *pas.pre* scribi *pas.prt* scriptus esse *pas.fut* scriptum iri • **ger** scribere / scribendi / scribendo / scribendum • **sup** scriptum / scriptu • **par** *pre* scribens *prt* – *fut* scripturus *pas.pre* – *pas.prt* scriptus *pas.fut* scribendus

seco /cut/ • **ind** *pre* seco, secas, secat, secamus, secatis, secant *imp* secabam, secabas, secabat, secabamus, secabatis, secabant *prt* secui, secuisti, secuit, secuimus, secuistis, secuerunt / secuere *fut* secabo, secabis, secabit, secabimus, secabitis, secabunt *plu* secueram, secueras, secuerat, secueramus, secueratis, secuerant *fpr* secuero, secueris, secuerit, secuerimus, secueritis, secuerint *pas.pre* secor, secaris / secare, secatur, secamur, secamini, secantur *pas.imp* secabar, secabaris / secabare, secabatur, secabamur, secabamini, secabantur *pas.fut* secabor, secaberis / secabere, secabitur, secabimur, secabimini, secabuntur • **sub** *pre* secem, seces, secet, secemus, secetis, secent *imp* secarem, secares, secaret, secaremus, secaretis, secarent *prt* secuerim, secueris, secuerit, secuerimus, secueritis, secuerint *plu* secuissem, secuisses, secuisset, secuissemus, secuissetis, secuissent *pas.pre* secer, seceris / secere, secetur, secemur, secemini, secentur *pas.imp* secarer, secareris / secarere, secaretur, secaremur, secaremini, secarentur • **imp** *pre* –, seca, –, –, secate, – *fut* –, secato, secato, –, secatote, secanto *pas.pre* –, secare, –, –, secamini, – *pas.fut* –, secator, secator, –, –, secantor • **inf** *pre* secare *prt* secuisse *fut* secturus esse *pas.pre* secari *pas.prt* sectus esse *pas.fut* sectum iri • **ger** secare / secandi / secando / secandum • **sup** sectum / sectu • **par** *pre* secans *prt* – *fut* secturus *pas.pre* – *pas.prt* sectus *pas.fut* secandus

sedeo /sit, be seated/ • **ind** *pre* sedeo, sedes, sedet, sedemus, sedetis, sedent *imp* sedebam, sedebas, sedebat, sedebamus, sedebatis, sedebant *prt* sedi, sedisti, sedit, sedimus, sedistis, sederunt / sedere *fut* sedebo, sedebis, sedebit, sedebimus, sedebitis, sedebunt *plu* sederam, sederas, sederat, sederamus, sederatis, sederant *fpr* sedero, sederis, sederit, sederimus, sederitis, sederint *pas.pre* –, –, sedetur, –, –, – *pas.imp* –, –, sedebatur, –, –, – *pas.fut* –, –, sedebitur, –, –, – • **sub** *pre* sedeam, sedeas, sedeat, sedeamus, sedeatis, sedeant *imp* sederem, sederes, sederet, sederemus, sederetis, sederent *prt* sederim, sederis, sederit, sederimus, sederitis, sederint *plu* sedissem, sedisses, sedisset, sedissemus, sedissetis, sedissent *pas.pre* –, –, sedeatur, –, –, – *pas.imp* –, –, sederetur, –, –, – • **imp** *pre* –, sede, –, –, sedete, – *fut* –, sedeto, sedeto, –, sedetote, sedento *pas.pre* — *pas.fut* — • **inf** *pre* sedere *prt* sedisse *fut* sessurus esse *pas.pre* sederi *pas.prt* sessum esse *pas.fut* – • **ger** sedere / sedendi / sedendo / sedendum • **sup** sessum / sessu • **par** *pre* sedens *prt* – *fut* sessurus *pas.pre* – *pas.prt* *pas.fut* sedendus

segrego /separate, remove/ • **ind** *pre* segrego, segregas, segregat, segregamus, segregatis, segregant *imp* segregabam, segregabas, segregabat, segregabamus, segregabatis, segregabant *prt* segregavi, segregavisti, segregavit, segregavimus, segregavistis, segregaverunt / segregavere *fut* segregabo, segregabis, segregabit, segregabimus, segregabitis, segregabunt *plu* segregaveram, segregaveras, segregaverat, segregaveramus, segregaveratis, segregaverant *fpr* segregavero, segregaveris, segregaverit, segregaverimus, segregaveritis, segregaverint *pas.pre* segregor, segregaris / segregare, segregatur, segregamur, segregamini, segregantur *pas.imp* segregabar, segregabaris / segregabare, segregabatur, segregabamur, segregabamini, segregabantur *pas.fut* segregabor, segregaberis / segregabere, segregabitur, segregabimur, segregabimini, segregabuntur • **sub** *pre* segregem, segreges, segreget, segregemus, segregetis, segregent *imp* segregarem, segregares, segregaret, segregaremus, segregaretis, segregarent *prt* segregaverim, segregaveris, segregaverit, segregaverimus, segregaveritis, segregaverint *plu* segregavissem, segregavisses, segregavisset, segregavissemus, segregavissetis, segregavissent *pas.pre* segreger, segregeris / segregere, segregetur, segregemur, segregemini, segregentur *pas.imp* segregarer, segregareris / segregarere, segregaretur, segregaremur, segregaremini, segregarentur • **imp** *pre* –, segrega, –, –, segregate, – *fut* –, segregato, segregato, –, segregatote, segreganto *pas.pre* –, segregare, –, –, segregamini, – *pas.fut* –, segregator, segregator, –, –, segregantor • **inf** *pre* segregare *prt* segregavisse *fut* segregaturus esse *pas.pre* segregari *pas.prt* segregatus esse *pas.fut* segregatum iri • **ger** segregare / segregandi / segregando / segregandum • **sup** segregatum / segregatu • **par** *pre* segregans *prt* – *fut* segregaturus *pas.pre* – *pas.prt* segregatus *pas.fut* segregandus

sentio /feel, perceive with the senses/ • **ind** *pre* sentio, sentis, sentit, sentimus, sentitis, sentiunt *imp* sentiebam, sentiebas, sentiebat, sentiebamus, sentiebatis, sentiebant *prt* sensi, sensisti, sensit, sensimus, sensistis, senserunt / sensere *fut* sentiam, senties, sentiet, sentiemus, sentietis, sentient *plu* senseram, senseras, senserat, senseramus, senseratis, senserant *fpr* sensero, senseris, senserit, senserimus, senseritis, senserint *pas.pre* sentior, sentiris / sentire, sentitur, sentimur, sentimini, sentiuntur *pas.imp* sentiebar, sentiebaris / sentiebare, sentiebatur, sentiebamur, sentiebamini, sentiebantur *pas.fut* sentiar, sentieris / sentiere, sentietur, sentiemur, sentiemini, sentientur • **sub** *pre* sentiam, sentias, sentiat, sentiamus, sentiatis, sentiant *imp* sentirem, sentires, sentiret, sentiremus, sentiretis, sentirent *prt* senserim, senseris, senserit, senserimus, senseritis, senserint *plu* sensissem, sensisses, sensisset, sensissemus, sensissetis, sensissent *pas.pre* sentiar, sentiaris / sentiare, sentiatur, sentiamur, sentiamini, sentiantur *pas.imp* sentirer, sentireris / sentirere, sentiretur, sentiremur, sentiremini, sentirentur • **imp** *pre* –, senti, –, –, sentite, – *fut* –, sentito, sentito, –, sentitote, sentiunto *pas.pre* –, sentire, –, –, sentimini, – *pas.fut* –, sentitor, sentitor, –, –, sentiuntor • **inf** *pre* sentire *prt* sensisse *fut* sensurus esse *pas.pre* sentiri *pas.prt* sensus esse *pas.fut* sensum iri • **ger** sentire / sentiendi / sentiendo / sentiendum • **sup** sensum / sensu • **par** *pre* sentiens *prt* – *fut* sensurus *pas.pre* –

pas.prt sensus _pas.fut_ sentiendus

sequor /follow/ • **ind** _pre_ sequor, sequeris / sequere, sequitur, sequimur, sequimini, sequuntur _imp_ sequebar, sequebaris / sequebare, sequebatur, sequebamur, sequebamini, sequebantur _prt_ — _fut_ sequar, sequeris / sequere, sequetur, sequemur, sequemini, sequentur _plu_ — _fpr_ — _pas.pre_ — _pas.imp_ — _pas.fut_ — • **sub** _pre_ sequar, sequaris / sequare, sequatur, sequamur, sequamini, sequantur _imp_ sequerer, sequereris / sequerere, sequeretur, sequeremur, sequeremini, sequerentur _prt_ — _plu_ — _pas.pre_ — _pas.imp_ — • **imp** _pre_ –, sequere, –, –, sequimini, – _fut_ –, sequitor, sequitor, –, –, sequuntor _pas.pre_ — _pas.fut_ — • **inf** _pre_ sequi _prt_ secutus esse _fut_ secuturus esse _pas.pre_ – _pas.prt_ – _pas.fut_ – • **ger** sequi / sequendi / sequendo / sequendum • **sup** secutum / secutu • **par** _pre_ sequens _prt_ secutus _fut_ secuturus _pas.pre_ – _pas.prt_ – _pas.fut_ sequendus

servio /be a slave to, serve/ • **ind** _pre_ servio, servis, servit, servimus, servitis, serviunt _imp_ serviebam / servibam, serviebas / servibas, serviebat / servibat, serviebamus / servibamus, serviebatis / servibatis, serviebant / servibant _prt_ servivi / servii, servivisti / servisti, servivit / servit, servivimus / servimus, servivistis / servistis, serviverunt / serverunt / servivere / servere _fut_ serviam / servibo, servies / servibis, serviet / servibit, serviemus / servibimus, servietis / servibitis, servient / servibunt _plu_ serviveram / serviram, serviveras / serviras, serviverat / servirat, serviveramus / serviramus, serviveratis / serviratis, serviverant / servirant _fpr_ servivero / serviro, serviveris / serviris, serviverit / servirit, serviverimus / servirimus, serviveritis / serviritis, serviverint / servirint _pas.pre_ –, –, servitur, –, –, – _pas.imp_ –, –, serviebatur, –, –, – _pas.fut_ –, –, servietur, –, –, – • **sub** _pre_ serviam, servias, serviat, serviamus, serviatis, serviant _imp_ servirem, servires, serviret, serviremus, serviretis, servirent _prt_ serviverim / servirim, serviveris / serviris, serviverit / servirit, serviverimus / servirimus, serviveritis / serviritis, serviverint / servirint _plu_ servivissem / servissem, servivisses / servisses, servivisset / servisset, servivissemus / servissemus, servivissetis / servissetis, servivissent / servissent _pas.pre_ –, –, serviatur, –, –, – _pas.imp_ –, –, serviretur, –, –, – • **imp** _pre_ –, servi, –, –, servite, – _fut_ –, servito, servito, –, servitote, serviunto _pas.pre_ — _pas.fut_ — • **inf** _pre_ servire _prt_ servivisse / servisse _fut_ serviturus esse _pas.pre_ serviri _pas.prt_ servitum esse _pas.fut_ — • **ger** servire / serviendi / serviendo / serviendum • **sup** servitum / servitu • **par** _pre_ serviens _prt_ – _fut_ serviturus _pas.pre_ – _pas.prt_ _pas.fut_ serviendus

servo /maintain, keep/ • **ind** _pre_ servo, servas, servat, servamus, servatis, servant _imp_ servabam, servabas, servabat, servabamus, servabatis, servabant _prt_ servavi, servavisti / servasti, servavit, servavimus, servavistis / servastis, servaverunt / servavere _fut_ servabo, servabis, servabit, servabimus, servabitis, servabunt _plu_ servaveram, servaveras, servaverat, servaveramus, servaveratis, servaverant _fpr_ servavero, servaveris, servaverit, servaverimus, servaveritis, servaverint _pas.pre_ servor, servaris / servare, servatur, servamur, servamini, servantur _pas.imp_ servabar, servabaris / servabare, servabatur, servabamur, servabamini, servabantur _pas.fut_ servabor, servaberis / servabere, servabitur, servabimur, servabimini, servabuntur • **sub** _pre_ servem, serves, servet, servemus, servetis, servent _imp_ servarem, servares, servaret, servaremus, servaretis, servarent _prt_ servaverim, servaveris, servaverit, servaverimus, servaveritis, servaverint _plu_ servavissem / servassem, servavisses / servasses, servavisset / servasset, servavissemus / servassemus, servavissetis / servassetis, servavissent / servassent _pas.pre_ server, serveris / servere, servetur, servemur, servemini, serventur _pas.imp_ servarer, servareris / servarere, servaretur, servaremur, servaremini, servarentur • **imp** _pre_ –, serva, –, –, servate, – _fut_ –, servato, servato, –, servatote, servanto _pas.pre_ –, servare, –, –, servamini, – _pas.fut_ –, servator, servator, –, –, servantor • **inf** _pre_ servare _prt_ servavisse / servasse _fut_ servaturus esse _pas.pre_ servari _pas.prt_ servatus esse _pas.fut_ servatum iri • **ger** servare / servandi / servando / servandum • **sup** servatum / servatu • **par** _pre_ servans _prt_ – _fut_ servaturus _pas.pre_ – _pas.prt_ servatus _pas.fut_ servandus

sino /let, permit/ • **ind** _pre_ sino, sinis, sinit, sinimus, sinitis, sinunt _imp_ sinebam, sinebas, sinebat, sinebamus, sinebatis, sinebant _prt_ sivi, sivisti / sisti, sivit, sivimus, sivistis / sistis, siverunt / sivere _fut_ sinam, sines, sinet, sinemus, sinetis, sinent _plu_ siveram, siveras, siverat, siveramus, siveratis, siverant _fpr_ sivero, siveris, siverit, siverimus, siveritis, siverint _pas.pre_ sinor, sineris / sinere, sinitur, sinimur, sinimini, sinuntur _pas.imp_ sinebar, sinebaris / sinebare, sinebatur, sinebamur, sinebamini, sinebantur _pas.fut_ sinar, sineris / sinere, sinetur, sinemur, sinemini, sinentur • **sub** _pre_ sinam, sinas, sinat, sinamus, sinatis, sinant _imp_ sinerem, sineres, sineret, sineremus, sineretis, sinerent _prt_ siverim, siveris, siverit, siverimus, siveritis, siverint _plu_ sivissem / sissem, sivisses / sisses, sivisset / sisset, sivissemus / sissemus, sivissetis / sissetis, sivissent / sissent _pas.pre_ sinar, sinaris / sinare, sinatur, sinamur, sinamini, sinantur _pas.imp_ sinerer, sinereris / sinerere, sineretur, sineremur, sineremini, sinerentur • **imp** _pre_ –, sine, –, –, sinite, – _fut_ –, sinito, sinito, –, sinitote, sinunto _pas.pre_ –, sinere, –, –, sinimini, – _pas.fut_ –, sinitor, sinitor, –, –, sinuntor • **inf** _pre_ sinere _prt_ sivisse / sisse _fut_ siturus esse _pas.pre_ sini _pas.prt_ situs esse _pas.fut_ situm iri • **ger** sinere / sinendi / sinendo / sinendum • **sup** situm / situ • **par** _pre_ sinens _prt_ – _fut_ siturus _pas.pre_ – _pas.prt_ situs _pas.fut_ sinendus

sisto /cause stand, set/ • **ind** *pre* sisto, sistis, sistit, sistimus, sistitis, sistunt *imp* sistebam, sistebas, sistebat, sistebamus, sistebatis, sistebant *prt* steti, stetisti, stetit, stetimus, stetistis, steterunt / stetere *fut* sistam, sistes, sistet, sistemus, sistetis, sistent *plu* steteram, steteras, steterat, steteramus, steteratis, steterant *fpr* stetero, steteris, steterit, steterimus, steteritis, steterint *pas.pre* sistor, sisteris / sistere, sistitur, sistimur, sistimini, sistuntur *pas.imp* sistebar, sistebaris / sistebare, sistebatur, sistebamur, sistebamini, sistebantur *pas.fut* sistar, sisteris / sistere, sistetur, sistemur, sistemini, sistentur • **sub** *pre* stetissem, stetisses, stetisset, stetissemus, stetissetis, stetissent *imp* sistar, sistaris / sistare, sistatur, sistamur, sistamini, sistantur *prt* sisterer, sistereris / sistererere, sisteretur, sisteremur, sisteremini, sisterentur *plu* –, siste, –, –, sistite, – *pas.pre* –, sistito, sistito, –, sistitote, sistunto *pas.imp* –, sistere, –, –, sistimini, – • **imp** *pre* –, –, –, –, status, – *fut* –, sistendi, sistendo, –, statum, statu *pas.pre* — *pas.fut* — • **inf** *pre* sisto *prt* sistis *fut* sistit *pas.pre* sistimus *pas.prt* sistitis *pas.fut* sistunt • **ger** sistam / sistes / sistet / sistemus • **sup** sistetis / sistent • **par** *pre* sistebam *prt* sistebas *fut* sistebat *pas.pre* sistebamus *pas.prt* *pas.fut* sistebant

soleo /be accustomed, used to/ • **ind** *pre* soleo, soles, solet, solemus, soletis, solent *imp* solebam, solebas, solebat, solebamus, solebatis, solebant *prt* solui / solitus sum, soluisti / solitus es, soluit / solitus est, soluimus / soliti sumus, soluistis / soliti estis, soluerunt / soluere / soliti sunt *fut* — *plu* solueram / solitus eram, solueras / solitus eras, soluerat / solitus erat, solueramus / soliti eramus, solueratis / soliti eratis, soluerant / soliti erant *fpr* — *pas.pre* — *pas.imp* — *pas.fut* — • **sub** *pre* soleam, soleas, soleat, soleamus, soleatis, soleant *imp* solerem, soleres, soleret, soleremus, soleretis, solerent *prt* soluerim / solitus sim, solueris / solitus sis, soluerit / solitus sit, soluerimus / soliti simus, solueritis / soliti sitis, soluerint / soliti sint *plu* soluissem / solitus essem, soluisses / solitus esses, soluisset / solitus esset, soluissemus / soliti essemus, soluissetis / soliti essetis, soluissent / soliti essent *pas.pre* — *pas.imp* — • **imp** *pre* — *fut* — *pas.pre* — *pas.fut* — • **inf** *pre* solere *prt* solitus esse *fut* – *pas.pre* — *pas.prt* — *pas.fut* — • **ger** solere / solendi / solendo / solendum • **sup** solitum / solitu • **par** *pre* solens *prt* solitus *fut* – *pas.pre* — *pas.prt* — *pas.fut* —

solvo /loosen, untie/ • **ind** *pre* solvo, solvis, solvit, solvimus, solvitis, solvunt *imp* solvebam, solvebas, solvebat, solvebamus, solvebatis, solvebant *prt* solvi, solvisti, solvit, solvimus, solvistis, solverunt / solvere *fut* solvam, solves, solvet, solvemus, solvetis, solvent *plu* solveram, solveras, solverat, solveramus, solveratis, solverant _fpr_ solvero, solveris, solverit, solverimus, solveritis, solverint _pas.pre_ solvor, solveris / solvere, solvitur, solvimur, solvimini, solvuntur _pas.imp_ solvebar, solvebaris / solvebare, solvebatur, solvebamur, solvebamini, solvebantur _pas.fut_ solvar, solveris / solvere, solvetur, solvemur, solvemini, solventur • **sub** _pre_ solvam, solvas, solvat, solvamus, solvatis, solvant _imp_ solverem, solveres, solveret, solveremus, solveretis, solverent _prt_ solverim, solveris, solverit, solverimus, solveritis, solverint _plu_ solvissem, solvisses, solvisset, solvissemus, solvissetis, solvissent _pas.pre_ solvar, solvaris / solvare, solvatur, solvamur, solvamini, solvantur _pas.imp_ solverer, solvereris / solverere, solveretur, solveremur, solveremini, solverentur • **imp** _pre_ –, solve, –, –, solvite, – _fut_ –, solvito, solvito, –, solvitote, solvunto _pas.pre_ –, solvere, –, –, solvimini, – _pas.fut_ –, solvitor, solvitor, –, –, solvuntor • **inf** _pre_ solvere _prt_ solvisse _fut_ soluturus esse _pas.pre_ solvi _pas.prt_ solutus esse _pas.fut_ solutum iri • **ger** solvere / solvendi / solvendo / solvendum • **sup** solutum / solutu • **par** _pre_ solvens _prt_ – _fut_ soluturus _pas.pre_ – _pas.prt_ solutus _pas.fut_ solvendus

spargo /scatter, strew/ • **ind** _pre_ spargo, spargis, spargit, spargimus, spargitis, spargunt _imp_ spargebam, spargebas, spargebat, spargebamus, spargebatis, spargebant _prt_ sparsi, sparsisti, sparsit, sparsimus, sparsistis, sparserunt / sparsere _fut_ spargam, sparges, sparget, spargemus, spargetis, spargent _plu_ sparseram, sparseras, sparserat, sparseramus, sparseratis, sparserant _fpr_ sparsero, sparseris, sparserit, sparserimus, sparseritis, sparserint _pas.pre_ spargor, spargeris / spargere, spargitur, spargimur, spargimini, sparguntur _pas.imp_ spargebar, spargebaris / spargebare, spargebatur, spargebamur, spargebamini, spargebantur _pas.fut_ spargar, spargeris / spargere, spargetur, spargemur, spargemini, spargentur • **sub** _pre_ spargam, spargas, spargat, spargamus, spargatis, spargant _imp_ spargerem, spargeres, spargeret, spargeremus, spargeretis, spargerent _prt_ sparserim, sparseris, sparserit, sparserimus, sparseritis, sparserint _plu_ sparsissem, sparsisses, sparsisset, sparsissemus, sparsissetis, sparsissent _pas.pre_ spargar, spargaris / spargare, spargatur, spargamur, spargamini, spargantur _pas.imp_ spargerer, spargereris / spargerere, spargeretur, spargeremur, spargeremini, spargerentur • **imp** _pre_ –, sparge, –, –, spargite, – _fut_ –, spargito, spargito, –, spargitote, spargunto _pas.pre_ –, spargere, –, –, spargimini, – _pas.fut_ –, spargitor, spargitor, –, –, sparguntor • **inf** _pre_ spargere _prt_ sparsisse _fut_ sparsurus esse _pas.pre_ spargi _pas.prt_ sparsus esse _pas.fut_ sparsum iri • **ger** spargere / spargendi / spargendo / spargendum • **sup** sparsum / sparsu • **par** _pre_ spargens _prt_ – _fut_ sparsurus _pas.pre_ – _pas.prt_ sparsus _pas.fut_ spargendus

sperno /sever, separate/ • **ind** _pre_ sperno, spernis, spernit, spernimus, spernitis, spernunt _imp_ spernebam, spernebas, spernebat, spernebamus, spernebatis, spernebant _prt_ sprevi, sprevisti, sprevit, sprevimus, sprevistis, spreverunt / sprevere _fut_ spernam, spernes, spernet, spernemus, spernetis, spernent _plu_ spreveram, spreveras, spreverat, spreveramus, spreveratis, spreverant _fpr_ sprevero, spreveris, spreverit, spreverimus, spreveritis, spreverint _pas.pre_ spernor, sperneris / spernere, spernitur, spernimur, spernimini, spernuntur _pas.imp_ spernebar, spernebaris / spernebare, spernebatur, spernebamur, spernebamini, spernebantur _pas.fut_ spernar, sperneris / spernere, spernetur, spernemur, spernemini, spernentur • **sub** _pre_ spernam, spernas, spernat, spernamus, spernatis, spernant _imp_ spernerem, sperneres, sperneret, sperneremus, sperneretis, spernerent _prt_ spreverim, spreveris, spreverit, spreverimus, spreveritis, spreverint _plu_ sprevissem, sprevisses, sprevisset, sprevissemus, sprevissetis, sprevissent _pas.pre_ spernar, spernaris / spernare, spernatur, spernamur, spernamini, spernantur _pas.imp_ spernerer, spernereris / spernerere, sperneretur, sperneremur, spernereminì, spernerentur • **imp** _pre_ –, sperne, –, –, spernite, – _fut_ –, spernito, spernito, –, spernitote, spernunto _pas.pre_ –, spernere, –, –, spernimini, – _pas.fut_ –, spernitor, spernitor, –, –, spernuntor • **inf** _pre_ spernere _prt_ sprevisse _fut_ spreturus esse _pas.pre_ sperni _pas.prt_ spretus esse _pas.fut_ spretum iri • **ger** spernere / spernendi / spernendo / spernendum • **sup** spretum / spretu • **par** _pre_ spernens _prt_ – _fut_ spreturus _pas.pre_ – _pas.prt_ spretus _pas.fut_ spernendus

spuo /spit/ • **ind** _pre_ spuo, spuis, spuit, spuimus, spuitis, spuunt _imp_ spuebam, spuebas, spuebat, spuebamus, spuebatis, spuebant _prt_ spui, spuisti, spuit, spuimus, spuistis, spuerunt / spuere _fut_ spuam, spues, spuet, spuemus, spuetis, spuent _plu_ spueram, spueras, spuerat, spueramus, spueratis, spuerant _fpr_ spuero, spueris, spuerit, spuerimus, spueritis, spuerint _pas.pre_ spuor, spueris / spuere, spuitur, spuimur, spuimini, spuuntur _pas.imp_ spuebar, spuebaris / spuebare, spuebatur, spuebamur, spuebamini, spuebantur _pas.fut_ spuar, spueris / spuere, spuetur, spuemur, spuemini, spuentur • **sub** _pre_ spuam, spuas, spuat, spuamus, spuatis, spuant _imp_ spuerem, spueres, spueret, spueremus, spueretis, spuerent _prt_ spuerim, spueris, spuerit, spuerimus, spueritis, spuerint _plu_ spuissem, spuisses, spuisset, spuissemus, spuissetis, spuissent _pas.pre_ spuar, spuaris / spuare, spuatur, spuamur, spuamini, spuantur _pas.imp_ spuerer, spuereris / spuerere, spueretur, spueremur, spueremini, spuerentur • **imp** _pre_ –, spue, –, –, spuite, – _fut_ –, spuito, spuito, –, spuitote, spuunto _pas.pre_ –, spuere, –, –, spuimini, – _pas.fut_ –, spuitor, spuitor, –, –, spuuntor • **inf** _pre_ spuere _prt_ spuisse _fut_ sputurus esse _pas.pre_ spui *pas.prt* sputus esse *pas.fut* sputum iri • **ger** spuere / spuendi / spuendo / spuendum • **sup** sputum / sputu • **par** *pre* spuens *prt* – *fut* sputurus *pas.pre* – *pas.prt* sputus *pas.fut* spuendus

statuo /set up, station/ • **ind** *pre* statuo, statuis, statuit, statuimus, statuitis, statuunt *imp* statuebam, statuebas, statuebat, statuebamus, statuebatis, statuebant *prt* statui, statuisti, statuit, statuimus, statuistis, statuerunt / statuere *fut* statuam, statues, statuet, statuemus, statuetis, statuent *plu* statueram, statueras, statuerat, statueramus, statueratis, statuerant *fpr* statuero, statueris, statuerit, statuerimus, statueritis, statuerint *pas.pre* statuor, statueris / statuere, statuitur, statuimur, statuimini, statuuntur *pas.imp* statuebar, statuebaris / statuebare, statuebatur, statuebamur, statuebamini, statuebantur *pas.fut* statuar, statueris / statuere, statuetur, statuemur, statuemini, statuentur • **sub** *pre* statuam, statuas, statuat, statuamus, statuatis, statuant *imp* statuerem, statueres, statueret, statueremus, statueretis, statuerent *prt* statuerim, statueris, statuerit, statuerimus, statueritis, statuerint *plu* statuissem, statuisses, statuisset, statuissemus, statuissetis, statuissent *pas.pre* statuar, statuaris / statuare, statuatur, statuamur, statuamini, statuantur *pas.imp* statuerer, statuereris / statuerere, statueretur, statueremur, statueremini, statuerentur • **imp** *pre* –, statue, –, –, statuite, – *fut* –, statuito, statuito, –, statuitote, statuunto *pas.pre* –, statuere, –, –, statuimini, – *pas.fut* –, statuitor, statuitor, –, –, statuuntor • **inf** *pre* statuere *prt* statuisse *fut* statuturus esse *pas.pre* statui *pas.prt* statutus esse *pas.fut* statutum iri • **ger** statuere / statuendi / statuendo / statuendum • **sup** statutum / statutu • **par** *pre* statuens *prt* – *fut* statuturus *pas.pre* – *pas.prt* statutus *pas.fut* statuendus

sterno /spread, stretch out/ • **ind** *pre* sterno, sternis, sternit, sternimus, sternitis, sternunt *imp* sternebam, sternebas, sternebat, sternebamus, sternebatis, sternebant *prt* stravi, stravisti, stravit, stravimus, stravistis, straverunt / stravere *fut* sternam, sternes, sternet, sternemus, sternetis, sternent *plu* straveram, straveras, straverat, straveramus, straveratis, straverant *fpr* stravero, straveris, straverit, straverimus, straveritis, straverint *pas.pre* sternor, sterneris / sternere, sternitur, sternimur, sternimini, sternuntur *pas.imp* sternebar, sternebaris / sternebare, sternebatur, sternebamur, sternebamini, sternebantur *pas.fut* sternar, sterneris / sternere, sternetur, sternemur, sternemini, sternentur • **sub** *pre* sternam, sternas, sternat, sternamus, sternatis, sternant *imp* sternerem, sterneres, sterneret, sterneremus, sterneretis, sternerent *prt* straverim, straveris, straverit, straverimus, straveritis, straverint *plu* stravissem, stravisses, stravisset, stravissemus, stravissetis, stravissent *pas.pre* sternar, sternaris / sternare, sternatur, sternamur, sternamini, sternantur _pas.imp_ sternerer, sternereris / sternerere, sterneretur, sterneremur, sternaremini, sternerentur • **imp** _pre_ –, sterne, –, –, sternite, – _fut_ –, sternito, sternito, –, sternitote, sternunto _pas.pre_ –, sternere, –, –, sternimini, – _pas.fut_ –, sternitor, sternitor, –, –, sternuntor • **inf** _pre_ sternere _prt_ stravisse _fut_ straturus esse _pas.pre_ sterni _pas.prt_ stratus esse _pas.fut_ stratum iri • **ger** sternere / sternendi / sternendo / sternendum • **sup** stratum / stratu • **par** _pre_ sternens _prt_ – _fut_ straturus _pas.pre_ – _pas.prt_ stratus _pas.fut_ sternendus

sto /stand, stay/ • **ind** _pre_ sto, stas, stat, stamus, statis, stant _imp_ stabam, stabas, stabat, stabamus, stabatis, stabant _prt_ steti, stetisti, stetit, stetimus, stetistis, steterunt / stetere _fut_ stabo, stabis, stabit, stabimus, stabitis, stabunt _plu_ steteram, steteras, steterat, steteramus, steteratis, steterant _fpr_ stetero, steteris, steterit, steterimus, steteritis, steterint _pas.pre_ –, –, statur, –, –, – _pas.imp_ –, –, stabatur, –, –, – _pas.fut_ –, –, , stabitur, –, –, – • **sub** _pre_ stem, stes, stet, stemus, stetis, stent _imp_ starem, stares, staret, staremus, staretis, starent _prt_ steterim, steteris, steterit, steterimus, steteritis, steterint _plu_ stetissem, stetisses, stetisset, stetissemus, stetissetis, stetissent _pas.pre_ –, –, stetur, –, –, – _pas.imp_ –, –, staretur, –, –, – • **imp** _pre_ –, sta, –, –, state, – _fut_ –, stato, stato, –, statote, stanto _pas.pre_ — _pas.fut_ — • **inf** _pre_ stare _prt_ stetisse _fut_ staturus esse _pas.pre_ stari _pas.prt_ statum esse _pas.fut_ – • **ger** stare / standi / stando / standum • **sup** statum / statu • **par** _pre_ stans _prt_ – _fut_ staturus _pas.pre_ – _pas.prt_ _pas.fut_ standus

stringo /press, tighten/ • **ind** _pre_ stringo, stringis, stringit, stringimus, stringitis, stringunt _imp_ stringebam, stringebas, stringebat, stringebamus, stringebatis, stringebant _prt_ strinxi, strinxisti, strinxit, strinximus, strinxistis, strinxerunt / strinxere _fut_ stringam, stringes, stringet, stringemus, stringetis, stringent _plu_ strinxeram, strinxeras, strinxerat, strinxeramus, strinxeratis, strinxerant _fpr_ strinxero, strinxeris, strinxerit, strinxerimus, strinxeritis, strinxerint _pas.pre_ stringor, stringeris / stringere, stringitur, stringimur, stringimini, stringuntur _pas.imp_ stringebar, stringebaris / stringebare, stringebatur, stringebamur, stringebamini, stringebantur _pas.fut_ stringar, stringeris / stringere, stringetur, stringemur, stringemini, stringentur • **sub** _pre_ stringam, stringas, stringat, stringamus, stringatis, stringant _imp_ stringerem, stringeres, stringeret, stringeremus, stringeretis, stringerent _prt_ strinxerim, strinxeris, strinxerit, strinxerimus, strinxeritis, strinxerint _plu_ strinxissem, strinxisses, strinxisset, strinxissemus, strinxissetis, strinxissent _pas.pre_ stringar, stringaris / stringare, stringatur, stringamur, stringamini, stringantur _pas.imp_ stringerer, stringereris

/ stringerere, stringeretur, stringeremur, stringeremini, stringerentur • **imp** _pre_ –, stringe, –, –, stringite, – _fut_ –, stringito, stringito, –, stringitote, stringunto _pas.pre_ –, stringere, –, –, stringimini, – _pas.fut_ –, stringitor, stringitor, –, –, stringuntor • **inf** _pre_ stringere _prt_ strinxisse _fut_ stricturus esse _pas.pre_ stringi _pas.prt_ strictus esse _pas.fut_ strictum iri • **ger** stringere / stringendi / stringendo / stringendum • **sup** strictum / strictu • **par** _pre_ stringens _prt_ – _fut_ stricturus _pas.pre_ – _pas.prt_ strictus _pas.fut_ stringendus

struo /compose, construct/ • **ind** _pre_ struo, struis, struit, struimus, struitis, struunt _imp_ struebam, struebas, struebat, struebamus, struebatis, struebant _prt_ struxi, struxisti, struxit, struximus, struxistis, struxerunt / struxere _fut_ struam, strues, struet, struemus, struetis, struent _plu_ struxeram, struxeras, struxerat, struxeramus, struxeratis, struxerant _fpr_ struxero, struxeris, struxerit, struxerimus, struxeritis, struxerint _pas.pre_ struor, strueris / struere, struitur, struimur, struimini, struuntur _pas.imp_ struebar, struebaris / struebare, struebatur, struebamur, struebamini, struebantur _pas.fut_ struar, strueris / struere, struetur, struemur, struemini, struentur • **sub** _pre_ struam, struas, struat, struamus, struatis, struant _imp_ struerem, strueres, strueret, strueremus, strueretis, struerent _prt_ struxerim, struxeris, struxerit, struxerimus, struxeritis, struxerint _plu_ struxissem, struxisses, struxisset, struxissemus, struxissetis, struxissent _pas.pre_ struar, struaris / struare, struatur, struamur, struamini, struantur _pas.imp_ struerer, struereris / struerere, strueretur, strueremur, strueremini, struerentur • **imp** _pre_ –, strue, –, –, struite, – _fut_ –, struito, struito, –, struitote, struunto _pas.pre_ –, struere, –, –, struimini, – _pas.fut_ –, struitor, struitor, –, –, struuntor • **inf** _pre_ struere _prt_ struxisse _fut_ structurus esse _pas.pre_ strui _pas.prt_ structus esse _pas.fut_ structum iri • **ger** struere / struendi / struendo / struendum • **sup** structum / structu • **par** _pre_ struens _prt_ – _fut_ structurus _pas.pre_ – _pas.prt_ structus _pas.fut_ struendus

studeo /dedicate myself, direct my efforts, attention/ • **ind** _pre_ studeo, studes, studet, studemus, studetis, student _imp_ studebam, studebas, studebat, studebamus, studebatis, studebant _prt_ studui, studuisti, studuit, studuimus, studuistis, studuerunt / studuere _fut_ studebo, studebis, studebit, studebimus, studebitis, studebunt _plu_ studueram, studueras, studuerat, studueramus, studueratis, studuerant _fpr_ studuero, studueris, studuerit, studuerimus, studueritis, studuerint _pas.pre_ — _pas.imp_ — _pas.fut_ — • **sub** _pre_ studeam, studeas, studeat, studeamus, studeatis, studeant _imp_ studerem, studeres, studeret, studeremus, studeretis, studerent _prt_ studuerim, studueris, studuerit, studuerimus, studueritis, studuerint *plu* studuissem, studuisses, studuisset, studuissemus, studuissetis, studuissent *pas.pre* — *pas.imp* — • **imp** *pre* –, stude, –, –, studete, – *fut* –, studeto, studeto, –, studetote, studento *pas.pre* — *pas.fut* — • **inf** *pre* studere *prt* studuisse *fut* – *pas.pre* — *pas.prt* — *pas.fut* — • **ger** studere / studendi / studendo / studendum • **sup** – / – • **par** *pre* studens *prt* – *fut* – *pas.pre* — *pas.prt* — *pas.fut* —

suadeo /recommend/ • **ind** *pre* suadeo, suades, suadet, suademus, suadetis, suadent *imp* suadebam, suadebas, suadebat, suadebamus, suadebatis, suadebant *prt* suasi, suasisti, suasit, suasimus, suasistis, suaserunt / suasere *fut* suadebo, suadebis, suadebit, suadebimus, suadebitis, suadebunt *plu* suaseram, suaseras, suaserat, suaseramus, suaseratis, suaserant *fpr* suasero, suaseris, suaserit, suaserimus, suaseritis, suaserint *pas.pre* suadeor, suaderis / suadere, suadetur, suademur, suademini, suadentur *pas.imp* suadebar, suadebaris / suadebare, suadebatur, suadebamur, suadebamini, suadebantur *pas.fut* suadebor, suadeberis / suadebere, suadebitur, suadebimur, suadebimini, suadebuntur • **sub** *pre* suadeam, suadeas, suadeat, suadeamus, suadeatis, suadeant *imp* suaderem, suaderes, suaderet, suaderemus, suaderetis, suaderent *prt* suaserim, suaseris, suaserit, suaserimus, suaseritis, suaserint *plu* suasissem, suasisses, suasisset, suasissemus, suasissetis, suasissent *pas* suadear, suadearis / suadeare, suadeatur, suadeamur, suadeamini, suadeantur *pas.imp* suaderer, suadereris / suaderere, suaderetur, suaderemur, suaderemini, suaderentur • **imp** *pre* –, suade, –, –, suadete, – *fut* –, suadeto, suadeto, –, suadetote, suadento *pas.pre* –, suadere, –, –, suademini, – *pas.fut* –, suadetor, suadetor, –, –, suadentor • **inf** *pre* suadere *prt* suasisse *fut* suasurus esse *pas.pre* suaderi *pas.prt* suasus esse *pas.fut* suasum iri • **ger** suadere / suadendi / suadendo / suadendum • **sup** suasum / suasu • **par** *pre* suadens *prt* – *fut* suasurus *pas.pre* – *pas.prt* suasus *pas.fut* suadendus

subeo /go under, come under/ • **ind** *pre* subeo, subis, subit, subimus, subitis, subeunt *imp* subibam, subibas, subibat, subibamus, subibatis, subibant *prt* subii, subisti / subivisti, subiit / subivit, subiimus, subistis, subierunt / subiere *fut* subibo, subibis, subibit, subibimus, subibitis, subibunt *plu* subieram, subieras, subierat, subieramus, subieratis, subierant *fpr* subiero, subieris, subierit, subierimus, subieritis, subierint *pas.pre* subeor, subiris / subire, subitur, subimur, subimini, subeuntur *pas.imp* subibar, subibaris / subibare, subibatur, subibamur, subibamini, subibantur *pas.fut* subibor, subiberis / subibere, subibitur, subibimur, subibimini, subibuntur • **sub** *pre* subeam, subeas, subeat, subeamus, subeatis, subeant *imp* subirem, subires, subiret, subiremus, subiretis, subirent *prt* subierim, subieris, subierit, subierimus, subieritis, subierint *plu* subissem, subisses, subisset, subissemus, subissetis, subissent *pas.pre* subear, subearis / subeare, subeatur, subeamur, subeamini, subeantur *pas.imp* subirer, subireris / subirere, subiretur, subiremur, subiremini, subirentur • **imp** *pre* –, subi, –, –, subite, – *fut* –, subito, subito, –, subitote, subeunto *pas.pre* –, subire, –, –, subimini, – *pas.fut* –, subitor, subitor, –, –, subeuntor • **inf** *pre* subire *prt* subisse *fut* subiturus esse *pas.pre* subiri *pas.prt* subitus esse *pas.fut* subitum iri • **ger** subire / subeundi / subeundo / subeundum • **sup** subitum / subitu • **par** *pre* subiens *prt* – *fut* subiturus *pas.pre* – *pas.prt* subitus *pas.fut* subeundus

substituo /place next to, under/ • **ind** *pre* substituo, substituis, substituit, substituimus, substituitis, substituunt *imp* substituebam, substituebas, substituebat, substituebamus, substituebatis, substituebant *prt* substitui, substituisti, substituit, substituimus, substituistis, substituerunt / substituere *fut* substituam, substitues, substituet, substituemus, substituetis, substituent *plu* substitueram, substitueras, substituerat, substitueramus, substitueratis, substituerant *fpr* substituero, substitueris, substituerit, substituerimus, substitueritis, substituerint *pas.pre* substituor, substitueris / substituere, substituitur, substituimur, substituimini, substituuntur *pas.imp* substituebar, substituebaris / substituebare, substituebatur, substituebamur, substituebamini, substituebantur *pas.fut* substituar, substitueris / substituere, substituetur, substituemur, substituemini, substituentur • **sub** *pre* substituam, substituas, substituat, substituamus, substituatis, substituant *imp* substituerem, substitueres, substitueret, substitueremus, substitueretis, substituerent *prt* substituerim, substitueris, substituerit, substituerimus, substitueritis, substituerint *plu* substituissem, substituisses, substituisset, substituissemus, substituissetis, substituissent *pas.pre* substituar, substituaris / substituare, substituatur, substituamur, substituamini, substituantur *pas.imp* substituerer, substituereris / substituerere, substitueretur, substitueremur, substitueremini, substituerentur • **imp** *pre* –, substitue, –, –, substituite, – *fut* –, substituito, substituito, –, substituitote, substituunto *pas.pre* –, substituere, –, –, substituimini, – *pas.fut* –, substituitor, substituitor, –, –, substituuntor • **inf** *pre* substituere *prt* substituisse *fut* substituturus esse *pas.pre* substitui *pas.prt* substitutus esse *pas.fut* substitutum iri • **ger** substituere / substituendi / substituendo / substituendum • **sup** substitutum / substitutu • **par** *pre* substituens *prt* – *fut* substituturus *pas.pre* – *pas.prt* substitutus *pas.fut* substituendus

succingo /gather, tuck up, prepare/ • **ind** *pre* succingo, succingis, succingit, succingimus, succingitis, succingunt *imp* succingebam, succingebas, succingebat, succingebamus, succingebatis, succingebant *prt* succinxi, succinxisti, succinxit, succinximus, succinxistis, succinxerunt / succinxere *fut* succingam, succinges, succinget, succingemus, succingetis, succingent *plu* succinxeram, succinxeras, succinxerat, succinxeramus, succinxeratis, succinxerant *fpr* succinxero, succinxeris, succinxerit, succinxerimus, succinxeritis, succinxerint *pas.pre* succingor, succingeris / succingere, succingitur, succingimur, succingimini, succinguntur *pas.imp* succingebar, succingebaris / succingebare, succingebatur, succingebamur, succingebamini, succingebantur *pas.fut* succingar, succingeris / succingere, succingetur, succingemur, succingemini, succingentur • **sub** *pre* succingam, succingas, succingat, succingamus, succingatis, succingant *imp* succingerem, succingeres, succingeret, succingeremus, succingeretis, succingerent *prt* succinxerim, succinxeris, succinxerit, succinxerimus, succinxeritis, succinxerint *plu* succinxissem, succinxisses, succinxisset, succinxissemus, succinxissetis, succinxissent *pas.pre* succingar, succingaris / succingare, succingatur, succingamur, succingamini, succingantur *pas.imp* succingerer, succingereris / succingerere, succingeretur, succingeremur, succingeremini, succingerentur • **imp** *pre* –, succinge, –, –, succingite, – *fut* –, succingito, succingito, –, succingitote, succingunto *pas.pre* –, succingere, –, –, succingimini, – *pas.fut* –, succingitor, succingitor, –, –, succinguntor • **inf** *pre* succingere *prt* succinxisse *fut* succincturus esse *pas.pre* succingi *pas.prt* succinctus esse *pas.fut* succinctum iri • **ger** succingere / succingendi / succingendo / succingendum • **sup** succinctum / succinctu • **par** *pre* succingens *prt* – *fut* succincturus *pas.pre* – *pas.prt* succinctus *pas.fut* succingendus

sum /be, exist/ • **ind** *pre* sum, es, est, sumus, estis, sunt *imp* eram, eras, erat, eramus, eratis, erant *prt* fui, fuisti, fuit, fuimus, fuistis, fuerunt / fuere *fut* ero, eris / ere, erit, erimus, eritis, erunt *plu* fueram, fueras, fuerat, fueramus, fueratis, fuerant *fpr* fuero, fueris, fuerit, fuerimus, fueritis, fuerint *pas.pre* — *pas.imp* — *pas.fut* — • **sub** *pre* sim, sis, sit, simus, sitis, sint *imp* essem / forem, esses / fores, esset / foret, essemus / foremus, essetis / foretis, essent / forent *prt* fuerim, fueris, fuerit, fuerimus, fueritis, fuerint *plu* fuissem, fuisses, fuisset, fuissemus, fuissetis, fuissent *pas.pre* — *pas.imp* — • **imp** *pre* –, es, –, –, este, – *fut* –, esto, esto, –, estote, sunto *pas.pre* — *pas.fut* — • **inf** *pre* esse *prt* fuisse *fut* futurus esse / fore *pas.pre* — *pas.prt* — *pas.fut* — • **ger** - / – / – / – • **sup** - / – • **par** *pre* – *prt* – *fut* futurus *pas.pre* — *pas.prt* — *pas.fut* —

sumo /take, take up/ • **ind** *pre* sumo, sumis, sumit, sumimus, sumitis, sumunt *imp* sumebam, sumebas, sumebat, sumebamus, sumebatis, sumebant *prt* sumpsi, sumpsisti, sumpsit, sumpsimus, sumpsistis, sumpserunt

/ sumpsere *fut* sumam, sumes, sumet, sumemus, sumetis, sument *plu* sumpseram, sumpseras, sumpserat, sumpseramus, sumpseratis, sumpserant *fpr* sumpsero, sumpseris, sumpserit, sumpserimus, sumpseritis, sumpserint *pas.pre* sumor, sumeris / sumere, sumitur, sumimur, sumimini, sumuntur *pas.imp* sumebar, sumebaris / sumebare, sumebatur, sumebamur, sumebamini, sumebantur *pas.fut* sumar, sumeris / sumere, sumetur, sumemur, sumemini, sumentur • **sub** *pre* sumam, sumas, sumat, sumamus, sumatis, sumant *imp* sumerem, sumeres, sumeret, sumeremus, sumeretis, sumerent *prt* sumpserim, sumpseris, sumpserit, sumpserimus, sumpseritis, sumpserint *plu* sumpsissem, sumpsisses, sumpsisset, sumpsissemus, sumpsissetis, sumpsissent *pas.pre* sumar, sumaris / sumare, sumatur, sumamur, sumamini, sumantur *pas.imp* sumerer, sumereris / sumerere, sumeretur, sumeremur, sumeremini, sumerentur • **imp** *pre* –, sume, –, –, sumite, – *fut* –, sumito, sumito, –, sumitote, sumunto *pas.pre* –, sumere, –, –, sumimini, – *pas.fut* –, sumitor, sumitor, –, –, sumuntor • **inf** *pre* sumere *prt* sumpsisse *fut* sumpturus esse *pas.pre* sumi *pas.prt* sumptus esse *pas.fut* sumptum iri • **ger** sumere / sumendi / sumendo / sumendum • **sup** sumptum / sumptu • **par** *pre* sumens *prt* – *fut* sumpturus *pas.pre* – *pas.prt* sumptus *pas.fut* sumendus

superemineo /be above, appear/ • **ind** *pre* superemineo, superemines, supereminet, supereminemus, supereminetis, supereminent *imp* supereminebam, supereminebas, supereminebat, supereminebamus, supereminebatis, supereminebant *prt* supereminui, supereminuisti, supereminuit, supereminuimus, supereminuistis, supereminuerunt / supereminuere *fut* supereminebo, supereminebis, supereminebit, supereminebimus, supereminebitis, supereminebunt *plu* supereminueram, supereminueras, supereminuerat, supereminueramus, supereminueratis, supereminuerant *fpr* supereminuero, supereminueris, supereminuerit, supereminuerimus, supereminueritis, supereminuerint *pas.pre* — *pas.imp* — *pas.fut* — • **sub** *pre* superemineam, superemineas, superemineat, superemineamus, superemineatis, superemineant *imp* supereminerem, supereminerem, supereminerem, supereminerem, supereminerem, supereminerem, supereminerem, supereminerem *imp* supereminerem, superemineres, supereminereret, superemineremus, superemineretis, supereminerent *prt* supereminuerim, supereminueris, supereminuerit, supereminuerimus, supereminueritis, supereminuerint *plu* supereminuissem, supereminuisses, supereminuisset, supereminuissemus, supereminuissetis, supereminuissent *pas.pre* — *pas.imp* — • **imp** *pre* –, superemine, –, –, supereminete, – *fut* –, superemineto, superemineto, –, supereminetote, superemineto *pas.pre* — *pas.fut* — • **inf** *pre* supereminere *prt* supereminuisse *fut* – *pas.pre* — *pas.prt* — *pas.fut* — • **ger** supereminere / supereminendi / supereminendo / supereminendum • **sup** – / – • **par** *pre* supereminens *prt* – *fut* – *pas.pre* — *pas.prt* — *pas.fut*

supergredior /step, walk/ • **ind** _pre_ supergredior, supergrederis / supergredere, supergreditur, supergredimur, supergredimini, supergrediuntur _imp_ supergrediebar, supergrediebaris / supergrediebare, supergrediebatur, supergrediebamur, supergrediebamini, supergrediebantur _prt_ — _fut_ supergrediar, supergredieris / supergrediere, supergredietur, supergrediemur, supergrediemini, supergredientur _plu_ — _fpr_ — _pas.pre_ — _pas.imp_ — _pas.fut_ — • **sub** _pre_ supergrediar, supergrediaris / supergrediare, supergrediatur, supergrediamur, supergrediamini, supergrediantur _imp_ supergrederer, supergredereris / supergrederere, supergrederetur, supergrederemur, supergrederemini, supergrederentur _prt_ — _plu_ — _pas.pre_ — _pas.imp_ — • **imp** _pre_ –, supergredere, –, –, supergredimini, – _fut_ –, supergreditor, supergreditor, –, –, supergrediuntor _pas.pre_ — _pas.fut_ — • **inf** _pre_ supergredi _prt_ supergressus esse _fut_ supergressurus esse _pas.pre_ – _pas.prt_ – _pas.fut_ – • **ger** supergredi / supergrediendi / supergrediendo / supergrediendum • **sup** supergressum / supergressu • **par** _pre_ supergrediens _prt_ supergressus _fut_ supergressurus _pas.pre_ – _pas.prt_ – _pas.fut_ supergrediendus

superprehendo /seize/ • **ind** _pre_ superprehendo, superprehendis, superprehendit, superprehendimus, superprehenditis, superprehendunt _imp_ superprehendebam, superprehendebas, superprehendebat, superprehendebamus, superprehendebatis, superprehendebant _prt_ superprehendi, superprehendisti, superprehendit, superprehendimus, superprehendistis, superprehenderunt / superprehendere _fut_ superprehendam, superprehendes, superprehendet, superprehendemus, superprehendetis, superprehendent _plu_ superprehenderam, superprehenderas, superprehenderat, superprehenderamus, superprehenderatis, superprehenderant _fpr_ superprehendero, superprehenderis, superprehenderit, superprehenderimus, superprehenderitis, superprehenderint _pas.pre_ superprehendor, superprehenderis / superprehendere, superprehenditur, superprehendimur, superprehendimini, superprehenduntur _pas.imp_ superprehendebar, superprehendebaris / superprehendebare, superprehendebatur, superprehendebamur, superprehendebamini, superprehendebantur _pas.fut_ superprehendar, superprehenderis / superprehendere, superprehendetur, superprehendemur, superprehendemini, superprehendentur • **sub** _pre_ superprehendam, superprehendas, superprehendat, superprehendamus, superprehendatis, superprehendant _imp_ superprehenderem, superprehenderes, superprehenderet, superprehenderemus, superprehenderetis, superprehenderent _prt_ superprehenderim, superprehenderis, superprehenderit, superprehenderimus, superprehenderitis, superprehenderint _plu_ superprehendissem, superprehendisses, superprehendisset, superprehendissemus, superprehendissetis, superprehendissent _pas.pre_ superprehendar, superprehendaris / superprehendare, superprehendatur, superprehendamur, superprehendamini, superprehendantur _pas.imp_ superprehenderer, superprehendereris / superprehenderere, superprehenderetur, superprehenderemur, superprehenderemini, superprehenderentur • **imp** _pre_ –, superprehende, –, –, superprehendite, – _fut_ –, superprehendito, superprehendito, –, superprehenditote, superprehendunto _pas.pre_ –, superprehendere, –, –, superprehendimini, – _pas.fut_ –, superprehenditor, superprehenditor, –, –, superprehenduntor • **inf** _pre_ superprehendere _prt_ superprehendisse _fut_ superprehensurus esse _pas.pre_ superprehendi _pas.prt_ superprehensus esse _pas.fut_ superprehensum iri • **ger** superprehendere / superprehendendi / superprehendendo / superprehendendum • **sup** superprehensum / superprehensu • **par** _pre_ superprehendens _prt_ – _fut_ superprehensurus _pas.pre_ – – _pas.prt_ superprehensus _pas.fut_ superprehendendus

supersum /be left over, survive/ • **ind** _pre_ supersum, superes, superest, supersumus, superestis, supersunt _imp_ supereram, supereras, supererat, supereramus, supereratis, supererant _prt_ superfui, superfuisti, superfuit, superfuimus, superfuistis, superfuerunt / superfuere _fut_ superero, supereris / superere, supererit, supererimus, superitis, supererunt _plu_ superfueram, superfueras, superfuerat, superfueramus, superfueratis, superfuerant _fpr_ superfuero, superfueris, superfuerit, superfuerimus, superfueritis, superfuerint _pas.pre_ — _pas.imp_ — _pas.fut_ — • **sub** _pre_ supersim, supersis, supersit, supersimus, supersitis, supersint _imp_ superessem / superforem, superesses / superfores, superesset / superforet, superessemus / superforemus, superessetis / superforetis, superessent / superforent _prt_ superfuerim, superfueris, superfuerit, superfuerimus, superfueritis, superfuerint _plu_ superfuissem, superfuisses, superfuisset, superfuissemus, superfuissetis, superfuissent _pas.pre_ — _pas.imp_ — • **imp** _pre_ –, superes, –, –, supereste, – _fut_ –, superesto, superesto, –, superestote, supersunto _pas.pre_ — _pas.fut_ — • **inf** _pre_ superesse _prt_ superfuisse _fut_ superfuturus esse / superfore _pas.pre_ — _pas.prt_ — _pas.fut_ — • **ger** - / – / – / – • **sup** - / – • **par** _pre_ – _prt_ – _fut_ superfuturus _pas.pre_ — _pas.prt_ — _pas.fut_ —

suppleo /make up the numbers, fill up/ • **ind** _pre_ suppleo, supples, supplet, supplemus, suppletis, supplent _imp_ supplebam, supplebas, supplebat, supplebamus, supplebatis, supplebant _prt_ supplevi, supplevisti, supplevit, supplevimus, supplevistis, suppleverunt / supplevere _fut_ supplebo, supplebis, supplebit, supplebimus, supplebitis, supplebunt *plu* suppleveram, suppleveras, suppleverat, suppleveramus, suppleveratis, suppleverant *fpr* supplevero, suppleveris, suppleverit, suppleverimus, suppleveritis, suppleverint *pas.pre* suppleor, suppleris / supplere, suppletur, supplemur, supplemini, supplentur *pas.imp* supplebar, supplebaris / supplebare, supplebatur, supplebamur, supplebamini, supplebantur *pas.fut* supplebor, suppleberis / supplebere, supplebitur, supplebimur, supplebimini, supplebuntur • **sub** *pre* suppleam, suppleas, suppleat, suppleamus, suppleatis, suppleant *imp* supplerem, suppleres, suppleret, suppleremus, suppleretis, supplerent *prt* suppleverim, suppleveris, suppleverit, suppleverimus, suppleveritis, suppleverint *plu* supplevissem, supplevisses, supplevisset, supplevissemus, supplevissetis, supplevissent *pas.pre* supplear, supplearis / suppleare, suppleatur, suppleamur, suppleamini, suppleantur *pas.imp* supplerer, supplereris / supplerere, suppleretur, suppleremur, suppleremini, supplerentur • **imp** *pre* –, supple, –, –, supplete, – *fut* –, suppleto, suppleto, –, suppletote, supplento *pas.pre* –, supplere, –, –, supplemini, – *pas.fut* –, suppletor, suppletor, –, –, supplentor • **inf** *pre* supplere *prt* supplevisse *fut* suppleturus esse *pas.pre* suppleri *pas.prt* suppletus esse *pas.fut* suppletum iri • **ger** supplere / supplendi / supplendo / supplendum • **sup** suppletum / suppletu • **par** *pre* supplens *prt* – *fut* suppleturus *pas.pre* – *pas.prt* suppletus *pas.fut* supplendus

suppono /put/ • **ind** *pre* suppono, supponis, supponit, supponimus, supponitis, supponunt *imp* supponebam, supponebas, supponebat, supponebamus, supponebatis, supponebant *prt* supposui, supposuisti, supposuit, supposuimus, supposuistis, supposuerunt / supposuere *fut* supponam, suppones, supponet, supponemus, supponetis, supponent *plu* supposueram, supposueras, supposuerat, supposueramus, supposueratis, supposuerant *fpr* supposuero, supposueris, supposuerit, supposuerimus, supposueritis, supposuerint *pas.pre* supponor, supponeris / supponere, supponitur, supponimur, supponimini, supponuntur *pas.imp* supponebar, supponebaris / supponebare, supponebatur, supponebamur, supponebamini, supponebantur *pas.fut* supponar, supponeris / supponere, supponetur, supponemur, supponemini, supponentur • **sub** *pre* supponam, supponas, supponat, supponamus, supponatis, supponant *imp* supponerem, supponeres, supponeret, supponeremus, supponeretis, supponerent *prt* supposuerim, supposueris, supposuerit, supposuerimus, supposueritis, supposuerint *plu* supposuissem, supposuisses, supposuisset, supposuissemus, supposuissetis, supposuissent *pas.pre* supponar, supponaris / supponare, supponatur, supponamur, supponamini, supponantur *pas.imp* supponerer, supponereris / supponerere, supponeretur, supponeremur, supponeremini, supponerentur • **imp** *pre* –, surgo

suppone, –, –, supponite, – *fut* –, supponito, supponito, –, supponitote, supponunto *pas.pre* –, supponere, –, –, supponimini, – *pas.fut* –, supponitor, supponitor, –, –, supponuntor • **inf** *pre* supponere *prt* supposuisse *fut* suppositurus esse *pas.pre* supponi *pas.prt* suppositus esse *pas.fut* suppositum iri • **ger** supponere / supponendi / supponendo / supponendum • **sup** suppositum / supposituu • **par** *pre* supponens *prt* – *fut* suppositurus *pas.pre* – *pas.prt* suppositus *pas.fut* supponendus

surgo /rise, get up/ • **ind** *pre* surgo, surgis, surgit, surgimus, surgitis, surgunt *imp* surgebam, surgebas, surgebat, surgebamus, surgebatis, surgebant *prt* surrexi, surrexisti, surrexit, surreximus, surrexistis, surrexerunt / surrexere *fut* surgam, surges, surget, surgemus, surgetis, surgent *plu* surrexeram, surrexeras, surrexerat, surrexeramus, surrexeratis, surrexerant *fpr* surrexero, surrexeris, surrexerit, surrexerimus, surrexeritis, surrexerint *pas.pre* surgor, surgeris / surgere, surgitur, surgimur, surgimini, surguntur *pas.imp* surgebar, surgebaris / surgebare, surgebatur, surgebamur, surgebamini, surgebantur *pas.fut* surgar, surgeris / surgere, surgetur, surgemur, surgemini, surgentur • **sub** *pre* surgam, surgas, surgat, surgamus, surgatis, surgant *imp* surgerem, surgeres, surgeret, surgeremus, surgeretis, surgerent *prt* surrexerim, surrexeris, surrexerit, surrexerimus, surrexeritis, surrexerint *plu* surrexissem, surrexisses, surrexisset, surrexissemus, surrexissetis, surrexissent *pas.pre* surgar, surgaris / surgare, surgatur, surgamur, surgamini, surgantur *pas.imp* surgerer, surgereris / surgerere, surgeretur, surgeremur, surgeremini, surgerentur • **imp** *pre* –, surge, –, –, surgite, – *fut* –, surgito, surgito, –, surgitote, surgunto *pas.pre* –, surgere, –, –, surgimini, – *pas.fut* –, surgitor, surgitor, –, –, surguntor • **inf** *pre* surgere *prt* surrexisse *fut* surrecturus esse *pas.pre* surgi *pas.prt* surrectus esse *pas.fut* surrectum iri • **ger** surgere / surgendi / surgendo / surgendum • **sup** surrectum / surrectu • **par** *pre* surgens *prt* – *fut* surrecturus *pas.pre* – *pas.prt* surrectus *pas.fut* surgendus

surripio /snatch away, steal/ • **ind** *pre* surripio, surripis, surripit, surripimus, surripitis, surripiunt *imp* surripiebam, surripiebas, surripiebat, surripiebamus, surripiebatis, surripiebant *prt* surripui, surripuisti, surripuit, surripuimus, surripuistis, surripuerunt / surripuere *fut* surripiam, surripies, surripiet, surripiemus, surripietis, surripient *plu* surripueram, surripueras, surripuerat, surripueramus, surripueratis, surripuerant *fpr* surripuero, surripueris, surripuerit, surripuerimus, surripueritis, surripuerint *pas.pre* surripior, surriperis / surripere, surripitur, surripimur, surripimini, surripiuntur *pas.imp* surripiebar, surripiebaris / surripiebare, surripiebatur, surripiebamur, surripiebamini, surripiebantur *pas.fut* surripiar, surripieris / surripiere, surripietur, surripiemur, surripiemini, surripientur • **sub** _pre_ surripiam, surripias, surripiat, surripiamus, surripiatis, surripiant _imp_ surriperem, surriperes, surriperet, surriperemus, surriperetis, surriperent _prt_ surripuerim, surripueris, surripuerit, surripuerimus, surripueritis, surripuerint _plu_ surripuissem, surripuisses, surripuisset, surripuissemus, surripuissetis, surripuissent _pas.pre_ surripiar, surripiaris / surripiare, surripiatur, surripiamur, surripiamini, surripiantur _pas.imp_ surriperer, surripereris / surriperere, surriperetur, surriperemur, surriperemini, surriperentur • **imp** _pre_ –, surripe, –, –, surripite, – _fut_ –, surripito, surripito, –, surripitote, surripiunto _pas.pre_ –, surripere, –, –, surripimini, – _pas.fut_ –, surripitor, surripitor, –, –, surripiuntor • **inf** _pre_ surripere _prt_ surripuisse _fut_ surrepturus esse _pas.pre_ surripi _pas.prt_ surreptus esse _pas.fut_ surreptum iri • **ger** surripere / surripiendi / surripiendo / surripiendum • **sup** surreptum / surreptu • **par** _pre_ surripiens _prt_ – _fut_ surrepturus _pas.pre_ – _pas.prt_ surreptus _pas.fut_ surripiendus

suscipio /take up, acknowledge/ • **ind** _pre_ suscipio, suscipis, suscipit, suscipimus, suscipitis, suscipiunt _imp_ suscipiebam, suscipiebas, suscipiebat, suscipiebamus, suscipiebatis, suscipiebant _prt_ suscepi, suscepisti, suscepit, suscepimus, suscepistis, susceperunt / suscepere _fut_ suscipiam, suscipies, suscipiet, suscipiemus, suscipietis, suscipient _plu_ susceperam, susceperas, susceperat, susceperamus, susceperatis, susceperant _fpr_ suscepero, susceperis, susceperit, susceperimus, susceperitis, susceperint _pas.pre_ suscipior, susciperis / suscipere, suscipitur, suscipimur, suscipimini, suscipiuntur _pas.imp_ suscipiebar, suscipiebaris / suscipiebare, suscipiebatur, suscipiebamur, suscipiebamini, suscipiebantur _pas.fut_ suscipiar, suscipieris / suscipiere, suscipietur, suscipiemur, suscipiemini, suscipientur • **sub** _pre_ suscipiam, suscipias, suscipiat, suscipiamus, suscipiatis, suscipiant _imp_ susciperem, susciperes, susciperet, susciperemus, susciperetis, susciperent _prt_ susceperim, susceperis, susceperit, susceperimus, susceperitis, susceperint _plu_ suscepissem, suscepisses, suscepisset, suscepissemus, suscepissetis, suscepissent _pas.pre_ suscipiar, suscipiaris / suscipiare, suscipiatur, suscipiamur, suscipiamini, suscipiantur _pas.imp_ susciperer, suscipereris / susciperere, susciperetur, susciperemur, susciperemini, susciperentur • **imp** _pre_ –, suscipe, –, –, suscipite, – _fut_ –, suscipito, suscipito, –, suscipitote, suscipiunto _pas.pre_ –, suscipere, –, –, suscipimini, – _pas.fut_ –, suscipitor, suscipitor, –, –, suscipiuntor • **inf** _pre_ suscipere _prt_ suscepisse _fut_ suscepturus esse _pas.pre_ suscipi _pas.prt_ susceptus esse _pas.fut_ susceptum iri • **ger** suscipere / suscipiendi / suscipiendo / suscipiendum • **sup** susceptum / susceptu • **par** _pre_ suscipiens _prt_ – _fut_ suscepturus _pas.pre_ – _pas.prt_ susceptus _pas.fut_ suscipiendus

suspendo /hang up, suspend/ • **ind** *pre* suspendo, suspendis, suspendit, suspendimus, suspenditis, suspendunt *imp* suspendebam, suspendebas, suspendebat, suspendebamus, suspendebatis, suspendebant *prt* suspendi, suspendisti, suspendit, suspendimus, suspendistis, suspenderunt / suspendere *fut* suspendam, suspendes, suspendet, suspendemus, suspendetis, suspendent *plu* suspenderam, suspenderas, suspenderat, suspenderamus, suspenderatis, suspenderant *fpr* suspendero, suspenderis, suspenderit, suspenderimus, suspenderitis, suspenderint *pas.pre* suspendor, suspenderis / suspendere, suspenditur, suspendimur, suspendimini, suspenduntur *pas.imp* suspendebar, suspendebaris / suspendebare, suspendebatur, suspendebamur, suspendebamini, suspendebantur *pas.fut* suspendar, suspenderis / suspendere, suspendetur, suspendemur, suspendemini, suspendentur • **sub** *pre* suspendam, suspendas, suspendat, suspendamus, suspendatis, suspendant *imp* suspenderem, suspenderes, suspenderet, suspenderemus, suspenderetis, suspenderent *prt* suspenderim, suspenderis, suspenderit, suspenderimus, suspenderitis, suspenderint *plu* suspendissem, suspendisses, suspendisset, suspendissemus, suspendissetis, suspendissent *pas.pre* suspendar, suspendaris / suspendare, suspendatur, suspendamur, suspendamini, suspendantur *pas.imp* suspenderer, suspendereris / suspenderere, suspenderetur, suspenderemur, suspenderemini, suspenderentur • **imp** *pre* –, suspende, –, –, suspendite, – *fut* –, suspendito, suspendito, –, suspenditote, suspendunto *pas.pre* –, suspendere, –, –, suspendimini, – *pas.fut* –, suspenditor, suspenditor, –, –, suspenduntor • **inf** *pre* suspendere *prt* suspendisse *fut* suspensurus esse *pas.pre* suspendi *pas.prt* suspensus esse *pas.fut* suspensum iri • **ger** suspendere / suspendendi / suspendendo / suspendendum • **sup** suspensum / suspensu • **par** *pre* suspendens *prt* – *fut* suspensurus *pas.pre* – *pas.prt* suspensus *pas.fut* suspendendus

sustineo /hold up/ • **ind** *pre* sustineo, sustines, sustinet, sustinemus, sustinetis, sustinent *imp* sustinebam, sustinebas, sustinebat, sustinebamus, sustinebatis, sustinebant *prt* sustinui, sustinuisti, sustinuit, sustinuimus, sustinuistis, sustinuerunt / sustinuere *fut* sustinebo, sustinebis, sustinebit, sustinebimus, sustinebitis, sustinebunt *plu* sustinueram, sustinueras, sustinuerat, sustinueramus, sustinueratis, sustinuerant *fpr* sustinuero, sustinueris, sustinuerit, sustinuerimus, sustinueritis, sustinuerint *pas.pre* sustineor, sustineris / sustinere, sustinetur, sustinemur, sustinemini, sustinentur *pas.imp* sustinebar, sustinebaris / sustinebare, sustinebatur, sustinebamur, sustinebamini, sustinebantur *pas.fut* sustinebor, sustineberis / sustinebere, sustinebitur, sustinebimur, sustinebimini, sustinebuntur • **sub** *pre* sustineam, sustineas, sustineat, sustineamus, sustineatis, sustineant *imp* sustinerem, sustineres, sustineret, sustineremus, sustineretis, sustinerent *prt* sustinuerim, sustinueris, sustinuerit, sustinuerimus, sustinueritis, sustinuerint *plu* sustinuissem, sustinuisses, sustinuisset, sustinuissemus, sustinuissetis, sustinuissent *pas.pre* sustinear, sustinearis / sustineare, sustineatur, sustineamur, sustineamini, sustineantur *pas.imp* sustinerer, sustinereris / sustinerere, sustineretur, sustineremur, sustineremini, sustinerentur • **imp** *pre* –, sustine, –, –, sustinete, – *fut* –, sustineto, sustineto, –, sustinetote, sustinento *pas.pre* –, sustinere, –, –, sustinemini, – *pas.fut* –, sustinetor, sustinetor, –, –, sustinentor • **inf** *pre* sustinere *prt* sustinuisse *fut* sustenturus esse *pas.pre* sustineri *pas.prt* sustentus esse *pas.fut* sustentum iri • **ger** sustinere / sustinendi / sustinendo / sustinendum • **sup** sustentum / sustentu • **par** *pre* sustinens *prt* – *fut* sustenturus *pas.pre* – *pas.prt* sustentus *pas.fut* sustinendus

T

taceo /be silent, say nothing/ • **ind** *pre* taceo, taces, tacet, tacemus, tacetis, tacent *imp* tacebam, tacebas, tacebat, tacebamus, tacebatis, tacebant *prt* tacui, tacuisti, tacuit, tacuimus, tacuistis, tacuerunt / tacuere *fut* tacebo, tacebis, tacebit, tacebimus, tacebitis, tacebunt *plu* tacueram, tacueras, tacuerat, tacueramus, tacueratis, tacuerant *fpr* tacuero, tacueris, tacuerit, tacuerimus, tacueritis, tacuerint *pas.pre* taceor, taceris / tacere, tacetur, tacemur, tacemini, tacentur *pas.imp* tacebar, tacebaris / tacebare, tacebatur, tacebamur, tacebamini, tacebantur *pas.fut* tacebor, taceberis / tacebere, tacebitur, tacebimur, tacebimini, tacebuntur • **sub** *pre* taceam, taceas, taceat, taceamus, taceatis, taceant *imp* tacerem, taceres, taceret, taceremus, taceretis, tacerent *prt* tacuerim, tacueris, tacuerit, tacuerimus, tacueritis, tacuerint *plu* tacuissem, tacuisses, tacuisset, tacuissemus, tacuissetis, tacuissent *pas.pre* tacear, tacearis / taceare, taceatur, taceamur, taceamini, taceantur *pas.imp* tacerer, tacereris / tacerere, taceretur, taceremur, taceremini, tacerentur • **imp** *pre* –, tace, –, –, tacete, – *fut* –, taceto, taceto, –, tacetote, tacento *pas.pre* –, tacere, –, –, tacemini, – *pas.fut* –, tacetor, tacetor, –, –, tacentor • **inf** *pre* tacere *prt* tacuisse *fut* taciturus esse *pas.pre* taceri *pas.prt* tacitus esse *pas.fut* tacitum iri • **ger** tacere / tacendi / tacendo / tacendum • **sup** tacitum / tacitu • **par** *pre* tacens *prt* – *fut* taciturus *pas.pre* – *pas.prt* tacitus *pas.fut* tacendus

tango /touch/ • **ind** *pre* tango, tangis, tangit, tangimus, tangitis, tangunt *imp* tangebam, tangebas, tangebat, tangebamus, tangebatis, tangebant *prt* tetigi, tetigisti, tetigit, tetigimus, tetigistis, tetigerunt / tetigere *fut* tangam, tanges, tanget, tangemus, tangetis, tangent *plu* tetigeram, tetigeras, tetigerat, tetigeramus, tetigeratis, tetigerant *fpr* tetigero, tetigeris, tetigerit, tetigerimus, tetigeritis, tetigerint *pas.pre* tangor, tangeris / tangere, tangitur, tangimur, tangimini, tanguntur *pas.imp* tangebar, tangebaris / tangebare, tangebatur, tangebamur, tangebamini, tangebantur *pas.fut* tangar, tangeris / tangere, tangetur, tangemur, tangemini, tangentur • **sub** *pre* tangam, tangas, tangat, tangamus, tangatis, tangant *imp* tangerem, tangeres, tangeret, tangeremus, tangeretis, tangerent *prt* tetigerim, tetigeris, tetigerit, tetigerimus, tetigeritis, tetigerint *plu* tetigissem, tetigisses, tetigisset, tetigissemus, tetigissetis, tetigissent *pas.pre* tangar, tangaris / tangare, tangatur, tangamur, tangamini, tangantur *pas.imp* tangerer, tangereris / tangerere, tangeretur, tangeremur, tangeremini, tangerentur • **imp** *pre* –, tange, –, –, tangite, – *fut* –, tangito, tangito, –, tangitote, tangunto *pas.pre* –, tangere, –, –, tangimini, – *pas.fut* –, tangitor, tangitor, –, –, tanguntor • **inf** *pre* tangere *prt* tetigisse *fut* tacturus esse *pas.pre* tangi *pas.prt* tactus esse *pas.fut* tactum iri • **ger** tangere / tangendi / tangendo / tangendum • **sup** tactum / tactu • **par** *pre* tangens *prt* – *fut* tacturus *pas.pre* – *pas.prt* tactus *pas.fut* tangendus

tardo /check, hinder/ • **ind** *pre* tardo, tardas, tardat, tardamus, tardatis, tardant *imp* tardabam, tardabas, tardabat, tardabamus, tardabatis, tardabant *prt* tardavi, tardavisti, tardavit, tardavimus, tardavistis, tardaverunt / tardavere *fut* tardabo, tardabis, tardabit, tardabimus, tardabitis, tardabunt *plu* tardaveram, tardaveras, tardaverat, tardaveramus, tardaveratis, tardaverant *fpr* tardavero, tardaveris, tardaverit, tardaverimus, tardaveritis, tardaverint *pas.pre* tardor, tardaris / tardare, tardatur, tardamur, tardamini, tardantur *pas.imp* tardabar, tardabaris / tardabare, tardabatur, tardabamur, tardabamini, tardabantur *pas.fut* tardabor, tardaberis / tardabere, tardabitur, tardabimur, tardabimini, tardabuntur • **sub** *pre* tardem, tardes, tardet, tardemus, tardetis, tardent *imp* tardarem, tardares, tardaret, tardaremus, tardaretis, tardarent *prt* tardaverim, tardaveris, tardaverit, tardaverimus, tardaveritis, tardaverint *plu* tardavissem, tardavisses, tardavisset, tardavissemus, tardavissetis, tardavissent *pas.pre* tarder, tarderis / tardere, tardetur, tardemur, tardemini, tardentur *pas.imp* tardarer, tardareris / tardarere, tardaretur, tardaremur, tardaremini, tardarentur • **imp** *pre* –, tarda, –, –, tardate, – *fut* –, tardato, tardato, –, tardatote, tardanto *pas.pre* –, tardare, –, –, tardamini, – *pas.fut* –, tardator, tardator, –, –, tardantor • **inf** *pre* tardare *prt* tardavisse *fut* tardaturus esse *pas.pre* tardari *pas.prt* tardatus esse *pas.fut* tardatum iri • **ger** tardare / tardandi / tardando / tardandum • **sup** tardatum / tardatu • **par** *pre* tardans *prt* – *fut* tardaturus *pas.pre*

– *pas.prt* tardatus *pas.fut* tardandus

tego /cover/ • **ind** *pre* tego, tegis, tegit, tegimus, tegitis, tegunt *imp* tegebam, tegebas, tegebat, tegebamus, tegebatis, tegebant *prt* texi, texisti, texit, teximus, texistis, texerunt / texere *fut* tegam, teges, teget, tegemus, tegetis, tegent *plu* texeram, texeras, texerat, texeramus, texeratis, texerant *fpr* texero, texeris, texerit, texerimus, texeritis, texerint *pas.pre* tegor, tegeris / tegere, tegitur, tegimur, tegimini, teguntur *pas.imp* tegebar, tegebaris / tegebare, tegebatur, tegebamur, tegebamini, tegebantur *pas.fut* tegar, tegeris / tegere, tegetur, tegemur, tegemini, tegentur • **sub** *pre* tegam, tegas, tegat, tegamus, tegatis, tegant *imp* tegerem, tegeres, tegeret, tegeremus, tegeretis, tegerent *prt* texerim, texeris, texerit, texerimus, texeritis, texerint *plu* texissem, texisses, texisset, texissemus, texissetis, texissent *pas.pre* tegar, tegaris / tegare, tegatur, tegamur, tegamini, tegantur *pas.imp* tegerer, tegereris / tegerere, tegeretur, tegeremur, tegeremini, tegerentur • **imp** *pre* –, tege, –, –, tegite, – *fut* –, tegito, tegito, –, tegitote, tegunto *pas.pre* –, tegere, –, –, tegimini, – *pas.fut* –, tegitor, tegitor, –, –, teguntor • **inf** *pre* tegere *prt* texisse *fut* tecturus esse *pas.pre* tegi *pas.prt* tectus esse *pas.fut* tectum iri • **ger** tegere / tegendi / tegendo / tegendum • **sup** tectum / tectu • **par** *pre* tegens *prt* – *fut* tecturus *pas.pre* – *pas.prt* tectus *pas.fut* tegendus

tendo /stretch, stretch out/ • **ind** *pre* tendo, tendis, tendit, tendimus, tenditis, tendunt *imp* tendebam, tendebas, tendebat, tendebamus, tendebatis, tendebant *prt* tetendi, tetendisti, tetendit, tetendimus, tetendistis, tetenderunt / tetendere *fut* tendam, tendes, tendet, tendemus, tendetis, tendent *plu* tetenderam, tetenderas, tetenderat, tetenderamus, tetenderatis, tetenderant *fpr* tetendero, tetenderis, tetenderit, tetenderimus, tetenderitis, tetenderint *pas.pre* tendor, tenderis / tendere, tenditur, tendimur, tendimini, tenduntur *pas.imp* tendebar, tendebaris / tendebare, tendebatur, tendebamur, tendebamini, tendebantur *pas.fut* tendar, tenderis / tendere, tendetur, tendemur, tendemini, tendentur • **sub** *pre* tendam, tendas, tendat, tendamus, tendatis, tendant *imp* tenderem, tenderes, tenderet, tenderemus, tenderetis, tenderent *prt* tetenderim, tetenderis, tetenderit, tetenderimus, tetenderitis, tetenderint *plu* tetendissem, tetendisses, tetendisset, tetendissemus, tetendissetis, tetendissent *pas.pre* tendar, tendaris / tendare, tendatur, tendamur, tendamini, tendantur *pas.imp* tenderer, tendereris / tenderere, tenderetur, tenderemur, tenderemini, tenderentur • **imp** *pre* –, tende, –, –, tendite, – *fut* –, tendito, tendito, –, tenditote, tendunto *pas.pre* –, tendere, –, –, tendimini, – *pas.fut* –, tenditor, tenditor, –, –, tenduntor • **inf** *pre* tendere *prt* tetendisse *fut* tenturus esse *pas.pre* tendi *pas.prt* tentus esse *pas.fut* tentum iri • **ger** tendere / tendendi / tendendo / tendendum • **sup** tentum / tentu • **par** *pre* tendens *prt* – *fut* tenturus *pas.pre* – *pas.prt* tentus *pas.fut* tendendus

teneo /hold, have/ • **ind** *pre* teneo, tenes, tenet, tenemus, tenetis, tenent *imp* tenebam, tenebas, tenebat, tenebamus, tenebatis, tenebant *prt* tenui, tenuisti, tenuit, tenuimus, tenuistis, tenuerunt / tenuere *fut* tenebo, tenebis, tenebit, tenebimus, tenebitis, tenebunt *plu* tenueram, tenueras, tenuerat, tenueramus, tenueratis, tenuerant *fpr* tenuero, tenueris, tenuerit, tenuerimus, tenueritis, tenuerint *pas.pre* teneor, teneris / tenere, tenetur, tenemur, tenemini, tenentur *pas.imp* tenebar, tenebaris / tenebare, tenebatur, tenebamur, tenebamini, tenebantur *pas.fut* tenebor, teneberis / tenebere, tenebitur, tenebimur, tenebimini, tenebuntur • **sub** *pre* teneam, teneas, teneat, teneamus, teneatis, teneant *imp* tenerem, teneres, teneret, teneremus, teneretis, tenerent *prt* tenuerim, tenueris, tenuerit, tenuerimus, tenueritis, tenuerint *plu* tenuissem, tenuisses, tenuisset, tenuissemus, tenuissetis, tenuissent *pas.pre* tenear, tenearis / teneare, teneatur, teneamur, teneamini, teneantur *pas.imp* tenerer, tenereris / tenerere, teneretur, teneremur, teneremini, tenerentur • **imp** *pre* –, tene, –, –, tenete, – *fut* –, teneto, teneto, –, tenetote, tenento *pas.pre* –, tenere, –, –, tenemini, – *pas.fut* –, tenetor, tenetor, –, –, tenentor • **inf** *pre* tenere *prt* tenuisse *fut* – *pas.pre* teneri *pas.prt* – *pas.fut* – • **ger** tenere / tenendi / tenendo / tenendum • **sup** – / – • **par** *pre* tenens *prt* – *fut* – *pas.pre* – *pas.prt* – *pas.fut* tenendus

tero /rub, wear away/ • **ind** *pre* tero, teris, terit, terimus, teritis, terunt *imp* terebam, terebas, terebat, terebamus, terebatis, terebant *prt* trivi, trivisti, trivit, trivimus, trivistis, triverunt / trivere *fut* teram, teres, teret, teremus, teretis, terent *plu* triveram, triveras, triverat, triveramus, triveratis, triverant *fpr* trivero, triveris, triverit, triverimus, triveritis, triverint *pas.pre* teror, tereris / terere, teritur, terimur, terimini, teruntur *pas.imp* terebar, terebaris / terebare, terebatur, terebamur, terebamini, terebantur *pas.fut* terar, tereris / terere, teretur, teremur, teremini, terentur • **sub** *pre* teram, teras, terat, teramus, teratis, terant *imp* tererem, tereres, tereret, tereremus, tereretis, tererent *prt* triverim, triveris, triverit, triverimus, triveritis, triverint *plu* trivissem, trivisses, trivisset, trivissemus, trivissetis, trivissent *pas.pre* terar, teraris / terare, teratur, teramur, teramini, terantur *pas.imp* tererer, terereris / tererere, tereretur, tereremur, tereremini, tererentur • **imp** *pre* –, tere, –, –, terite, – *fut* –, terito, terito, –, teritote, terunto *pas.pre* –, terere, –, –, terimini, – *pas.fut* –, teritor, teritor, –, –, teruntor • **inf** *pre* terere *prt* trivisse *fut* triturus esse *pas.pre* teri *pas.prt* tritus esse *pas.fut* tritum iri • **ger** terere / terendi / terendo / terendum • **sup** tritum / tritu • **par** *pre* terens *prt* – *fut* triturus *pas.pre* – *pas.prt* tritus *pas.fut* terendus

terreo /frighten, terrify/ • **ind** *pre* terreo, terres, terret, terremus, terretis, terrent *imp* terrebam, terrebas, terrebat, terrebamus, terrebatis, terrebant *prt* terrui, terruisti, terruit, terruimus, terruistis, terruerunt / terruere *fut* terrebo, terrebis, terrebit, terrebimus, terrebitis, terrebunt *plu* terrueram, terrueras, terruerat, terrueramus, terrueratis, terruerant *fpr* terruero, terrueris, terruerit, terruerimus, terrueritis, terruerint *pas.pre* terreor, terreris / terrere, terretur, terremur, terremini, terrentur *pas.imp* terrebar, terrebaris / terrebare, terrebatur, terrebamur, terrebamini, terrebantur *pas.fut* terrebor, terreberis / terrebere, terrebitur, terrebimur, terrebimini, terrebuntur • **sub** *pre* terream, terreas, terreat, terreamus, terreatis, terreant *imp* terrerem, terreres, terreret, terreremus, terreretis, terrerent *prt* terruerim, terrueris, terruerit, terruerimus, terrueritis, terruerint *plu* terruissem, terruisses, terruisset, terruissemus, terruissetis, terruissent *pas.pre* terrear, terrearis / terreare, terreatur, terreamur, terreamini, terreantur *pas.imp* terrerer, terrereris / terrerere, terreretur, terreremur, terreremini, terrerentur • **imp** *pre* –, terre, –, –, terrete, – *fut* –, terreto, terreto, –, terretote, terrento *pas.pre* –, terrere, –, –, terremini, – *pas.fut* –, terretor, terretor, –, –, terrentor • **inf** *pre* terrere *prt* terruisse *fut* territurus esse *pas.pre* terreri *pas.prt* territus esse *pas.fut* territum iri • **ger** terrere / terrendi / terrendo / terrendum • **sup** territum / territu • **par** *pre* terrens *prt* – *fut* territurus *pas.pre* – *pas.prt* territus *pas.fut* terrendus

timeo /fear, am afraid/ • **ind** *pre* timeo, times, timet, timemus, timetis, timent *imp* timebam, timebas, timebat, timebamus, timebatis, timebant *prt* timui, timuisti, timuit, timuimus, timuistis, timuerunt / timuere *fut* timebo, timebis, timebit, timebimus, timebitis, timebunt *plu* timueram, timueras, timuerat, timueramus, timueratis, timuerant *fpr* timuero, timueris, timuerit, timuerimus, timueritis, timuerint *pas.pre* — *pas.imp* — *pas.fut* — • **sub** *pre* timeam, timeas, timeat, timeamus, timeatis, timeant *imp* timerem, timeres, timeret, timeremus, timeretis, timerent *prt* timuerim, timueris, timuerit, timuerimus, timueritis, timuerint *plu* timuissem, timuisses, timuisset, timuissemus, timuissetis, timuissent *pas.pre* — *pas.imp* — • **imp** *pre* –, time, –, –, timete, – *fut* –, timeto, timeto, –, timetote, timento *pas.pre* — *pas.fut* — • **inf** *pre* timere *prt* timuisse *fut* – *pas.pre* — *pas.prt* — *pas.fut* — • **ger** timere / timendi / timendo / timendum • **sup** – / – • **par** *pre* timens *prt* – *fut* – *pas.pre* — *pas.prt* — *pas.fut* —

tollo /raise, lift up/ • **ind** _pre_ tollo, tollis, tollit, tollimus, tollitis, tollunt _imp_ tollebam, tollebas, tollebat, tollebamus, tollebatis, tollebant _prt_ sustuli, sustulisti, sustulit, sustulimus, sustulistis, sustulerunt / sustulere _fut_ tollam, tolles, tollet, tollemus, tolletis, tollent _plu_ sustuleram, sustuleras, sustulerat, sustuleramus, sustuleratis, sustulerant _fpr_ sustulero, sustuleris, sustulerit, sustulerimus, sustuleritis, sustulerint _pas.pre_ tollor, tolleris / tollere, tollitur, tollimur, tollimini, tolluntur _pas.imp_ tollebar, tollebaris / tollebare, tollebatur, tollebamur, tollebamini, tollebantur _pas.fut_ tollar, tolleris / tollere, tolletur, tollemur, tollemini, tollentur • **sub** _pre_ tollam, tollas, tollat, tollamus, tollatis, tollant _imp_ tollerem, tolleres, tolleret, tolleremus, tolleretis, tollerent _prt_ sustulerim, sustuleris, sustulerit, sustulerimus, sustuleritis, sustulerint _plu_ sustulissem, sustulisses, sustulisset, sustulissemus, sustulissetis, sustulissent _pas.pre_ tollar, tollaris / tollare, tollatur, tollamur, tollamini, tollantur _pas.imp_ tollerer, tollereris / tollerere, tolleretur, tolleremur, tolleremini, tollerentur • **imp** _pre_ –, tolle, –, –, tollite, – _fut_ –, tollito, tollito, –, tollitote, tollunto _pas.pre_ –, tollere, –, –, tollimini, – _pas.fut_ –, tollitor, tollitor, –, –, tolluntor • **inf** _pre_ tollere _prt_ sustulisse _fut_ sublaturus esse _pas.pre_ tolli _pas.prt_ sublatus esse _pas.fut_ sublatum iri • **ger** tollere / tollendi / tollendo / tollendum • **sup** sublatum / sublatu • **par** _pre_ tollens _prt_ – _fut_ sublaturus _pas.pre_ – _pas.prt_ sublatus _pas.fut_ tollendus

tondeo /shave, shear/ • **ind** _pre_ tondeo, tondes, tondet, tondemus, tondetis, tondent _imp_ tondebam, tondebas, tondebat, tondebamus, tondebatis, tondebant _prt_ totondi, totondisti, totondit, totondimus, totondistis, totonderunt / totondere _fut_ tondebo, tondebis, tondebit, tondebimus, tondebitis, tondebunt _plu_ totonderam, totonderas, totonderat, totonderamus, totonderatis, totonderant _fpr_ totondero, totonderis, totonderit, totonderimus, totonderitis, totonderint _pas.pre_ tondeor, tonderis / tondere, tondetur, tondemur, tondemini, tondentur _pas.imp_ tondebar, tondebaris / tondebare, tondebatur, tondebamur, tondebamini, tondebantur _pas.fut_ tondebor, tondeberis / tondebere, tondebitur, tondebimur, tondebimini, tondebuntur • **sub** _pre_ tondeam, tondeas, tondeat, tondeamus, tondeatis, tondeant _imp_ tonderem, tonderes, tonderet, tonderemus, tonderetis, tonderent _prt_ totonderim, totonderis, totonderit, totonderimus, totonderitis, totonderint _plu_ totondissem, totondisses, totondisset, totondissemus, totondissetis, totondissent _pas.pre_ tondear, tondearis / tondeare, tondeatur, tondeamur, tondeamini, tondeantur _pas.imp_ tonderer, tondereris / tonderere, tonderetur, tonderemur, tonderemini, tonderentur • **imp** _pre_ –, tonde, –, –, tondete, – _fut_ –, tondeto, tondeto, –, tondetote, tondento _pas.pre_ –, tondere, –, –, tondemini, – _pas.fut_ –, tondetor, tondetor, –, –, tondentor • **inf** _pre_ tondere _prt_ totondisse _fut_ tonsurus esse _pas.pre_ tonderi _pas.prt_ tonsus esse _pas.fut_ tonsum iri • **ger** tondere / tondendi / tondendo / tondendum • **sup** tonsum / tonsu • **par** _pre_ tondens _prt_ – _fut_ tonsurus _pas.pre_ – _pas.prt_ tonsus _pas.fut_ tondendus

trado /hand over, give up/ • **ind** _pre_ trado, tradis, tradit, tradimus, traditis, tradunt _imp_ tradebam, tradebas, tradebat, tradebamus, tradebatis, tradebant _prt_ tradidi, tradidisti, tradidit, tradidimus, tradidistis, tradiderunt / tradidere _fut_ tradam, trades, tradet, trademus, tradetis, tradent _plu_ tradideram, tradideras, tradiderat, tradideramus, tradideratis, tradiderant _fpr_ tradidero, tradideris, tradiderit, tradiderimus, tradideritis, tradiderint _pas.pre_ trador, traderis / tradere, traditur, tradimur, tradimini, traduntur _pas.imp_ tradebar, tradebaris / tradebare, tradebatur, tradebamur, tradebamini, tradebantur _pas.fut_ tradar, traderis / tradere, tradetur, trademur, trademini, tradentur • **sub** _pre_ tradam, tradas, tradat, tradamus, tradatis, tradant _imp_ traderem, traderes, traderet, traderemus, traderetis, traderent _prt_ tradiderim, tradideris, tradiderit, tradiderimus, tradideritis, tradiderint _plu_ tradidissem, tradidisses, tradidisset, tradidissemus, tradidissetis, tradidissent _pas.pre_ tradar, tradaris / tradare, tradatur, tradamur, tradamini, tradantur _pas.imp_ traderer, tradereris / traderere, traderetur, traderemur, traderemini, traderentur • **imp** _pre_ –, trade, –, –, tradite, – _fut_ –, tradito, tradito, –, traditote, tradunto _pas.pre_ –, tradere, –, –, tradimini, – _pas.fut_ –, traditor, traditor, –, –, traduntor • **inf** _pre_ tradere _prt_ tradidisse _fut_ traditurus esse _pas.pre_ tradi _pas.prt_ traditus esse _pas.fut_ traditum iri • **ger** tradere / tradendi / tradendo / tradendum • **sup** traditum / traditu • **par** _pre_ tradens _prt_ – _fut_ traditurus _pas.pre_ – _pas.prt_ traditus _pas.fut_ tradendus

transeo /traverse/ • **ind** _pre_ transeo, transis, transit, transimus, transitis, transeunt _imp_ transibam, transibas, transibat, transibamus, transibatis, transibant _prt_ transii, transisti / transivisti, transiit / transivit, transiimus, transistis, transierunt / transiere _fut_ transibo, transibis, transibit, transibimus, transibitis, transibunt _plu_ transieram, transieras, transierat, transieramus, transieratis, transierant _fpr_ transiero, transieris, transierit, transierimus, transieritis, transierint _pas.pre_ transeor, transiris / transire, transitur, transimur, transimini, transeuntur _pas.imp_ transibar, transibaris / transibare, transibatur, transibamur, transibamini, transibantur _pas.fut_ transibor, transiberis / transibere, transibitur, transibimur, transibimini, transibuntur • **sub** _pre_ transeam, transeas, transeat, transeamus, transeatis, transeant _imp_ transirem, transires, transiret, transiremus, transiretis, transirent _prt_ transierim, transieris, transierit, transierimus, transieritis, transierint _plu_ transissem, transisses, transisset, transissemus, transissetis, transissent _pas.pre_ transear, transearis / transeare, transeatur, transeamur, transeamini, transeantur _pas.imp_ transirer, transireris / transirere, transiretur, transiremur, transiremini, transirentur • **imp** _pre_ –, transi, –, –, transite, – _fut_ –, transito, transito, –, transitote, transeunto _pas.pre_ –, transire, –, –, transimini, – _pas.fut_ –, transitor, transitor, –, –, transeuntor • **inf** _pre_ transire _prt_ transisse _fut_ transiturus esse _pas.pre_ transiri _pas.prt_ transitus esse _pas.fut_ transitum iri • **ger** transire / transeundi / transeundo / transeundum • **sup** transitum / transitu • **par** _pre_ transiens _prt_ – _fut_ transiturus _pas.pre_ – _pas.prt_ transitus _pas.fut_ transeundus

tribuo /grant/ • **ind** _pre_ tribuo, tribuis, tribuit, tribuimus, tribuitis, tribuunt _imp_ tribuebam, tribuebas, tribuebat, tribuebamus, tribuebatis, tribuebant _prt_ tribui, tribuisti, tribuit, tribuimus, tribuistis, tribuerunt / tribuere _fut_ tribuam, tribues, tribuet, tribuemus, tribuetis, tribuent _plu_ tribueram, tribueras, tribuerat, tribueramus, tribueratis, tribuerant _fpr_ tribuero, tribueris, tribuerit, tribuerimus, tribueritis, tribuerint _pas.pre_ –, –, tribuitur, –, –, tribuuntur _pas.imp_ –, –, tribuebatur, –, –, tribuebantur _pas.fut_ –, –, tribuetur, –, –, tribuentur • **sub** _pre_ tribuam, tribuas, tribuat, tribuamus, tribuatis, tribuant _imp_ tribuerem, tribueres, tribueret, tribueremus, tribueretis, tribuerent _prt_ tribuerim, tribueris, tribuerit, tribuerimus, tribueritis, tribuerint _plu_ tribuissem, tribuisses, tribuisset, tribuissemus, tribuissetis, tribuissent _pas.pre_ –, –, tribuatur, –, –, tribuantur _pas.imp_ –, –, tribueretur, –, –, tribuerentur • **imp** _pre_ –, tribue, –, –, tribuite, – _fut_ –, tribuito, tribuito, –, tribuitote, tribuunto _pas.pre_ — _pas.fut_ — • **inf** _pre_ tribuere _prt_ tribuisse _fut_ tributurus esse _pas.pre_ tribui _pas.prt_ tributus esse _pas.fut_ tributum iri • **ger** tribuere / tribuendi / tribuendo / tribuendum • **sup** tributum / tributu • **par** _pre_ tribuens _prt_ – _fut_ tributurus _pas.pre_ – _pas.prt_ _pas.fut_ tribuendus

tueor /look, gaze at, behold/ • **ind** _pre_ tueor, tueris / tuere, tuetur, tuemur, tuemini, tuentur _imp_ tuebar, tuebaris / tuebare, tuebatur, tuebamur, tuebamini, tuebantur _prt_ — _fut_ tuebor, tueberis / tuebere, tuebitur, tuebimur, tuebimini, tuebuntur _plu_ — _fpr_ — _pas.pre_ — _pas.imp_ — _pas.fut_ — • **sub** _pre_ tuear, tuearis / tueare, tueatur, tueamur, tueamini, tueantur _imp_ tuerer, tuereris / tuerere, tueretur, tueremur, tueremini, tuerentur _prt_ — _plu_ — _pas.pre_ — _pas.imp_ — • **imp** _pre_ –, tuere, –, –, tuemini, – _fut_ –, tuetor, tuetor, –, –, tuentor _pas.pre_ — _pas.fut_ — • **inf** _pre_ tueri _prt_ tuitus esse _fut_ tuiturus esse _pas.pre_ – _pas.prt_ – _pas.fut_ – • **ger** tueri / tuendi / tuendo / tuendum • **sup** tuitum / tuitu • **par** _pre_ tuens _prt_ tuitus _fut_ tuiturus _pas.pre_ – _pas.prt_ – _pas.fut_ tuendus

tundo /beat, strike/ • **ind** _pre_ tundo, tundis, tundit, tundimus, tunditis, tundunt *imp* tundebam, tundebas, tundebat, tundebamus, tundebatis, tundebant *prt* tutudi, tutudisti, tutudit, tutudimus, tutudistis, tutuderunt / tutudere *fut* tundam, tundes, tundet, tundemus, tundetis, tundent *plu* tutuderam, tutuderas, tutuderat, tutuderamus, tutuderatis, tutuderant *fpr* tutudero, tutuderis, tutuderit, tutuderimus, tutuderitis, tutuderint *pas.pre* tundor, tunderis / tundere, tunditur, tundimur, tundimini, tunduntur *pas.imp* tundebar, tundebaris / tundebare, tundebatur, tundebamur, tundebamini, tundebantur *pas.fut* tundar, tunderis / tundere, tundetur, tundemur, tundemini, tundentur • **sub** *pre* tundam, tundas, tundat, tundamus, tundatis, tundant *imp* tunderem, tunderes, tunderet, tunderemus, tunderetis, tunderent *prt* tutuderim, tutuderis, tutuderit, tutuderimus, tutuderitis, tutuderint *plu* tutudissem, tutudisses, tutudisset, tutudissemus, tutudissetis, tutudissent *pas.pre* tundar, tundaris / tundare, tundatur, tundamur, tundamini, tundantur *pas.imp* tunderer, tundereris / tunderere, tunderetur, tunderemur, tunderemini, tunderentur • **imp** *pre* –, tunde, –, –, tundite, – *fut* –, tundito, tundito, –, tunditote, tundunto *pas.pre* –, tundere, –, –, tundimini, – *pas.fut* –, tunditor, tunditor, –, –, tunduntor • **inf** *pre* tundere *prt* tutudisse *fut* tunsurus esse *pas.pre* tundi *pas.prt* tunsus esse *pas.fut* tunsum iri • **ger** tundere / tundendi / tundendo / tundendum • **sup** tunsum / tunsu • **par** *pre* tundens *prt* – *fut* tunsurus *pas.pre* – *pas.prt* tunsus *pas.fut* tundendus

U

uro /burn, consume/ • **ind** *pre* uro, uris, urit, urimus, uritis, urunt *imp* urebam, urebas, urebat, urebamus, urebatis, urebant *prt* ussi, ussisti, ussit, ussimus, ussistis, usserunt / ussere *fut* uram, ures, uret, uremus, uretis, urent *plu* usseram, usseras, usserat, usseramus, usseratis, usserant *fpr* ussero, usseris, usserit, usserimus, usseritis, usserint *pas.pre* uror, ureris / urere, uritur, urimur, urimini, uruntur *pas.imp* urebar, urebaris / urebare, urebatur, urebamur, urebamini, urebantur *pas.fut* urar, ureris / urere, uretur, uremur, uremini, urentur • **sub** *pre* uram, uras, urat, uramus, uratis, urant *imp* urerem, ureres, ureret, ureremus, ureretis, urerent *prt* usserim, usseris, usserit, usserimus, usseritis, usserint *plu* ussissem, ussisses, ussisset, ussissemus, ussissetis, ussissent *pas.pre* urar, uraris / urare, uratur, uramur, uramini, urantur *pas.imp* urerer, urereris / urerere, ureretur, ureremur, ureremini, urerentur • **imp** *pre* –, ure, –, –, urite, – *fut* –, urito, urito, –, uritote, urunto *pas.pre* –, urere, –,

–, urimini, – *pas.fut* –, uritor, uritor, –, –, uruntor • **inf** *pre* urere *prt* ussisse *fut* usturus esse *pas.pre* uri *pas.prt* ustus esse *pas.fut* ustum iri • **ger** urere / urendi / urendo / urendum • **sup** ustum / ustu • **par** *pre* urens *prt* – *fut* usturus *pas.pre* – *pas.prt* ustus *pas.fut* urendus

utor /use/ • **ind** *pre* utor, uteris / utere, utitur, utimur, utimini, utuntur *imp* utebar, utebaris / utebare, utebatur, utebamur, utebamini, utebantur *prt* — *fut* utar, uteris / utere, utetur, utemur, utemini, utentur *plu* — *fpr* — *pas.pre* — *pas.imp* — *pas.fut* — • **sub** *pre* utar, utaris / utare, utatur, utamur, utamini, utantur *imp* uterer, utereris / uterere, uteretur, uteremur, uteremini, uterentur *prt* — *plu* — *pas.pre* — *pas.imp* — • **imp** *pre* –, utere, –, –, utimini, – *fut* –, utitor, utitor, –, –, utuntor *pas.pre* — *pas.fut* — • **inf** *pre* uti *prt* usus esse *fut* usurus esse *pas.pre* – *pas.prt* – *pas.fut* – • **ger** uti / utendi / utendo / utendum • **sup** usum / usu • **par** *pre* utens *prt* usus *fut* usurus *pas.pre* – *pas.prt* – *pas.fut* utendus

V

valeo /be strong, be well/ • **ind** *pre* valeo, vales, valet, valemus, valetis, valent *imp* valebam, valebas, valebat, valebamus, valebatis, valebant *prt* valui, valuisti, valuit, valuimus, valuistis, valuerunt / valuere *fut* valebo, valebis, valebit, valebimus, valebitis, valebunt *plu* valueram, valueras, valuerat, valueramus, valueratis, valuerant *fpr* valuero, valueris, valuerit, valuerimus, valueritis, valuerint *pas.pre* — *pas.imp* — *pas.fut* — • **sub** *pre* valeam, valeas, valeat, valeamus, valeatis, valeant *imp* valerem, valeres, valeret, valeremus, valeretis, valerent *prt* valuerim, valueris, valuerit, valuerimus, valueritis, valuerint *plu* valuissem, valuisses, valuisset, valuissemus, valuissetis, valuissent *pas.pre* — *pas.imp* — • **imp** *pre* –, vale, –, –, valete, – *fut* –, valeto, valeto, –, valetote, valento *pas.pre* — *pas.fut* — • **inf** *pre* valere *prt* valuisse *fut* valiturus esse *pas.pre* — *pas.prt* — *pas.fut* — • **ger** valere / valendi / valendo / valendum • **sup** valitum / valitu • **par** *pre* valens *prt* – *fut* valiturus *pas.pre* — *pas.prt* — *pas.fut* —

vaporo /steam, reek/ • **ind** *pre* vaporo, vaporas, vaporat, vaporamus, vaporatis, vaporant *imp* vaporabam, vaporabas, vaporabat, vaporabamus, vaporabatis, vaporabant *prt* vaporavi, vaporavisti, vaporavit, vaporavimus, vaporavistis, vaporaverunt / vaporavere *fut* vaporabo, vaporabis, vaporabit, vaporabimus, vaporabitis, vaporabunt *plu* vaporaveram, vaporaveras, vaporaverat, vaporaveramus, vaporaveratis, vaporaverant *fpr* vaporavero, vaporaveris, vaporaverit, vaporaverimus, vaporaveritis, vaporaverint *pas.pre* vaporor, vaporaris / vaporare, vaporatur, vaporamur, vaporamini, vaporantur *pas.imp* vaporabar, vaporabaris / vaporabare, vaporabatur, vaporabamur, vaporabamini, vaporabantur *pas.fut* vaporabor, vaporaberis / vaporabere, vaporabitur, vaporabimur, vaporabimini, vaporabuntur • **sub** *pre* vaporem, vapores, vaporet, vaporemus, vaporetis, vaporent *imp* vaporarem, vaporares, vaporaret, vaporaremus, vaporaretis, vaporarent *prt* vaporaverim, vaporaveris, vaporaverit, vaporaverimus, vaporaveritis, vaporaverint *plu* vaporavissem, vaporavisses, vaporavisset, vaporavissemus, vaporavissetis, vaporavissent *pas.pre* vaporer, vaporeris / vaporere, vaporetur, vaporemur, vaporemini, vaporentur *pas.imp* vaporarer, vaporareris / vaporarere, vaporaretur, vaporaremur, vaporaremini, vaporarentur • **imp** *pre* –, vapora, –, –, vaporate, – *fut* –, vaporato, vaporato, –, vaporatote, vaporanto *pas.pre* –, vaporare, –, –, vaporamini, – *pas.fut* –, vaporator, vaporator, –, –, vaporantor • **inf** *pre* vaporare *prt* vaporavisse *fut* vaporaturus esse *pas.pre* vaporari *pas.prt* vaporatus esse *pas.fut* vaporatum iri • **ger** vaporare / vaporandi / vaporando / vaporandum • **sup** vaporatum / vaporatu • **par** *pre* vaporans *prt* – *fut* vaporaturus *pas.pre* – *pas.prt* vaporatus *pas.fut* vaporandus

veho /carry, bear/ • **ind** *pre* veho, vehis, vehit, vehimus, vehitis, vehunt *imp* vehebam, vehebas, vehebat, vehebamus, vehebatis, vehebant *prt* vexi, vexisti, vexit, veximus, vexistis, vexerunt / vexere *fut* veham, vehes, vehet, vehemus, vehetis, vehent *plu* vexeram, vexeras, vexerat, vexeramus, vexeratis, vexerant *fpr* vexero, vexeris, vexerit, vexerimus, vexeritis, vexerint *pas.pre* vehor, veheris / vehere, vehitur, vehimur, vehimini, vehuntur *pas.imp* vehebar, vehebaris / vehebare, vehebatur, vehebamur, vehebamini, vehebantur *pas.fut* vehar, veheris / vehere, vehetur, vehemur, vehemini, vehentur • **sub** *pre* veham, vehas, vehat, vehamus, vehatis, vehant *imp* veherem, veheres, veheret, veheremus, veheretis, veherent *prt* vexerim, vexeris, vexerit, vexerimus, vexeritis, vexerint *plu* vexissem, vexisses, vexisset, vexissemus, vexissetis, vexissent *pas.pre* vehar, veharis / vehare, vehatur, vehamur, vehamini, vehantur *pas.imp* veherer, vehereris / veherere, veheretur, veheremur, veheremini, veherentur • **imp** *pre* –, vehe, –, –, vehite, – *fut* –, vehito, vehito, –, vehitote, vehunto *pas.pre* –, vehere, –, –, vehimini, – *pas.fut* –, vehitor, vehitor, –, –, vehuntor • **inf** *pre* vehere *prt* vexisse *fut* vecturus esse *pas.pre* vehi *pas.prt* vectus esse *pas.fut* vectum iri • **ger** vehere / vehendi / vehendo / vehendum • **sup** vectum / vectu • **par** *pre* vehens *prt* – *fut* vecturus *pas.pre* – *pas.prt* vectus *pas.fut* vehendus

vello /pluck out, depilate/ • **ind** *pre* vello, vellis, vellit, vellimus, vellitis, vellunt *imp* vellebam, vellebas, vellebat, vellebamus, vellebatis, vellebant *prt* vulsi, vulsisti, vulsit, vulsimus, vulsistis, vulserunt / vulsere *fut* vellam, velles, vellet, vellemus, velletis, vellent *plu* vulseram, vulseras, vulserat, vulseramus, vulseratis, vulserant *fpr* vulsero, vulseris, vulserit, vulserimus, vulseritis, vulserint *pas.pre* vellor, velleris / vellere, vellitur, vellimur, vellimini, velluntur *pas.imp* vellebar, vellebaris / vellebare, vellebatur, vellebamur, vellebamini, vellebantur *pas.fut* vellar, velleris / vellere, velletur, vellemur, vellemini, vellentur • **sub** *pre* vellam, vellas, vellat, vellamus, vellatis, vellant *imp* vellerem, velleres, velleret, velleremus, velleretis, vellerent *prt* vulserim, vulseris, vulserit, vulserimus, vulseritis, vulserint *plu* vulsissem, vulsisses, vulsisset, vulsissemus, vulsissetis, vulsissent *pas.pre* vellar, vellaris / vellare, vellatur, vellamur, vellamini, vellantur *pas.imp* vellerer, vellereris / vellerere, velleretur, velleremur, velleremini, vellerentur • **imp** *pre* –, velle, –, –, vellite, – *fut* –, vellito, vellito, –, vellitote, vellunto *pas.pre* –, vellere, –, –, vellimini, – *pas.fut* –, vellitor, vellitor, –, –, velluntor • **inf** *pre* vellere *prt* vulsisse *fut* vulsurus esse *pas.pre* velli *pas.prt* vulsus esse *pas.fut* vulsum iri • **ger** vellere / vellendi / vellendo / vellendum • **sup** vulsum / vulsu • **par** *pre* vellens *prt* – *fut* vulsurus *pas.pre* – *pas.prt* vulsus *pas.fut* vellendus

venio /come, approach/ • **ind** *pre* venio, venis, venit, venimus, venitis, veniunt *imp* veniebam, veniebas, veniebat, veniebamus, veniebatis, veniebant *prt* veni, venisti, venit, venimus, venistis, venerunt / venere *fut* veniam, venies, veniet, veniemus, venietis, venient *plu* veneram, veneras, venerat, veneramus, veneratis, venerant *fpr* venero, veneris, venerit, venerimus, veneritis, venerint *pas.pre* –, –, venitur, –, –, – *pas.imp* –, –, veniebatur, –, –, – *pas.fut* –, –, venietur, –, –, – • **sub** *pre* veniam, venias, veniat, veniamus, veniatis, veniant *imp* venirem, venires, veniret, veniremus, veniretis, venirent *prt* venerim, veneris, venerit, venerimus, veneritis, venerint *plu* venissem, venisses, venisset, venissemus, venissetis, venissent *pas.pre* –, –, veniatur, –, –, – *pas.imp* –, –, veniretur, –, –, – • **imp** *pre* –, veni, –, –, venite, – *fut* –, venito, venito, –, venitote, veniunto *pas.pre* — *pas.fut* — • **inf** *pre* venire *prt* venisse *fut* venturus esse *pas.pre* veniri *pas.prt* ventum esse *pas.fut* – • **ger** venire / veniendi / veniendo / veniendum • **sup** ventum / ventu • **par** *pre* veniens *prt* – *fut* venturus *pas.pre* – *pas.prt* *pas.fut* veniendus

vereor /have respect for, revere/ • **ind** *pre* vereor, vereris / verere, veretur, veremur, veremini, verentur *imp* verebar, verebaris / verebare, verebatur, verebamur, verebamini, verebantur *prt* — *fut* verebor, vereberis / verebere, verebitur, verebimur, verebimini, verebuntur *plu* —

fpr — *pas.pre* — *pas.imp* — *pas.fut* — • **sub** *pre* verear, verearis / veneare, vereatur, vereamur, vereamini, vereantur *imp* vererer, verereris / vererere, vereretur, vereremur, vereremini, vererentur *prt* — *plu* — *pas.pre* — *pas.imp* — • **imp** *pre* –, verere, –, –, veremini, – *fut* –, veretor, veretor, –, –, verentor *pas.pre* — *pas.fut* — • **inf** *pre* vereri *prt* veritus esse *fut* veriturus esse *pas.pre* – *pas.prt* – *pas.fut* – • **ger** vereri / verendi / verendo / verendum • **sup** veritum / veritu • **par** *pre* verens *prt* veritus *fut* veriturus *pas.pre* – *pas.prt* – *pas.fut* verendus

verto /turn, revolve/ • **ind** *pre* verto, vertis, vertit, vertimus, vertitis, vertunt *imp* vertebam, vertebas, vertebat, vertebamus, vertebatis, vertebant *prt* verti, vertisti, vertit, vertimus, vertistis, verterunt / vertere *fut* vertam, vertes, vertet, vertemus, vertetis, vertent *plu* verteram, verteras, verterat, verteramus, verteratis, verterant *fpr* vertero, verteris, verterit, verterimus, verteritis, verterint *pas.pre* vertor, verteris / vertere, vertitur, vertimur, vertimini, vertuntur *pas.imp* vertebar, vertebaris / vertebare, vertebatur, vertebamur, vertebamini, vertebantur *pas.fut* vertar, verteris / vertere, vertetur, vertemur, vertemini, vertentur • **sub** *pre* vertam, vertas, vertat, vertamus, vertatis, vertant *imp* verterem, verteres, verteret, verteremus, verteretis, verterent *prt* verterim, verteris, verterit, verterimus, verteritis, verterint *plu* vertissem, vertisses, vertisset, vertissemus, vertissetis, vertissent *pas.pre* vertar, vertaris / vertare, vertatur, vertamur, vertamini, vertantur *pas.imp* verterer, vertereris / verterere, verteretur, verteremur, verteremini, verterentur • **imp** *pre* –, verte, –, –, vertite, – *fut* –, vertito, vertito, –, vertitote, vertunto *pas.pre* –, vertere, –, –, vertimini, – *pas.fut* –, vertitor, vertitor, –, –, vertuntor • **inf** *pre* vertere *prt* vertisse *fut* versurus esse *pas.pre* verti *pas.prt* versus esse *pas.fut* versum iri • **ger** vertere / vertendi / vertendo / vertendum • **sup** versum / versu • **par** *pre* vertens *prt* – *fut* versurus *pas.pre* – *pas.prt* versus *pas.fut* vertendus

vescor /eat/ • **ind** *pre* vescor, vesceris / vescere, vescitur, vescimur, vescimini, vescuntur *imp* vescebar, vescebaris / vescebare, vescebatur, vescebamur, vescebamini, vescebantur *prt* — *fut* vescar, vesceris / vescere, vescetur, vescemur, vescemini, vescentur *plu* — *fpr* — *pas.pre* — *pas.imp* — *pas.fut* — • **sub** *pre* vescar, vescaris / vescare, vescatur, vescamur, vescamini, vescantur *imp* vescerer, vescereris / vescerere, vesceretur, vesceremur, vesceremini, vescerentur *prt* — *plu* — *pas.pre* — *pas.imp* — • **imp** *pre* –, vescere, –, –, vescimini, – *fut* –, vescitor, vescitor, –, –, vescuntor *pas.pre* — *pas.fut* — • **inf** *pre* vesci *prt* – *fut* – *pas.pre* – *pas.prt* – *pas.fut* – • **ger** vescere / vescendi / vescendo / vescendum • **sup** – / – • **par** *pre* vescens *prt* – *fut* – *pas.pre* – *pas.prt*

– *pas.fut* vescendus

veto /forbid, oppose/ • **ind** *pre* veto, vetas, vetat, vetamus, vetatis, vetant *imp* vetabam, vetabas, vetabat, vetabamus, vetabatis, vetabant *prt* vetui, vetuisti, vetuit, vetuimus, vetuistis, vetuerunt / vetuere *fut* vetabo, vetabis, vetabit, vetabimus, vetabitis, vetabunt *plu* vetueram, vetueras, vetuerat, vetueramus, vetueratis, vetuerant *fpr* vetuero, vetueris, vetuerit, vetuerimus, vetueritis, vetuerint *pas.pre* vetor, vetaris / vetare, vetatur, vetamur, vetamini, vetantur *pas.imp* vetabar, vetabaris / vetabare, vetabatur, vetabamur, vetabamini, vetabantur *pas.fut* vetabor, vetaberis / vetabere, vetabitur, vetabimur, vetabimini, vetabuntur • **sub** *pre* vetem, vetes, vetet, vetemus, vetetis, vetent *imp* vetarem, vetares, vetaret, vetaremus, vetaretis, vetarent *prt* vetuerim, vetueris, vetuerit, vetuerimus, vetueritis, vetuerint *plu* vetuissem, vetuisses, vetuisset, vetuissemus, vetuissetis, vetuissent *pas.pre* veter, veteris / vetere, vetetur, vetemur, vetemini, ventur *pas.imp* vetarer, vetareris / vetarere, vetaretur, vetaremur, vetaremini, vetarentur • **imp** *pre* –, veta, –, –, vetate, – *fut* –, vetato, vetato, –, vetatote, vetanto *pas.pre* –, vetare, –, –, vetamini, – *pas.fut* –, vetator, vetator, –, –, vetantor • **inf** *pre* vetare *prt* vetuisse *fut* vetiturus esse *pas.pre* vetari *pas.prt* vetitus esse *pas.fut* vetitum iri • **ger** vetare / vetandi / vetando / vetandum • **sup** vetitum / vetitu • **par** *pre* vetans *prt* – *fut* vetiturus *pas.pre* – *pas.prt* vetitus *pas.fut* vetandus

video /see, perceive/ • **ind** *pre* video, vides, videt, videmus, videtis, vident *imp* videbam, videbas, videbat, videbamus, videbatis, videbant *prt* vidi, vidisti, vidit, vidimus, vidistis, viderunt / videre *fut* videbo, videbis, videbit, videbimus, videbitis, videbunt *plu* videram, videras, viderat, videramus, videratis, viderant *fpr* videro, videris, viderit, viderimus, videritis, viderint *pas.pre* videor, videris / videre, videtur, videmur, videmini, videntur *pas.imp* videbar, videbaris / videbare, videbatur, videbamur, videbamini, videbantur *pas.fut* videbor, videberis / videbere, videbitur, videbimur, videbimini, videbuntur • **sub** *pre* videam, videas, videat, videamus, videatis, videant *imp* viderem, videres, videret, videremus, videretis, viderent *prt* viderim, videris, viderit, viderimus, videritis, viderint *plu* vidissem, vidisses, vidisset, vidissemus, vidissetis, vidissent *pas.pre* videar, videaris / videare, videatur, videamur, videamini, videantur *pas.imp* viderer, videreris / viderere, videretur, videremur, videremini, viderentur • **imp** *pre* –, vide, –, –, videte, – *fut* –, videto, videto, –, videtote, vidento *pas.pre* –, videre, –, –, videmini, – *pas.fut* –, videtor, videtor, –, –, videntor • **inf** *pre* videre *prt* vidisse *fut* visurus esse *pas.pre* videri / viderier *pas.prt* visus esse *pas.fut* visum iri • **ger** videre / videndi / videndo / videndum • **sup** visum / visu • **par** *pre* videns *prt* – *fut* visurus *pas.pre* – *pas.prt* visus *pas.fut* videndus

vincio /bind, tie up/ • **ind** *pre* vincio, vincis, vincit, vincimus, vincitis, vinciunt *imp* vinciebam, vinciebas, vinciebat, vinciebamus, vinciebatis, vinciebant *prt* vinxi, vinxisti, vinxit, vinximus, vinxistis, vinxerunt / vinxere *fut* vinciam, vincies, vinciet, vinciemus, vincietis, vincient *plu* vinxeram, vinxeras, vinxerat, vinxeramus, vinxeratis, vinxerant *fpr* vinxero, vinxeris, vinxerit, vinxerimus, vinxeritis, vinxerint *pas.pre* vincior, vinciris / vincire, vincitur, vincimur, vincimini, vinciuntur *pas.imp* vinciebar, vinciebaris / vinciebare, vinciebatur, vinciebamur, vinciebamini, vinciebantur *pas.fut* vinciar, vincieris / vinciere, vincietur, vinciemur, vinciemini, vincientur • **sub** *pre* vinciam, vincias, vinciat, vinciamus, vinciatis, vinciant *imp* vincirem, vincires, vinciret, vinciremus, vinciretis, vincirent *prt* vinxerim, vinxeris, vinxerit, vinxerimus, vinxeritis, vinxerint *plu* vinxissem, vinxisses, vinxisset, vinxissemus, vinxissetis, vinxissent *pas.pre* vinciar, vinciaris / vinciare, vinciatur, vinciamur, vinciamini, vinciantur *pas.imp* vincirer, vincireris / vincirere, vinciretur, vinciremur, vinciremini, vincirentur • **imp** *pre* –, vinci, –, –, vincite, – *fut* –, vincito, vincito, –, vincitote, vinciunto *pas.pre* –, vincire, –, –, vincimini, – *pas.fut* –, vincitor, vincitor, –, –, vinciuntor • **inf** *pre* vincire *prt* vinxisse *fut* vincturus esse *pas.pre* vinciri *pas.prt* vinctus esse *pas.fut* vinctum iri • **ger** vincire / vinciendi / vinciendo / vinciendum • **sup** vinctum / vinctu • **par** *pre* vinciens *prt* – *fut* vincturus *pas.pre* – *pas.prt* vinctus *pas.fut* vinciendus

vinco /win, conquer/ • **ind** *pre* vinco, vincis, vincit, vincimus, vincitis, vincunt *imp* vincebam, vincebas, vincebat, vincebamus, vincebatis, vincebant *prt* vici, vicisti, vicit, vicimus, vicistis, vicerunt / vicere *fut* vincam, vinces, vincet, vincemus, vincetis, vincent *plu* viceram, viceras, vicerat, viceramus, viceratis, vicerant *fpr* vicero, viceris, vicerit, vicerimus, viceritis, vicerint *pas.pre* vincor, vinceris / vincere, vincitur, vincimur, vincimini, vincuntur *pas.imp* vincebar, vincebaris / vincebare, vincebatur, vincebamur, vincebamini, vincebantur *pas.fut* vincar, vinceris / vincere, vincetur, vincemur, vincemini, vincentur • **sub** *pre* vincam, vincas, vincat, vincamus, vincatis, vincant *imp* vincerem, vinceres, vinceret, vinceremus, vinceretis, vincerent *prt* vicerim, viceris, vicerit, vicerimus, viceritis, vicerint *plu* vicissem, vicisses, vicisset, vicissemus, vicissetis, vicissent *pas.pre* vincar, vincaris / vincare, vincatur, vincamur, vincamini, vincantur *pas.imp* vincerer, vincereris / vincerere, vinceretur, vinceremur, vinceremini, vincerentur • **imp** *pre* –, vince, –, –, vincite, – *fut* –, vincito, vincito, –, vincitote, vincunto *pas.pre* –, vincere, –, –, vincimini, – *pas.fut* –, vincitor, vincitor, –, –, vincuntor • **inf** *pre* vincere *prt* vicisse *fut* victurus

viso

esse *pas.pre* vinci *pas.prt* victus esse *pas.fut* victum iri • **ger** vincere / vincendi / vincendo / vincendum • **sup** victum / victu • **par** *pre* vincens *prt* – *fut* victurus *pas.pre* – *pas.prt* victus *pas.fut* vincendus

viso /look at, look into/ • **ind** *pre* viso, visis, visit, visimus, visitis, visunt *imp* visebam, visebas, visebat, visebamus, visebatis, visebant *prt* visi, visisti, visit, visimus, visistis, viserunt / visere *fut* visam, vises, viset, visemus, visetis, visent *plu* viseram, viseras, viserat, viseramus, viseratis, viserant *fpr* visero, viseris, viserit, viserimus, viseritis, viserint *pas.pre* visor, viseris / visere, visitur, visimur, visimini, visuntur *pas.imp* visebar, visebaris / visebare, visebatur, visebamur, visebamini, visebantur *pas.fut* visar, viseris / visere, visetur, visemur, visemini, visentur • **sub** *pre* visam, visas, visat, visamus, visatis, visant *imp* viserem, viseres, viseret, viseremus, viseretis, viserent *prt* viserim, viseris, viserit, viserimus, viseritis, viserint *plu* visissem, visisses, visisset, visissemus, visissetis, visissent *pas.pre* visar, visaris / visare, visatur, visamur, visamini, visantur *pas.imp* viserer, visereris / viserere, viseretur, viseremur, viseremini, viserentur • **imp** *pre* –, vise, –, –, visite, – *fut* –, visito, visito, –, visitote, visunto *pas.pre* –, visere, –, –, visimini, – *pas.fut* –, visitor, visitor, –, –, visuntor • **inf** *pre* visere *prt* visisse *fut* visurus esse *pas.pre* visi *pas.prt* visus esse *pas.fut* visum iri • **ger** visere / visendi / visendo / visendum • **sup** visum / visu • **par** *pre* visens *prt* – *fut* visurus *pas.pre* – *pas.prt* visus *pas.fut* visendus

vitio /make faulty, spoil/ • **ind** *pre* vitio, vitias, vitiat, vitiamus, vitiatis, vitiant *imp* vitiabam, vitiabas, vitiabat, vitiabamus, vitiabatis, vitiabant *prt* vitiavi, vitiavisti, vitiavit, vitiavimus, vitiavistis, vitiaverunt / vitiavere *fut* vitiabo, vitiabis, vitiabit, vitiabimus, vitiabitis, vitiabunt *plu* vitiaveram, vitiaveras, vitiaverat, vitiaveramus, vitiaveratis, vitiaverant *fpr* vitiavero, vitiaveris, vitiaverit, vitiaverimus, vitiaveritis, vitiaverint *pas.pre* vitior, vitiaris / vitiare, vitiatur, vitiamur, vitiamini, vitiantur *pas.imp* vitiabar, vitiabaris / vitiabare, vitiabatur, vitiabamur, vitiabamini, vitiabantur *pas.fut* vitiabor, vitiaberis / vitiabere, vitiabitur, vitiabimur, vitiabimini, vitiabuntur • **sub** *pre* vitiem, vities, vitiet, vitiemus, vitietis, vitient *imp* vitiarem, vitiares, vitiaret, vitiaremus, vitiaretis, vitiarent *prt* vitiaverim, vitiaveris, vitiaverit, vitiaverimus, vitiaveritis, vitiaverint *plu* vitiavissem, vitiavisses, vitiavisset, vitiavissemus, vitiavissetis, vitiavissent *pas.pre* vitier, vitieris / vitiere, vitietur, vitiemur, vitiemini, vitientur *pas.imp* vitiarer, vitiareris / vitiarere, vitiaretur, vitiaremur, vitiaremini, vitiarentur • **imp** *pre* –, vitia, –, –, vitiate, – *fut* –, vitiato, vitiato, –, vitiatote, vitianto *pas.pre* –, vitiare, –, –, vitiamini, – *pas.fut* –, vitiator, vitiator, –, –, vitiantor • **inf** *pre* vitiare *prt* vitiavisse *fut* vitiaturus esse *pas.pre* vitiari *pas.prt* vitiatus esse *pas.fut* vitiatum iri • **ger** vitiare / vitiandi / vitiando / vitiandum • **sup** vitiatum / vitiatu • **par** *pre* vitians *prt* – *fut* vitiaturus *pas.pre* – *pas.prt* vitiatus *pas.fut* vitiandus

vivo /live/ • **ind** *pre* vivo, vivis, vivit, vivimus, vivitis, vivunt *imp* vivebam, vivebas, vivebat, vivebamus, vivebatis, vivebant *prt* vixi, vixisti, vixit, viximus, vixistis, vixerunt / vixere *fut* vivam, vives, vivet, vivemus, vivetis, vivent *plu* vixeram, vixeras, vixerat, vixeramus, vixeratis, vixerant *fpr* vixero, vixeris, vixerit, vixerimus, vixeritis, vixerint *pas.pre* –, –, vivitur, –, –, – *pas.imp* –, –, vivebatur, –, –, – *pas.fut* –, –, vivetur, –, –, – • **sub** *pre* vivam, vivas, vivat, vivamus, vivatis, vivant *imp* viverem, viveres, viveret, viveremus, viveretis, viverent *prt* vixerim, vixeris, vixerit, vixerimus, vixeritis, vixerint *plu* vixissem, vixisses, vixisset, vixissemus, vixissetis, vixissent *pas.pre* –, –, vivatur, –, –, – *pas.imp* –, –, viveretur, –, –, – • **imp** *pre* –, vive, –, –, vivite, – *fut* –, vivito, vivito, –, vivitote, vivunto *pas.pre* — *pas.fut* — • **inf** *pre* vivere *prt* vixisse *fut* victurus esse *pas.pre* vivi *pas.prt* victum esse *pas.fut* – • **ger** vivere / vivendi / vivendo / vivendum • **sup** victum / victu • **par** *pre* vivens *prt* – *fut* victurus *pas.pre* – *pas.prt* *pas.fut* vivendus

voco /call, summon/ • **ind** *pre* voco, vocas, vocat, vocamus, vocatis, vocant *imp* vocabam, vocabas, vocabat, vocabamus, vocabatis, vocabant *prt* vocavi, vocavisti / vocasti, vocavit, vocavimus, vocavistis / vocastis, vocaverunt / vocavere *fut* vocabo, vocabis, vocabit, vocabimus, vocabitis, vocabunt *plu* vocaveram, vocaveras, vocaverat, vocaveramus, vocaveratis, vocaverant *fpr* vocavero, vocaveris, vocaverit, vocaverimus, vocaveritis, vocaverint *pas.pre* vocor, vocaris / vocare, vocatur, vocamur, vocamini, vocantur *pas.imp* vocabar, vocabaris / vocabare, vocabatur, vocabamur, vocabamini, vocabantur *pas.fut* vocabor, vocaberis / vocabere, vocabitur, vocabimur, vocabimini, vocabuntur • **sub** *pre* vocem, voces, vocet, vocemus, vocetis, vocent *imp* vocarem, vocares, vocaret, vocaremus, vocaretis, vocarent *prt* vocaverim, vocaveris, vocaverit, vocaverimus, vocaveritis, vocaverint *plu* vocavissem / vocassem, vocavisses / vocasses, vocavisset / vocasset, vocavissemus / vocassemus, vocavissetis / vocassetis, vocavissent / vocassent *pas.pre* vocer, voceris / vocere, vocetur, vocemur, vocemini, vocentur *pas.imp* vocarer, vocareris / vocarere, vocaretur, vocaremur, vocaremini, vocarentur • **imp** *pre* –, voca, –, –, vocate, – *fut* –, vocato, vocato, –, vocatote, vocanto *pas.pre* –, vocare, –, –, vocamini, – *pas.fut* –, vocator, vocator, –, –, vocantor • **inf** *pre* vocare *prt* vocavisse / vocasse *fut* vocaturus esse *pas.pre* vocari / vocarier *pas.prt* vocatus esse *pas.fut* vocatum iri • **ger** vocare / vocandi / vocando / vocandum • **sup** vocatum / vocatu • **par** *pre* vocans *prt* –

fut vocaturus *pas.pre* – *pas.prt* vocatus *pas.fut* vocandus

volvo /roll/ • **ind** *pre* volvo, volvis, volvit, volvimus, volvitis, volvunt *imp* volvebam, volvebas, volvebat, volvebamus, volvebatis, volvebant *prt* volvi, volvisti, volvit, volvimus, volvistis, volverunt / volvere *fut* volvam, volves, volvet, volvemus, volvetis, volvent *plu* volveram, volveras, volverat, volveramus, volveratis, volverant *fpr* volvero, volveris, volverit, volverimus, volveritis, volverint *pas.pre* volvor, volveris / volvere, volvitur, volvimur, volvimini, volvuntur *pas.imp* volvebar, volvebaris / volvebare, volvebatur, volvebamur, volvebamini, volvebantur *pas.fut* volvar, volveris / volvere, volvetur, volvemur, volvemini, volventur • **sub** *pre* volvam, volvas, volvat, volvamus, volvatis, volvant *imp* volverem, volveres, volveret, volveremus, volveretis, volverent *prt* volverim, volveris, volverit, volverimus, volveritis, volverint *plu* volvissem, volvisses, volvisset, volvissemus, volvissetis, volvissent *pas.pre* volvar, volvaris / volvare, volvatur, volvamur, volvamini, volvantur *pas.imp* volverer, volvereris / volverere, volveretur, volveremur, volveremini, volverentur • **imp** *pre* –, volve, –, –, volvite, – *fut* –, volvito, volvito, –, volvitote, volvunto *pas.pre* –, volvere, –, –, volvimini, – *pas.fut* –, volvitor, volvitor, –, –, volvuntor • **inf** *pre* volvere *prt* volvisse *fut* voluturus esse *pas.pre* volvi *pas.prt* volutus esse *pas.fut* volutum iri • **ger** volvere / volvendi / volvendo / volvendum • **sup** volutum / volutu • **par** *pre* volvens *prt* – *fut* voluturus *pas.pre* – *pas.prt* volutus *pas.fut* volvendus

Printed in Great Britain
by Amazon